CYNDI DALE

NUEVA CURACIÓN CON LOS CHAKRAS

El revolucionario sistema energético
de los 32 centros

EDAF / NUEVA ERA

Título del original:
NEW CHAKRA HEALING

Traducido por:
MANUEL ALGORA

© 1996. By Cyndi Dale
© 1997. De la traducción, Editorial EDAF, S. A.
© 1997. Editorial EDAF, S. A. Jorge Juan, 30. Madrid.
Para la edición en español por acuerdo con LLEWELLYN PUBLICATIONS, St. Paul, MN 55164, USA.
Ilustraciones de Wendy Frogge't & Anne Marie Garrison

Dirección en Internet: http://www.arrakis.es/~edaf
Correo electrónico: edaf@arrakis.es

No está permitida la reproducción total o parcial de este libro, ni su tratamiento informático, ni la transmisión de ninguna forma o por cualquier medio, ya sea electrónico, mecánico, por fotocopia, por registro u otros métodos, sin el permiso previo y por escrito de los titulares del Copyright.

Depósito Legal: M. 30.755-1998
I.S.B.N.: 84-414-0231-0

PRINTED IN SPAIN   IMPRESO EN ESPAÑA

Impreso por GRAFICINCO, S. A. • Eduardo Torroja, 8 • Pol. Ind. El Palomo • FUENLABRADA (Madrid)

«Este libro está tan lleno de ejercicios e ideas poderosos, que no pude dejarlo de lado. Una maravillosa guía de la curación energética.»

Doctor JAMES P. ERICSON

Avances en el conocimiento de los chakras

El familiar sistema de siete chakras fue sólo el comienzo de nuestra comprensión del ser humano holístico. Ahora, en NUEVA CURACIÓN CON LOS CHAKRAS, Cyndi Dale expande enormemente este conocimiento tradicional, proporcionando una imagen completa de treinta y dos centros de energía humanos: doce chakras internos y externos al cuerpo, más otros veinte puntos de energía que existen en el plano espiritual.

Este libro está cargado de conceptos originales, y de métodos sensatos y prácticos de eliminar los bloqueos de energía, apoyados con ejemplos tomados de la vida real, a partir de la exitosa práctica de la autora como consultora. Puedes utilizar estos métodos y ejercicios revolucionarios para curar perturbaciones y trastornos en todos tus cuerpos sutiles de energía: el aura, los rayos, e incluso tu karma.

Millones de personas buscan «la realidad más allá de la realidad». Entenderás tu papel como un conducto entre lo material y lo espiritual cuando experimentes de primera mano el milagro holístico de NUEVA CURACIÓN CON LOS CHAKRAS.

No conocemos ningún otro libro que explore con tanta profundidad, concisión y facilidad de comprensión el sistema de los chakras y su efecto sobre nuestra salud física, emocional y espiritual. Nueva curación con los chakras debería ser lectura obligada para cualquier clase sobre curación alternativa.

Doctores LOREN y DIANE MICKELSON

A mi padre,
cuya muerte me enseñó
acerca de la vida.

Tabla de contenidos

	Págs.
Ilustraciones	13
INTRODUCCIÓN. LA CONDICIÓN HUMANA	15
CAPÍTULO UNO. LA PUERTA GIRATORIA: EL SISTEMA DE ENERGÍA HUMANO	21
CAPÍTULO DOS. TÚ COMO INFINITUD: TUS DOCE CHAKRAS	43
CAPÍTULO TRES. TUS VEINTE CENTROS DE ENERGÍA ESPIRITUALES	93
CAPÍTULO CUATRO. EL YO EN DESARROLLO	117
CAPÍTULO CINCO. DEL FRENTE A LA ESPALDA: TRABAJANDO CON TUS CENTROS INTRACORPORALES	157
CAPÍTULO SEIS. EL TÚ ALREDEDOR DE TI: TU CAMPO DE ENERGÍA	181
CAPÍTULO SIETE. ENTRANDO EN LA CORRIENTE: LOS RAYOS DE ENERGÍA	231
CAPÍTULO OCHO. LOS PRINCIPIOS GUARDIANES	245
CAPÍTULO NUEVE. EL DESIGNIO DEL ESPÍRITU	255
CAPÍTULO DIEZ. TRABAJANDO CON EL CUERPO: LOS PUNTOS CLAVE	281
CAPÍTULO ONCE. COMPRENDIENDO LAS EMOCIONES	303

	Págs.

CAPÍTULO DOCE. LIBERANDO TUS EMOCIONES 329

CAPÍTULO TRECE. SIENDO TU YO DE LA FUENTE DIVINA: VIVIENDO COMO UN CHAMÁN COTIDIANO 347

Apéndice 359

Bibliografía 369

Ilustraciones

Págs.

Figura 2a	Los primeros doce chakras............................	Páginas en color
Figura 2b	Con forma de embudos cónicos, los siete chakras intracorporales se conectan al cuerpo físico por la columna vertebral	47
Figura 2c	Los chakras utilizan comunicación física, psíquica e intuitiva	52
Figura 2d	El primer chakra	56
Figura 2e	El segundo chakra	58
Figura 2f	El tercer chakra	61
Figura 2g	El cuarto chakra	64
Figura 2h	El quinto chakra	66
Figura 2i	El sexto chakra	69
Figura 2j	El séptimo chakra	71
Figura 2k	El octavo chakra	75
Figura 2l	El noveno chakra	78
Figura 2m	El décimo chakra	80
Figura 2n	El undécimo chakra	85
Figura 2o	El duodécimo chakra o Sistema de Chakras Secundarios, con sus puntos chákricos intracorporales (1-14; 25-32)	88
Figura 2p	El duodécimo chakra o Sistema de Chakras Secundarios, con sus puntos chákricos intracorporales (15-24)	89
Figura 3a	Tus veinte centros de energía espirituales	Páginas en color
Figura 5a	Detectando los chakras con un péndulo	179
Figura 6a	Las capas del aura	Páginas en color

		Págs.
Figura 6b	Aura de una persona que padece síndrome de fatiga crónica	185
Figura 6c	La primera capa áurica (la piel)	188
Figura 6d	La segunda capa áurica	191
Figura 6e	La tercera capa áurica	196
Figura 6f	La cuarta capa áurica	199
Figura 6g	La quinta capa áurica	203
Figura 6h	La sexta capa áurica	206
Figura 6i	La séptima capa áurica	209
Figura 9a	La mayoría de las conexiones alma/mente/cuerpo	260
Figura 9b	Etapa de curación intermedia que comprende la expresión de la esencia (similar a vivir nuestro propósito)	260
Figura 9c	Etapa de curación avanzada	260
Figura 10a	Los 32 Chakras y la Columna .... Páginas en color
Figura 10b	Las vértebras sacras y coccígeas, y sus conexiones chákricas	284
Figura 10c	Las vértebras lumbares y sus conexiones chákricas	291
Figura 10d	Las vértebras torácicas (dorsales) y sus conexiones chákricas	293
Figura 10e	Las vértebras cervicales y sus conexiones chákricas	297
Figuras 13a, 13b, 13c	Descripciones del yo	352
Figura 13d	Permitir que la Fuente Divina penetre en nosotros es la clave para integrar nuestros yoes	355
Figura 14a	Indicaciones energéticas de cáncer de mama	362
Figura 14b	Indicaciones energéticas de cáncer de próstata..................	362
Figura 14c	Indicaciones energéticas de enfermedad cardiaca	363
Figura 14d	Indicaciones energéticas de depresión	365
Figura 14e	Indicaciones energéticas del SIDA	367

Introducción

La condición humana

A PRIMERA VISTA, la condición humana es fácil de entender. Después de todo, ¿no tenemos todos las mismas necesidades? Percibimos sentimientos, soñamos sueños y esperamos en la esperanza de que nuestros días nos traigan amor, prosperidad, diversión y buena salud. Todos los días, de un extremo al otro del mundo, la gente se despierta, se viste, hace planes y los pone en práctica a fin de conseguir sus deseos. Como parte de la familia humana, todos participamos en estos empeños.

Con tanta gente buscando las mismas experiencias, prediciríamos al menos un grado satisfactorio de éxito; podríamos incluso esperar más. Después de todo, más gente buscando significa más gente ayudando, podríamos suponer. ¿Por qué, entonces, parece que la vida trae más espinas que rosas, más lágrimas que arco iris? ¿Por qué, cuando pasamos revista a las imágenes de la condición humana, predominan las fotos de niños hambrientos, cuerpos rotos y ciudades bombardeadas?

La verdad es que cuando la mayoría de nosotros consideramos la condición humana, son estas dolorosas realidades las que salen a la superficie. El lado bueno de reconocer estas realidades es que podemos tratar de cambiarlas. Podríamos servir de voluntarios, elegir profesiones de servicio o dar dinero para aliviar la lucha que tantos sufren. El lado malo es que, hagamos lo que hagamos, nunca parece suficiente. Estas facetas de la condición humana tiran de nuestros corazones.

¿Qué tiene que ver esto con un libro acerca de sistemas de energía? Parte del problema de la condición humana es que no podemos entenderla ni ayudar a la humanidad a no ser que entendamos lo que significa ser humanos.

La búsqueda de la plena cualidad de humanos

Entender nuestra cualidad de humanos es un empeño individual. Sí, tenemos mucho —si es que no todo— en común con otra gente. Sin embargo, salvo que miremos en nuestro interior, y luego a nuestro entorno inmediato, careceremos del conocimiento, los sentimientos, la consciencia y la honestidad necesarios para relacionarnos con algo o con alguien. Este proceso educativo necesita algo más que un rápido repaso a un texto básico de anatomía, un directorio espiritualista o un libro de superación personal. Requiere aprender sobre los tres aspectos básicos de nuestro ser: cuerpo, mente y alma. Requiere aprender acerca de nuestra naturaleza espiritual, no sólo sobre las necesidades materiales. Esta autorreflexión puede ayudarnos a diagnosticar y curar los cismas entre estos diversos aspectos de nuestro ser. Cuando un individuo deviene completo dentro de sí, la cultura entera se beneficia de ello, pues una cosa refleja la otra.

Obtener la información básica que necesitamos en lo tocante a nuestros propios cuerpos, mentes y almas, puede ser un proceso muy trabajoso. Cada disciplina, aunque verdadera en cuanto a sí misma, parece tratar de cancelar la respetabilidad de otras disciplinas. Los libros de texto aprobados por las asociaciones oficiales de médicos, aunque delinean los elementos básicos del cuerpo humano, ofrecen poco o ningún conocimiento acerca del efecto de la mente sobre nuestro bienestar. Ciertamente, no se hace mención alguna de un alma en estos libros. En su mayor parte, el mundo académico tampoco tiene en cuenta el impacto del cuerpo y el alma sobre nuestro bienestar. Este olvido limita nuestras capacidades de aprendizaje, especialmente cuando somos jóvenes, puesto que la mente aprende mejor cuando el cuerpo está activo. Aunque conscientes de la conexión mente/cuerpo, la esfera psicológica tiene aún que abrazar plenamente la existencia del alma. Si nuestro problema real se halla en nuestro espíritu, trabajar sólo con la conexión mental/física no será suficiente. Muchos de nosotros nos volvemos hacia las instituciones religiosas en busca de ayuda para los problemas del alma, pero dudamos de la validez o efectividad de los enfoques de religiones concretas. Tenemos una necesidad desesperada de un enfoque que integre cuerpo, mente y alma, y no sabemos hacia dónde volvernos.

Afortunadamente, no todo es desolador. Durante siglos, los médicos orientales han seguido un enfoque espiritual de las preocupaciones humanas, incluyendo la curación, y muchas tradiciones orientales incorporan conceptos de la mente, el cuerpo, o el alma en sus visiones y esperanzas para la humanidad. Estas sociedades, sin embargo, no son perfectas. Muchos sistemas espirituales (y estructuras económicas) del Oriente se basan en un sistema de clases, lo que limita el acceso a este enfoque más holístico.

En nuestro mundo occidental, donde el acceso a la atención sanitaria, la educación y los estudios religiosos se consideran no clasistas, vemos un cambio explosivo en la actitud hacia lo no tradicional y en la conciencia de ello. Considera los diversos principios metafísicos, holísticos y espirituales que se han incorporado a la terapia quiropráctica y de masajes. Varios profesionales de la salud mental han avanzado teorías que localizan el origen de los traumas no sólo en las experiencias de la vida presente, sino también en las que preceden al nacimiento. Incorporan las vidas pasadas e incluso la curación del alma en su trabajo. Muchos grupos espirituales y legos están tomando prestadas las filosofías y métodos de curación de nuestro sabio ancestro colectivo, legitimizando los puntos de vista de sociedades basadas en los chamanes y culturas de adoración a la diosa, entre otros. Claramente, hay un movimiento y un cambio de paradigma operando alrededor nuestro. ¿Es suficiente? ¿Es siquiera sabio? ¿Estamos hollando terrenos peligrosos?

Quienes nos dedicamos personalmente a sobrevivir y medrar en medio de las presiones y realidades contemporáneas, podríamos cuestionar la validez de estos cambios de paradigma. Seguimos careciendo de un enfoque sólido, definitivo y práctico para el trabajo con nuestros cuerpos, mentes y almas. Sí, podemos estudiar el enorme volumen de conocimiento que explica la anatomía humana. Podemos sondear en los vastos recodos de la mente a través de Freud y sus amigos. Podemos conectar a través de nuestras almas con el resto de la Nueva Era. Podemos caminar de la mano con nuestros gurus y santos. Podemos incluso explorar nuestros sistemas de energía invisibles clarificando nuestros chakras o centros de energía, y siguiendo la pista de la serpiente kundalini, una energía dadora de vida bien conocida. Sin embargo, ¿a qué lugar central podemos ir a aprender acerca de todas estas diferentes partes de nosotros mismos y de nuestra humanidad? ¿Cómo podemos entonces vincular este conocimiento con un sentido del propósito, nuestra necesidad de ayudar a la humanidad y la necesidad de reconocer un Espíritu más grande?

Un enfoque holístico

NUEVA CURACIÓN CON LOS CHAKRAS: EL REVOLUCIONARIO SISTEMA ENERGÉTICO DE LOS 32 CENTROS se ha creado con esta intención en mente. Como consultora y consejera intuitiva, he ayudado a miles de individuos a abordar y sanar problemas personales, profesionales y físicos. He trabajado y enseñado a personas de todos los ámbitos de la vida, incluyendo ejecutivos, técnicos de computadoras, gente que trabaja con el cuerpo, constructores, actores y niños.

Aparentemente, cada uno de esos individuos era simplemente eso: un verdadero individuo. A Mary no le gusta Sue, y Jack tiene objetivos diferentes que Harry. Por debajo, sin embargo, hay varios hilos comunes. En primer lugar, mis clientes y estudiantes han querido todos aprender más acerca de sí mismos, el modo en que funcionaban, lo que les hacía tic-tac. En segundo lugar, todos ellos han buscado menos dolor y más placer en sus vidas. En tercer lugar, todos ellos han querido ayudar a otra gente y han buscado un sentido de propósito que guiara y diera forma a sus decisiones.

A fin de facilitar el proceso de curación y despertar de estos individuos y en mí misma, he trabajado con muchas técnicas y enfoques. He integrado principios de los negocios con la espiritualidad. He formado asociación con médicos oficiales y chamanes. He conectado la belicosidad con el feminismo. He fundido la clarificación de los chakras con el ejercicio. He tomado decisiones usando la intuición, la racionalidad y el simple sentido común. En cierto momento, empecé a conectar estas diversas teorías, técnicas y enfoques. Tras mucho trabajo y experimentación, empezó a desplegarse un sistema, uno que combina lo esotérico, intuitivo e invisible con lo médico, práctico y concreto.

La base de este sistema es la creencia de que hay una condición humana y de que hay un sistema humano. Este sistema no es plano o bidimensional, como lo cree nuestro mundo médico, ni es completamente místico o lejano, como podrían afirmar nuestros pioneros metafísicos. Es más bien una mezcla de ambas cosas. Debe serlo, pues el ser humano es ambas cosas. Cada uno de nosotros es un universo material y espiritual en sí mismo. Estamos en este mundo y en otro simultáneamente. Somos **puertas giratorias** entre lo vil y lo divino, lo visible y lo invisible, lo conocido y lo incognoscible. Somos, en pocas palabras, humanos.

Tú como puerta giratoria

Como puertas giratorias, estamos siendo continuamente estirados. ¿Cuándo se supone que debemos enfadarnos y cuándo perdonar? ¿Cuándo se supone que debemos hacer el trabajo y cuándo hemos de permanecer callados?

Este libro no puede tomar esas decisiones por nadie. En vez de ello, se pretende que sirva como un bosquejo de las propiedades, cocientes y filosofías energéticas que pueden ayudar a los individuos a tomar esas decisiones por sí mismos. Aunque complejo y cargado de datos, listas, diagramas y teorías, su objetivo es darte la oportunidad de entender y amar plenamente el humano que eres: el simple humano que tiene un cuerpo, una mente y un alma, todo al mismo tiempo. En última instancia, este libro debería permitirte comprender lo importante que eres para la humanidad y para una Fuente Divina. Conociéndote a ti mismo, puedes marchar hacia delante, conocer a otra gente y abrirte al sendero del propósito que es tuyo, y sólo tuyo.

Capítulo Uno

La puerta giratoria: el sistema de energía humano

CUANDO OS MIRÁIS EN EL ESPEJO, veis una imagen. La mayoría de nosotros cree que esta imagen muestra nuestro verdadero aspecto. A veces nos gusta lo que vemos, a veces no. Sea como fuere, percibimos que el «mí» que nos devuelve la mirada desde el espejo es una confirmación de los hechos. Estamos tan seguros de la corrección del espejo, que algunos de nosotros creemos incluso que la imagen que nos devuelve la mirada es un reflejo de la persona que somos realmente.

La verdad es que hay mucho más en nosotros de lo que vemos en el espejo. Un anatomista señalaría que nuestras percepciones no pasan del nivel de la piel, y que más allá de esa superficie no podemos ver la miriada de vasos sanguíneos, músculos, huesos u órganos que hacen funcionar nuestros cuerpos. Un profesor esbozaría otras verdades invisibles y advertiría que, a partir de una mera imagen, no podemos ver la profundidad de conocimiento, aprendizaje o inteligencia que subyacen a nuestros procesos de pensamiento y sistemas de creencias. Nuestras madres podrían hablarnos de otras verdades no aparentes que han hecho de nosotros lo que somos, como las aventuras que nos definieron, las reprimendas que nos dieron forma o los abrazos que nos apoyaron. Un cura, un sacerdote, un rabino o un espiritualista nos enfrentarían a otra limitación obvia, diciendo que a partir del físico no podemos imaginar el alma, la luz, el espíritu, la divinidad que hace de cada uno de nosotros un ser único. Hay mucho más en nosotros de lo que podemos ver en un espejo, en una foto, en un retrato o en una sola situación.

¿Quiere esto decir que el espejo esté errado? No, tan sólo está limitado operativamente. El espejo carece de la facultad de explicarnos plenamente a nosotros mismos, pues carece de la capacidad de revelar nuestras plenas realidades físicas, mentales, emocionales o espirituales. ¿Significa esto que debemos romper todos nuestros espejos y dejar de confiar en ellos? Si dijera que sí, la mayoría de la gente cerraría este libro ahora mismo. ¿De qué otra manera podríamos comprobar nuestro maquillaje o nuestros vestidos, y saciar nuestra vanidad? La cuestión es que el objeto que usamos con más frecuencia para valorarnos puede, en el mejor de los casos, proporcionarnos sólo una fracción de la verdad.

Lo visible frente a lo invisible

Cada uno de nosotros es un ser único y completo, compuesto de lo visible y lo invisible. Sin embargo, en nuestra sociedad tendemos a ignorar lo invisible en favor de lo visible. Nos hacemos fantasías sobre los demás basadas en las apariencias. Llegamos a conclusiones acerca de estados emocionales basados en inflexiones de la voz. Valoramos la inteligencia a partir de diplomas enmarcados. Juzgamos a las almas por la iglesia a la que asisten.

Lo visible contiene claves de lo invisible, pero no es toda la verdad. Es simplemente su imagen en el espejo, el retrato que alguien ha elegido presentar al mundo. Lo visible es un reflejo de lo que subyace. Este reflejo externo puede iluminar de manera precisa las verdades internas o puede enmascararlas. Mientras que una persona con una baja imagen de sí misma puede vestirse pobremente, tartamudear o evitar las relaciones, otra con una autoestima igualmente baja puede vestir trajes de lentejuelas, jactarse de un diploma de Yale, o haberse casado tres veces. El problema de depender sólo de lo visible para determinar la personalidad, las necesidades o las verdades acerca de los demás o de nosotros mismos es que podemos ocultar tanto como podemos ostentar.

Ocultamos, disfrazamos y plagiamos por múltiples motivos. Una razón para ello es la sociedad. Nos hemos convertido en una sociedad de imágenes en el espejo liberadas de ellos, pero quizá no seamos más reales que los reflejos aún adheridos a las goticulas de plata. Esto no es una condena, es una confesión. Somos una sociedad acosada por el abuso, los estándares bajos y la confusión. Los titulares de los periódicos subrayan nuestra fascinación por la muerte, la indiscreción y la traición. Los negocios se arman contra la buena voluntad para proteger sus propios intereses. Los políticos culpan a la mala economía de su ineficacia personal, mientras que los economistas culpan de la mala economía a los políticos ineficaces. Bajo estas representaciones en el espejo hay gente que se ha cercenado de las verdades invisibles, gente que ha perdido en gran medida su conexión con la naturaleza, el Espíritu y el amor. Han sustanciado lo visible, pero no lo invisible.

Otro motivo para el cisma entre nuestros yoes interno y externo reside en nuestros patrones familiares. Se estima que entre el 70 y el 95 por 100 de nuestras familias son disfuncionales. Muchos de nosotros hemos crecido en familias afectadas por el maltrato de algún tipo, y la mayoría hemos experimentado directa o indirectamente la inatención o el abuso físico, sexual, verbal o emocional.

Los patrones de maltrato aparecen en múltiples formas, incluyendo alcoholismo o abuso de sustancias y adicciones a drogas o alimentos. El abuso también está presente en cualquier situación que comprenda un riesgo físico, desde ser golpeados a ser amenazados. Puede incluir traumas emocionales y mentales surgidos de la crítica y la humillación constantes, o de la falta de aceptación o de apoyo. Cualquier negación de nuestros derechos, individualidad o intimidad es un abuso. Cualquier sistema extremo, sea que implique la rigidez o la falta de límites, es abusivo. El abuso espiritual, aunque menos frecuentemente discutido, puede ser igual de dañino, surja de la negación forzada de una divinidad y de un sistema de creencias esencial o de la adhesión forzada a un sistema dogmático y enjuiciador. El criterio que sirve de indicador es el de que cualquier cosa que nos haga sentirnos como una mala persona es un abuso. ¿Quién de nosotros no ha experimentado al menos algunas condiciones que nos hacen sentirnos inherentemente malos, culpables o defectuosos?

La mayoría de nosotros nos las apañamos con nuestras dificultades de la infancia atrofiando, cebando, ignorando u ocultando nuestro yo invisible, el yo que:

- Es sensible.
- Es vulnerable.
- Desea ser amado y alimentado.
- Instintivamente ama a otra gente y desea alimentarla.
- Está conectado a la Fuente Divina (un poder superior o divinidad como tú lo entiendas), los espíritus y el Universo.
- Conoce el lenguaje invisible del alma interna, de la naturaleza, de la Fuente Divina.
- Es intuitivo, puede ver imágenes, oír voces, sentir sentimientos y conocer cosas al nivel de verdad más profundo.

Ninguno de nosotros ha tenido un éxito completo en ocultar este yo invisible. Si alguna vez descubres que te sientes herido, feliz, amado, deseando ser amado, paseando a solas por el exterior, o maravillándote de la belleza de las estrellas, aún te encuentras conectado a tu yo invisible. Aunque externamente muchos de nosotros queramos reprimir este yo interior, a fin de protegerlo, destruirlo u ocultarlo, ninguno de nosotros puede hacerlo por completo. Estar vivo tiene que ver con que nuestras partes visible e invisible estén juntas y se apoyen mutuamente. Si estamos vivos, es porque al menos parte de nosotros realmente desea existir, por mala que pueda haber sido la vida o pueda parecerlo ahora. Enfermedad, desórdenes, depresión, negaciones, problemas, predicamentos, incomodidades, estrés, traumas, confusión, dudas —todo esto surge de las conexiones incompletas entre nuestros yoes visible e invisible.

Al yo visible lo llamo **yo material**, y al yo invisible el **yo espiritual**. Las enfermedades, como son la baja autoestima, los traumas posinfantiles, la disfunción sexual, las adicciones, los problemas de dinero, las dificultades de relación, y la confusión respecto al estilo de vida, se originan por los malentendidos y desconexiones entre estos yoes material y espiritual.

La curación y el trabajo del alma

La curación es el proceso de unir los yoes material y espiritual, lo visible y lo invisible. El proceso de curación puede implicar reunir partes de nosotros mismos que, aunque previamente ligadas, experimentaron un trauma tan grande que se desconectaron u forjaron lazos donde antes no existían. En el primer caso, podemos tener que trabajar con los recuerdos, las energías y los sistemas de creencias; experimentar sentimientos mantenidos por largo tiempo y sentimientos de daño; calmar partes del cuerpo dañadas, o cribar relaciones antiguas y presentes. En el segundo caso, podemos tener que examinar aspectos de nuestra alma, mente o cuerpo que nunca han sido examinados. En cualquiera de ambos casos, la verdadera curación —el proceso de volverse plenamente vivos y felices— depende de la fusión de nuestros yoes material y espiritual.

¿Cómo hacer esto? La clave reside en la paradoja del espejo. Aunque nuestra imagen en el espejo no consigue reflejar de modo exacto o pleno al ser material o espiritual, hemos de buscar en ella los tres aspectos esenciales de la identidad: nuestro cuerpo, nuestra mente y nuestra alma.

En *Los rayos y la psicología esotérica*, Zachary F. Landsowne dice: «Tras el nacimiento, el ser humano aprende a integrar el cuerpo etérico con el cuerpo físico denso, y luego el cuerpo mental con el cuerpo emocional. Tras aprender a coordinar todos los aspectos de la personalidad, empezamos el proceso de integrar la personalidad con el alma»[1].

---

[1] Landsowne, Zachary F.: *The Rays and Esoteric Psichology*. York Beach, ME: Samuel Weiser, Inc., 1989, 33.

Esencialmente, estamos tratando de concebir el modo de hacer el trabajo del alma y de ser puertas giratorias. Trabajar con estas puertas giratorias puede ser duro, requiriendo un doloroso examen de nosotros mismos, difíciles acciones correctoras y maniobras críticas. Sin embargo, reforjando los lazos entre los aspectos material y espiritual de nuestro ser, nos liberamos de los grilletes que nos impiden la expresión completa. Nos liberamos para devenir verdaderamente reales, abiertos y felices. Nos liberamos para curar.

Abriendo las puertas

Entrar por nuestras puertas giratorias es entrar en el reino del **propósito**. Creo que cada uno de nosotros ha nacido para alcanzar un cierto propósito. Ese propósito es nuestra vocación última. Se origina en nuestro espíritu o en nuestra esencia, el yo que fue y es uno con la Fuente Divina y con la energía que se esconde detrás de la creación. Cada uno de nosotros tiene un propósito diferente, pues cada uno de nosotros es una creación única.

He aquí mi instantánea del proceso de la creación. Al separarnos de la Fuente Divina, cada uno de nosotros recibió una antorcha que representaba una de las verdades o principios del Universo. Esa antorcha se convierte en nuestro propósito esencial, y la tarea de nuestra alma es la de portar el propósito hacia delante hasta que lo hayamos alcanzado. Sin embargo, conforme nuestra alma añadió nuevas dimensiones, incluida una mente y finalmente un cuerpo, obviamente se vio obstaculizada por bloqueos y resistencias. Por esta razón nuestras almas han entrado en una vida después de otra; cada vida ha presentado la oportunidad de vivir diferentes tareas de la vida destinadas a clarificar cualquier problema, creencia o experiencia que impidan la consecución del propósito esencial.

Vivir nuestro propósito es el proceso dinámico por el cual curamos nuestros bloqueos y concepciones erróneas, al tiempo que expresamos nuestro verdadero ser. Visto de un modo práctico, vivir nuestro propósito es expresarnos plenamente, expresando nuestro yo espiritual en el mundo material. Vivir nuestro propósito es la prueba de que hemos alcanzado el completamiento. Nuestro yo espiritual proporciona la dirección. Nuestro yo material crea la realidad concreta. Cuando estas partes de nosotros están plenamente vinculadas, estamos siendo todo lo que podríamos ser. Ésa es la clave de la felicidad.

Dado que cada uno de nosotros tiene un propósito diferente, cada uno de nuestros procesos curativos requiere que nos apoyemos en nosotros mismos. Conforme reclamamos nuestros yoes visible e invisible, aprendemos a aceptar la responsabilidad de entender nuestro yo invisible y curar cualquier malentendido que mantengamos al respecto. ¿Cómo?

«El primer paso es el de encontrar la paz y el equilibrio dentro de nosotros mismos, poner a un lado las energías de la duda, la ira, la separación y el temor que nos impiden manifestar nuestro potencial completo...», dice la mujer de la medicina cheroqui Dhyani Ywahoo en *Voces de nuestros ancestros*. «A cada uno de nosotros le corresponde cantar la luz. No puede hacerse por ti. No puedes abdicar la responsabilidad de tu santidad» [2].

Debemos aceptar la responsabilidad de traer este yo interno y espiritual a nuestra realidad externa material. Volverse responsable de uno mismo puede implicar conocer cuándo y cómo proteger o revelar nuestras verdades internas. Puede significar adquirir capacidades prácticas que nos ayuden a garantizar el éxito. Puede ciertamente significar la curación de las barreras entre nuestros yoes material y espiritual. Entender plenamente no sólo la naturaleza de nuestro propósito, sino también la naturaleza de nuestros sistemas de energía, se vuelve imperativo, pues es a través de nuestro cuerpo, nuestra mente y nuestra alma como adquirimos conocimientos de nuestro yo y de nuestras capacidades.

Aprender acerca de estos sistemas de energía requerirá entender más de lo que un libro de texto de ciencias puede proporcionar. Entender términos como **chakra**, **centro de energía**, **kundalini**, **mana**, e **intuición** se vuelve importante por ser medios que podemos utilizar para amalgamar nuestros yoes material y espiritual. Entender y aceptar nuestros propios temores, desafíos y oportunidades individuales también se hace importante, pues requiere una disposición a destruir las limitaciones que constriñen nuestras visiones.

En mi propio sendero he encarado muchas barreras y desafíos a fin de liberarme de las reglas que gobernaban mis percepciones limitadas. Criada en una familia de clase media alta, me conocía a mí misma tal como mi familia y mi cultura me conocían. Mi cuerpo estaba compuesto de órganos, tejidos y sangre, y necesitaba alimento y vestido. Mi mente requería libros de texto e instrucción. Mi alma necesitaba salvación, lo que era garantizado por mi asistencia semanal a la escuela dominical.

No fue sino hasta mis veinte años cuando empecé a cuestionarme la validez de estas reglas concretas. Pasé por dos experiencias próximas-a-la-muerte para las que los doctores no pudieron diagnosticar la causa. Aunque hacía las «cosas correctas» no era feliz en mi matrimonio. Aunque llena de inteligencia e ideas, libros y universidades, no podía responder mis preguntas.

---

[2] Ywahoo, Dhyani: *Voices of Our Ancestors*. Boston: Shambhala Publications, Inc., 1987, 257.

Los últimos catorce años han comprendido una búsqueda que me ha llevado de las junglas del Perú a la Torre de Glastonbury, en Inglaterra, de los textos de anatomía al misticismo hindú. A lo largo del sendero de mi búsqueda, me he encontrado con muchos compañeros de viaje. Una verdad ha emergido, una que otros viajeros han repetido: entender el yo depende de que se acepte que hay en nosotros mucho, mucho más que la concha física que se nos ha contado que es la realidad. Ywahoo tiene un bello modo de describir esta verdad. «Somos los días y las noches, y somos las estrellas que iluminan las cámaras estrelladas. Somos seres santos. Recordar esta verdad es sentir el sol y la luna dentro de nuestro cuerpo como espirales danzantes, grandes misterios de la mente en desenvolvimiento»[3].

Además de apoyarnos en nosotros mismos, creo que el viaje hacia el ser requiere que aprendamos a trabajar con la familia humana y las fuerzas de la naturaleza y del cambio. Igual que nuestro propósito es una puerta para la expresión de nosotros mismos, es también una oportunidad de ayudar a otros. Debido a esta oportunidad, cumplir nuestro propósito, vivir nuestros sueños y volvernos felices dependen de que transformemos las barreras que impiden la conexión completa entre nosotros y los demás. Las relaciones desarticuladas pueden basarse en una falta de comprensión de nuestra verdadera naturaleza interna o la de otro, o en auténticos traumas de la vida real. Ser una puerta giratoria significa tratar con la gente que está trabándonos, y abrirse a la gente que nos mantiene en la corriente. Debido a nuestra interdependencia, entender nuestras relaciones con los seres visibles e invisibles (ángeles, espíritus guía, la Fuente Divina) cobra ahora un nuevo significado.

En *Mensaje mutante*, Marlo Morgan nos pasa la sabiduría de sus instructores aborígenes, llamados la «Gente Real».

«Todos los seres humanos son espíritus que sólo están de visita en este mundo. Todos los espíritus son seres eternos. Todos los encuentros con otra gente son experiencias, y todas las experiencias son conexiones eternas. La Gente Real cierra el círculo de cada experiencia. No dejamos cabos sueltos... Si marchas con malos sentimientos en tu corazón para con otra persona y ese círculo no se cierra, se repetirá más tarde en tu vida. No sufrirás una sola vez, sino una y otra vez hasta que aprendas. Es bueno observar, aprender y volverse más sabio a partir de lo que ha sucedido»[4]. Conceptos como **karma**, **dharma**, **cuerdas**, **rayos** y **principios** explican nuestras relaciones en este contexto más amplio.

---

[3] *Ibíd.*, pág. 100.
[4] Morgan, Marlo: *Mutant Message Down Under*. Lees Summit, MO: MM Co., 1991, 87-88.

La idea de interconexión e interdependencia no es nueva. En mi práctica he visto estas verdades manifestadas una y otra vez. Un ejemplo obvio concierne a una cliente que a sus treinta y seis años expresó una considerable insatisfacción con su vida. Deseaba tener un amante esposo, una profesión con propósito y un cuerpo sano, pero creía que carecía de los medios para conseguir cualquiera de esas cosas. Empecé por preguntarla quién creía ser. No pudo responder. En el curso de muchos meses, empleamos un amplio conjunto de métodos para ayudarla a pelar las capas de creencias y experiencias que la habían definido.

Esta etapa fue dolorosa. Recordó los maltratos en la infancia; recordó habérsela dicho que era una mala persona. Dijo que sus padres a menudo la avergonzaban por lo que ella «simplemente sabía» como es el que hay «ángeles» o que las «plantas pueden hablar». Gradualmente, comenzó a soñar acerca del yo que ella era por debajo de su yo creado por la vida. En vez de dar voz a sus quejas conmigo y con su psicoterapeuta, empezó a preguntarse qué se suponía que debía hacer con su vida. ¿Cuáles eran sus dones reales? ¿A quién se suponía que debía ayudar?

Su búsqueda interior gradualmente fundió su exceso de peso. Inició su propio negocio haciendo lo que había querido de niña. A través de su negocio empezó a crear formas de arte que ayudaban a la gente a conocerse a sí misma, y a ver sus naturalezas internas a través de medios externos. Empezó a hablar de nuevo con los ángeles y a entender que merecía ser feliz. La última vez que la vi estaba preparándose para una mudanza —con su nuevo marido.

La espiral entre nuestro yo material y nuestro yo espiritual, este desvelar nuestro ser, es un viaje que todos debemos emprender si es que hemos de ser nuestro yo verdadero y feliz. Somos seres holísticos: seres que son completos y que viven en lo completo. La felicidad implica alcanzar esta realidad.

El ser humano holístico.

Un médico ético te dirá que los fármacos sólo funcionan a veces, que los análisis sólo revelan lo que revelan, y que los tratamientos sólo ayudan a alguna gente. Un psicoterapeuta honesto reconocerá que no basta con que pienses que eres rico, delgado o feliz, y que sentirse feliz no pagará el alquiler ni curará una relación enferma. Incluso un espiritualista te advertirá que la fe sólo puede llevarte hasta cierta distancia. Los milagros pueden obrar maravillas, pero la fe no garantiza que recibirás un milagro.

Para crear poderosamente un cambio, uno debe cambiar poderosamente. El cambio ocurre cuando trenzamos juntas las cuatro dimensiones humanas:

física, emocional, mental y espiritual. Éstas son las cuatro dimensiones que interaccionan para crear el tapiz del yo y de la vida.

La idea de que cada ser humano está compuesto de dimensiones físicas, mentales, emocionales y espirituales no es nueva. Este concepto se ha denominado **holismo**. Apoyado e investigado a través de disciplinas que van de la física a la medicina y el espiritualismo, el holismo es la creencia de que una persona está compuesta de una serie de diferentes aspectos, y de que cada aspecto se interrelaciona con los otros. De hecho, cada aspecto es reflejado por los otros aspectos y proyectado sobre ellos. Aunque las divisiones entre nuestro cuerpo y nuestra mente sean netas a un nivel superficial, a otro nivel, más profundo, estas distinciones se difuminan. Por ejemplo, nuestro cuerpo puede conservar, reflejar o actuar aquello que está siendo experimentado por la mente. Al curar una parte de alguien, por ejemplo, una pierna rota, estamos también indirectamente haciendo un cambio en todos los otros niveles, digamos la mente o el alma. Reparar esta pierna podría requerir la participación de los sentimientos, los pensamientos y el espíritu si es que ha de funcionar realmente. Si nuestra mente dice: «Sigamos enfermos. Me gusta robarle tiempo al trabajo», la pierna rota tardará ciertamente un largo tiempo en enmendarse.

Esta conexión mente/cuerpo ha recibido en los últimos tiempos considerable documentación. Un estudio reciente ha determinado que el ingrediente clave en la curación de huesos rotos no tiene una base tan científica como pudiéramos suponer. ¿Es la calidad del cuidado, la habilidad del doctor o la velocidad de formación ósea? No, el factor de recuperación más crucial es si a uno le gusta o no su trabajo. (Este hecho ha sido documentado a través de estudios disponibles en el Colegio Noroeste de Quiropraxis, en Bloomington, Minnesota.) Las culturas no occidentales y antiguas han sabido desde hace mucho tiempo acerca del poder de la mente, añadiendo a menudo una conexión del alma al vínculo mente/cuerpo.

Describiendo el ajuste y la supuestamente milagrosa curación de una pierna rota en *Mensaje mutante*, Morgan dice: «Al ajustar el hueso a comienzos de ese día, los dos médicos nativos trabajaron enviando al cuerpo pensamientos de perfección. En sus cabezas y corazones estaban sucediendo tantas cosas como en sus manos... ¿Qué pasaría en América si los médicos pusieran la misma fe en la capacidad de curación del cuerpo humano que la que ponen en creer si los medicamentos curan o no?»[5].

Muchos practicantes del Asia oriental, África y Sudamérica buscan primero la enfermedad en el espíritu antes de tratar de enmendar el cuerpo.

---

[5] *Ibíd.*, pág. 89.

Varios enfoques japoneses y de los nativos americanos examinan primero las familias, estilos de vida o entornos de la persona afectada. Los polinesios primitivos creían que «la mayoría de las enfermedades internas, aparte de las que son obviamente trastornos temporales..., eran inducidas de manera sobrenatural por espíritus y demonios, por la ruptura de algún tabú por parte del individuo o de algún miembro de su familia»[6]. Aunque la civilización occidental haya sido un poco lenta en llegar a estas ideas, la prueba está ahí, como muchos cuidadores y beneficiarios de métodos alternativos pueden atestiguar.

La conexión cuerpo/mente/alma es, curiosamente, desarrollada y explorada en la física y las matemáticas contemporáneas. Muchos médicos de vanguardia afirman hoy en día que la teoría holográfica, el paradigma más amplio en el que anida el holismo, explica mucho del universo, así como de nuestra condición humana. En *El universo holográfico*, Michael Talbot, un bien conocido escritor sobre la nueva física, dice: «Nuestros cerebros construyen matemáticamente la realidad objetiva interpretando frecuencias que son en última instancia proyecciones de otra dimensión, un orden de existencia más profundo que se encuentra más allá tanto del espacio como del tiempo: el cerebro es un holograma envuelto en un universo holográfico»[7]. Pensar en el universo como un holograma supone que el universo, como un todo, se refleja en sus partes, y que cada parte contiene una imagen del universo como un todo.

Si trabajamos del mismo modo, es razonable pensar que una enfermedad en una parte de nosotros —una dolencia, un estrés, una mala relación— apunte hacia una enfermedad en nuestro ser entero, y viceversa. La creencia espiritual de ser malos puede hacer que nos sintamos mal, tengamos malos pensamientos sobre los demás y, en última instancia, nos sintamos mal físicamente. Obviamente, esto sólo puede suceder si cuerpo, mente y alma están interconectados. Una vez más, vemos la idea de que existen puertas giratorias para conectar puntos entre lo visible y lo invisible, lo material y lo espiritual.

Cuando pensamos así, las realidades objetiva y subjetiva empiezan a difuminarse. Ideas mantenidas por largo tiempo acerca de nuestros cuerpos físicos, nosotros mismos, nuestra alma inmaterial y nuestras reacciones emocionales, empiezan a deslizarse hacia fuera, como placas tectónicas que se desplazan. Las puertas se abren. Los espejos se nublan.

---

[6] Whistler, W. Arthur: *Polynesian Herbal Medicine*. Kauai, HI: National Tropical Botanical Garden, 1992.

[7] Talbot, Michael: *The Holographic Universe*. Nueva York: HarperCollins, 1991, 54.

Cuando estos paradigmas se deslizan, podemos volvernos confundidos y necesitar establecer un nuevo modelo. Dejemos de percibirnos a nosotros mismos como colecciones de partes. Por el contrario, imaginemos círculos que existen y se expresan en una serie de ondas. Nuestro cuerpo físico fluye al interior de nuestra realidad emocional, la cual se conecta con nuestras formas de pensamiento, que se vinculan con nuestros procesos espirituales o intuitivos, los cuales afluyen de vuelta a nuestro cuerpo físico.

Podemos sustanciar esta teoría ondulatoria entendiendo la existencia de los cuantos. Los cuantos son partículas subatómicas, consideradas por algunos como el «material» básico a partir del cual está hecho todo en el universo. Unidades diminutas de energía, los cuantos pueden existir tanto en forma de ondas como de partículas, y fluyen de una forma a la otra. Talbot apunta a que los cuantos suelen operar en ondas: flujos de energía continua de libre discurrir. Él dice: «El único momento en que los cuantos se manifiestan como partículas es cuando estamos mirándolos»[8]. Los cuantos invisibles devienen visibles cuando se miden sus efectos.

Aplicado este concepto a nosotros mismos y a nuestras vidas, sus implicaciones son formidables. Si nosotros, como todo lo demás en este universo, estamos hechos de cuantos, de repente no sólo es posible, sino probable, que podamos estar compuestos de energías tanto visibles como invisibles. Podemos existir en forma material y espiritual simultáneamente. Lo que somos depende del modo en que nos percibimos a nosotros mismos. Nuestra imagen en el espejo cambia conforme cambiamos nuestros puntos de vista. Podemos ocupar un espacio real y otro espacio, no aparente, de manera simultánea. Podemos existir en una era y en otra, simultáneamente. Podemos estar curados y, sin embargo, necesitar curación, simultáneamente.

El elemento crucial de la curación y de ser felices está en trabajar con nuestros cuantos, las unidades de energía capaces de pasar del lado visible al invisible, y de vuelta de nuevo, y que son capaces de convertirse en una célula orgánica, un sentimiento, un pensamiento, o una pieza de nuestra alma o de conectarse con éstos. Para operar de modo efectivo a este nivel, sin embargo, debemos ser capaces de llevar a una unidad nuestro cuerpo, nuestra mente y nuestra alma. Debemos ser capaces de abrir las puertas giratorias entre las diversas partes de nosotros mismos. Debemos poner al día nuestras ideas acerca de nuestro sistema de energía humano —el cuerpo, la mente, y el alma— para acomodar la responsabilidad de ser a la vez espirituales y materiales. Ser capaces de hacer esto no sólo acelera nuestros propios procesos curativos, sino que afecta también a las vidas de otros.

---

[8] *Ibíd.*, pág. 34.

Estamos hablando ahora de totalidad, una filosofía explicada por Ywahoo, en referencia a su propio pueblo cheroqui. «La mente india siempre mira al todo», dice ella. «El tratamiento de la enfermedad no es nunca para un centro de energía particular, sino para el ser entero, sintiendo a esa persona como un continuo. Si pensamos en partes, estamos dándole energía al problema. Es mejor conocer la totalidad»[9].

Este libro acepta como algo básico la creencia de que somos seres materiales y espirituales, y de que existimos en ambos planos simultáneamente. Supuesto que estos dos aspectos del ser pueden interrelacionarse y, por consiguiente, afectarse uno al otro de manera positiva o negativa, necesitamos un conjunto operativo de principios, herramientas y reglas que nos permitan conectar estos dos yoes para nuestro bien.

El sistema de treinta y dos chakras es un sistema así. Lo examinaremos, junto con sus corolarios, a fin de maximizar los contactos positivos entre nuestros yoes espiritual y material. Igual de importante es la discusión sobre aspectos de nuestro ser que deberían estar tomando las decisiones acerca de lo que podría y debería suceder. El énfasis en el propósito del alma es deliberado y definitivo, porque el alma es el aspecto de nuestro ser que porta nuestro propósito proviniente de la Fuente Divina —Dios, el Buda, Espíritu, Creador, Cristo u otro Poder Superior—. Por lo tanto, éste es el aspecto del ser que ha de hacerse cargo.

Este libro supone que hay en verdad un poder espiritual superior, una Fuente Divina a la que todas las almas se hallan conectadas. Fortalecer y mantener esta conexión a través del alma es esencial para ser plenamente humanos. Debido a nuestro trasfondo espiritual común, yo y muchos de mis clientes nos referimos a esta Fuente Divina como «Dios». Sin embargo, animo a todos mis clientes —y lectores— a derivar su trabajo del alma de sus propias tradiciones espirituales.

El sistema de energía humano completo

Una cosa que falta en los intentos de explicación de la curación por parte de alternativos, metafísicos o médicos oficiales, es una clara imagen del sistema de energía humano, una imagen de no sólo los lados espiritual o material de nuestro ser, sino de esas puertas giratorias entre los reinos material y espiritual. NUEVA CURACIÓN CON LOS CHAKRAS presenta una visión de los aspectos visibles e invisibles de nuestros seres, y subraya diversos métodos que pueden usarse para abrir estos portales.

---

[9] *Ibíd.*, pág. 263.

Chakras y puntos de energía

A través de mi trabajo he percibido treinta y dos centros de energía en los que se basa el ser humano holístico. Doce de estos centros son chakras, el esqueleto de nuestro sistema físico. Los otros veinte centros de energía existen en el plano espiritual. Entender la naturaleza de estos centros de energía es crítico para entendernos a nosotros mismos, nuestras verdades y nuestros propósitos.

Los **chakras** regulan, mantienen y disponen los aspectos físico, emocional, mental y espiritual de nuestro ser sobre el plano físico. Los chakras mismos sirven de puertas giratorias o portales entre nuestro cuerpo, nuestra mente y nuestra alma. En *Medicina vibracional*[10], Richar Gerber dice: «Los chakras son centros de energía especializados que nos conectan al universo multidimensional. Los chakras son portales dimensionales que se hallan dentro de los cuerpos sutiles y que recogen y procesan energía de naturaleza vibratoria superior, de manera que pueda ser adecuadamente asimilada y utilizada para transformar el cuerpo físico».

Chakra es realmente un término sánscrito que significa «rueda de luz». Un chakra no es más que una rueda de luz que da vueltas en y a través de nuestro sistema de energía. C. W. Leadbeater, en su texto clásico *Los chakras* *, describe los chakras de este modo: «Los chakras o centros de fuerza son puntos de conexión por los que la energía fluye de uno a otro cuerpo de un hombre. Todas estas ruedas están en rotación perpetua, y en el centro o boca abierta de cada una hay siempre afluyendo una fuerza proveniente del mundo superior.»

Hay chakras mayores y menores. Los chakras mayores gobiernan nuestras funciones más críticas; los chakras menores regulan necesidades menos fundamentales. Todos son importantes, pero podríamos imaginar sus diferencias como las que hay entre las arterias y los capilares. Herir una arteria es una catástrofe; sólo tenemos unas pocas, y cada una de ellas es crítica para nuestra supervivencia. Un capilar herido, por otra parte, da por resultado una pequeña molestia. Hay miles de capilares, y aunque importantes, el trabajo hecho por uno puede ser absorbido por los demás mientras la reparación se efectúa.

De los doce chakras orientados físicamente, siete están localizados en el cuerpo físico mismo. Estos chakras han sido conocidos por la mayoría de las culturas orientales y varias culturas sudamericanas (como la maya) durante

---

[10] Gerber, Richard: *Vibrational medicine,* Santa Fe: Bear & Company, 1988, 370.
* C. W. Leadbeater: *Los chakras,* Editorial Edaf. Madrid.

miles de años, y han sido empleados recientemente en los métodos de muchos practicantes holísticos occidentales. Sin embargo, ningún practicante que yo conozca ha explorado de modo adecuado las dimensiones plenas de la parte de atrás de estos siete chakras intracorporales, prefiriendo en cambio subrayar los lados frontales. Este libro ilustrará la naturaleza y función de ambos lados de los chakras intracorporales, y cómo la espina dorsal y las vértebras sirven de puertas giratorias conectoras entre los lados frontal y dorsal de estos chakras.

Los cinco restantes, los chakras extracorporales, asociados a nuestra existencia visible, sólo han sido mencionados vagamente en otro material. Mi conciencia de la existencia de estos chakras proviene ante todo de mi trabajo. Junto con los siete chakras intracorporales, crean un sistema de increíble magnitud en relación con la curación y la manifestación.

Los veinte centros de energía adicionales, que existen en el reino invisible, nunca han sido discutidos antes en libro alguno, salvo conceptualmente. Este libro explorará todos los chakras y puntos de energía para localizar las puertas giratorias conectoras entre estos chakras extracorporales y nuestros centros y sistemas intracorporales.

Auras

Otro importante aspecto de nuestro sistema de energía es nuestra **aura**, las bandas de luz que rodean a todos los seres vivientes. Unos estudios del Instituto Neuropsiquiátrico de la Universidad de California en Los Ángeles utilizaron fotografías de alta frecuencia para mostrar rayos azules y blancos emanantes de las puntas de los dedos de la gente. Si el sujeto se excitaba mientras se le filmaba, el color cambiaba a un rojo moteado. En un sujeto que se emborrachó, las fotografías mostraron una bruma lóbrega alrededor de las manos [11]. Varios estudios más recientes apoyan también la existencia del aura.

Creo que cada banda áurica está conectada con uno de los chakras humanos, y que los chakras mismos están conectados a órganos visibles y, en consecuencia, a nuestra misma existencia. Bárbara Ann Brennan, que trabajó como científica de la NASA y que ahora es una sanadora respetada, ve esta conexión como un sello que regula el intercambio de energía. En *Manos de luz*, dice: «Las puntas o extremidades de los chakras, donde se conectan con la corriente principal de energía, se llaman las raíces o corazones de los cha-

---

[11] Stetler, Alfred: *PSI-Healing*, Nueva York: Bantam Books, 1976, 75-76.

kras. Dentro de estos corazones hay sellos que controlan el intercambio de energía entre las capas del aura a través de ese chakra. Es decir, cada uno de los siete chakras tiene siete capas, correspondiente cada una a una capa del campo áurico»[12].

Creo asimismo que, puesto que cada uno de nuestros doce chakras es afectado por las energías que traemos a esta vida, nuestras experiencias en ella, y los reflejos de los veinte puntos de energía superiores, nuestras auras nos contarán metafóricamente nuestra propia historia. Al tiempo que contienen las proyecciones de todo lo que ha sucedido, está sucediendo y quizá sucederá, estas bandas áuricas sirven como puntos de entrada para las energías espirituales que pueden alterar o curar nuestro pasado, presente, o futuro.

Rayos

Una tercera energía principal que nos afecta son los **rayos**, generalmente definidos como ondas de energía de naturaleza universal. Hay muchos tipos de rayos, pues hay muchos tipos de energía universal. En mi trabajo veo seis puertas giratorias o puntos de entrada principales para estos rayos, junto con treinta y dos puntos de entrada menores. Aislar estos puntos de entrada en nuestros sistemas físicos o energéticos es importante, de modo que podamos aprender a manejar el flujo tanto entrante como saliente de energías universales. Manejando nuestro propio proceso de rayo, podemos trabajar de manera efectiva en problemas de relación, cuestiones profesionales, dolencias físicas y muchos otros asuntos.

Alinearse con ciertos rayos también puede ser útil. Tu atracción hacia rayos específicos dependerá de tu sistema de energía global, personalidad, necesidades de curación, propósito y proceso de desarrollo. Mucha gente encuentra beneficioso percibir una conexión con seres o entidades espirituales a través de estos rayos. En la exploración de esta posibilidad, recalco métodos alternativos de recibir y emitir energías de rayo, pues trabajar a través de otro ser presenta riesgos y dificultades que pueden superar a los beneficios.

Principios

Los **principios** son un conjunto de directrices que gobiernan el flujo de los rayos universales y la interacción de la energía espiritual y material con

---

[12] Brennan, Bárbara Ann: *Hands of Light: A Guide to Healing Through the Human Energy Field*, Nueva York: Bantam Books, 1987.

nuestro sistema de energía humano. Los principios no son reglas sino regulaciones. La diferencia es que las reglas son rígidas, mientras que las regulaciones son flexibles. Entender los principios que regulan nuestro sistema puede ahorrarnos un montón de dificultades, al alejarnos de los errores y encaminarnos hacia el éxito. Exploraremos los principios con los que trabajo y diversas aplicaciones de ellos.

Otros conceptos curativos

Hay algunos conceptos adicionales que es importante entender. La mayoría se relacionan con la necesidad de encontrar nuestro propósito como un medio para curar, un proceso que difiere ligeramente de los hombres a las mujeres.

Conforme trabajemos con las energías y sus aplicaciones, deberemos recordar que hay diferencias de género. ¡Hay motivos para que hombres y mujeres nunca parezcan entenderse entre sí! Conocer el mejor modo de trabajar con tu propio sistema de energía, al tiempo que sigues aplicaciones basadas en el género, puede aclarar mucha de la confusión presente acerca de la energía.

Kundalini

Uno de los puntos de la diferencia entre géneros reside en el uso de **kundalini**, la fuerza de la energía de la vida, a menudo simbolizada por una serpiente. Kundalini es una energía explosiva, frecuentemente utilizada y bien documentada en las tradiciones orientales, muchas de las cuales ven a kundalini como la energía de la voluntad, la pasión, y la cualidad de lo físico. Otras culturas dan a entender ideas similares. Por ejemplo, los maestros mayas enseñan que «somos la integración de los siete poderes de la luz, que viajan en forma de serpiente, eternamente ondulante con movimiento y medida» (Men, Hunbatz, *Secretos de la ciencia/religión maya*)[13].

Aunque la Nueva Era está exponiendo una visión occidentalizada de kundalini, las concepciones equivocadas abundan, como son las creencias relativas a sus peligros inherentes y a las etapas preparatorias para utilizarla. La confusión acerca de esta energía, que muchos creen ser la fuerza crucial

---

[13] Men, Hunbazt: *Secrets of Mayan Science/Religion*, trans. Diane Gubiseh Ayala y James Jennings Dunlapp II. Santa Fe, NM: Bear & Company, 1990, 126.

detrás de la actualización de nosotros mismos, surge de la falta de consciencia. Mucha gente no es consciente de que:

1. Kundalini es realmente una energía conectada a un punto de energía superior y espiritual.
2. Afecta de manera diferente a hombres y mujeres.
3. Puede ser alcanzada y utilizada a través de puntos de acceso materiales y espirituales.

Creo que emplear esta «energía serpentina» es crucial para alcanzar el crecimiento, mantener la conciencia de uno mismo y destapar nuestro propio poder. Comparto la creencia de Richard Gerber de que «kundalini es la fuerza creativa de la manifestación que asiste en el alineamiento de los chakras, la liberación del estrés acumulado en los centros corporales, y la elevación de la conciencia a niveles espirituales superiores»[14]. Exploraremos la kundalini como una herramienta efectiva o puerta giratoria que realmente ata en un solo manojo el sistema de energía humano por entero, cuando se utiliza en concierto con otra segunda energía, igualmente efectiva.

Mana

Esta segunda energía es la energía de **mana**. Los sanadores kahuna creen que mana es la fuerza de la vida que impregna el universo, y que se halla altamente concentrada en las cosas vivientes (ver *Curación Kahuna*[15]). Debido a su uso para manifestar y llevar a cabo milagros, y en la curación, esta energía mana es crítica para el proceso de curación.

Karma y dharma

En la exploración de nosotros mismos, recorreremos inevitablemente senderos por los que han viajado otros metafísicos. Al hacerlo así, exploraremos otros dos importantes conceptos: karma y dharma. El **karma** suele considerarse como un proceso retributivo por el que volvemos a experimentar nuestros errores o dilemas hasta que los arreglamos. Yo veo el karma como

---

[14] *Ibíd.*, pág. 389.
[15] King, Serge: *Kahuna Healing*. Wheaton, IL: The Theosophical Publishing House, 1983, 62-63.

un proceso completamente diferente, uno en el que podemos escoger si nos implicamos o no.

Frederic Wiederman, en *Entre dos mundos*, ve el karma como «la suma total de las consecuencias de todas nuestras acciones...». Dice: «Independientemente de si nuestras acciones crean karma positivo o negativo, la ley del karma asegura que debamos experimentar el retorno de los efectos de nuestras acciones. Aunque esto... pueda parecer una atadura... es en realidad muy liberador.» Wiederman ve la ley del karma como un sistema cósmico de retroalimentación que nos permite volvernos conscientes de nuestras acciones y, en consecuencia, aprender de ellas [16]. Aclaré algo de mi propia confusión acerca del karma advirtiendo lo siguiente:

1. Hay un centro kármico conectado con un cuerpo de energía real (un chakra). Trabajar con este centro de energía es la clave para aclarar percepciones erróneas acerca de nosotros mismos.
2. El karma puede ser cambiado a través de puntos del tipo de puertas giratorias, en cualquiera de los centros de energía o chakras.
3. El karma sólo es importante porque nos conduce al dharma; el proceso dhármico es el único que puede ayudarnos a transformar la energía kármica (del dolor a la sabiduría).

Si karma es el proceso que tira de nosotros hacia atrás en dirección a nuestro pasado, **dharma** es el proceso que tira de nosotros hacia delante en dirección a nuestro futuro. Dharma es realmente otra palabra para propósito. Wiederman explica: «Su deber es servir a la vida y aumentar la conciencia de Dios en cualquier manera que mejor se acomode a los talentos y nivel de consecución de la persona. La llamada del alma puede ser vista como un cianotipo que contiene información acerca del porqué estamos aquí» [17]. Cuando la energía kármica es enjaezada del modo apropiado, puede acelerar nuestro proceso dhármico, lo que a su vez acelera nuestro proceso de curación. El dharma está casi siempre conectado al alma y al cuerpo del alma, que debe ser integrada de modo efectivo con nuestra mente y nuestro cuerpo físico para alcanzar su cumplimiento. Exploraremos modos de conseguir esta integración.

---

[16] Wiederman, Frederic: *Between Two Worlds: The Riddle of Wholeness*. Wheaton, IL: The Theosophical Publishing House, 1986, 76-77.
[17] *Ibíd.*, pág. 76.

Cuerdas

Otro tema entretejido a lo largo de este libro es la idea de las **cuerdas**. Las cuerdas son conexiones energéticas entre personas, seres o partes de nosotros mismos que sirven como contratos de relaciones negativas. Propósito y relación son dos caras de la misma moneda. Necesitamos gente para alcanzar nuestro propósito y propósito para clarificar nuestras relaciones. Las cuerdas se forman cuando hacemos un contrato con otra persona para satisfacer nuestras necesidades. Este contrato puede parecer beneficioso superficialmente, hasta que caemos en la cuenta de que estos contratos suelen formarse a partir del temor y de creencias autodestructivas. Estas creencias dan por resultado patrones que crean hábitos autodestructivos y limitan las relaciones a un bajo nivel de calidad.

Las cuerdas son especialmente peligrosas porque pueden ser continuadas a lo largo del tiempo. Pueden formarse de alma a alma, de mente a mente, o de cuerpo a cuerpo durante nuestra existencia (en vidas pasadas o en esta vida), o en cualquier otra configuración alma/mente/cuerpo. Pueden afectarnos directa o indirectamente, pero casi siempre son perjudiciales. (La excepción es la cuerda entre una madre y el recién nacido). Las cuerdas, por lo general, embozan nuestro sistema de energía, rellenando agujeros que necesitan existir, obnubilando espejos que necesitan estar claros, y dañando barreras que necesitan ser fuertes. En resumen, no podemos operar de modo eficiente —o en absoluto— con nuestro sistema de energía si no abordamos nuestras cuerdas y las razones por las que las mantenemos.

Todos estos términos (chakra, aura, rayos, principios, kundalini, mana, karma, dharma y cuerdas) han sido presentados para que te resulte más cómodo aprender sobre tu sistema de energía. Pueden ser nuevos para alguien, y ya muy vistos para otros. Cualquiera que sea la familiaridad que tengamos con ellos, son presentados como una invitación a experimentar uno de los acontecimientos más importantes de tu vida. Es una invitación a atravesar el portal que te conduce a ti mismo —a encontrarte contigo mismo.

Ejercicios: a través de los portales del ser

Cada uno de nosotros tiene la capacidad de conocerse a sí mismo, de expresarse, de ser él mismo. Los ejercicios pueden ayudarnos a conseguir el acceso a nuestras áreas más internas, las áreas que nos resultan a veces más difíciles de ver y de sentir. El siguiente ejercicio puede ayudarte a tratar con tu interior. Es una serie de procesos, en seis pasos, para conseguir acceder a tu intuición, tu punto de acceso para descubrir tu ser invisible.

1. **Toma de tierra:** El proceso para que entres plenamente dentro de tu cuerpo. Cuando tomes tierra, serás capaz de sentir todas las partes de tu cuerpo físico, desde los dedos de los pies hasta la cabeza. También serás capaz de sentir la plena extensión de tu sistema de energía, incluyendo partes de ti que se hallan por encima y por debajo de tus pies y de tu cabeza.

2. **Centrado:** El proceso de llevarte a ti mismo a tu centro o zona del medio. Estar centrado es estar plenamente conectado con la parte de tu cuerpo que sirve como terreno de encuentro para todas tus energías. Este terreno de encuentro suele encontrarse dentro del abdomen, el plexo solar o el corazón.

3. **Protección:** El proceso de aclarar, reparar y erigir límites energéticos a fin de mantenerte seguro. Cuanto más seguro te sientas en relación con elementos o seres visibles e invisibles, más intuitivo podrás ser.

4. **Apertura:** El proceso de abrir tus centros de energía. Puedes permanecer abierto tras un ejercicio (si estás adecuadamente protegido) o preferir cerrar de nuevo cuando acabas.

5. **Acceso:** Conseguir lo que te propusiste conseguir, como es llevar a cabo una curación u obtener datos.

6. **Cierre:** Lo inverso de abrir. Incluye el adecuado cierre de los centros de energía, la reprotección, el centrado y la toma de tierra.

EJERCICIO
Meditación sobre tu sistema de energía

El mejor modo de aprender a usar tu sistema de energía es practicando. Puedes llevar a cabo esta meditación guiada por ti mismo leyéndola primero, y luego intentándola, a base de grabarla y luego reproducirla, o haciendo que alguien te la lea.

A) Prepárate, encontrando una posición cómoda en la que descansar. Con tus pies tocando el suelo, comienza a respirar profundamente. Concéntrate primero en la inhalación, imaginando una suave luz amarilla que entra en tu cuerpo con cada inhalación. Siente o ve este círculo de luz alrededor de tu pecho, abriéndolo y limpiándolo.

B) Con cada nueva inhalación, esta luz avanza en remolino cada vez más por tu cuerpo, primero al interior de tu cuello, luego tus hombros y después a través de brazos y manos. La luz pasa a través de tus manos, llevando consigo cualquier energía que te sientas dispuesto a eliminar. La luz continúa extendiéndose hacia arriba, entrando en tu cabeza, hasta alcanzar la extremidad superior de la cabeza, y saliendo luego hacia fuera. También en este caso, la luz saca hacia fuera todas las energías que ya no necesitas, aclarando tu sentido de identidad, tu visión interna, tu propia verdad y luz.

C) La luz comienza entonces a desplazarse hacia abajo, pulsando, limpiando, abriendo, conforme viaja a tu plexo solar, tu abdomen, pasando al área de tus caderas. Se divide en dos corrientes para bajar por tus piernas y depositarse finalmente en tus pies. Continúa hacia abajo, encontrando un camino, un canal, para entrar en la tierra. Aquí, abajo, encuentras una parte de ti que te aguarda, un centro de energía abierto a esta energía. La luz pasa al interior de este centro de energía, y luego a su través, llevando consigo todas las sustancias que ya no necesitas, pasándolas al interior de la tierra para ser transformadas.

Dejas descansar tu atención en esta parte de ti que se halla bajo tierra, y descubres que empieza a respirar al mismo tiempo que respiran tus pulmones. Adentro, afuera. Adentro, afuera. Adviertes que las exhalaciones, arriba y abajo, están ahora eliminando todas las energías, emociones, pensamientos, colores y experiencias, que han dejado de servirte. Tus respiraciones arriba y abajo ocurren rítmicamente entre sí.

D) Ahora has tomado tierra. Puedes sentirte desde tu cabeza a tus pies. Te sientes a salvo. Ahora eres capaz de desplazar tu conciencia a otro lugar, llevándola a tu centro. Simplemente permítete encontrar tu centro, esa parte de ti en la que te sientes más como en tu casa. Estáte ahí por algún tiempo. Experimenta la calidez, los colores, los sentimientos, el conocimiento que tienes de ti mismo en ese lugar. Trae algo de luz a este aspecto de ti mismo. Déjalo que se expanda; permítete ser uno con él.

E) Al volverte cómodo dentro de ti, empiezas a ser consciente del aura, de las bandas de energía que te rodean. Lleva tu atención hacia el exterior y pide ver cualquier decoloración, señal, color o sombra que indiquen un agujero o un bloqueo. Si ves algo, pide el color o tono apropiado con el que reparar tu aura. También puedes preguntar a tu yo interior o a un guía externo que te digan si hay alguna parte de tu aura que requiera atención. Si la hay, pide ayuda para repararla. También puedes permitirte a ti mismo simplemente expandir tu energía hacia fuera al interior de tu aura, llevando consigo la sensación de luz que has extendido a lo largo de tu cuerpo. Deja que esta luz llene cualquier agujero o brecha. Deja que expulse cualquier energía o persona no deseadas. Deja que te caliente y proteja. Cuando te sientas seguro, devuelve tu atención a tu centro.

F) Centrado de nuevo, imagina un interruptor, el interruptor central de control de tus centros de energía. Acciona el interruptor. Al hacerlo así, estás despertando tus capacidades intuitivas para ver, escuchar o conocer lo que necesitas entender. Abierto de modo seguro, puedes ahora acceder a información.

G) Justo ahora, ocúpate sólo de tu centro. Pregunta a tu yo interior qué tipo de consciencia te ayudaría a mantenerte centrado más a menudo en la vida diaria. Date a ti mismo un minuto para ver, escuchar o sentir una respuesta. Tómate tiempo para seguir cualquier instrucción que se te proporcione.

H) Es tiempo de cerrar. Permanecerás centrado y en contacto con tierra a lo largo de este proceso, y una vez que hayas recuperado la plena conciencia. Examina de nuevo tu aura. ¿Hay agujeros, bloqueos o problemas nuevos o ahora evidentes que abordar? Cura cualquier cosa que te impida llevar una vida plena y activa. Una vez más, imagina tu interruptor central, esta vez como un regulador. Ajusta el regulador hacia arriba o hacia abajo, seleccionando la intensidad de luz con la que te sientes más seguro. Devuelve tu conciencia a la respiración, sintiendo tus inhalaciones y exhalaciones, conforme continúan moviéndose a través y alrededor de tu cuerpo. Sintiendo tus manos, tus pies, tu cabeza, tu corazón, deja que tu aliento te guíe de vuelta a una plena conciencia de ti mismo. Cuando estés listo, abre los ojos.

Capítulo Dos

Tú como infinitud: tus doce chakras

LOS centros de energía son puertas que giran entre nuestros yoes material y espiritual, y entre los universos material y espiritual. Los primeros doce centros están conectados con el yo material. Nos ayudan a traer mana o partículas de energía, del mundo invisible al interior de la forma física. Siete de estos centros de energía son claramente chakras o ruedas giratorias de partículas de luz, pues tienen su base en el cuerpo y operan de acuerdo con leyes físicas. Los cinco siguientes son también chakras. Aunque sus puntos de conexión se hallen fuera del cuerpo físico, operan según principios físicos. (Ver figura 2a, páginas en color.)

Los otros veinte centros tienen una base espiritual; están localizados fuera de este continuo espacio/tiempo. Por supuesto, podrías preguntarte cómo sé que existen, ya que no pueden verse, sentirse u oírse. Como sucede con muchas hipótesis, la prueba de esta realidad es causal. A lo largo de mi trabajo he visto demostrada la existencia de tales puntos. También hay referencias a esos puntos en la literatura esotérica, en prácticas indígenas y en diversas tradiciones espirituales. Estos centros superiores no son oficialmente chakras, pues comprenden un tipo de energía que, si pudiese medirse, creo que rotaría más deprisa que la luz misma. Aunque carezcan de atributos físicos, estos puntos de energía espirituales nos ayudan a transmutar las energías físicas en energía inmaterial, y viceversa. Nos proporcionan directrices para extendernos más allá de nuestras limitaciones normales y humanas.

Descripción de nuestros centros de energía

Todos los centros de energía contienen claves para todo lo que nos afecta. De hecho, reflejan perfectamente todo lo que alguna vez ha ocurrido, está ocurriendo o pudiera ocurrir. No pueden evitar hacerlo, pues cada centro de energía funciona como una unidad completa en sí misma, al tiempo que sirve a todo el sistema de energía. El holismo, en su mejor forma, es retratado por el sistema de energía humano. Independientemente de su localización (o de la falta de ella), todos los centros de energía tienen lo siguiente en común:

Propósito: Todos los centros de energía regulan el sistema humano de energía y buscan mantener un equilibrio de salud, al tiempo que asisten a la necesidad de crecimiento, desarrollo, y curación de la mente, el cuerpo y el alma.

Función: Todos los centros de energía vinculan los aspectos visible e invisible del cuerpo, la mente y el alma de un individuo, e intercambian energía entre ambas dimensiones conforme se necesita.

Forma de la energía: Todos los centros de energía están compuestos de cuantos (energía que se mueve más despacio que la velocidad de la luz) o taquiones (energía que se mueve más deprisa que la velocidad de la luz), los cuales tienen ambos un movimiento en espiral desde la forma material a la espiritual, y viceversa.

Frecuencias: Cada centro de energía opera a su propia frecuencia óptima. Generalmente, cuanto más físico e inferior es el centro, menor es su frecuencia. Todas estas frecuencias, sin embargo, están interrelacionadas. Si uno de ellos está desincronizado, todos los demás también lo estarán.

Efectos: Todos los centros de energía afectan al bienestar físico, mental, emocional y espiritual de una entidad, al almacenar, analizar, dispersar y transformar datos concernientes a estos procesos.

Vehículos de comunicación: Cada centro de energía tiene incorporado un mecanismo para comunicarse con los otros centros de energía y con el organismo en su conjunto. Este proceso de retroalimentación es un proceso psíquico que incluye recibir, codificar, enviar y descifrar datos entre los centros y la mente, el cuerpo o el alma del organismo. En pocas palabras, todos los centros de energía actúan también como centros intuitivos, utilizando cada uno su forma peculiar de proceso psíquico.

Aunque los centros de energía tengan mucho en común, también difieren grandemente. Aunque todos ellos sirven al gran propósito, cada uno de ellos satisface también una función particular. Aunque todos afectan a nuestro bienestar físico, emocional, mental o espiritual, cada uno de ellos regula también un proceso separado. Aunque los centros de energía intracorporales, los extracorporales, y los espirituales superiores son miembros de la misma familia, cada grupo tiene sus propios rasgos distintivos. Parte de las diferencias entre cada centro individual y los tres grupos mayores de centros reside en el modo en que afectan o asisten a nuestro impulso hacia el propósito. Examinando estas diferencias de cerca, podremos obtener una mejor comprensión de lo que está sucediendo dentro y fuera de nosotros en todo momento, usualmente sin que lo sepamos.

En este capítulo veremos los chakras humanos: siete chakras intracorporales y cinco chakras extracorporales. En el capítulo Tres exploraremos nuestros veinte puntos de energía espiritual.

En qué modo operan los chakras intracorporales

Los siete chakras localizados dentro del cuerpo humano son los chakras mejor conocidos, y eso es normal. Como personas, vivimos, respiramos, comemos, amamos y morimos dentro de nuestras formas físicas, de modo que tiene sentido que nos asociemos ante todo con nuestros chakras físicos.

Los chakras intracorporales tienen la forma de embudos cónicos. Su punto de contacto con el cuerpo físico se halla en la columna vertebral (figura 2b). Debido que se encuentran localizados a lo largo de la columna, los nombres de estos chakras son relativamente fáciles de recordar. Comenzando por el área de la cadera, son:

Chakra	Localización física
Uno	Caderas/área genital
Dos	Abdomen
Tres	Plexo solar
Cuatro	Corazón
Cinco	Garganta
Seis	Frente
Siete	Coronilla (la zona blanda de los bebés)

Los seis chakras inferiores tienen realmente dos lados, uno de ellos gira hacia fuera por delante, el otro por la espalda. Percibo que el chakra superior, que emite desde la coronilla, tiene también una parte de atrás. Esta parte de atrás es menos evidente, pues se abre a una dimensión superior a la de los otros.

En este capítulo vamos a examinar el lado frontal del sistema de chakras; el Capítulo Cinco está dedicado a los lados dorsales. Probablemente estés intelectual o intuitivamente familiarizado con el lado frontal del sistema chákrico intracorporal, pues es la parte que regula el proceso consciente. Dentro de los chakras frontales encontramos:

Registros: De todo lo que hemos experimentado en esa vida, incluyendo experiencias que hemos traído a esta vida y experiencias clave provinientes de nuestros ancestros y familiares.

Almacenamiento: De nuestros propios recuerdos; sentimientos no expresados; creencias y patrones en funcionamiento; creencias y patrones del alma; deseos, esperanzas y sueños; energías, experiencias, esperanzas, sueños, creencias y opiniones de otra gente.

Funciones reguladoras: De órganos y aparatos físicos clave; principales sistemas de creencias; acciones y reacciones emocionales; integración del alma con el cuerpo y la mente, y emisión de aquélla hacia éstos.

Funciones de comunicación: A través del proceso físico, el proceso psíquico y el proceso intuitivo.

Registros

Como centros registradores, los chakras operan de modo muy parecido a como lo hacen las células del cerebro. Supongamos que en fase temprana de la vida experimentamos un trauma (por ejemplo, un abuso sexual) en el primer chakra, localizado en el área genital y de las caderas. El primer chakra registrará o cerrará el recuerdo de este trauma. He visto ejemplos muy espectaculares de este proceso de registro. Una cliente experimentó representaciones del abuso de su padre cada vez que su marido tocaba sus genitales del mismo modo que su padre lo hiciera una vez. Otra cliente, una chia de dieciseis años, me dijo que, después de su primer encuentro sexual, se vio inundada de recuerdos de abusos. El primer chakra (y todos los demás) registra recuerdos que resultan de haber sido dañados o tocados en su localización física: el área genital/de las caderas en el caso del primer chakra. Como verás, sin embargo, el primer chakra regula también una serie de otros siste-

Figura 2b

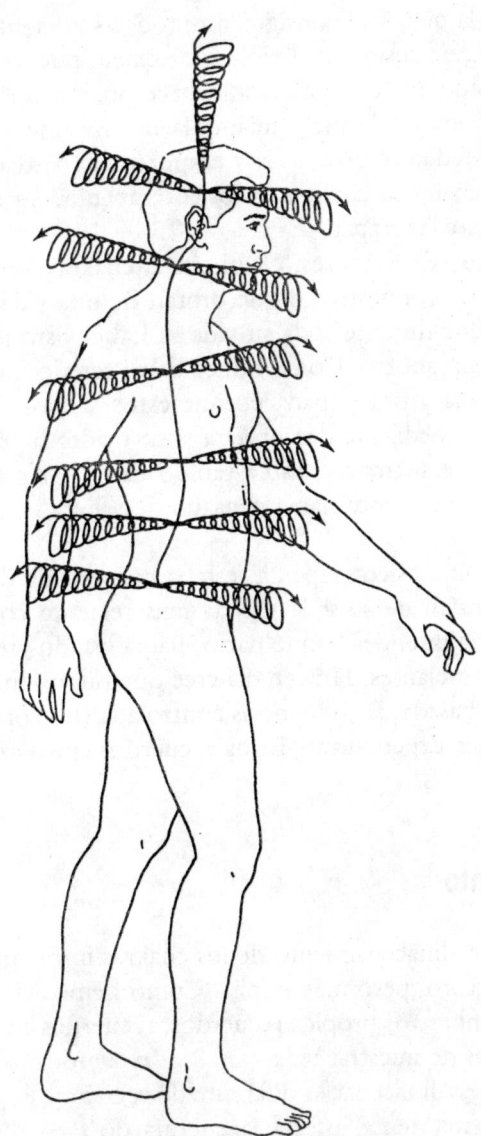

Con forma de embudos cónicos, los siete chakras intracorporales se conectan al cuerpo físico por la columna vertebral

«Los chakras tienen la forma de espirales, con el vértice de la espiral enraizado en el sistema nervioso central por la columna, mientras que el vórtice o parte ancha pasa a través del cuerpo denso por su parte frontal.» Diane Stein, en *Vida psíquica de las mujeres*

mas, incluyendo la piel. Por consiguiente, todos los asuntos del primer chakra, como son la respuesta a una violación sexual, pueden tener un impacto ampliamente extendido. Por esta razón, hace poco ayudé a una cliente que padecía una afección de la piel, guiándola intuitivamente al interior de su primer chakra. Mediante este acceso empezó a recordar pasajes de abuso sexual, para los cuales la envié a un psicoterapeuta. Su afección de la piel desapareció durante la terapia.

Como centros registradores, en nuestros chakras también se imprimen recuerdos que no son nuestros o que brotan de una vida diferente. Trabajé con una cliente que durante toda su vida se había visto acosada por sueños en los que sufría un aborto. Como nunca había tenido un aborto, se encontraba desconcertada y preocupada porque estos sueños fueran premoniciones. Finalmente, la pedí que descubriera si su madre había abortado alguna vez. Descubrió que su madre había tenido dos abortos antes de que ella fuera concebida, pero nunca había pensado que fuera importante contárselo a su hija.

Otra cliente, una psicoterapeuta, estaba convencida de que sus temores sobre el sexo surgían de su vida pasada más reciente como víctima de un Holocausto. Decía que, desde que nació, había estado aterrorizada por perchas y artículos semejantes. Hoy en día cree que fueron instrumentos de violación en su vida pasada. Bajo hipnosis controlada (no conmigo), ha revivido estas horrorizantes experiencias. Estos recuerdos quedaron impresos en su sistema chákrico.

Almacenamiento

La función de almacenamiento de los chakras intracorporales es similar a la función de registro, pero más amplia. Como hemos visto, podemos registrar o almacenar nuestros propios recuerdos, recuerdos de nuestros ancestros físicos y recuerdos de nuestras vidas pasadas (recuerdos de los ancestros o de nosotros mismos). Almacenar es diferente de registrar. Registrar es imprimirse; almacenar es mantener intacta la energía de algo. Podríamos registrar algo para aprender de ello. Sin embargo, almacenar la energía de esa cosa la conserva, a veces de manera que podamos aprender, pero otras veces para impedir daños o para guardarla hasta que podamos tratarla más tarde de un modo carente de riesgos.

Por ejemplo, podemos almacenar emociones, creencias, experiencias físicas y percepciones espirituales equivocadas que pudieran ser demasiado negativas o autodestructivas para tener que ver con ellas de inmediato. Si fuimos golpeados a menudo físicamente mientras éramos niños, tal vez decidamos subconscientemente no tratar el trauma de inmediato. Quizá reaccionar traería más cólera, así que encapsulamos la experiencia y nos la ocultamos a nosotros mismos. Me he encontrado con mucha gente que ha olvidado bloques enteros de tiempo, hasta que los recuerdos se disparan repentina y totalmente años más tarde.

Los psicoterapeutas encuentran a menudo este fenómeno. Uno de mis amigos, un psicólogo, dijo: «Frecuentemente, las personas sólo viene a verme una vez que se han vuelto lo bastante fuertes o seguras como para tratar su pasado.» Dice que en ese momento, recuerdos, sentimientos y experiencias intactos emergen frecuentemente a través de relámpagos, sueños o discusiones de la psicoterapia.

¿Adónde van estos recuerdos y experiencias? Creo que han sido almacenados en los chakras mismos, o en partes del cuerpo próximas a los chakras primarios. Aprendí esto durante las primeras etapas de mi entrenamiento para la curación. Una vez, mientras practicaba el contacto terapéutico, mi contacto con el hombro de una cliente provocó un estallido de ira y de recuerdos de un suceso que ella había olvidado. Mi sensación fue la de que, a fin de proteger al corazón físico mismo, ella había almacenado —intacta— esa experiencia en su hombro. Sólo la recordó plenamente cuando su corazón se hubo vuelto lo bastante fuerte como para tratar de esa experiencia.

El problema de este proceso es que estas emociones, sentimientos y creencias no expresados, sean nuestros o de otra persona, pueden atraernos circunstancias perjudiciales y causarnos mayor infelicidad. Si nos aferramos a percepciones mentales como «Soy un incapaz», «Soy una persona sucia», «El mundo no es seguro», o «Todos los hombres/mujeres intentan sacar partido de mí», estas creencias pueden generar un remolino de problemas hasta que las destapemos y nos libremos de ellas. Podemos evitar relaciones y oportunidades saludables en favor de otras que apoyan nuestras opiniones autodestructivas. Podemos experimentar efectos físicos y psíquicos secundarios que, dependiendo del chakra afectado, podrían incluir dolencias cardiacas (chakra del corazón), SPM (chakra del abdomen), migrañas (chakra de las caderas/genital) o más. Nuestra propensión a almacenar información puede también afectar a nuestra alma, pues el alma es afectada por todas y cada una de las circunstancias soportadas por nuestro cuerpo y nuestra mente. Si nuestra alma ya desconfía de la sexualidad de nuestro cuerpo, nuestra experiencia de la infancia pudiera ser simplemente otro clavo en el ataúd de nuestra resistencia al propósito.

Uno de los efectos laterales más peligrosos del almacenamiento de energía ocurre cuando no es nuestro lo que conservamos. Creo que nuestra capacidad chákrica para contener las energías de otros es una predisposición cultural. Muchas tribus nativas, por ejemplo, creen que los recuerdos pueden ser transmitidos «a través de la sangre». He desenterrado recuerdos que han afectado mi vida, pero estos recuerdos no han sido míos. Puedo recordar sentimientos y experiencias desde mi madre hasta antepasados femeninos de hace varios cientos de años. Algunos de estos recuerdos me han ayudado, al enseñarme acerca de la fuerza y el amor, pero muchos me han dañado, pues han reiterado conclusiones ya perjudiciales acerca de ser mala o incapaz.

En culturas que reconocen los recuerdos almacenados, como son los indios estadounidenses, los peruanos y las tribus de centroamérica que he visto, hay sistemas para trabajar de modo positivo este fenómeno. En Perú, por ejemplo, un chamán que conozco ayuda a sus pacientes a sacar a la luz a sus ancestros, ayuda a curarlos, fuerza a los espíritus negativos a marcharse a otro plano y hace que los positivos prometan ayudar a sus pacientes. No tenemos un proceso semejante en la civilización occidental, excepto en varios movimientos carismáticos o evangélicos; por consiguiente, almacenar la energía de otro suele ser problemático. Dado que carecemos de la comprensión cultural o de los métodos para reconocer o tratar este proceso, somos víctimas del emborronamiento de nuestros propios patrones, creencias, sentimientos y necesidades, con los de otros.

Creo que este emborronamiento fue el asunto al que tuvo que enfrentarse uno de mis clientes. A los cuarenta años de edad empezó a cuestionarse por qué todo lo que hacía parecía reflejar tan exactamente lo que su padre había hecho. Compartían profesiones y hábitos similares, y se habían casado con mujeres similares. Exploramos cada chakra de modo intuitivo y, utilizando la imaginación, empezamos a separar sus deseos, experiencias y sentimientos de los de su padre. Eliminó creencias y experiencias intactos del pasado de su padre. Tras seis meses de trabajo, mi cliente apenas se parecía al que vino a verme por vez primera. Empezó a vestirse, moverse y actuar de manera diferente. Estaba explorando otras opciones profesionales e inició un consultorio matrimonial con su esposa. Sus últimas palabras para mí fueron: «He pasado toda mi vida siendo mi padre. Ahora simplemente voy a ser yo.»

Almacenar la realidad de otro puede crear otro problema más. Dado que no causamos o participamos en las experiencias que tenemos almacenadas, no podemos curarlas o sanarlas. Sin embargo, ellas pueden operar en nuestro interior como si fueran nuestros propios sentimientos y experencias. Una de las primeras cosas que hago cuando trabajo con mis clientes es pedirles que separen sus asuntos, energías y sentimientos de los de otro.

Funciones reguladoras

Además de servir como unidad de almacenamiento y agente de distribución emocional, cada chakra tiene funciones físicas o reguladoras particulares. Por ejemplo, el primer chakra gobierna los órganos y partes del cuerpo localizados en el área genital y de las caderas. Afecta directamente nuestros procesos sexuales y los genitales, los procesos del intestino grueso y el área de las vértebras sacras. El segundo chakra, localizado en el abdomen, mantiene el intestino delgado, los riñones y el apéndice, y el útero y los ovarios en la mujer.

Funciones de comunicación

Dado que los chakras dictan nuestro procesos físicos, mentales, emocionales y espirituales, o los facilitan, funcionan como puertas giratorias entre estas cuatro dimensiones de nuestra naturaleza humana. Tus emociones pueden afectar a tu salud física; tus juicios sobre ti mismo pueden alterar tu relación con la Fuente Divina; tu bienestar físico puede tener un impacto sobre tu efectividad en el mundo. Por consiguiente, los chakras también sirven en una función de comunicación. Básicamente, cada chakra puede comunicar con nuestros mundos interno y externo, lo que significa que cada chakra tiene medios separados, físicos, psíquicos e intuitivos, de expresar sus necesidades y deseos, y las necesidades y deseos de todo nuestro ser (figura 2c).

La **comunicación física** es el proceso de solicitar, procesar o enviar energías sensorias (medibles) a través del cuerpo físico, para expresar necesidades relativas a los procesos físicos o emocionales. Es también el proceso de recibir ayuda a través del cuerpo físico/sensorio para satisfacer nuestras necesidades.

La **comunicación psíquica** es el proceso de recibir, procesar, codificar y enviar energía invisible (hoy por hoy no medible) para satisfacer nuestras necesidades, usualmente en relación a comprensiones y procesos mentales.

La **comunicación intuitiva** es el proceso de recibir, procesar, codificar y enviar datos psíquicos de forma manipulada, a fin de satisfacer nuestras necesidades o recibir dirección referente a asuntos importantes, usualmente en relación con comprensiones y procesos espirituales o basados en el alma.

En breve, utilizamos:

- La comunicación física para satisfacer nuestras necesidades físicas o emocionales.

Figura 2c

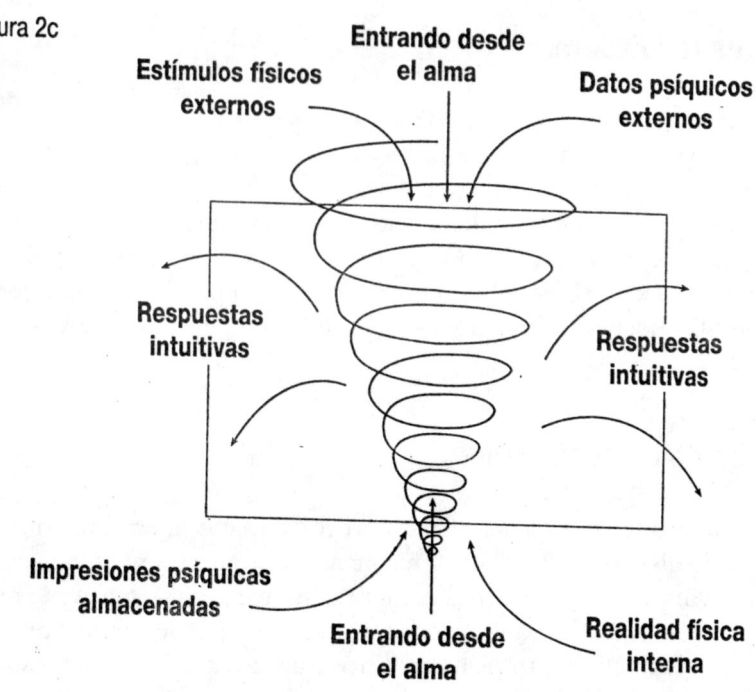

Los chakras utilizan comunicación física, psíquica e intuitiva

- La comunicación psíquica para satisfacer nuestras necesidades mentales.
- La comunicación intuitiva para satisfacer nuestras necesidades espirituales.

Por ejemplo, digamos que te has golpeado en la cabeza con un bate de béisbol. La cabeza te duele y estás triste. El quinto chakra, localizado en la garganta, puede expresar tanto el dolor como la tristeza a base de hablar. Gritarás, echarás pestes, desvariarás y pedirás ayuda. El proceso puede convertirse en un proceso psíquico para tratar de entender qué sucedió. Si eres consciente de tus capacidades psíquicas, puedes preguntar a un guía invisible por qué tuvo lugar el daño, y que éste te diga: «No estabas prestando atención al juego.» Una persona menos consciente quizá simplemente escuche una canción dentro de su cabeza —la guía que viene a través del quinto chakra aparentemente de forma espontánea— con una letra del estilo: «No lo viste venir, no lo viste venir, presta atención la próxima vez.» El alma puede implicarse «hablando» más tarde acerca de este suceso si te sientas y meditas, reflexionas sobre ti mismo, utilizas un diario, rezas o pides la guía de la Fuente Divina. Entonces tal vez «oigas» una voz en tu cabeza que dice: «Ese golpe en la cabeza fue para decirte que algo se acerca a tu vida para lo que debes estar alerta».

Los siete chakras intracorporales uno por uno

Al examinar cada uno de los siete chakras intracorporales, consideraremos ciertas indicaciones clave acerca de cada uno de ellos:

Localización: el lugar del centro físico de cada chakra.

Color: El color que los psíquicos suelen asociar con ese chakra. El color indica el tipo de frecuencia o tono afiliado con cada chakra. Cada color podría ser convertido en una nota musical o en una frecuencia matemática. En general, cuanto más abajo en el cuerpo se halla localizado el chakra, más bajo su tono o color. Cuanto menor el tono, más fuerte el efecto que tiene ese chakra sobre tu yo material (frente a nuestro yo espiritual).

Descriptores: Símbolos que se han relacionado con los diversos chakras. Cada chakra tiene un tema predominantemente yang o masculino, que tiene que ver con la emisión de energía y su efecto sobre el mundo, y un tema yin o femenino, que concierne a la recepción de energía y su efecto sobre tu ser.

Fuente de: Una lista de lo que proviene de cada chakra; una indicación de lo que cada chakra añade al sistema en su conjunto.

Asiento de: El propósito último de cada chakra.

Palabra clave: Una palabra acerca de un chakra en concreto para ayudar a diferenciarlo de los otros. Si recuerdas alguna palabra acerca de un chakra en concreto, sería ésta.

Tipo de energía: El tipo de enegía que fluye hacia dentro y hacia fuera de cada chakra.

Estilo de comunicación psíquica: Cómo expresamos o recibimos datos medibles y tangibles a través de cada chakra. Estos datos suelen reconocerse como sensaciones físicas.

Estilo de comunicación intuitiva: Cómo expresamos o recibimos datos intangibles que, una vez procesados a través de un chakra, producen un efecto físico o emocional. Estos datos no son hoy por hoy medibles científicamente, y no siempre son confirmables por las demás personas.

Estilo de comunicación intuitiva: Cómo cada chakra nos entrega información espiritual, o recibe información destinada a satisfacer las necesidades de nuestra alma.

Problemas: Una lista parcial de las afecciones más típicamente asociadas con cada chakra, particularmente las enfermedades que surgen de un desequilibrio dentro del chakra mismo.

Contiene: Sugerencias sobre el tipo de información almacenada dentro de cada chakra, a la que se podría llegar por comunicación con él.

Primer chakra (El chakra raíz)

El primer chakra, el chakra raíz, es crítico para nuestra supervivencia. «Hablando psicológicamente, el chakra raíz está relacionado con los instintos básicos de supervivencia. Está conectado con los sentimientos primarios... y es el *primum mobile* que subyace a la respuesta de luchar-o-huir», dice Gerber en *Medicina vibracional*[18].

Localizado en el área genital, el primer chakra recibe su programación básica de nuestra familia. A través de esta programación tomamos decisiones concernientes a nuestro derecho y voluntad de sobrevivir. Nuestras experiencias más tempranas también se registran aquí, dando como resultado la consciencia o represión de nuestros sentimientos más primarios.

En *Ruedas de Luz*[19], Rosalyn L. Bruyere dice: «En el primer chakra, ser consciente es ser táctil. Nada sucede hasta que sucede en el primer chakra, y nada sucede hasta que lo sentimos, hasta que lo sentimos de modo táctil, hasta que nos toca... Nuestra interacción con nuestro entorno depende de la capacidad de nuestro propio cuerpo para, simultáneamente, registrar y hacernos conscientes del acontecimiento de algún suceso o experiencia.» Conforme pasamos por la vida, este chakra regula nuestra existencia y necesidades físicas, incluyendo lo que rodea a la sexualidad y la pasión, y la disponibilidad de nuestras necesidades más básicas: dinero, cobijo, alimento, vesti-

---

[18] *Ibíd.*, pág. 389.
[19] Bruyere, Rosalyn L.: *Wheels of Light: A Study of the Chakras*. Ed. Jeanne Farrens. Arcadia, CA: Bon Productions, 1989, 152.

do y relaciones amorosas. El primer chakra regula asimismo el reino físico en el que mora, incluyendo nuestras funciones sexuales.

Localización: Parte inferior de las caderas, área genital (figura 2d).

Color: Rojo.

Descriptores: Imágenes de una serpiente, dragón o «fuego sagrado», similar a la llama del Espíritu Santo. El aspecto yang del chakra se relaciona con el modo en que nos ponemos a nosotros mismos en el mundo, y con el éxito que tenemos para sobrevivir. El componente yin tiene que ver con nuestra capacidad de recibir ayuda material y mantener viva nuestra «voluntad de vivir».

Fuente de: Pasión; sentimientos crudos y primarios, incluyendo rabia, terror, gozo; energía de supervivencia; energía material para alcanzar el propósito de la vida; pogramación fundamental sobre lo que merecemos en la vida y de la vida.

Asiento de: La existencia sobre el plano físico; la voluntad de vivir.

Palabra clave: Notar.

Tipo de energía: Alimentada por energía ígnea proveniente de dentro y de fuera de nosotros. Es el chakra receptor de kundalini, la energía terrestre cruda que alimenta nuestra fuerza de vivir y nos asegura la supervivencia.

Estilo de comunicación física: Comunica las necesidades físicas o emocionales a través de impresiones sensorias de la vida real: dolores, conciencia física, tactos, olores, vibraciones, movimientos, sentimientos. Puede implicar ponerse enfermo como medio de advertir un problema.

Estilo de comunicación psíquica: Transmite información referente a nuestras necesidades mentales a través de la empatía física, y el registro de sensaciones físicas y basadas en los sentimientos provenienes de fuentes que se perciben como no estando ahí. Puede incluir el sentir dolores físicos, enfermedades y sentimientos que pertenecen a otra persona; sentir olores, náuseas, contactos, vibraciones que parecen no provenir de ninguna parte. Yo asocio capacidades como la psicometría y el acto de leer objetos físicos con este chakra.

Figura 2d

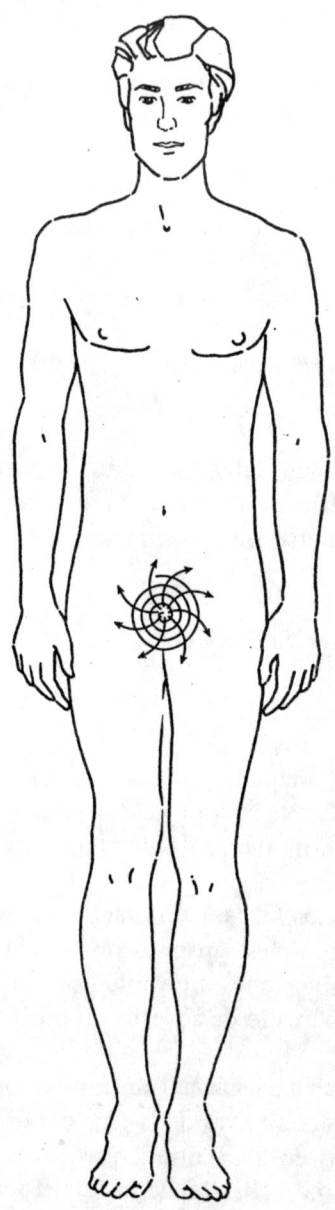

El primer chakra

Un primer chakra plenamente funcional de esta consciencia: «Yo soy»

Estilo de comunicación intuitiva: Recibe o envía sensaciones físicas que nos hacen considerar un asunto o necesidad del alma o espiritual, haciéndonos experimentar a veces una realidad imaginaria, como si realmente estuviéramos allí. Aunque estas experiencias están tejidas con energías psíquicas, suelen incluir una enseñanza superior, y piden un importante cambio en el estilo de vida.

Problemas: El área de la raíz es para las adicciones y compulsiones; las disfunciones sexuales (físicas, comportamentales o emocionales); las enfermedades o desórdenes del sistema nervioso: desórdenes del tracto urinario; problemas rectales; algunos problemas circulatorios, de la piel o reproductivos; jaquecas. Disfunciones familiares y confusión sobre el papel de nuestro género sexual; cualquier asunto relacionado con abusos en la infancia; dinero, profesión y cuestiones financieras; cuestiones acerca de la vivienda, el alimento y las necesidades básicas.

Contiene: Nuestras raíces, incluyendo valores, creencias y herencia familiar; sentimientos originales acerca de nosotros mismos, nuestro derecho a existir, nuestro derecho a ocupar espacio, nuestro derecho a ser amados, nuestro derecho a que nuestras necesidades se vean satisfechas; la programación que afecta a nuestras necesidades básicas, incluyendo la necesidad de dinero, amor/ser amado, sexo, alimento, aire, agua, vivienda; energía material para alcanzar el propósito de la vida.

Segundo chakra

Nuestro segundo chakra, localizado en el abdomen, es el centro de nuestros sentimientos y nuestra creatividad. A través de este chakra empezamos a entender nuestras reacciones a nuestros mundos interno y externo, y decidimos en qué forma vamos a expresar estas reacciones. Los sentimientos que se originan aquí son, por lo general, más «suaves» que los que brotan del primer chakra, y el modo más saludable de trabajar con ellos es a través de la expresión creativa o emotiva. Este centro es particularmente importante para las mujeres, las cuales, creo yo, almacenan la mayoría de su energía vital dentro de él. En lo que respecta a los procesos físicos, está vinculado con los intestinos, los órganos abdominales y el aparato reproductor femenino.

Localización: Abdomen (figura 2c).

Figura 2e

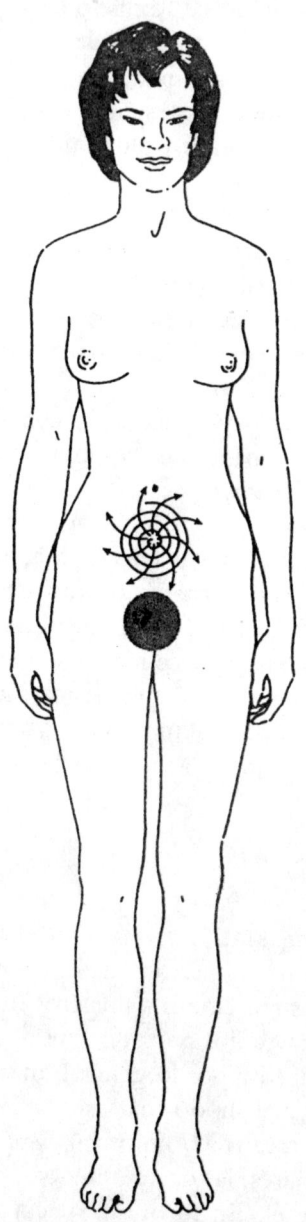

El segundo chakra

Un segundo chakra funcional nos trae esta consciencia: «Estoy sintiendo»

Color: Naranja.

Descriptores: Elementos de agua y animales de agua, como son los peces y los anfibios. Su elemento yang comprende el modo en que expresamos a otros nuestros sentimientos y en que creamos el mundo interior; el aspecto yin comprende absorber o interpretar los sentimientos de otros; hacer juicios sobre nuestros propios sentimientos y creatividad, y ser capaces de incorporar la energía vital necesaria para sentir y crear.

Fuente de: Sentimientos; energía creativa; actividad del nacimiento y la gestación (para bebés, negocios, ideas, proyectos; cualquier cosa); el *poder de las mujeres*.

Asiento de: Los sentimientos y nuestra percepción de ellos (siendo los sentimientos el lenguaje del cuerpo); capacidades creativas; la *identidad femenina*.

Palabras clave: Sentir, creatividad.

Tipo de energía: Energía chi, que es considerada como la energía de la vida en el sistema chino.

Estilo de comunicación física: Comprende sentir y expresar nuestros sentimientos a través del medio físico apropiado, como es llorar, gritar, reír.

Estilo de comunicación psíquica: Conocido como el sentir empatía, la capacidad de experimentar nuestros propios sentimientos o los de otra persona con el propósito de entender creencias autodestructivas y acabar con ellas. Este don nos ayuda a diseccionar las emociones, que son sentimientos unidos a pensamientos (caso de: «Estoy furioso, por consiguiente estoy mal»).

Estilo de comunicación intuitiva: Utiliza la empatía del sentimiento para aprender una lección del alma o ayudar a integrar el alma más plenamente dentro del cuerpo. Podría incluir el experimentar los sentimientos de alguien a quien hicimos daño, o experimentar realmente los sentimientos de nuestra alma conforme se integra más plenamente en nuestro cuerpo.

Problemas: De tipo «itis», como son la diverticulitis y la colitis; desórdenes del apéndice; problemas renales (asuntos de la infancia); en relación a la fertilidad; propios de las mujeres, como el SPM, la candidiasis, trastornos del ovario, problemas uterinos; provenientes de emociones, nuestras o de otros, almacenadas, fijadas o inexpresadas; codependencia (literalmente, adoptar o almacenar los sentimientos de otro); bloqueos creativos.

Contiene: Sentimientos sobre uno mismo y los demás.

Tercer chakra (el chakra del plexo solar)

El tercer chakra es muy complejo. Conocido muy comúnmente como el «centro de poder», funciona como almacén de los juicios, opiniones y creencias que hemos reunido acerca de nosotros mismos y del mundo. Estos juicios, a su vez, afectan nuestra autoestima y nuestra confianza en nosotros mismos. Es quizá por esta razón por lo que este centro es visto como la fuente del conocimiento, el «conocimiento» que nos dice cómo operar dentro del armazón de la escuela, la sociedad y el mundo. En *Vidas psíquicas de las mujeres*[20], Diane Stein describe este centro como un «aparato de bombear energía psíquica» para los cuerpos físicos y no físicos. Dice: «El equilibrio emocional y psíquico se localiza en este centro, y aquí se producen las formas de pensamiento.»

Este centro es especialmente importante para los hombres, quienes, creo yo, deben basarse en él como su punto de toma de decisiones en vez del primer chakra. Este chakra, asimismo, se correlaciona con nuestro proceso digestivo y se interrelaciona con los órganos localizados dentro de él.

Localización: Región del plexo solar (figura 2f).

Color: Amarillo.

Descriptores: Elementos del aire y entidades nacidas del aire, incluyendo los pájaros. La presencia yang comprende la expresión de uno mismo en el mundo; el aspecto yin concierne a las opiniones y juicios sobre uno mismo y sobre los demás.

Fuente de: Poder personal; juicio de uno mismo y de los demás; comprensión intelectual de la existencia física/mundanal; el *poder de los hombres*.

---

[20] Stein, Diane: *Women's Psychic Lives*. St. Paul, MN: Llewellyn Publications, 1988, 33.

Figura 2f

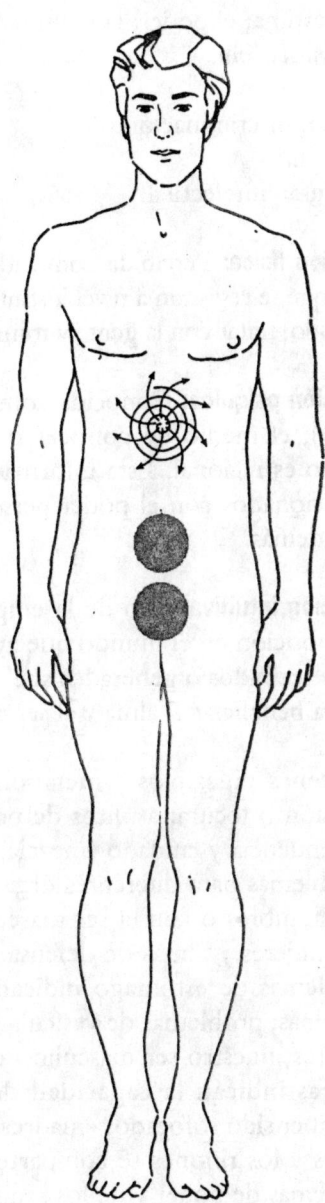

El tercer chakra

Un tercer chakra funcional dará por resultado esta consciencia: «Estoy sintiendo y pensando»

Asiento de: La autoestima; el poder; la voluntad dirigida; la capacidad de discernir; la *identidad masculina*.

Palabras clave: Poder, discriminación.

Tipo de energía: Mental, intelectual.

Estilo de comunicación física: Percibida como ideas, pensamientos o comprensiones intelectuales que se registran a nivel instintivo para ayudarnos a triunfar, contactar con el mundo, tratar con la gente y tomar decisiones efectivas.

Estilo de comunicación psíquica: Conocida como empatía mental o clarisintiencia (sentir claro), el medio de conocer o sentir algo que, aunque pueda ser justificado, no es racional. Esta información suele aplicarse al trabajo de problemas relacionados con el poder personal y con el juicio sobre uno mismo y sobre los demás.

Estilo de comunicación intuitiva: Uso de la empatía mental para alcanzar de modo efectivo una posición en el mundo que ayudará al alma a conseguir su propósito. Los datos recibidos o generados suelen crear situaciones, oportunidades y sucesos para beneficiar al alma y al ser en su conjunto.

Problemas: Desórdenes digestivos y metabólicos; problemas de peso; sentimientos de confusión o locura; asuntos de poder. Cuando se relaciona con el corazón, codependencia y cuidado (mezcla de amor y necesidades de poder). Diferentes problemas para diferentes órganos: problemas de hígado indican enojo con los hombres o con el ser masculino; desórdenes de bazo indican enojo con las mujeres y temas de defensa, o un uso inadecuado del poder femenino; problemas de estómago indican tragarse las opiniones o pensamientos de los demás; problemas de vesícula biliar indican resentimientos, pena de los hombres, nuestro ser masculino o los logros en el mundo; desórdenes de páncreas indican la capacidad de aceptar o conservar lo «dulce» de la vida, o haber sido sofocado, «madreado» en exceso o poco cuidado. Las suprarrenales y los riñones se comparten con el segundo chakra, reflejando así los problemas de poder y de los sentimientos: las suprarrenales contienen creencias en relación con nuestras reacciones creativas ante peligros u oportunidades percibidos; los riñones contienen percepciones de la infancia concernientes a necesidades emocionales.

Contiene: Opiniones, creencias diferenciadas.

Cuarto chakra

Desde que comenzara el tiempo, el corazón ha sido visto como el centro del cuerpo humano, el crisol en que se funden la energía divina de la cabeza y el impulso a la vida del área genital. En la tradición cheroqui, Dhyani Ywahoo dice: «Mucho de nuestro proceso de transformación, especialmente a nivel de la emoción, ocurre a través de los pulmones y del puente o puerta de energía que hay detrás del corazón»[21]. En verdad, la mayoría de nuestras decisiones serían prósperas y auténticas si fueran hechas por el corazón, el centro de las relaciones, el amor y la compasión. Algunos dirían que el éxito humano depende de hacer evolucionar nuestros corazones.

El cambio en las energías psíquicas del corazón en evolución podría indicar esto. Al nacer, el corazón es verde, indicando una capacidad y energía innatas de curación. Durante nuestros años productivos de madurez debería verse rosa, la integración del color blanco (propósito) de la coronilla y el color rojo (pasión) del primer chakra. Finalmente, hemos de alcanzar el color dorado, el color del amor universal. A un nivel más mundano, este chakra afecta los procesos físicos que tienen que ver con el corazón y los pulmones (circulación y funciones respiratorias).

Localización: El corazón (figura 2g).

Color: Verde, rosa, y dorado.

Descriptores: Elementos de tipo tierra y mamíferos. La función yang pertenece a las relaciones con los demás, y a lo que estamos dando al mundo; el aspecto yin tiene que ver con la relación con nuestro ser, y lo que estamos dispuestos a recibir del mundo.

Fuente de: Energía curativa; nuestros deseos más internos; nuestros sueños.

Asiento de: Compasión; relaciones.

Palabras clave: Amor, curación.

Tipo de energía: Astral (conecta con el mundo astral y el mundo de los sueños).

---

[21] Ywahoo, *ibíd.*, pág. 116.

Figura 2g

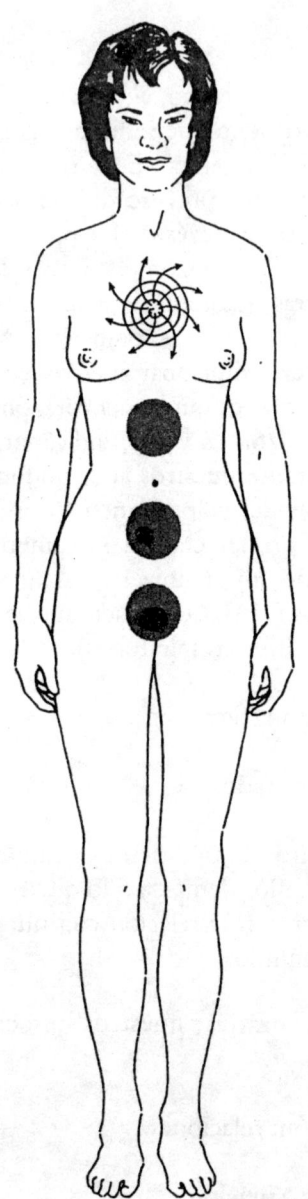

El cuarto chakra

Cuando funciona plenamente, el cuarto chakra añade esta perspectiva: «Estoy sintiendo y pensando amorosamente»

Estilo de comunicación física: Comunica necesidades físicas y emocionales a través de sensaciones físicas reales, incluyendo dolor de corazón, punzadas y luchas emocionales. Fuente de energía curativa utilizada en métodos de curación por imposición de manos, abrazo y contacto físico. El corazón comunica o recibe cada vez que estamos haciendo lo que nos gusta hacer.

Estilo de comunicación psíquica: Recibe mensajes de aspectos del ser y de guías a través de sueños, experiencias extracorporales (proyección astral), recibiendo y enviando energía curativa, escritura guiada o automática.

Estilo de comunicación intuitiva: Ocurre cuando se trabaja con frecuencias y energías superiores a través del corazón, como es la canalización de guías, rayos, principios, energía chákrica extracorporal, y, cuando estamos en plena madurez, la Fuente Divina o Cristo, individualizados a nuestra particularidad. Cuestiones del alma como son dar o recibir, o vivir conforme a los deseos de nuestro corazón, se reciben, guían y curan a través de este centro.

Problemas: Enfermedades o desórdenes cardiacos o circulatorios; problemas con la tensión de la sangre; problemas relacionados con los pulmones, incluyendo asma, alergias, bronquitis y neumonía; problemas de relación; desórdenes del dormir. Junto con el tercer chakra, temas de codependencia y cuidado.

Contiene: La capacidad de relacionarse.

Quinto chakra

El quinto chakra es muy útil para manifestar y para la autoprotección. A través de él, expresamos lo que pensamos, sentimos, vemos, deseamos y detestamos. La parte frontal de este chakra suele conocerse como el «asiento de la responsabilidad», pues es a través de ella como decimos «sí» o «no» a las opciones de la vida. Vinculado también con el alma, este chakra es visto como un transmisor para la expresión de sus deseos por parte del alma. De gran importancia psíquica, este chakra nos permite compartir la información que estamos recibiendo desde el yo invisible. Su presencia física comprende la garganta y los procesos auditivos.

Localización: Garganta (figura 2h).

Figura 2h

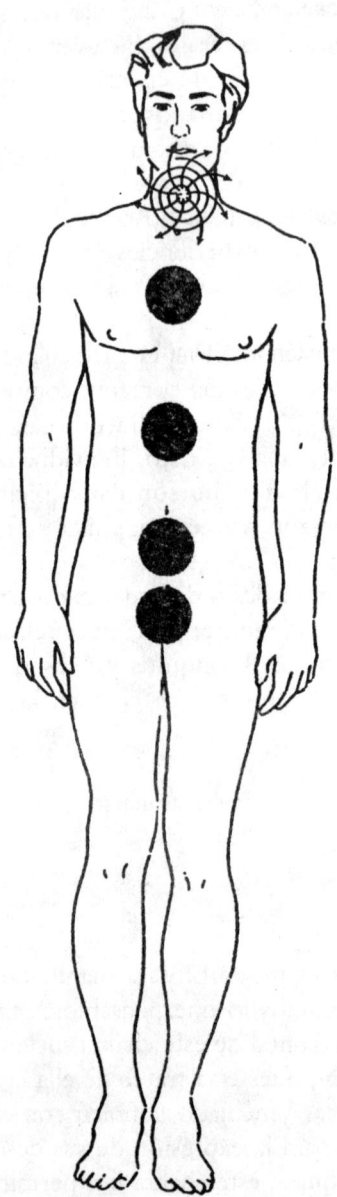

El quinto chakra

Un quinto chakra funcional nos permitirá decir: «Estoy sintiendo, pensando y expresando amorosamente»

Color: Azul.

Descriptores: Figuras relacionadas con el elemento etérico o la humanidad. La función yang se relaciona con expresar y dar voz a las verdades; el aspecto yin se sintoniza con la recepción de guía.

Fuente de: Verdad.

Asiento de: Sabiduría; responsabilidad.

Palabras clave: Expresión.

Tipo de energía: Etérica, una energía emocional que ha sido cargada de consciencia espiritual.

Estilo de comunicación física: Utiliza el lenguaje, el sonido, el canto, la entonación, o cualquier otro medio verbal de comunicación para expresar las experiencias, necesidades o estados emocionales de nuestra consciencia física. Reúne información concerniente a estas cuestiones por la escucha o la lectura.

Estilo de comunicación psíquica: Centro de clariaudiencia (oír claro), la capacidad de oír o hablar psíquicamente a nosotros mismos, espíritus guía u otra gente. Capacidades como la escritura guiada, la canalización, la transmediumnidad y la telepatía están relacionadas con este chakra. Idealmente, utiliza estas capacidades para aclarar patrones mentales de creencia que se han debilitado, y eliminar cuerdas que la alimentan de «material viejo».

Estilo de comunicación intuitiva: Visto a menudo como el «asiento del alma», el punto de entrada para un alma no integrada en el día a día. El alma habla verbal o psíquicamente a través de este chakra para ayudarnos a crear las circunstancias necesarias para alcanzar el propósito. El alma también enviará o recibirá guía procedente de seres superiores a través de canales psíquicos al alcance de este chakra.

Problemas: Cualquier desorden que afecte al área de la garganta, incluyendo la mandíbula o la boca, la tiroides, la laringe, las amígdalas y el timo; la incapacidad de decir «no» o «sí»; el victimismo por no reafirmarse; asuntos de exceso o falta de responsabilidad.

Contiene: La capacidad de definirnos nosotros mismos en el mundo.

Sexto chakra (el tercer ojo)

Reverenciado desde tiempos antiguos, este chakra, también llamado el «tercer ojo», es nuestro centro visual interno y externo. A través de él obtenemos, registramos y enviamos imágenes, símbolos, colores e imágenes que representan la realidad. Relacionado con la hipófisis, este centro regula muchas de nuestras funciones hormonales y endocrinas, basando su salud física en nuestros objetivos y la imagen que tenemos de nosotros mismos. Como dice Gerber: «Las glándulas endocrinas son parte de un poderoso sistema maestro de control que afecta... al cuerpo desde el nivel de la activación celular de los genes, hasta el funcionamiento del sistema nervioso central. Los chakras son, por tanto, capaces de afectar a nuestros estados de ánimo y comportamiento a través de influencias hormonales sobre la actividad del cerebro»[22].

Localización: Frente (figura 2i).

Color: Púrpura.

Descriptores: Figuras pertenecientes al ser humano espiritualizado, como son los santos, los espíritus y los gurus. El aspecto yang pertenece a la capacidad de ver y alcanzar el futuro, y llevar a cabo medidas estratégicas de planificación; la función yin se relaciona con la imagen y la percepción que tenemos de nosotros mismos.

Fuente de: Discernimiento.

Asiento de: Visiones.

Palabra clave: Visión.

Tipo de energía: Cerebral; la parte frontal del tercer ojo atrae energía del cerebro y del séptimo chakra.

Estilo de comunicación física: Usa la capacidad de ver, atraer o proyectar imágenes para comunicar o determinar necesidades o deseos físicos o emocionales.

---

[22] Gerber, *ibíd.*, pág. 370.

Figura 2i

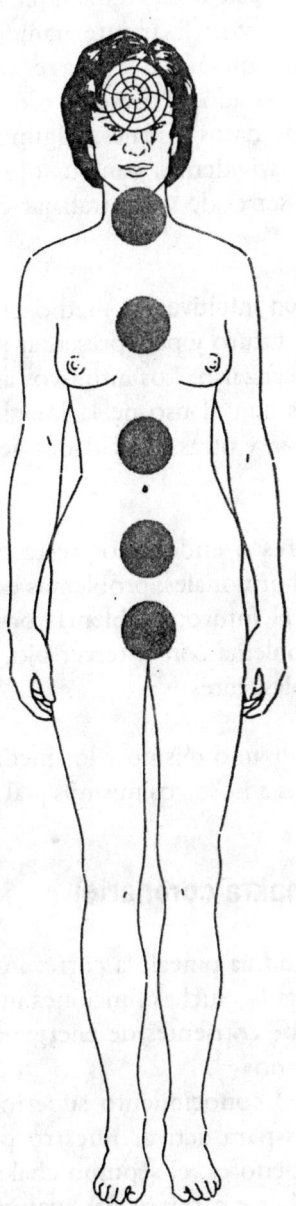

El sexto chakra

Cuando el sexto chakra está funcionando plenamente, podemos decir: «Estoy sintiendo, pensando y expresando amorosamente mi visión»

Estilo de comunicación psíquica: Llamada clarividencia (ver claro), este chakra puede ayudarnos a visualizar internamente imágenes, incluyendo colores, símbolos, formas, metáforas e imágenes literales o figurativas de seres, sucesos, o ideas del pasado, el presente o el futuro. También la capacidad de enviar este tipo de datos visuales. Algunas personas son capaces de llevar a cabo funciones clarividentes con sus ojos físicos. El trabajo hecho con esta capacidad suele ser el de ver y trabajar claramente con la imaginación.

Estilo de comunicación intuitiva: El medio empleado por el alma para comunicar deseos para el futuro y para presentar puntos de vista que necesitan ser cambiados para alcanzarlo. Los intuitivos avanzados pueden realmente crear sus proyecciones con el uso de la imaginación o «i-magic-ación». Discernimiento, inspiración y otras capacidades de base visual tienen aquí su fundamento.

Problemas: Glandulares o endocrinos (este chakra se relaciona con la hipófisis); desequilibrios hormonales; problemas de crecimiento o desarrollo; dificultad para planificar el futuro; problemas oculares; jaquecas en el arco superciliar indican un problema con el tercer ojo, sea por exceso o por falta de uso; problemas de adolescentes.

Contiene: La imagen de uno mismo y los medios de corregir/conformar el modo en que nos vemos a nosotros mismos y al mundo.

Séptimo chakra (el chakra coronario)

Conectado con la glándula pineal, la corteza cerebral y nuestros chakras superiores, este chakra regula muchas funciones intra y extracorporales. Gerber dice: «El cuerpo recibe corrientes de energía a través de un chorro que entra por el chakra coronario»[23].

«Centro psíquico» del conocimiento superior, recibe las energías y la guía espiritual necesarias para activar nuestro propósito. Dado que está conectado con planos superiores, el séptimo chakra es visto como el centro de nuestra divinidad, el lugar a través del cual conocemos nuestra unidad con la Fuente Divina y con todos los otros seres espirituales.

---

[23] Gerber, *ibíd.*, pág. 371.

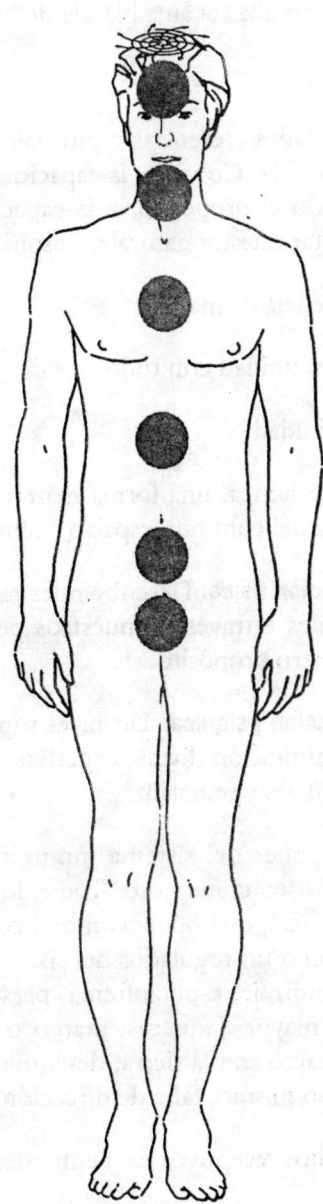

El séptimo chakra

Un séptimo chakra plenamente funcional da por resultado esta consciencia: «Estoy sintiendo, pensando y expresando amorosamente mi visión del propósito divino»

Localización: La coronilla (el área blanda de los bebés; figura 2j).

Color: Blanco o claro.

Descriptores: Entidades y esencias espirituales, como formas de espíritus o dioses, ángeles o poderes. Contiene la capacidad yang de vivir nuesta identidad divina expresando el propósito, y la capacidad yin de tomar energías esenciales para alimentar nuestra naturaleza espiritual.

Fuente de: Consciencia divina.

Asiento de: Nuestra unidad con todo.

Palabra clave: Divinidad.

Tipo de energía: Kethérica, una forma materializada de energía espiritual que se origina más allá del continuo espacio/tiempo de la tierra.

Estilo de comunicación física: Describe nuestras necesidades físicas y nuestros deseos emocionales a través de nuestros pensamientos y de cualquier acción que sirva a nuestro propósito.

Estilo de comunicación psíquica: Un nivel superior de consciencia cenestésica sentido como inspiración divina, experiencias metatónicas o culminantes, despertares espirituales y semejantes.

Problemas: Desórdenes del sistema inmunitario; cánceres, desórdenes óseos; desórdenes del sistema nervioso. Todos los problemas que se relacionan con la glándula pineal, que opera como el centro psíquico de sintonización y propósito, y como un regulador del sistema inmunitario. Desórdenes o dificultades de aprendizaje; esquizofrenia, personalidad múltiple, neurosis o psicosis; depresión mayor. Jaquecas; mareo o atolondramiento. Disociación o carecer de contacto con la tierra; desequilibrio de cualquier tipo; falta de comprensión de uno mismo; falta de dirección.

Contiene: Los medios receptivos para entender el sendero y el propósito.

Los cinco chakras extracorporales

A fin de entender plenamente el sistema de energía humano que tiene una base física, debemos conocer los cinco chakras humanos superiores.

Estos cinco chakras se conectan con el cuerpo físico, pero ni están localizados ni se basan en él. Más bien actúan como intermediarios entre los chakras superiores invisibles y los chakras intracorporales. Su presencia da firme validez a la creencia de C. W. Leadbeater de que «los chakras se dividen de modo natural en tres grupos... que son, respectivamente, el fisiológico, el personal y el espiritual»[24].

Básicamente, los siete chakras inferiores aglutinan nuestras energías físicas, mentales, emocionales y espirituales con el pegamento de lo físico. Los cambios hechos dentro de estos siete chakras tienden a producir resultados sustanciales y tangibles. Obtenemos un empleo, nos ponemos enfermos, nos ponemos bien, conseguimos o perdemos una relación. Sin embargo, como Gerber observó, los chakras proporcionan a nuestros cuerpos una función regulatoria; hay otros cuerpos o energías que nos afectan. Dice: «Los cambios en el cuerpo físico son meramente el resultado final observable de sucesos fisiológicos que ocurren simultáneamente en una variedad de niveles energéticos»[25]. Uno de tales niveles comprende los cinco chakras superiores, que relacionan los centros de energía materiales con los espirituales. Combinan lo visible y lo invisible, operando lo más frecuentemente con energías elementales y celestiales.

Las energías elementales pertenecen al tipo de cuantos que crean el plano de la Tierra: fuego, agua, aire y tierra. Las energías celestiales discurren a una frecuencia más elevada y más rápida, probablemente a través de taquiones (partículas que se mueven más deprisa que la velocidad de la luz). Éstas son energías que se relacionan con conceptos, ideas, principios, valores, la espiritualidad. Creo que los cinco chakras superiores operan una alquimia propia. Son los chakras a través de los cuales se realiza la magia, deviene real la imaginación y recibe su salvación la humanidad. Son los chakras que intercambian energías elementales y celestiales. Examinemos cada uno de estros chakras en profundidad.

Octavo chakra

El octavo chakra es increíblemente interesante. Encuentro este chakra de abajo arriba; está localizado como unos cuatro centímetros por encima de la cabeza. Stein dice: «Siéntelo sosteniendo tu palma izquierda por encima de tu centro coronario, y advierte la energía»[26]. Yo lo percibo como plano, de modo que es difícil de encontrar yendo de arriba abajo.

---

[24] Leadbeater, *ibíd.*, pág. 9.
[25] Gerber, *ibíd.*, pág. 371.
[26] Stein, *ibíd.*, pág. 36.

Trabajando con este chakra, he llegado a creer que es nuestro portal para entrar y salir de este continuo espacio/tiempo. Dentro de él, mis clientes y estudiantes informan de que experimentan la sensación de estar en el espacio, y a menudo visualizan diferentes imágenes estelares y planetarias. Las vueltas, círculos, líneas y senderos de nuestro pasado, presente y futuro, y los de los demás, podrán encontrarse aquí.

Aquí encuentra uno también los registros akáshicos, los «libros» en los que está registrado todo lo que alguna vez hemos visto, hecho o dicho en esta vida o en cualquier otra. La instructora cheroqui Ywahoo llama a estos registros «El templo del entendimiento», que contiene «... todos los programas de nuestra expresión en esta vida y las otras vidas que están coexistiendo» [27]. Debido a esto, a través del octavo chakra podemos obtener acceso a cualquier cosa acerca de nuestro pasado. Si es adecuado, podemos leer el pasado de otras personas. Podemos viajar a cualquier lugar que exista en el presente o en otras dimensiones, y atisbar en futuros potenciales o destinados. También es posible aquí leer pasados, presentes y futuros alternativos. Al trabajar con clientes que tienen dificultades para separar sus asuntos de los de los demás, a menudo los guío al interior de su octavo chakra.

Por ejemplo, un alto ejecutivo pasó dos sesiones tratando de determinar la causa de su miedo a volar, un riesgo evidente en su posición. Le hice que sintiera su octavo chakra, imaginase su Libro del Ser (registros akáshicos) y buscase imágenes que describieran el origen de su temor. Recordó momentos de su infancia temprana en que su padre leía en voz alta historias del periódico relativas a aviones estrellados. Recuperar esta información ayudó a mi cliente a reconsiderar la decisión de que los aviones eran peligrosos.

Este chakra es rico en información acerca de nuestro karma, el tablón de los problemas que hemos venido a trabajar, y las enseñazas que buscamos adquirir. Dado que en este chakra registramos información acerca de los demás y de su papel en nuestras vidas, es aquí donde podemos encontrar muchas de las cuerdas que actualmente nos afectan. A través del octavo chakra podemos también sondear nuestros patrones (los procesos habituales en los que nos quedamos atrapados), convirtiéndolo en un valioso punto de acceso para la curación de problemas físicos o emocionales crónicos, y las relaciones difíciles. Dado que se relaciona con el tiempo, muchos de nuestros problemas en relación con el tiempo pueden ser resueltos a través de este chakra.

Localización: Unos cuatro centímetros por encima de la cabeza (figura 2k).

---

[27] Ywahoo, *ibíd.*, pág. 106.

TÚ COMO INFINITUD: TUS DOCE CHAKRAS 75

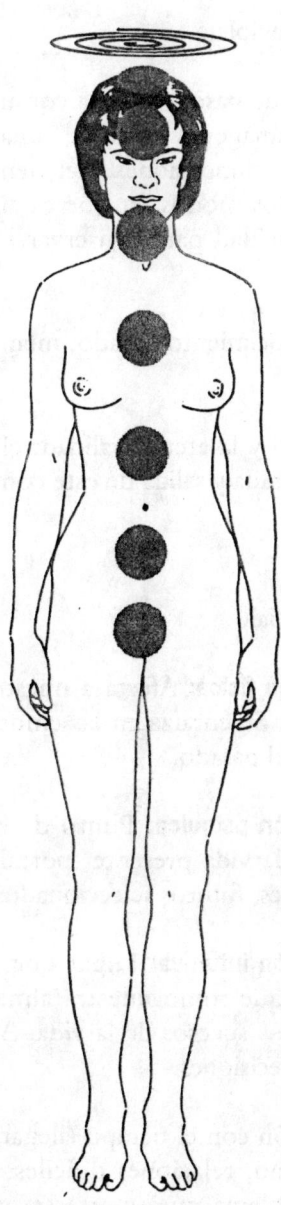

Figura 2k

El octavo chakra

Un octavo chakra plenamente funcional nos permitirá decir: «Estoy sintiendo, pensando y expresando amorosamente mi visión del propósito divino en una manera temporal»

Color: Plateado o ultravioleta.

Descriptores: Chakra de base femenina con un núcleo masculino, lo más a menudo asociado con imágenes cómo la Luna, las estrellas, la noche universal, los planetas, otras dimensiones y el tiempo mismo. Sus elementos yang se relacionan con los modos en que estamos viviendo el karma; sus aspectos yin son su capacidad para conservar los recuerdos y servir como nuestro escriba personal.

Fuente de: Todo conocimiento pasado; memoria kármica; acceso a otras dimensiones y tiempo.

Asiento de: El tiempo y la atemporalidad; el karma; las relaciones entre almas; los portales de entrada y salida de este continuo espacio/tiempo.

Palabra clave: Tiempo.

Tipo de energía: Espacial.

Estilo de comunicación física: Afecta a nuestro sentido del equilibrio, el tiempo y la planificación. Se enraíza en las emociones y las experiencias físicas que han ocurrido en el pasado.

Estilo de comunicación psíquica: Punto de acceso para información de vidas pasadas, datos de la vida presente, portales a la realidad alternativa, otras dimensiones y niveles, futuros seleccionados y posibles.

Estilo de comunicación intuitiva: Lugar que regula nuestros **puntos de destino**, las decisiones que tomó nuestra alma antes de que hubiéramos nacido en relación con los sucesos de la vida. Asimismo, el lugar en el que podemos cambiar estas decisiones.

Problemas: En relación con el tiempo (llegar demasiado pronto o demasiado tarde); metabolismo; relaciones difíciles; problemas y enfermedades crónicos. Cualquier problema que se arrastra desde una vida anterior, sea físico, emocional, mental, relacional o concerniente a la profesión.

Contiene: Los registros akáshicos, el libro que registra todo lo que alguna vez hemos hecho, sido, pensado o dicho **en alguna** encarnación.

Noveno chakra (el chakra del alma)

Nuestro noveno chakra es el menos comprendido, sin embargo, a veces creo que es uno de nuestros chakras más importantes. Creo que los consejeros jungianos operan a este nivel, sin saberlo, pero frecuentemente, pues el noveno chakra, funcionando como el «asiento de nuestra alma», se comunica a través de imágenes, arquetipos, patrones, números y otros símbolos.

Básicamente, este chakra opera igual que una de nuestras células físicas. Contiene los genes de nuestra alma, los programas que subyacen a las elecciones que hemos hecho en lo tocante a nuestro cuerpo físico, nuestros estados emocionales, y nuestras creencias mentales. En *Medicina vibracional*, Gerber se refiere a estos genes como una plantilla, diciendo: «El cuerpo etérico es la plantilla energética de crecimiento para el físico. Los cambios energéticos ocurren al nivel etérico antes de manifestarse como sucesos físicos celulares»[28]. Dentro de este chakra se hallan las semillas fundamentales del propósito de nuestra alma, e información concerniente a nuestro propósito y a nuestras tareas en la vida.

Toda curación debe ser cerrada en el noveno chakra para estar integrada por completo. Sólo curando el cuerpo del alma, que porta todos los datos de una encarnación a otra, podemos asegurarnos de que no vamos simplemente a repetir nuestras lecciones una y otra vez.

Localización: Aproximadamente el largo de un brazo por encima de la cabeza (figura 21).

Color: Dorado o infrarrojo.

Descriptores: En forma de hongo; de apariencia masculina con un matiz femenino. (Su apariencia, por supuesto, depende de la naturaleza del alma representada.) Contiene todos los símbolos, patrones y arquetipos pertinentes para cada persona en particular; cada símbolo funciona como un cromosoma. Contiene la capacidad yang de imprimir y diseñar el cuerpo físico, y de moldear una vida para que satisfaga los fines del alma, y la capacidad yin de canalizar energía desde la Fuente Divina para crear y cambiar el alma misma.

Fuente de: Energía de creación y cambio; planes maestros; semilla de la vida.

---

[28] Gerber, *ibíd.*, pág. 371.

Figura 21

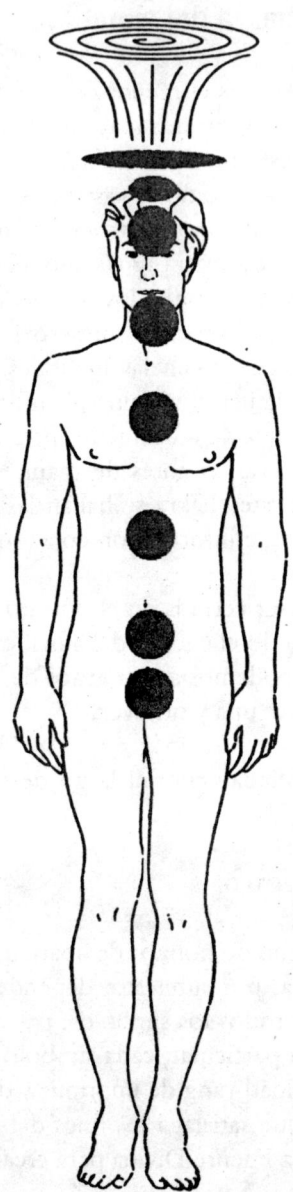

El noveno chakra

Un noveno chakra plenamente funcional te conducirá a saber: «Estoy sintiendo, pensando y expresando amorosamente mi visión del propósito divino en una manera temporal, al tiempo que creo todo lo que soy»

Asiento de: Genes y plantillas del alma; arquetipos y símbolos personales.

Palabra clave: Alma.

Tipo de energía: Radiactiva.

Estilo de comunicación física: Ayuda a seleccionar el espermatozoide y el óvulo apropiados para esta encarnación, y supervisa las funciones de programación físicas y emocionales.

Estilo de comunicación psíquica: Nos habla a nosotros y a las fuerzas externas a través de símbolos, arquetipos, diseños, sentimientos y realidades universales e individualizados. Todos los símbolos se refieren a nuestras creencias básicas acerca del yo.

Estilo de comunicación intuitiva: Podemos sacar de aquí representaciones del yo y del alma para la curación, el discernimiento y el conocimiento. A partir de este chakra podemos obtener conocimiento del alma, los propósitos y tareas de la vida, los puntos de destino, las relaciones importantes, y los símbolos de poder. También nos ayuda a descubrir los daños infligidos al alma con el propósito de curarla.

Contiene: La programación del alma y del yo.

Décimo chakra (el chakra de la toma de tierra)

Creo que uno de los crímenes más grandes del movimiento metafísico es la falta de enseñanzas, o las enseñanzas incompletas, acerca del décimo chakra. Simplemente, no podemos ser efectivos en la vida diaria, realizar funciones psíquicas, o tratar de cumplir el propósito de la vida, si no tenemos una toma de tierra.

Tener una toma de tierra significa que estamos plenamente pegados a la tierra; estamos «en» nuestros cuerpos. La gente con toma de tierra puede echar mano de sus plenas facultades, capacidades y experiencias, y ser así capaz de manejar cualquier situación. De este modo, son comparables al guerrero shambálico, el guerrero espiritual que vive sin temor alguno y presto a la acción.

La gente sin toma de tierra es bastante fácil de localizar. Tiende a carecer de foco, a ser inconsistente, o sin contacto con sus propias necesidades y sen-

Figura 2m

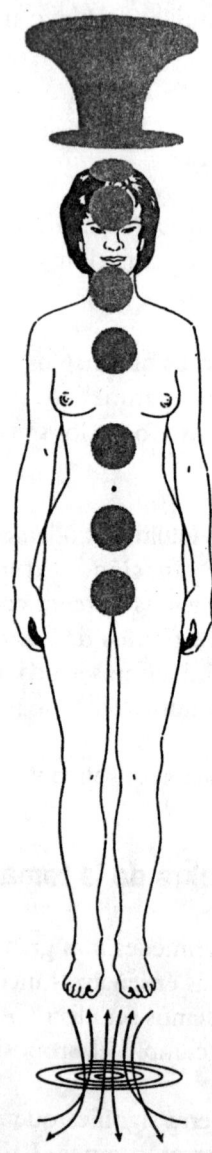

El décimo chakra

Un décimo chakra funcionando completamente nos permite decir: «Estoy sintiendo, pensando y expresando amorosamente mi visión del propósito divino en una manera temporal, al tiempo que creo todo lo que soy, de un modo práctico, terreno» timientos. Cuando me falta la toma de tierra, suelo sentirme como si estuviera fuera de mi cuerpo. Ésta es una típica reacción de miedo. Muchos de nosotros nos disociamos, tanto de una experiencia como de nuestro yo, para afrontar los problemas.

En mi trabajo he encontrado que el décimo chakra opera como un pulmón de la tierra, inhalando elementos necesarios para el cuerpo físico y emocional, así como para los sistemas chákrico y áurico. También suelta todos los desechos de estos sistemas adentro del suelo para su transformación. Cuando nosotros u otros no tenemos toma de tierra, probablemente estemos disociándonos de un trauma percibido. Cuando no tenemos la toma de tierra en nuestro décimo chakra, podemos experimentar una incapacidad ligera o severa para abordar el estrés, o la incapacidad de afrontar las realidades cotidianas, mantener los límites y pensar con la cabeza clara. Podemos experimentar dificultades para separar nuestros sentimientos o realidad de los de los otros. La desconexión con nuestro décimo chakra nos hace vulnerables a ataques físicos o psíquicos de cualquier naturaleza. También nos es imposible cumplir nuestra misión en la vida sin la plena asistencia de este chakra, pues la creación requiere la plena fusión de las energías espiritual y material; es a través de este chakra como inhalamos la energía material.

Casi todas las veces que pienso en este chakra recuerdo una de las primeras veces que fui testigo directo de su poder. Hace unos pocos años, un hombre vino a verme pidiendo ayuda para encontrar su nave espacial. Durante años, había sido incapaz de conservar un trabajo o una relación a causa de su búsqueda. Psíquicamente, vi que su alma estaba en su cuerpo sólo de la mitad del torso hacia arriba. Carecía de yo en las extremidades inferiores, e incluso se quejaba de frecuente entumecimiento de piernas y pies. En vez de tratar su petición, le pregunté si estaría dispuesto a dejarme que le ayudara a tomar tierra. Estuvo de acuerdo. A través de la respiración y la visualización, le hice buscar y mirar en su décimo chakra.

Todo su porte cambió. Sus ojos se enfocaron. Dejó de temblar de miedo. Empezó a hablar de lo dolorosa que había sido su vida, mientras se acercaba a sus veinte y en años posteriores. Al cabo de un rato, admitió que buscando una nave espacial no había tenido que tratar con su dolor. Empleamos unas pocas sesiones ayudándolo a encarar el asunto, y a aprender el modo de tomar tierra. Consintió entonces en seguir una larga terapia con un profesional de la salud mental.

Esta historia conduce a otra interesante función del décimo chakra. Creo que este chakra contiene muchos de los asuntos de la herencia de nuestra familia de origen y de nuestra vida pasada. De hecho, veo que juega un papel muy importante en estas cuestiones.

Antes de la concepción y durante ésta, el décimo chakra, junto con el noveno, selecciona los cromosomas físicos que regulan nuestra constitución genética. Mientras que el noveno basa estas decisiones en requerimientos del alma, el décimo sustancia sus alegaciones basándose en nuestro trasfondo ancestral, escogiendo genes de nuestro almacén genético que nos permitirán enfrentarnos a los retos físicos y fisiológicos que habremos de encarar.

Localización: Aproximadamente de medio metro a un metro y veinte centímetros por debajo de los pies (figura 2m).

Color: Tonos de tierra, incluyendo citrino, marrón, malva, bermejo, amarillo caliza, verdes oliva y obsidiana.

Descriptores: Contiene los cuatro elementos de la tierra: fuego, tierra, agua y aire. La función yang corresponde a la eliminación de desechos y a la canalización de energía para los logros en la vida real; los componentes yin corresponden a la recepción de energía de la tierra para el sistema entero.

Fuente de: Energía de la vida diaria; energía diaria de limpieza; energía necesaria para espiritualizar el cuerpo. Cuidado y sustento; información sobre el pasado inmediato, el presente o asuntos de la vida diaria. Escoge las caracterísicas físicas a partir de nuestro almacén genético, para ayudarnos a afrontar los retos de la vida; a través de nuestros pies, transporta información procedente de nuestras vidas pasadas; a través de nuestras piernas, transporta información procedente de nuestro linaje.

Asiento de: Energía e información de la vida cotidiana.

Palabra clave: Toma de tierra.

Tipo de energía: Elemental.

Estilo de comunicación física: Extrae productos de desecho de los cuerpos físico y emocional y del aura. También recibe energía elemental procedente del suelo, y la introduce en el sistema de energía físico. En las mujeres, esta energía es almacenada en el chakra abdominal; en los hombres, en el chakra del plexo solar. Proporciona y mantiene el influjo de energía necesario para «luchar o huir», a fin de abordar los sucesos y peligros diarios de la vida.

Estilo de comunicación psíquica: Clave de una receptividad efectiva a la energía, este chakra es el chakra de la toma de tierra, manteniendo alineados todos los chakras a base de encerrar todas las energías en el suelo. Sin una toma de tierra, el cuerpo de energía tiene demasiado miedo de recibir o enviar la información apropiada, o de mantener sus límites.

Estilo de comunicación intuitiva: Sirve como lugar de cierre para el alma, que debe ser integrada a todos los niveles del cuerpo físico y de la energía para cumplir su propósito.

Problemas: De pies, tobillos y piernas. Problemas adrenales (no tener toma de tierra afecta a nuestras reacciones de luchar-o-huir; comparte esta función con los chakras segundo y tercero). Problemas de peso (no tener toma de tierra hace que el cuerpo coja peso para sentirse seguro). Asuntos a evitar; la sensación de ser aéreo o de «haber salido para comer»; paranoia, esquizofrenia y otras neurosis o psicosis afiliadas con algún tipo de disociación. Dificultades para permanecer centrados o estar en nuestro propio cuerpo; vulnerabilidad a influencias externas, incluyendo espíritus dañinos y gente peligrosa. Dado que conserva todos los asuntos familiares negados, es un componente crítico para recuperarse del abuso sufrido en la infancia o intergeneracional o de los patrones de abuso.

Contiene: Recuerdos, necesidades y capacidades de transformación de la tierra.

Undécimo chakra

«Otros chakras de los que se habla menos son los de las palmas de las manos y... las plantas de los pies», dice Stein [29]. Conocer acerca del undécimo chakra puede ser muy beneficioso energéticamente. Visto como una película rosada alrededor de manos y pies, este chakra puede transmutar energía externa cargada, física o emocional, en la energía cruda que nuestro cuerpo necesita para pensar, reaccionar y responder. Por ejemplo, cuando estamos cansados, podemos beber energía elemental a través de nuestros pies, remojarnos en el poder de una tormenta a través de nuestras manos, o absorber la energía negativa de una persona airada y convertirla en fuerza para nuestra propia respuesta. Podemos también soltar nuestras propias energías a través

---

[29] Stein, *ibíd.*, pág. 36.

de este chakra, a fin de abandonar bloqueos, resistencias, dolores y asuntos que ya no ayudan al crecimiento personal, o a fin de dirigir la energía psíquica o física para efectuar cambios.

He oído a muchos estudiantes y clientes que hablaban del éxito al utilizar este chakra en su trabajo. Una mujer era constantemente humillada por su jefe. Empezó a visualizar de color negro la energía que él la enviaba. Cuando él dirigía esta oscuridad hacia ella, empezó deliberadamente a permitir que entrara en el chakra rosado de alrededor de sus manos. Entonces ella abandonaba la negrura fuera de su sistema, absorbía la energía y reflejaba la energía de él de vuelta hacia él como una luz rosada. Hacía esto sin pronunciar una sola palabra. Informó que: «¡Era como si al gato se le hubiera comido la lengua! Casi todas las veces que hice esto se ponía rojo, se tragaba sus palabras, agitaba su cabeza como si hubiese perdido sus pensamientos y simplemente se alejaba.»

Sanadores de cualquier tipo, incluyendo profesionales de la imposición de manos, enfermeras, médicos o consejeros harían bien en aprender el modo de utilizar las vías de salida de este chakra, tanto de manos como de pies. Son muy útiles para convertir energías y percepciones negativas o enfermas y reflejarlas de vuelta de un modo positivo.

Localización: Alrededor de manos y pies (figura 2n).

Color: Rosa.

Descriptores: Cualquier imagen relacionada con dar y recibir, como es una mano cerrada o abierta. Su función yang se relaciona con la energía puesta en el mundo, y las oportunidades aprovechadas o dejadas pasar; su función yin se corresponde con un auxilio aceptado o una ayuda recibida.

Fuente de: Transferencia de energía; punto de entrada para recibir o enviar energía destinada a satisfacer nuestras necesidades o tratar con las situaciones.

Asiento de: Transmutación de la energía física.

Palabra clave: Transmutación.

Tipo de energía: Etérica.

Estilo de comunicación física: Incorpora energía elemental o emocional disponible en el mundo exterior, y la convierte en energía necesitada por el

Figura 2n

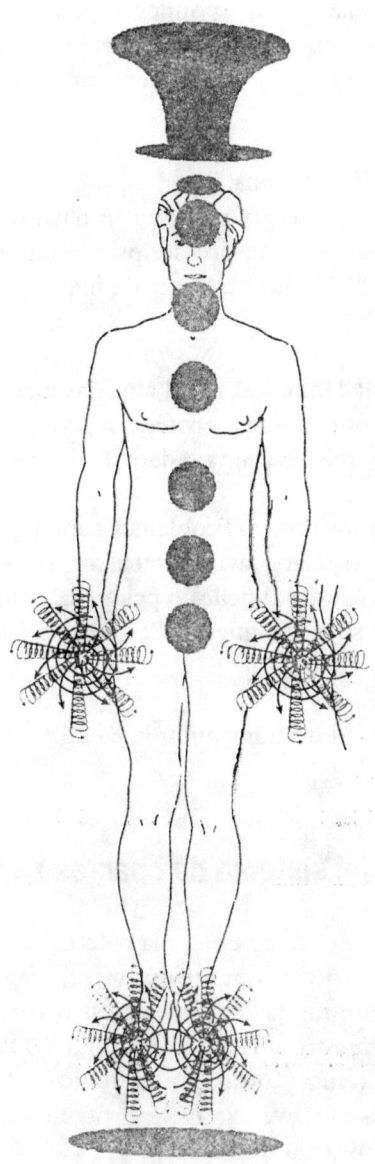

El undécimo chakra

Un undécimo chakra funcionando plenamente nos permite decir: «Estoy sintiendo, pensando y expresando amorosamente mi visión del propósito divino en una manera temporal, al tiempo que creo todo lo que soy, de un modo práctico, terreno, que requiere la capacidad de manejar cualquier situación» cuerpo físico o emocional para responder a cualquier situación dada. Por ejemplo, podemos tomar energía de una tormenta o de una persona enojada, y utilizarla para reaccionar apropiadamente ante una emergencia clímax o una persona peligrosa.

Estilo de comunicación psíquica: Lee las propiedades energéticas de fuerzas externas, incorpora la energía real que se halla detrás de la situación y proporciona energía bruta para responder psíquicamente. Este chakra puede también enviar energía hacia fuera a través de nuestras manos y pies para tratar esta situación.

Estilo de comunicación intuitiva: Da al alma las manos y los pies que necesita para ir en busca de sus deseos, protegerse, convertir la energía física en energía espiritualizada y recibir ayuda o datos.

Problemas: Con manos o pies. Problemas para ir a por lo que queremos; problemas para aceptar o recibir ayuda, recursos, cosas que incorporar; dificultades para tratar situaciones difíciles o peligrosas; incapacidad de actuar de modo efectivo cuando se tiene miedo. Pérdida de energía al hacer trabajo psíquico.

Contiene: La capacidad de transmutar la energía física en energía psíquica o espiritual, y viceversa.

Duodécimo chakra (el sistema de chakras secundario)

El chakra duodécimo es realmente una colección de treinta y dos puntos del cuerpo y del aura. Veo estos puntos intracorporales como el Sistema de Chakras Secundario. Aunque la mayoría de estos chakras secundarios están localizados dentro de nuestro cuerpo físico, algunos llegan más allá de éste. El chakra secundario treinta y dos, por ejemplo, se halla en el centro del corazón, pues nuestra supervivencia física depende de nuestra capacidad de utilizar ciertos elementos de la tierra.

Los puntos secundarios intracorporales son (figuras 2o y 2p):

1. Piernas
2. Nalgas
3. Cóccix
4. Vértebras sacras

5. Vértebras lumbares
6. Vértebras torácicas (dorsales)
7. Vértebras cervicales
8. Cráneo

9. Cordón de plata hacia el alma
10. Protuberancias de los pies
11. Tobillos
12. Rodillas
13. Muslos
14. Huesos de la cadera
15. Ombligo y órganos sexuales
16. Apéndice
17. Riñones y suprarrenales
18. Intestinos delgado y grueso
19. Páncreas
20. Hígado
21. Vesícula biliar
22. Bazo
23. Estómago
24. diafragma y pulmones
25. Brazos
26. Protuberancias de las manos
27. Muñecas
28. Codos
29. Clavícula
30. Garganta (incluyendo laringe, tiroides y lengua)
31. Parte superior del encéfalo (funciones de orientación espiritual que comprenden cerebro, y glándula pineal, hipófisis, hipotálamo y tálamo)
32. Centro de la Tierra

Cada uno de estos chakras secundarios se relaciona con el chakra primario numéricamente conectado con él, así como con una vértebra particular de la espina dorsal. El capítulo Diez explorará en mayor profundidad estos puntos de acceso. Cada chakra secundario está también conectado a un arquetipo humano específico.

En general, nuestro chakra duodécimo asegura la conexión entre las fuerzas naturales y nuestro propio cuerpo. Nos determina como seres humanos, pues sus límites son los cuerpos humanos, el visible y los invisibles de energía. «El hombre es un alma y posee un cuerpo: varios cuerpos de hecho; pues aparte del vehículo visible por medio del cual maneja sus negocios con su mundo inferior, tiene otros que no son visibles a la visión ordinaria», dice Leadbeater [30].

Ligándose con nuestra aura, este chakra efectivamente nos encapsula al tiempo que nos abre a energías no evidenciadas. De este modo, tiene una apariencia similar al cuerpo en forma de huevo percibido por el antropólogo Carlos Castaneda durante su entrenamiento con don Juan, un hechicero indio yaqui. La diferencia entre la descripción de Castaneda y la mía es que yo veo líneas que conectan esta concha externa con nuestro yo interno, lo que nos permite operar como un sistema tanto abierto como cerrado.

---

[30] Leadbeater, *ibíd.*, pág. 2.

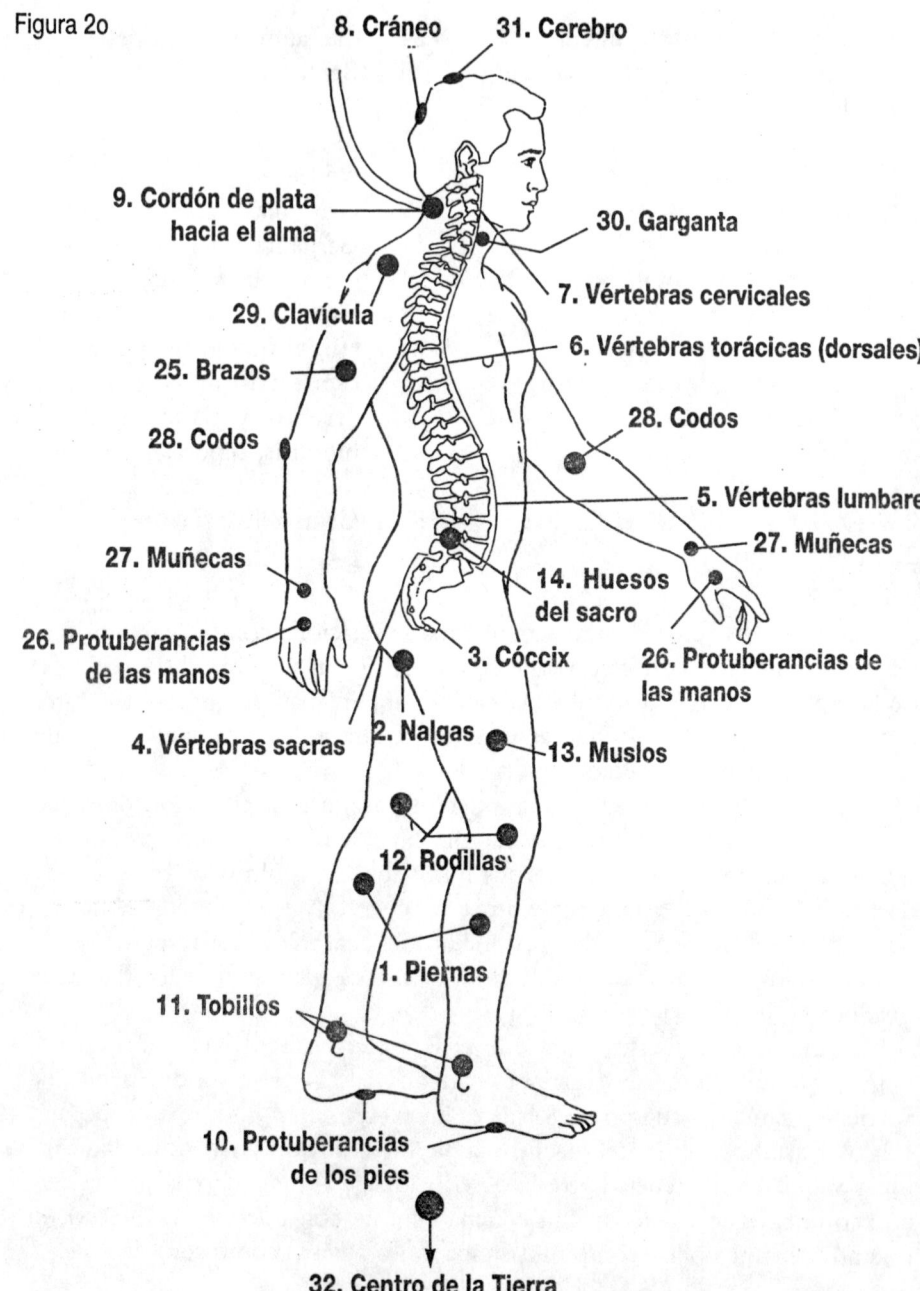

El duocécimo chakra o Sistema de Chakras Secundarios, con sus puntos chákricos intracorporales (1-14; 25-32)

Figura 2p

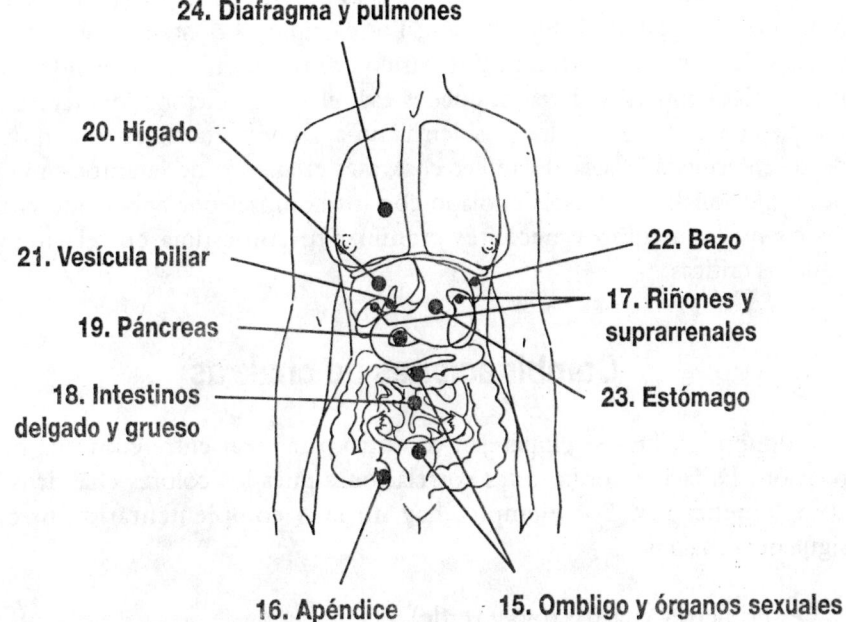

El duodécimo chakra o Sistema de Chakras Secundarios, con sus puntos chákricos intracorporales (15-24)

Cómo obtener el acceso a nuestros chakras humanos

Los modos de experimentar los chakras humanos son múltiples. Muchos de nosotros nos apoyamos en nuestras intuiciones para encontrar estos centros. Podríamos ser capaces de ver, oír o sentir psíquicamente (por imposición de manos o a través del «sentido del conocimiento») estos centros de energía. Algunas personas pueden realmente ver los chakras con sus ojos físicos. Estudios realizados en la Universidad de UCLA han producido la grabación de cintas sonoras de estos centros de energía.

Al trabajar con estudiantes, los hago encontrar los chakras utilizando péndulos, artículos hechos con piedras o anillos colgados de un hilo o una cadena. La persona que hace el ensayo sostiene el péndulo por encima de uno de los chakras del sujeto. El sujeto, deseando que su chakra se abra, suele sorprenderse tanto como el experimentador al descubrir que el péndulo adquiere una vida propia, moviéndose con la frecuencia y el flujo direccional del chakra.

Otro modo de localizar estos chakras es a través de un método reduccionista, por un proceso de eliminación. Por ejemplo, si tienes cirrosis hepática, puedes deducir que tendrás problemas con tu tercer chakra. Sabiendo que el plexo solar contiene el hígado, puedes examinar las funciones del tercer chakra y empezar a razonar los problemas no-aparentes que se esconden detrás de tu enfermedad física. El tercer chakra es el asiento de la autoestima y el poder personal; quizá estés enojado con los hombres por haber sido criticado cuando eras niño y necesites examinar tu autoestima en relación con aquellas críticas.

Combinaciones de chakras

Algunos chakras se emparejan con otro para crear entre ellos una fuerte relación. Es fácil recordar estas correlaciones pues los colores chákricos son complementarios. Por ejemplo, hay un lazo complementario entre los siguientes chakras:

- Primero y cuarto (rojo y verde).
- Segundo y quinto (naranja y azul).
- Tercero y sexto (amarillo y púrpura).
- Séptimo y primero a través del corazón (blanco y rojo, dando rosa como resultado).

Su relación funcional también es lógica. Por ejemplo, el primer chakra es nuestro asiento de la pasión. Conforme nuestra energía de la vida vibra ascendiendo por la columna, pasa a través de nuestros procesos de sentimiento y pensamiento. Estas perspectivas alteran nuestras reacciones inmediatas de vida y muerte ante situaciones dadas, y culminan en una respuesta sentida a nivel del corazón, la de la compasión (o estar «con pasión»), en vez de simplemente una pasión.

Considerando los chakras segundo y quinto, podríamos examinar la siguiente situación. Digamos que nos sentimos tristes porque alguien nos ha insultado. Esa tristeza se origina en el segundo chakra. Nuestro quinto chakra es aquel del que disponemos para la expresión de esta tristeza. Podemos decir, «No me digas eso», o simplemente decidir tragarnos nuestra respuesta. Del mismo modo, nuestros chakras tercero y sexto se interrelacionan. Podemos almacenar un juicio como «soy feo» en nuestro chakra mental, el tercero. Esto afectará a nuestra percepción del yo, un concepto regulado por nuestro sexto chakra. El modo en que nos vemos a nosotros mismos tendrá un impacto directo en lo que pensamos merecer o no en nuestro futuro. De aquí que nuestras capacidades de planificación estratégica (capacidades del tercer ojo) estén determinadas por nuestros programas del tercer chakra.

Hay otro patrón que encontramos en las interrelaciones chákricas. A veces, el chakra que contiene el bloqueo afecta tanto a los chakras por encima y por debajo de él, que estos chakras, en vez del chakra problemático, se consideran como los principales causantes de los problemas. Por ejemplo, trabajé con un hombre que estaba teniendo dificultades para decidirse entre varias ofertas de trabajo. Admitió que de joven se le enseñó que era malo tomar una decisión equivocada. Mi sensación fue la de que, debido a que los problemas con el trabajo, la toma de decisiones, y la autoestima, se fijan en el tercer chakra, estaba experimentando un bloqueo o problema del tercer chakra. Sin embargo, también informaba de frecuentes ataques de dolor y gases abdominales y de una sensación de constricción en su corazón, que empeoraron cuando discutió su profesión.

Deduje que para proteger su tercer chakra, sus chakras segundo y cuarto se habían bloqueado, creando sus molestias físicas. En vez de tratar estos problemas secundarios, hice la prueba de hacerle experimentar los sentimientos, creencias e imágenes asociados con su tercer chakra. Al cabo de tres sesiones, durante las cuales se permitió a sí mismo recordar experiencias de la infancia que podrían estar afectando sus actitudes presentes, los problemas de sus chakras segundo y cuarto desaparecieron. También dijo que ahora podía sentir su estómago y respirar «¡por vez primera!»

Obviamente, la interacción entre nuestros chakras puede ser tan complicada o tan simple como la hagamos nosotros. El modo más fiable de trabajar con ello es, y continuará siéndolo, escuchar nuestra intuición, esa voz profunda y tranquila de nuestro interior que lo conoce todo, lo ve todo y es todo.

Otro material bibliográfico

La mayoría de la información relativa a estos siete chakras intracorporales se corresponde con los sistemas más ampliamente aceptados. Si quieres leer más acerca de los chakras, sugeriría el siguiente material:

Los chakras, de C. W. Leadbeater. (*The Chakras*, Wheaton, IL: The Theosophical Publishing House, 1927).

Manos de luz: una guía a la curación a través del campo de energía humano, de Bárbara Ann Brennan (*Hands of Light: A Guide to Healing Through the Human Energy Field*. Nueva York: Bantam Books, 1987).

Ruedas de luz: un estudio de los chakras, de Rosalyn L. Bruyere («Wheels of Light: A Study of the Chakras», Edited by Jeanne Farrens. Arcadia, CA: Bon Productions: 1989).

Capítulo Tres

Tus veinte centros de energía espirituales

AUNQUE NUESTRO duodécimo chakra cierra el círculo de nuestra existencia humana, no limita la extensión de nuestro ser. Hay veinte centros espirituales superiores. De hecho, hay uno más, aparte de éstos, al que podemos llegar a través de la mera gracia de la Fuente Divina, como veremos. Estos chakras espirituales carecen de localización, color o función reguladora tal como lo entendemos, pues existen fuera del armazón físico al que llamamos realidad. Sin embargo, canalizan energías tan poderosas, tan intensas, que su impacto sobre nuestros cuerpos físico o emocional puede ser mayor que el conseguido a través de nuestros chakras intracorporales. Dado que podemos absorber sus energías a través de nuestro cuerpos físicos, podemos a veces experimentar estas energías de manera pictórica, asociadas con colores, formas o contornos; físicamente, teniendo ciertas sensaciones físicas predecibles; o mentalmente, haciéndonos responder de acuerdo con una secuencia de pensamiento lógica y repetible.

En múltiples modos, estos chakras superiores corresponden más a nuestro yo real que nuestros chakras con base física. Han existido en muchas formas, muchos modos y muchas veces, pues no fluctúan ni cambian cuando cambiamos de cuerpo. Son las partes de nosotros todavía contenidas dentro de la Gran Fuente Divina: el Inconsciente Invisible, el Inconsciente Consciente de Jung, el Caos, Dios, el Buda, el Atman, el Universo, la Fuerza: cualquiera que sea el modo que escojamos para llamar al Todo inmutable. Aunque la energía de la Fuente Divina es perfecta, nuestros cuerpos espirituales superiores no son necesariamente de esta misma forma. Recuerda que nuestros cuerpos espirituales superiores están intrínsecamente vinculados a nuestros cuerpos chákricos inferiores a través de nuestra alma, de modo que registran y afectan todo lo que experimentamos a través de nuestro cuerpo, mente o alma, y son afectados por ello. Mientras que el punto de energía de la Fe, por ejemplo, canaliza a través de él la energía de la fe pura hasta el interior de todos los aspectos de nuestro ser, cualquier problema, temor, percepción errónea, experiencia y bloqueo que tengamos acerca de la fe puede envolver nuestras percepciones de esta energía. Podemos no recibir toda la energía que está a nuestra disposición, o lo que está impreso en nosotros puede afectar severamente lo que recibimos de esta energía. Estos puntos de energía, o nuestras percepciones de ellos, necesitan ser curados, igual que pasa con nuestros chakras humanos.

Cuando examinamos estos puntos de energía, puede ser útil recordar que hay todavía un montón de información no conocida acerca de ellos. Empecé a desarrollar este sistema hace tan sólo unos pocos años, con poca comprensión acerca de lo que estaba haciendo. Mi descubrimiento de estos puntos comenzó porque una amiga estaba experimentando una tremenda angustia personal. Ni los profesionales médicos ni los alternativos eran capaces de ayudarla, así que en su desesperación se acercó a mí en busca de ayuda. Pedí un sueño que proporcionara claridad en la situación.

Esa noche tuve la impresión de que un ser se me apareció y me enseñó una escalera que iba desde por debajo de tierra hasta las estrellas del cielo. Me dijo que el sistema de energía humano era mucho más amplio de lo que nadie había adivinado y que, sí, muchos de los peldaños eran tangibles. Sin embargo, las otras fuerzas guía estaban cerca y lejos, tan visibles y, sin embargo, tan invisibles como las estrellas mismas. Al siguiente día, comencé a utilizar quinesiología aplicada, intuición e hipótesis para ayudar a mi amiga. Experimenté, sobre mí misma y sobre ella, las diferentes inspiraciones y sistemas que me vinieron.

Mi apreciación por este trabajo se inflamó cuando vi a varios clientes responder. Un amigo fue curado de un síndrome del túnel carpiano en una sola sesión. Otro solucionó sus problemas de dinero y empezó a ganar dinero al día siguiente. Otro recibió inspiración para su carrera. Otro sintió cómo su columna se ajustaba sobre la mesa sin ninguna ayuda física. Creo que mi trabajo con el punto de energía treinta y dos, la Gracia, realmente salvó mi vida.

Continué trabajando y refinando el sistema, sabiendo que ni este sistema ni ningún otro traería consigo la clave de la curación. La clave es más bien nuestra voluntariedad a traer verdades a través de nosotros, de modo que podamos vivirlas y serlas.

Para explorar estos puntos de energía, extrapolaremos información de acuerdo con las siguientes categorías:

- Propósito.
- Función.

- Forma de energía.
- Procesos de comunicación.
- Problemas.
- Lo que contiene el punto de energía.

Los centros de energía superiores

13. Energía Yin (femenina)
14. Energía Yang (masculina)
15. Equilibrio de las Polaridades
16. Equilibrio de Similitudes
17. Armonía
18. Libre Albedrío y Libertad
19. Kundalini
20. Maestría
21. Abundancia
22. Claridad
23. Conocimiento del Bien y del Mal (el Árbol de la Vida)
24. Creación
25. Manifestación
26. Alineamiento (con el Propósito Más Elevado)
27. Paz
28. Sabiduría
29. Disfrute
30. Perdón
31. Fe
32. Gracia, y Conciencia de la Fuente Divina
(Ver figura 3a, páginas en colores).

Punto 13: energía yin (femenina)

Propósito: Proporcionar la perspectiva universal femenina y las energías femeninas necesarias para recibir, procesar, proteger y crear.

Función: Mantenernos alineados con las fuerzas que regulan la absorción, la gestación y el nacimiento. Nos ayuda a entender y curar problemas relativos al dolor, la negatividad, el sufrimiento y los traumas, y a transmutar estas experiencias en fuentes de poder y fuerza. Su aspecto yin es la receptividad espiritual al crecimiento y el cambio; su aspecto yang concierne a las decisiones sobre lo que hacer con el dolor y el pesar. En relación con sus funciones, este punto contiene nuestros programas sobre nuestra naturaleza femenina, creencias acerca de nuestra capacidad y merecimiento para recibir, los efectos de nuestras emociones pasadas y presentes, nuestra capacidad espiritual de crear interna y externamente y nuestras capacidades intuitivas superiores.

Forma de energía: Poder oscuro; energías en el extremo inferior del espectro cromático. Esta energía se relaciona con el yin del sistema chino, incluyendo el frío, la contracción y el negro. Algunas personas ven el color principal como magenta.

Procesos de comunicación: Vinculado específicamente con la función yin dentro de cada chakra. Para las mujeres, el punto mayor de entrada de sus energías es el segundo chakra; para los hombres, el punto de entrada mayor es el primer chakra.

Problemas: Confusión en lo que afecta al proceso femenino, la identidad femenina o las necesidades y problemas de las mujeres; problemas que rodean los sentimientos, la creatividad y el nacimiento o gestación de bebés, ideas, conceptos, proyectos o el yo; absorción química u orgánica o temas de transmutación; emociones de dolor, pesar, lamento, pérdida; concepciones erróneas acerca de la fuerza, el poder, los sentimientos, la creatividad y el merecimiento de recibir. También problemas relacionados con reunir y conservar las energías necesarias para soñar y manifestar, y la llamada primaria a protegernos a nosotros mismos y a las personas que amamos.

Contiene: Nuestras percepciones concernientes a las energías femeninas universales.

Punto 14: energía yang (masculina)

Propósito: Proporcionar la perspectiva universal masculina y las energías masculinas necesarias para expresar, forzar, construir y defender.

Función: Mantenernos alineados con las fuerzas que regulan la expresión de los sueños, el forzamiento de un cambio, la construcción dentro de la realidad y la defensa de nosotros mismos en el mundo. Este punto nos ayuda a comprender y vivir nuestro papel en el mundo. Es afectado por juicios y opiniones acerca de nosotros mismos y los demás, y por los comportamientos aprendidos. Su aspecto yin cubre aquello que conservamos en nuestro interior para determinar el éxito; sus funciones yang se relacionan con el coraje y la determinación requeridos para hacer los sueños realidad. En relación con su propósito, este punto de energía canaliza la energía necesaria para materializar la energía espiritual con el fin de satisfacer nuestras necesidades. A través de este punto nos conectamos con nuestras creencias acerca del poder; con nuestras emociones relativas a la lealtad y el coraje; con nuestras habilidades y capacidades físicas, exhibidas en nuestra capacidad guerrera, y con nuestra llamada a una acción directa. La acción puede incluir pensamiento, manifestación, expresión, construcción y defensa.

Forma de energía: Poder de la luz; energías del extremo superior del espectro cromático. La energía se relaciona con el yang del sistema chino, incluyendo el calor, la expansión y el blanco.

Procesos de comunicación: Vinculado específicamente con la función yang dentro de cada chakra. Para las hombres, el punto mayor de entrada de las energías es el tercer chakra; para las mujeres, el quinto chakra.

Problemas: Confusión en lo concerniente al proceso masculino, la identidad masculina o las necesidades y problemas de los hombres: problemas que rodean la percepción de uno mismo, los juicios y las capacidades requeridas para los logros en el mundo. Interiormente existen emociones que tienen que ver con las carencias, las limitaciones, la violencia y la crueldad. Las creencias concernientes al poder personal y de posición afectan grandemente la energía canalizada a través de este punto, y el bienestar físico, incluyendo la salud, la posición y la carrera profesional. Este punto se relaciona con problemas para dar forma y dirigir las energías necesarias para lograr el éxito y defendernos a nosotros mismos, a quienes amamos y a nuestras ideas.

Contiene: Nuestras percepciones tocantes a las energías universales masculinas.

Punto 15: equilibrio de las polaridades

Propósito: Alinear todo lo que, dentro o fuera de nosotros, es polar, atando en un solo manojo estas energías complementarias para reforzar cada una de ellas.

Función: Crear un intercambio positivo de energías entre las dualidades aparentes, incluyendo vida y muerte; femenino y masculino; bueno y malo; absorción y eliminación; amor e indiferencia. Este punto regula las funciones yin y yang físicas, mentales, emocionales y espirituales dentro de cada centro, recalcando la naturaleza complementaria de estos opuestos.

Forma de energía: Puede verse como un rayo que conecta dos columnas paralelas, o como la línea que hay entre los símbolos del yin y el yang.

Procesos de comunicación: Vincula las funciones yang y yin dentro de cada chakra o punto de energía. La energía de este punto entra en cada chakra humano, específicamente a través de la columna vertebral.

Problemas: Problemas de equilibrio de cualquier tipo y la incapacidad de hacer las paces con cualquier cualidad o naturaleza opositora dentro o fuera de uno mismo. Los síntomas varían grandemente. Físicamente, los problemas pueden subyacer a la epilepsia, el vértigo y la escoliosis. Emocionalmente, podrían experimentarse como sentimientos conflictuados acerca de una relación. Mentalmente, pueden dar por resultado una apatía causada por creencias encontradas en lo relativo a nuestras necesidades, seguridad y percepción de nosotros mismos. Espiritualmente, pueden traer como resultado la incapacidad de alcanzar el propósito debido a luchas internas relativas a nuestro deseo de ser frente al de hacer.

Contiene: Nuestras percepciones concernientes a la relación entre cualidades aparentemente opuestas.

Punto 16: equilibrio de similitudes

Propósito: Alinear todo lo que, dentro y fuera de nosotros, es similar.

Función: Recalcar lo similar y juntar las similitudes en diversos modos. Este punto de energía puede conectar todo lo que ya es similar, revelar similitudes en lo que parece diferente, o recalcar la individualidad en lo que parece ser lo mismo. La función de este punto puede concebirse imaginando la espina dorsal. Advierte los tejidos que son similares en cada vértebra, y luego pretende ajustar la columna tapizando estos tejidos similares. Este centro opera del mismo modo. Ahora imagina el tejido que es diferente. Haz estas diferencias tan vastas que el tejido realmente se vuelva el mismo. Sí, este centro puede también hacer tan extremas las diferencias innatas, que realmente dan la vuelta al círculo entero y retornan al punto en el que se convierten en lo mismo. La función de este punto también es comparable al símbolo yin-yang. Estas entidades separadas cohabitan porque son diferentes e independientes (una función del punto 15), pero asimismo porque el yin tiene también el yang en su interior, y viceversa (Punto 16). Este punto canaliza la energía necesaria para ver estas similitudes y vincularlas, uniendo así las dos formas. También lleva más allá el yin y el yang para revelar las similitudes ocultas bajo las diferencias.

Forma de energía: Puede verse como el yin dentro del yang o el yang dentro del yin.

Procesos de comunicación: Vincula las funciones yang y yin dentro de cada chakra o punto de energía. Su energía entra en todo chakra humano, y específicamente en la columna vertebral.

Problemas: Cualquier tipo de problema de desequilibrio y la incapacidad de hacer las paces entre cualidades o naturalezas de tipo similar dentro o fuera de nosotros. Ser incapaz de reconocer las similitudes entre nosotros mismos u otra persona, como son las similitudes en pensamientos, puntos de vista, necesidades, experiencias y almas. Cuando no alcanzamos a ver o expresar estas similitudes, podemos experimentar una enfermedad dentro de nuestros sistemas físico, emocional, mental o espiritual, como es la negación, los prejuicios, la guerra, el enjuiciamiento espiritual o cualquier tipo de síntoma físico que sea resultado de nuestra rigidez.

Contiene: Nuestras percepciones referentes a la interrelación entre cualidades similares.

Punto 17: armonía

Propósito: Alinear completamente todo lo que parece similar y diferente, a fin de conseguir la unicidad y unidad necesarias para la salud.

Función: Transformar diferencias en similitudes y similitudes en diferencias a fin de fundir estas dos fuerzas a todos los niveles. Este punto de energía es capaz de operar a todos los niveles. Físicamente, alivia dolencias causadas por los desequilibrios, incluyendo las que comprenden respiración, pulmones, oídos, jaquecas, migrañas, problemas oculares, problemas craneales, del torso superior, de la espina dorsal y de los huesos en general. Emocionalmente, calma nuestra relación interna con nosotros mismos y nuestras relaciones con los demás, mostrando que somos uno y el mismo; muestra que todos hemos tenido los mismos sentimientos, aunque por motivos diferentes. Capaz de reordenar la estructura de nuestros pensamientos, la energía canalizada a través de este chakra puede unir incluso gente en estado de guerra. Lo que otros nos han hecho, nosotros somos capaces de hacerles; saber esto es un gran nivelador. Espiritualmente, este centro lo lleva todo de vuelta a la Fuente Divina, a ese tiempo en que sabíamos que todos éramos la Fuente Divina y, sin embargo, seres separados.

Forma de energía: Opaca, puede invocar cualesquiera energías necesarias para conseguir sus fines.

Procesos de comunicación: Entra simultáneamente en todas las funciones opositoras y similares para llevar a cabo su trabajo. Aunque este punto de energía hable lo más a menudo a través de la revelación, también puede dar forma a experiencias para ilustrar lo que quiere comunicar. La energía de la armonía puede también ser canalizada en su forma bruta, especialmente a través del séptimo chakra, donde entra por la glándula pineal, dando como resultado la producción de mana y una consciencia psíquica avanzada.

Problemas: Cualquiera y todos los problemas resultantes de una falta de armonía o sintonización dentro de nosotros o entre nosotros y el entorno.

Contiene: Las percepciones requeridas para unificarnos internamente y expresarnos auténticamente en relación con la comprensión de las diferencias y las similitudes.

Punto 18: libre albedrío y libertad

Propósito: Alinearnos con nuestras capacidades y nuestro derecho a elegir aquello que se conforma con nuestro propósito superior y a nuestras necesidades esenciales.

Función: Establecer situaciones para ayudarnos a aprender que nuestras necesidades más profundas implican tomar decisiones que se alineen con los anhelos más profundos de nuestra esencia y de la Fuente Divina interior. Con mucha frecuencia, opera mostrándonos nuestro derecho innato a vivir y a ser exactamente como deseemos. Define el libre albedrío como el estado de experiencia conectado con la responsabilidad hacia el yo y la Fuente Divina: justo lo opuesto a ser poseído por otros o por la Fuente Divina. Implica que la libertad de elección tiene que ver con la toma de decisiones que retienen el libre albedrío, pero que son auténticas al mismo tiempo. Cuando existimos en verdadera responsabilidad y de acuerdo con nuestro propio poder, no necesitamos cuerdas; la energía del libre albedrío puede, por tanto, corregir las relaciones con uno mismo, los demás y el mundo. Es útil para curar problemas emocionales de cualquier tipo, especialmente los que tienen que ver con el sentimiento de culpabilidad, el odio hacia uno mismo, el victimismo y la traición. Frecuentemente opera para los procesos mentales, incluyendo los que tienen que ver con el exceso o la falta de responsabilidad y el abandono. Espiritualmente, nos fuerza a entender nuestras necesidades y deseos reales. Físicamente, se vincula a menudo con los órganos de la «libertad», como son los pulmones y el corazón.

Forma de energía: Clara.

Procesos de comunicación: Aunque física, lo más a menudo da por resultado luchas intelectuales o intuitivas. Un signo seguro de que estamos operando a este nivel es cualquier molestia física en nuestra área del corazón o del pulmón.

Problemas: Con frecuencia se ven afectadas físicamente las áreas del corazón o de los pulmones. Los problemas mentales se experimentan a menudo como indecisión, o como el cuestionamiento del propósito, el sendero o las relaciones. Estos sentimientos suelen asociarse con los de pérdida o abandono; los problemas espirituales se desarrollan como luchas entre la responsabilidad y nuestros propios deseos.

Contiene: Las respuestas a nuestras preguntas más incisivas.

Punto 19: Kundalini

Propósito: Proporcionarnos la energía bruta necesaria para materializar lo espiritual.

Función: Canalizar la energía orgánica bruta que necesitamos para llevar a cabo cualquier función física, mental, emocional o espiritual. Ayuda a vincular nuestro primer chakra con el séptimo, conectando nuestro centro material con nuestro centro espiritual. Así alineados, llevamos la energía material al reino espiritual, permitiendo que lo espiritual devenga real, sólido, tangible. La energía de Kundalini alimenta todo el sistema físico, subiendo y bajando por la columna. Limpia, abre y energiza el sistema chákrico. También activa nuestros procesos emocionales y mentales, asegurando que la energía continúe fluyendo dentro de nuestro sistema sin quedar detenida.

Forma de energía: Energía orgánica bruta de la vida. A menudo vista como roja, puede también hacer impacto como azul cobalto.

Procesos de comunicación: En los hombres, la energía entra primariamente a través del cóccix, y luego se abre camino hacia la glándula pineal. Muchos hombres experimentan inicialmente un torrente de deseos sexuales o fuertes sentimientos que culminan en una experiencia revolucionaria o de una «luz blanca». Las mujeres pueden pasar por el mismo proceso; sin embargo, he encontrado igual de probable que la kundalini de las mujeres entre a través del corazón, y luego haga un bucle descendente hacia los chakras segundo o décimo, y hacia arriba al séptimo y el noveno. Durante este proceso, las mujeres pueden experimentar un intenso pesar, o conexiones con sus antepasados, junto con una consciencia del propósito y un pleno despertar de sus procesos psíquico/intuitivos superiores. Cuando la kundalini de las mujeres llega inicialmente al primer chakra, rige la vida de ellas, hasta ser llevado al segundo chakra, desde donde puede saltar al corazón.

Problemas: La falta de kundalini afecta a todas las áreas de la vida. La palabra importante probablemente sea «energía». Una percepción errónea puede hacer que canalicemos insuficiente o demasiada energía de kundalini. La carencia en el primer chakra puede dar por resultado inhibiciones sexuales, anemia en la sangre o falta de dinero. Subrayar la necesidad de kundalini que tiene el primer chakra por encima de las necesidades de los otros chakras puede crear violencia, adicciones al trabajo y tumores. Cada uno de los chakras y sistemas, y todos ellos, son afectados por kundalini. Podríamos decir que es como una familia; no puedes alimentar sólo al padre de una familia y esperar que todos los demás también estén alimentados. Sin embargo, hacer que el padre pase hambre, incluso si se nutre a los demás, podría afectar a todos, pues entonces el padre no podrá ser responsable en otras áreas.

Contiene: La energía orgánica necesaria para crear y mantener la vida y sus procesos.

Punto 20: maestría

Propósito: Alcanzar la autorregulación, el dominio de uno mismo y la capacidad de gobernar el propio destino.

Función: Permitirnos ser nuestro propio soberano. Dado que cada persona es un individuo, cada uno puede escoger la maestría de diferentes áreas. Una persona puede escoger la maestría de la realidad física, otra ser un profesional de las emociones, haciendo magia o montando a caballo. La maestría completa de un área es un terreno de entrenamiento para la maestría del ser. Ser nuestro propio maestro es «conocerse uno mismo», como diría el dios griego Apolo.

Forma de energía: Lineal y horizontal al mismo tiempo. La maestría nos enseña a operar de manera lógica y dentro de un marco más amplio. La maestría nos ayuda a espiritualizar lo material. En forma de proceso, derivamos los principios, habilidades y juicios necesarios para entender nuestras capacidades y derechos a partir de nuestras experiencias y de nuestro conocimiento del mundo real.

Procesos de comunicación: Puede experimentarse como una sensación, pero primariamente da forma a nuestra mente y a nuestros procesos mentales. Eres lo que crees ser.

Problemas: La falta de maestría se tipifica como una falta de creencia en uno mismo o en nuestra propia valía, y cualquier afección que resulte de ello. Mentalmente, puede experimentarse como una baja autoestima. Emocionalmente, puede experimentarse como depresión o malestar general. Espiritualmente, puede experimentarse como el rehúse del alma a asumir un riesgo o a estar en el cuerpo. Físicamente, la falta de maestría puede mostrarse como una falta de éxito, un mal uso de los músculos, y más cosas.

Contiene: La creencia que el universo mantiene acerca de nosotros, disponible para nuestra asimilación interna.

Punto 21: abundancia

Propósito: Alinearse con el flujo natural de las energías a nuestra disposición con el fin de satisfacer nuestro propósito más elevado y nuestras necesidades esenciales.

Función: Canalizar las energías que necesitamos para atraer situaciones, gente y recursos que nos ayudarán a conseguir nuestro propósito. Y a la inversa, también nos abre a eventos y circunstancias que nos ayudarán a soltar aquello que ya no necesitamos (recursos que necesitan ser reesparcidos).

Forma de energía: La Abundancia es como un círculo entre lo material y lo espiritual. Mientras que Kundalini nos ayuda a materializar nuestros deseos espirituales, y Maestría nos ayuda a derivar ideales espirituales a partir de nuestras experiencias materiales, Abundancia junta estos dos a través del principio de dar y recibir. Permitimos que vengan los recursos materiales que necesitamos para satisfacer nuestro propósito, y luego liberamos nuestros sueños espirituales en el mundo para atraer sus contrapartes físicas.

Procesos de comunicación: Atraemos lo material a través de la consciencia de nuestras necesidades superiores, y satisfacemos nuestras necesidades superiores liberando energía espiritual en lo físico. En otras palabras, la energía de la Abundancia nos ayuda a pensar en nuestros deseos a través de los chakras superiores intracorporales; luego, a través del corazón, activa las capacidades de los chakras intracorporales inferiores para manifestar estos deseos. Este punto propicia que los chakras inferiores limpien la energía, los bienes materiales, las emociones y las formas que ya no se necesitan. Entonces rellena el espacio vacío con sueños, de modo que puedan volverse reales.

Problemas: Cualquier asunto de carencia o acumulación. Físicamente, puede incluir no tener bastante de nada o tener tanto de una cosa que te veas obstaculizado. Los aspectos mentales comprenden las creencias que inhiben la libre expresión del yo y de la energía, especialmente temas como «No merezco...». Los componentes emocionales pueden sentirse como envidia, codicia, pena, celos, pérdida. Los problemas espirituales suelen ser el resultado de creencias acerca de ser inherentemente malo, o de no ser amado por la Fuente Divina. Las experiencias de vidas pasadas afectan grandemente a este centro. Por ejemplo, si alguien en una existencia previa fue colgado por vivir su propósito, podría tener tanto miedo a un tratamiento similar en su vida presente que bloquee la consciencia del propósito de su vida, rehúse aceptar ayuda, se aferre a un trabajo que odia, o viva aterrorizado por los riesgos.

Contiene: El conocimiento de los ciclos necesarios para satisfacer todas las necesidades.

Punto 22: claridad

Propósito: Permitirnos ver las cosas tal como realmente son (y no como nos gustaría que fueran).

Función: Verter luz sobre nuestras realidades interna y externa. Sirve como transmisor para el discernimiento, a través del cual adquirimos las capacidades necesarias para conocer las preguntas correctas, junto con la capacidad de diferenciar entre lo que es imperativo conocer, hacer, sentir o ser y lo que no lo es. La claridad se convierte entonces en la base para la toma de decisiones a todos los niveles. Físicamente, podemos ahora decidir si vamos a ese médico o al otro. Mentalmente, podemos ver si estamos de acuerdo con las conclusiones de otra persona acerca de nosotros, o no. Emocionalmente, podemos valorar el fundamento de nuestros sentimientos y el modo en que deseamos expresarlos. Espiritualmente, podemos seleccionar oportunidades de crecimiento y decidir cómo operar dentro de ellas.

Forma de energía: La Claridad suele verse como una luz amarillo-dorado porque, con mucha frecuencia, este punto se canaliza al interior de nuestros cuerpos a través del tercer chakra (amarillo), el corazón operando al nivel más elevado (dorado) o la glándula pineal (blanco).

Procesos de comunicación: Experimentada lo más a menudo como pensamiento claro y consciencia emocional. También puede hacer que los eventos se alineen con el propósito de nuestra alma, proporcionándonos signos y conocimiento acerca de las acciones a tomar en la vida diaria.

Problemas: Cualquier área de la vida que sea confusa, insatisfactoria, no resuelta, no clara, oscura o nebulosa. Tales problemas pueden incluir cualquier cosa, desde asuntos de relación y de límites hasta una afección física no diagnósticada.

Contiene: La energía necesaria para ver por completo todos los componentes de un asunto o situación.

Punto 23: conocimiento del bien y el mal (el Árbol de la Vida)

Propósito: Revelar la dualidad inherente a todos los procesos a fin de ponerlos en equilibrio.

Función: Mostrarnos la profundidad del conocimiento universal. Este punto se conecta con nuestro derecho inherente a escoger (Libre Albedrío), a canalizar energía a voluntad (Kundalini), a decidir qué hacer con esta energía (Maestría), a usarla para obtener lo que queremos y librarnos de lo que no queremos (Abundancia), a ver nuestras elecciones y sus consecuencias claramente (Claridad) y a usar estas elecciones para excavar hasta los motivos que se esconden detrás de ellas (Conocimiento). A través de este centro, encontramos que nuestras motivaciones más sinceras pueden no ser tan buenas, y que nuestras motivaciones más bajas, más vergonzantes, pueden ser esfuerzos en pos de algo no tan malo como pensábamos.

Forma de energía: Energías extremas de luz y oscuridad. La energía de la luz entra en las partes de nuestro ser más oscuras y sombrías, iluminando el amor que hay dentro de los aspectos de los que más nos avergonzamos. La energía oscura penetra nuestros aspectos más iluminados y santos, haciendo que nos cuestionemos las motivaciones que se ocultan detrás de ellos.

Procesos de comunicación: La religión ha hecho mucho uso de la energía de este punto. Las historias de Adán y Eva, el Árbol de la Vida cabalístico, la idea de un Dios completamente bueno y de un Satanás completamente malo, son nuestros intentos culturales por desdoblar dualidades como el bien y el mal en sus elementos esenciales.

Problemas: Cuestiones espirituales, dilemas morales, juicios acerca de nuestro propio género sexual o del otro. Los problemas de los sentimientos incluyen vergüenza, culpabilidad, pesar. Los problemas de creencias son cualquiera que afecte al mal frente al bien. Los problemas físicos resultan de una autoflagelación de cualquier tipo, o de la exposición a los comportamientos vergonzantes de otro. Adicciones, violencia, violaciones y otras situaciones perjudiciales se relacionan directamente con este punto de energía.

Contiene: La semilla del amor oculto bajo nuestras creencias en el bien y el mal.

Punto 24: creación

Propósito: Abrirnos a las energías necesarias para crear aquello que verdaderamente deseamos.

Función: Ayudarnos a procesar los deseos o el conocimiento que subyacen a nuestros seres bueno y malo y otras dualidades, sumándose así a la consciencia alcanzada en el punto anterior. Crear a partir de la nada requiere una conexión plena entre el yo y nuestras vidas oníricas/emocionales. Esta consciencia es nuestro retorno a la inocencia, nuestra regresión de vuelta al yo que sólo desea amor. Espiritualmente, este centro se relaciona con el yo tal como emergió al principio de la Fuente Divina, todavía puro y lleno de esperanza. Mentalmente, se corresponde con nuestras creencias acerca de nuestro derecho a existir y a crear dentro de la existencia. Emocionalmente, dentro de este punto reexperimentamos y curamos nuestros temores y fantasías. Físicamente, este centro se relaciona muy directamente con nuestros chakras segundo y quinto, y con todos los procesos conectados con ellos.

Forma de energía: Similar a la energía disponible en y a través del segundo chakra, que es de naturaleza emotiva y sensual. La energía de este punto se vería visualmente como luz, sentida en el cuerpo físico o a través de los sentimientos.

Procesos de comunicación: Experimentamos este centro de energía de manera sensual o emocional. Está ligado a la naturaleza de nuestro niño interno e innato, el hijo de la Fuente Divina, el niño que somos en el fondo.

Problemas: Dificultades para entender o ser dueños de nuestros sueños, deseos, fantasías, sentimientos o necesidades. Se asocian con este chakra los problemas concernientes a la aceptación de nuestra pureza e inocencia —impotencia, frigidez, desequilibrios emocionales y falta de amor a nosotros mismos o en las relaciones— y los procesos físicos conectados con estos temas. Todo esto puede conducir a problemas en nuestros chakras segundo y quinto.

Contiene: La gema de nuestra inocencia.

Punto 25: manifestación

Propósito: Añadir las energías oscuras y sustanciales necesarias para proteger o crear aquello que deseamos.

Función: Asociar nuestra inocencia con nuestro poder oscuro más profundo y sustancial. Necesitamos esta energía oscura, más protectora, para permanecer lo suficientemente a salvo como para exponer al mundo nuestros sueños vulnerables. Este centro canaliza nuestra energía guerrera: la capacidad de atraer de inmediato el poder necesario para tratar cualquier situación que surja. Podemos moldear y dar forma a este poder oscuro como nos convenga. Podemos utilizarlo para protegernos nosotros mismos: para hacer una espada con la que detener a los enemigos, para gritar «¡Alto!», escudándonos emocionalmente, para ganar el dinero necesario para emplear un guardia de seguridad. Es también la energía que se halla tras la materialización de recursos y objetos físicos. Manifestamos o hacemos reales nuestro deseo de dinero, casas, relaciones y otros deseos, canalizando esta energía de la sustancia.

Forma de energía: Poder oscuro, la energía profunda necesaria para proteger, defender, apuntalar y hacer reales los objetos físicos.

Procesos de comunicación: Asociado ante todo con los chakras primero, quinto, sexto y undécimo. A través del primer chakra atrapamos la energía para conservar nuestra vida y nuestros bienes materiales. A través del quinto hacemos la afirmación de los deseos y asignamos responsabilidades. A través del sexto recibimos y proyectamos nuestros sueños y deseos. A través del undécimo transmutamos energías para satisfacer los objetivos cotidianos.

Problemas: Todos los que tienen que ver con la seguridad y la protección, y con nuestra capacidad para conseguir nuestros deseos. Los síntomas de un punto de Manifestación que opera incorrectamente pueden ser similares a los que afectan al punto Abundancia. Para determinar cuál de los chakras o puntos de energía está afectado, podemos aislar al niño interior, accesible a través del punto Creación, y hacer preguntas. Si hay problemas que tienen que ver con sentirnos inseguros, estamos tratando del punto Manifestación. Si estos problemas tienen que ver con no creer en la satisfacción de las necesidades, podríamos trabajar con el punto Abundancia.

Contiene: La fuerza necesaria para defender nuestro derecho a hacer realidad nuestros deseos.

Punto 26: alineamiento

Propósito: Llevar al pleno alineamiento nuestros yoes oscuro y luminoso, infantil y adulto, material y espiritual, permitiéndonos ser un canal abierto para conseguir el propósito y las energías requeridas para cumplirlo.

Función: Vincular los aspectos de nuestro ser aparentemente incompatibles y, sin embargo, altamente indeterdependientes. Hacer que todas las partes de nosotros mismos operen conjuntamente, es la clave para recibir asistencia, energías y situaciones necesarias para conocer y vivir nuestro propósito.

Forma de energía: Luminosa, oscura y gris, todo al mismo tiempo. Una imagen adecuada es la de la espina dorsal. Cuando todos los procesos y chakras están en sus lugares correctos, la espina se convierte en una vara luminosa para las energías físicas, mentales, emocionales y espirituales que nos hacen ser completos.

Procesos de comunicación: En el cuerpo físico, la energía de alineamiento opera alineando el chakra coronario con el primer chakra, y el décimo chakra con el noveno. En nuestra vida de diario sabemos que estamos alineados cuando todo fluye de manera suave, y cuando, al encontrar obstáculos, podemos alimentar el aspecto infantil de nuestro ser al tiempo que invocamos al aspecto guerrero para dirigirnos ora rodeando el problema, ora a través de él.

Problemas: En última instancia, cualquier insatisfacción o falta de armonía es un problema de alineamiento. La ausencia de armonía no debe ser confundida con la aparición de problemas. Dado que los demás tienen libre albedrío, pueden intentar estropearlo todo. Estar alineados no significa que nunca tengamos problemas o crisis. Significa que podemos invocar los poderes y capacidades que necesitamos para tratarlos.

Contiene: El respeto por el proceso de alineamiento, y las energías necesarias para fluir con él.

Punto 27: paz

Propósito: Ayudar a que nos aceptemos a nosotros mismos —nuestro pasado, presente y futuro deseado— con respeto y honor.

Función: Permitirnos desenterrar los aspectos no agradables de nuestro ser y honrarlos. Para hacer esto, el centro canaliza la energía de la aceptación de nosotros y de todo lo que hemos sido/hecho, por parte de la Funet Divina. El transmisor principal para este proceso es el de dejarse ir, lo que culmina en una serena aceptación de todos los aspectos de nuestro propio ser y del de los otros. Dejarse ir implica abandonar la creencia de que tenemos el control, de que de alguna manera podríamos haberlo hecho todo de manera diferente, o de que podemos hacer que todo funcione. Combatiendo los sentimientos resultantes de desesperanza e impotencia, podemos abrirnos al entusiasmo y al poder.

Forma de energía: Más una sensación de consciencia que una sustancia física, la energía canalizada a través de este punto es a la vez estática y dinámica, comparable a la tranquilidad de la superficie de un lago bajo la cual vibra la vida. En cuanto al color, el rosa sería típico, pues mezcla las energías diferentes del blanco y el rojo.

Procesos de comunicación: La energía que hay detrás de este punto puede entrar en cualquier nivel en cualquier momento, pero sólo se utiliza por completo cuando la integran todos los chakras y puntos de energía.

Problemas: Todos los juicios o procesos de pensamiento que nos mantienen estancados impiden el acceso a la energía de la paz. Fundamentalmente, todas las enfermedades físicas son síntomas de una falta de paz o serenidad que perturban el flujo. Aclarar nuestra resistencia a la energía de la paz no significa que no vayamos a tener sentimientos de pesar, ira o temor. Sino, más bien, que aceptamos esos sentimientos. No necesitar resistirnos a ellos les impide bloquearse o acumularse. En la paz, podemos seguir experimentando las dudas en nosotros mismos o la autocrítica, pero somos capaces de trabajar nuestros falsos sistemas de creencias, utilizando la claridad para poner orden y sacar nuevas conclusiones. Espiritualmente, la aceptación de la energía de la paz nos permite comenzar a asumir nuestro pleno lugar dentro del universo.

Contiene: La aceptación del yo, reflejada en la plena aceptación de nosotros por parte de la Fuente Divina.

Punto 28: sabiduría

Propósito: Permitirnos reclamar lo que hemos aprendido de nuestras experiencias (definición de la sabiduría), al tiempo que soltamos plenamente los traumas y sentimientos asociados con ellas.

Función: Permitirnos definir el crecimiento, fuerza y conocimiento ganados en nuestro sendero, y liberarnos para tomar decisiones acerca de otros modos de aprender en el futuro. Este punto funciona ayudándonos a descomponer nuestras experiencias hasta sus creencias nucleares, y rompiendo los patrones que resultan de estas experiencias.

Forma de energía: Ligado al entendimiento, este centro se relaciona principalmente con las energías asociadas con nuestros procesos mentales. Sin embargo, se canaliza ante todo por el corazón, debido a que nuestro corazón es la verdadera puerta giratoria que conecta nuestros yoes aparentemente opuestos.

Procesos de comunicación: La sabiduría debe almacenarse en el cerebro; por consiguiente, nuestras funciones cerebrales superiores se hallan relacionadas con este punto de energía.

Problemas: La incapacidad de aprender de nuestro pasado y de nuestros errores en particular. Esta incapacidad puede traer como resultado una serie de desórdenes, como es meternos en el mismo apuro una y otra vez, experimentar dificultades de relación, exhibir patrones de víctima/victoria e innumerables otras situaciones.

Contiene: Las enseñanzas reunidas durante edades, disponibles para nuestro crecimiento.

Punto 29: disfrute

Propósito: Enseñarnos que la lección más atrevida que podemos aprender es que la vida no tiene que ver con las lecciones, sino con el disfrute. Habiendo liberado nuestro pasado a través de Paz, y habiendo reclamado nuestras enseñanzas a través de Sabiduría, podemos pasar ahora a las oportunidades que nos traerán un disfrute real. Seguir nuestro propósito es siempre seguir nuestra dicha.

Función: Canalizar la energía que alimenta nuestro disfrute. Este punto es un vínculo directo con la Fuente Divina y sus deseos para nosotros.

Forma de energía: Basado en el sentimiento, este punto de energía es extremadamente potente. Detrás del rostro del entusiasmo acechan poderosas energías de manifestación.

Procesos de comunicación: Esta energía entra cuando creemos que la merecemos, y se manifiesta a través de sentimientos como el entusiasmo, los deseos que el alma tiene de amor, y experiencias físicas placenteras.

Problemas: Cualquier cosa —una situación, creencia, realidad, sentimiento, relación, trabajo o empeño— que no consigue producir gozo significa un bloqueo en este centro. Dejar de asumir este gozo da como resultado estos bloqueos; paradójicamente, asumir nuestro gozo puede acabar con ellos.

Contiene: El conocimiento de que merecemos el disfrute.

Punto 30: perdón

Propósito: Perdonar o dejar de aferrarnos a un proceso o resultado. Nos dañamos a nosotros mismos o a los demás porque tratamos de mantener el control. Cuando cedemos este control a algo más grande, somos capaces de aclarar los bloqueos que impiden estar plenamente activos a todos los centros de energía que se hallan por debajo de éste.

Función: Enfrentarnos a esta sola pregunta: ¿estamos o no dispuestos a someternos a energías espirituales superiores? La mayoría de la gente piensa que perdonar es un proceso. Llegar a perdonar es un proceso, pero no es perdonar. Perdonar es nuestra decisión de someternos.

Forma de energía: Cuestionante en su naturaleza, decisiva en su efecto.

Procesos de comunicación: La decisión a tomar viene del interior. Este punto de energía, más que cualquier otro antes de él, canaliza directamente al yo de la Fuente Divina, nuestro yo esencial.

Problemas: No específicos, la falta de sometimiento puede conducir a cualquier dificultad y a todas ellas.

Contiene: Nuestro derecho a decidir volvernos lo que deseamos ser o no.

Punto 31: fe

Propósito: Permitirnos vivir completamente en la fe de que todo lo que somos ya existe. Decidiendo creer que somos algo, nos convertiremos verdaderamente en ello.

Función: Borrar nuestras puertas giratorias una vez que hemos perdonado. Eliminamos la percepción de que hay diferencias y similitudes, de que hay separación entre nuestros yoes material y espiritual, de que las energías material y espiritual son diferentes. Este punto de energía es la clave para permitir que todo lo que queremos (en la voluntad de la Fuente Divina) simplemente se manifieste sin esfuerzo.

Forma de energía: Este punto canaliza todas las energías que lo preceden. Tras equilibrarlas por completo, las borra. La energía de la fe parece invisible, hecha de sustancia no más material que el aire.

Procesos de comunicación: Esta energía debe ser incorporada en toda célula, visible e invisible. Si creemos que está incorporada en todas las partes de nosotros, entonces lo estará.

Problemas: Contribuye a los problemas de todos los otros chakras.

Contiene: La capacidad del yo para ser él mismo.

Punto 32: gracia y cociencia de la Fuente Divina

Propósito: Canalizar la energía de los milagros. Aunque esta energía de los milagros fluye de la Fuente Divina, la existencia de este centro tiene la connotación de nuestra propia capacidad, semejante a la Fuente Divina, de darnos a nosotros mismos lo que necesitamos sin que sea necesario creer que lo merecemos.

Función: Atraer a nuestras vidas lo que deseamos sin esfuerzo alguno o conocimiento inmediato de merecerlo. Aunque despierta todos nuestros poderes, la energía proveniente de este punto no requiere ninguno de ellos para crear nuestro bienestar.

Forma de energía: Ninguna y todas. Pura energía del amor.

Proceso de comunicación: Conocido por sus resultados, sea un sentimiento, un pensamiento, un signo físico o una consciencia espiritual (sea la aparición de uno positivo o la desaparición de uno indeseable).

Problemas: Todos los problemas pueden ser solucionados con esta energía.

Contiene: El significado de la vida.

EJERCICIO
Al encuentro de tus centros de energía espirituales

Es hora de que te encuentres con tus propios puntos de energía espirituales cara a cara. Necesitarás veinte hojas de papel, junto con lápices u otros utensilios de dibujo.

A) Dirígete a ti mismo a través del proceso intuitivo introducido en el capítulo Uno. Deténte en el punto de acceso.
B) Coge ahora tus papeles. Ponle a cada uno el título de uno de los veinte puntos superiores. Permítete dibujar libremente cualquier cosa que venga a tu mente o fluya de tu mano. Estás describiendo tu relación presente entre tú y esa energía.
C) Cuando acabes esta investigación, coge la última hoja de papel. Déjate dibujar una imagen del aspecto que tendrás/cómo te sentirás/cómo serás una vez que hayas curado por completo tu conexión con estos veinte puntos.
D) Una vez que hayas finalizado este ejercicio, dirígete a través del proceso de cierre.

Ejercicios alternativos

Un ejercicio más concreto es el de realmente emplear un tiempo en advertir el impacto que cada uno de estos cuerpos espirituales puede tener sobre ti.

I. Decide cada día que deseas experimentar el modo en que una conexión con cada punto espiritual concreto puede tener un efecto positivo sobre tu vida. Enfócate en un punto cada día. Registra tus observaciones de noche.
Recomiendo empezar por la parte de abajo de la lista, y subir por ella hasta llegar al punto de energía 32. Esto te dará un fundamento, pues cada punto se alinea sobre el anterior.
II. Decide qué concepto, tal como es reflejado por estos veinte puntos de energía, podría ayudarte mejor a resolver un problema. Escribe o enuncia en voz alta la solución que te venga desde ese punto de vista.

Por ejemplo, si estás experimentando un problema con un novio, piensa en el concepto del punto de energía catorce, Yang. Desde un punto de vista yang o masculino, ¿cuál es el problema real? ¿Cuáles son las preguntas reales que formular? ¿Cuáles son tus alternativas de elección?

Luego aborda el problema desde una percepción aún más elevada. Pasa al punto de energía quince, Equilibrio de las Polaridades. Si pudieras representar las percepciones tanto masculina como femenina de este problema, ¿cómo lo harías? ¿Cuáles serían las ideas opuestas? ¿Qué tienen en común estos contrastes aparentes? Puedes subir por la escala de puntos de energía hasta dar por finalizada tu respuesta.

Capítulo Cuatro

El Yo en desarrollo

LOS ANTERIORES CAPÍTULOS proporcionaron una vislumbre de los mecanismos internos de nuestro sistema de energía básico. Cada unidad nuclear o centro de energía opera como una entidad aislada, al tiempo que gira continuamente dentro del gran todo. Pero falta una explicación del proceso de desarrollo de estos centros de energía. Para trabajar con el cuerpo de energía, para curar nuestro yo humano, debemos tener esta información. Carecer de ella sería como tratar de ser un psicoterapeuta sin conocimientos de psicología.

Desarrollo de los chakras

Aunque nacemos con cada uno de los chakras o puntos de energía intra y extracorporales intactos, se activan o despiertan plenamente de manera ordenada. Esto es muy obvio en los siete chakras intracorporales. Nuestro primer chakra actúa como el centro de energía primario desde el útero hasta los seis meses. Nuestro corazón, el cuarto chakra, se despierta por vez primera entre los cuatro y los seis años de edad. Nuestro séptimo chakra se hace notar durante la pubertad, y nuestro noveno chakra en la parte final de nuestros veinte. Finalmente, el proceso vuelve a recorrer el ciclo, conduciéndonos de vuelta a nuestro primer chakra en la parte final de nuestros cincuenta. En pocas palabras, hay un vínculo entre los procesos de desarrollo del niño y del adulto y nuestro sistema de chakras.

Este proceso es comparable al desarrollo natural del cuerpo físico. Un recién nacido tiene un cuerpo humano plenamente formado, equipado al nacer con todo lo necesario para una vida activa y productiva. Órganos, miembros, nervios, glándulas y músculos necesarios para hablar, correr, pensar, hacer el amor o trabajar, se hallan todos en su lugar. Muchas de estas funciones yacen dormidas, sin embargo, hasta el momento apropiado (lo que suele implicar la entrada en una etapa de desarrollo). Dentro de los ovarios de una niña pequeña ya están todos los óvulos que alguna vez producirá; empezarán a ser liberados en la pubertad, y cada mes a partir de entonces. La capacidad glandular de producir testosterona ya es activa en un niño pequeño. En un niño sano, el nivel requerido para producir una barba completa y músculos acentuados sólo aumentarán durante la adolescencia.

Creo que aunque nuestros centros de energía devienen activos siguiendo una secuencia lógica, estamos vinculados a cada uno de ellos, y podemos obtener el acceso a cualquiera de ellos en cualquier momento. De hecho, así es como algunos de nosotros pudimos sobrevivir a los traumas de la infancia. Como superviviente de abusos a edad muy temprana, recuerdo haber recibido calma, consuelo y una razón para vivir de los «ángeles» a quienes podía ver y con quienes podía hablar. Uno llamado Cristo me habló a menudo acerca de la fe, la verdad que ahora asocio con el punto de energía treinta y uno. El hecho de que pudiera ver estos seres espirituales significaba que había despertado mi sexto chakra (la capacidad clarividente) antes de lo que cabría esperar. Nuestros centros de energía harán lo que sea necesario para proveernos de un mayor bienestar.

En general, nuestros centros están alienados y activos justo antes de la concepción, pero se duermen tras la concepción. Por ejemplo, los veinte centros espirituales superiores, que creo que juegan un papel activo durante la preconcepción. Las creencias portadas por estos puntos superiores son programadas en el cuerpo que se está desarrollando, e incluso tienen algo que decir en cuanto al tipo de cromosomas y genes que son seleccionados para crear el cuerpo por esta vez. Conectados al cuerpo de nuestra alma, muchos se duermen durante el proceso de concepción con el fin de no interferir en el desarrollo del cuerpo físico.

Los chakras ocho a veinte, los chakras humanos superiores, pueden también ser neutralizados durante nuestros primeros meses y años. Una vez más, mucha de nuestra energía infantil durante este periodo de tiempo debe ser dirigida hacia el crecimiento y desarrollo de nuestro cuerpo físico, la consciencia de las emociones, la formación de relaciones y la adaptación al entorno. Estos chakras humanos superiores son, sin embargo, bastante activos durante la preconcepción, trabajando para seleccionar rasgos físicos, determinar las interacciones de las relaciones y establecer los sucesos de la vida. La tradición cheroqui explica el proceso cómo encender un fuego con un propósito [31].

---
[31] Ywahoo, *ibíd.,* pág. 205.

De la concepción en adelante, nuestros primeros momentos y años tienen que ver ante todo con el despertar, programación y uso gradual de nuestros siete chakras intracorporales. En general, se activan según el orden que va del Uno al Siete, desde el chakra más básico, orientado hacia la supervivencia, hasta los de orden superior.

Chakra	Edad
Uno	Desde la matriz hasta los 6 meses
Dos	De los 6 meses a los 2 1/2 años
Tres	2 1/2 a 4 años
Cuatro	4 1/2 a 6 1/2 años
Cinco	6 1/2 a 8 1/2 años
Seis	8 1/2 a 14 años
Siete	14 a 21 años

Durante el periodo de siete años del Chakra Siete, el último chakra intracorporal, procesamos de nuevo los Chakras Uno a Siete.

Chakra	Edad
Uno	14 a 15 años
Dos	15 a 16 años
Tres	16 a 17 años
Cuatro	17 a 18 años
Cinco	18 a 19 años
Seis	19 a 20 años
Siete	20 a 21 años

Los chakras Uno a Siete continuarán repitiendo el ciclo por el resto de nuestras vidas, generalmente en periodos de siete años que comienzan a los veintiún años.

Chakra	Edad
Ocho	21 a 28 años
Nueve	28 a 35 años

La filosofía contemporánea nos cuenta que nuestros años veinte son un tiempo de preparación, un tiempo para establecer el terreno para el éxito y la felicidad posteriores. Ésta es también una verdad energética. Los años veintiuno a veintiocho nos ven pasar a nuestro octavo chakra, el que conserva el pasado (y el tiempo). Estos años podrían igualmente ser llamados los «años del karma», pues durante ellos estamos aclarando bloqueos, cambiando percepciones erróneas, alterando patrones de relación y confrontando falsedades espirituales que podrían inhibir el éxito futuro. ¿Todo esto en apenas siete años? Esperemos que sí, pues pasados los veintiocho seremos desafiados a asumir el propósito de nuestra alma y luego a materializarlo. Ésta es una gran orden; para cuando llegamos a los veintiuno la mayoría de nosotros ha acumulado un serio número de problemas que podrían impedir el crecimiento futuro.

El chakra ocho permite este clareado, abriendo camino para nuestro destino. Lo fundamental es destapar nuestros dones a través de los sucesos, experiencias o relaciones de la vida. Sin embargo, cuando tejemos un tapiz, los hilos sueltos deben ser remetidos por debajo si es que hemos de devenir quienes realmente somos. A fin de «acicalarnos», el Chakra Ocho activa nuestros problemas irresueltos —de la vida pasada y de la presente— y alienta elecciones que nos hacen encararlos. No es sorprendente que tantas profesiones tempranas, matrimonios juveniles y estilos de vida escogidos a mitad de los veinte devengan obsoletos durante los treinta. Las elecciones paracen del todo necesarias, incluso compulsivamente obligadas, cuando las hacemos, y lo son. Quizá necesites casarte con el señor X para enfrentarte al alcoholismo de tu padre. Tal vez necesites devenir un contable para aprender que eras demasiado creativo para esa profesión. Posiblemente necesites vivir en Nueva York para hacerte con tu amor por el campo. Recuerda, los veinte tienen que ver con la clarificación de asuntos no resueltos, no simplemente con cometer errores.

El Chakra Nueve es omnipresente de los veintiocho a los treinta y cinco años. «Asiento del alma», el Chakra Nueve fomenta la percepción del alma y del propósito de la vida. Muy a menudo, los individuos experimentan este tiempo como uno de cuestionamientos y búsquedas. Nos preguntamos: «¿Por qué estoy aquí?» «¿Tiene algún sentido mi vida?» «¿Hay algo que se supone que sólo yo he de alcanzar?» Esta búsqueda del propósito puede ser desconcertante y confusa, pero si se la acoge suficientemente, trae su recompensa al final. Deseamos salir de este periodo de tiempo con un sentido del yo y del propósito.

Al pasar a la mitad de nuestros treinta experimentamos la llamada a la acción; el impulso a hacer que nuestro propósito tome tierra en la realidad. Hemos entrado ahora en la era del Chakra Diez, el chakra de la toma de tierra. El Chakra Diez, que también fue activo durante preconcepción y concepción, está enraizando una vez más nuestro yo espiritual en el mundo material. Desde los treinta y cinco a los cuarenta y dos nos permite manifestar nuestros puntos de vista, valores y propósito en la vida real. Ahora podemos realmente obtener el trabajo, iniciar la compañía, casarnos con el compañero, escoger el estilo de vida, dar ese salto geográfico que mejor nos alinearán con nuestro propósito.

Como cabía esperar, éste es con frecuencia un tiempo de muchos desafíos. Nuestra medida constante del éxito debe ser interna: ¿estamos sosteniendo la integridad de propósito de nuestra alma? Dado que el Chakra Diez también contiene patrones y programas procedentes de nuestro linaje y vidas pasadas, a menudo nos vemos confrontando las viejas creencias en las que hemos sido adoctrinados, y que inhiben nuestro crecimiento. Por tanto, este periodo de tiempo es a menudo el trampolín para la estereotípica crisis de la edad madura.

El Chakra Once, siempre presente pero más evidente durante las edades cuarenta y dos a cuarenta y ocho, puede ayudarnos a transmutar estas viejas negatividades y dificultades. Chakra de la transmutación, esta energía convierte lo negativo en positivo, y los retos en oportunidades. Esos déficit del carácter, esas deudas financieras y malas relaciones pueden ahora convertirse en «moneda positiva», en aprendizaje, lecciones y enseñanzas que estimulan nuestras vidas profesionales y personales. Por ejemplo, años de sufrimiento como víctima de un abuso sexual podrían ahora transmutarse en un libro éxito de ventas sobre cómo recuperarse del abuso. La lucha contra la depresión puede formularse como la base para la compasión y la razón por la que nuestros clientes trabajan con nosotros en vez de con otra persona.

Finalmente (en términos de los chakras humanos), abrimos el Chakra Doce. Activado de los cuarenta y nueve a los cincuenta y seis años, este chakra nos arrastra a la madurez. Muchas culturas, incluyendo la cheroqui, creen que es imposible convertirse en adulto antes de esta edad [32]. Desgraciadamente, muchos de nosotros somos niños bajo la máscara de un cuerpo adulto.

Si entendiésemos mejor el chakra duodécimo, los retos de la madurez nos serían más provechosos. Circundando todo el cuerpo y sistema de energía humano, el Chakra Doce conecta energéticamente los mundos material y espiritual. Conforme caemos en la cuenta de que somos verdaderamente puertas giratorias entre el espíritu y la materia, debemos preguntarnos a nosotros mismos qué haremos con este conocimiento, y con el poder inherente a tenerlo. ¿Vamos a llegar hasta el cielo, en dirección a la consecución individual (perpetuando así la mentalidad de la «generación del mí»), o vamos a seguir el sendero sugerido por el Buda, que es el de devolver a la humanidad? Cabe confiar que hayamos encarado con éxito los retos de nues-

---
[32] Ywahoo, *ibíd.*, pág. 169.

tras anteriores etapas chákricas y seamos lo bastante responsables éticamente como para usar nuestro poder para el servicio.

Pasados los cincuenta somos invitados a realizar plenamente los centros de energía superiores. Los centros de energía que van del 13 al 32 pueden haberse despertado en muchos puntos de nuestra vida, como veremos más tarde en este capítulo.

Motivos dentro de motivos

Conocer nuestro proceso de desarrollo chákrico y los puntos de despertar de cada chakra individual puede ayudarnos de múltiples modos. Trabajando con este sistema, podemos:

1. Usar los síntomas físicos para definir los componentes emocionales, mentales y espirituales de nuestra enfermedad.
2. Seguir la pista a nuestros problemas emocionales hasta el desarrollo de cierta parte de nuestro cuerpo o hasta la edad en que se originó. Las emociones son el lenguaje del cuerpo. Si podemos volver a experimentar la componente de sentimiento y las reacciones físicas unidas a una situación debilitante, podemos reprogramar creencias autodestructivas y poner en marcha un curso enteramente nuevo.
3. Aislar las creencias mentales o espirituales que nos afectan, curando con ello nuestros problemas emocionales o físicos.
4. Despertar recuerdos reprimidos, incluyendo recuerdos intrauterinos y de vidas pasadas, con el propósito de entender, limpiar y curar.
5. Entender el origen de cualquier problema físico, mental, emocional o espiritual. Si puedes llegar a su causa raíz o a la edad de su formación, puedes destapar las circunstancias que causan los bloqueos y prepararte para curarlos.
6. Convertirnos en padres de nuestros propios hijos con conocimiento, apoyándoles en y a través de cada etapa de su desarrollo.
7. Ser mejores padres de nuestro propio niño interno, ese yo natural que hay dentro de cada uno de nosotros y que aguarda su oportunidad en la vida.
8. Tomar decisiones apropiadas y sabias al señalar claramente nuestra presente etapa de desarrollo.
9. Entender mejor dónde, cómo y por qué se ha atascado otra gente.

Al trabajar con este proceso de desarrollo estamos buscando dos puntos de consciencia. En primer lugar, deseamos descubrir los aspectos maravillosos de nuestro ser, algunos de los cuales ya se han despertado, otros no. Incluso si sabemos que tenemos rasgos positivos, podrían necesitar un reconocimiento o revitalización. Muchas veces hemos enterrado nuestras mejores cualidades por debajo de los cantos fúnebres de conflictos y percepciones erróneas. Eso nos lleva a nuestro segundo objetivo, que es el de destapar, entender y cambiar creencias, patrones y programas autodestructivos. Después de todo, las gemas que hay en nuestro núcleo merecen que se les quite el polvo y se pulimenten.

Destapando las gemas

La curación —un proceso de destapar o recuperar— es frecuentemente inconsciente, pero este proceso inconsciente puede desencadenar una curación consciente. La curación tiene lugar cuando descubrimos de repente un secreto acerca de nosotros mismos y nos abrimos a los dones que proporciona.

Digamos que eres un nuevo padre, dudoso de tu capacidad para cuidar de un bebé llorón. En vez de marcharte y dejar que el bebé llore hasta dormirse, reúnes la sabiduría y el coraje para proporcionar consuelo. El bebé deja de llorar y se pone feliz o —en un acto supremo de fe— se queda dormido en tus brazos. ¡Estás asombrado!

Es ahora cuando el crecimiento real puede tener lugar. ¿Qué pasa si, a continuación de este descubrimiento —«¡Eureka!»—, te permites explorar más? Quizá reflexiones acerca de tus propias necesidades básicas, si las estás satisfaciendo actualmente o si eran satisfechas cuando eras bebé. Durante esta reflexión puedes descubrir asuntos que curar y fuerzas previamente desconocidas. Cuidar de tu bebé de tres meses ha despertado la conexión de tu propio primer chakra con tu pasado y con tu propio yo primario actual.

Si somos afortunados, la vida se despliega sin altibajos, permitiendo que las capacidades y necesidades de curación de tus chakras y centros se desarrollen de modo suave e inconsciente. Sin embargo, la vida no siempre es tan gentil. Debemos revertir a un modo más directo de abordarla si nuestros retos son severos. Cuanto más difíciles nuestras experiencias de la vida, especialmente las más tempranas, más propensos estaremos a ocultar nuestras capacidades y rasgos bajo un manto protector.

Dos de mis clientes ilustran este punto. Cada uno de ellos arrastró consigo el impacto de sucesos que tuvieron lugar entre sus tres y sus cuatro años, pero un cliente, dañado más gravemente que el otro, tuvo que abordar sus problemas a un nivel más consciente. Mientras lees estas historias, recuerda que los tres años se relacionan con el tercer chakra y con nuestra exploración del mundo que nos rodea. Durante este tiempo, los mensajes y reacciones que recibimos de los demás se convierten en forraje para nuestras propias creencias acerca de nosotros mismos, los demás y el mundo en general. Los mensajes positivos verificarán nuestra creencia en el mundo como un lugar seguro y adorable, fomentando así una elevada autoestima. Los mensajes negativos se reflejarán en los juicios sobre nosotros mismos o los demás, inhibiendo nuestro poder personal.

Ahora, mis dos clientes, Max y Jimmy. Durante el periodo de desarrollo de su tercer chakra, ambos chicos mostraron un obvio interés por el arte. Sus intereses lo abarcaban todo, desde colorear libros a crear piezas maestras en las paredes de sus dormitorios. La curiosidad y expresión naturales de Max eran vistas con interés por sus padres. Aunque éstos cortaron con las prisas para pintar en las paredes, continuaron apoyando sus deseos. Max aprendió que podía experimentar de manera segura en su entorno, y que la autoridad apoyaría sus sueños y proporcionaría límites constructivos en cuanto a su aplicación.

Por el contrario, los padres de Jimmy deploraban lo que consideraban como su desorden. Criticando su chapucero trabajo artístico y ridiculizándolo por dibujar en las paredes, mataron de un modo efectivo el interés de Jimmy por el arte y su creencia en su derecho a expresar exteriormente su interior (la definición del propósito). Jimmy vino a verme cuando tenía treinta años, quejándose de haber malgastado la mayor parte de su vida y sin saber aún qué hacer con ella. Hablamos por largo rato antes de que admitiera que realmente deseaba ser un artista, pero consideraba esa elección demasiado poco práctica. De hecho, se extendió durante su primera sesión y las posteriores tratando de convencerme de que el arte era una profesión estúpida.

Max vino a verme por la misma época. ¿Su problema? No era capaz de decidirse entre permanecer en los Estados Unidos y seguir siendo un pintor (famoso) o trasladarse a un país más remoto, de manera que pudiera pintar en paz.

Exploré con cada uno de ellos las edades/orígenes de sus creencias acerca del arte y sus capacidades y necesidades respecto a ella. Jimmy tardó meses en liberar su yo de tres-cuatro años del entorno que le había aprisionado. Gradualmente, comenzó a tomar clases de arte. Vio a un consejero de carreras profesionales y empezó a estudiar diseño gráfico.

Max se divirtió más en el tiempo que estuvimos juntos. Se imaginó a sí mismo cuando tenía cuatro años y comenzó a reexperimentar el modo en que dibujaba, preguntando bajo qué condiciones era más feliz. ¿Estaba solo o tenía compañeros de juego? ¿Le gustaba que le dijeran algo o no? Cayó en la cuenta de que aunque le gustaba crear en soledad, también le gustaba el influjo de los comentarios de otra gente. Empezó a disponer unas horas para la creatividad y para viajar más, pero decidió permanecer en la sociedad para su equilibrio.

Las experiencias tempranas de Jimmy, con menos apoyo y más crítica que las de Max, hicieron grandes estragos en su vida. Para desenmarañarlo, tuvo que concentrarse exclusivamente en excavar hasta su núcleo, sentir un montón de dolor y volverse dispuesto a hacer importantes cambios en la vida. Su curación requirió un empeño y un proceso muy conscientes. Max, por el contrario, fue estimulado por el proceso natural de su desarrollo. Sus preguntas acerca de sí mismo salieron a la superficie más por oportunidad que por dificultad. Con relativa sencillez, aplicó el sistema de desarrollo chákrico para aclararse consigo mismo.

Una y otra vez he visto que aquello a lo que nos vemos expuestos durante la etapa de desarrollo de un chakra particular quedará colgado de nosotros para el resto de nuestras vidas hasta que lo tratemos. Cuanto más severamente seamos afectados, mayor será la herida, y más consciente necesitará ser nuestro proceso de curación. Dado que todo centro de energía es holístico, el efecto permea el resto de nuestro sistema y toda nuestra vida. Que se nos diga que somos estúpidos, malos o carentes de talento a los tres años creará ciertamente una creencia mental falsa. También puede disfrazarse físicamente como dolores estomacales, emocionalmente como temores acerca de nuestras capacidades, y espiritualmente como preguntas acerca del amor de la Fuente Divina. Aunque albergados en el tercer chakra, estos problemas afectan posteriormente a todos los otros chakras, y en consecuencia a toda área de nuestra vida (debido a la capacidad holográfica de almacenamiento del sistema entero).

Esta interconexión fue ilustrada muy bien por uno de mis clientes, una terapeuta que vino a verme para examinar el origen de veinte años de problemas en la espalda. Usando visualización guiada, ascendimos por su sistema chákrico intracorporal. En cada chakra y edad reexperimentó un suceso o experiencia que la habían debilitado. Por ejemplo, recuerda haber creído, de bebé, que era del sexo equivocado. Se sentó ante mí sobre la tumbona en una posición casi fetal. La pedí que me dijera cómo la había afectado esta percepción. Respondió: «Decidí cerrarme a la vida. Es demasiado hiriente.»

A cada etapa tomó una nueva decisión, contándome de qué extraña manera estaba la energía siguiendo estas reconsideraciones. Cuando la vi un año más tarde, me informó con una sonrisa de que su espalda casi no le había vuelto a causar problemas desde aquel día en mi oficina.

Mi cliente mostró la complejidad reflejada por el sistema de energía humano, el complicado estado de los problemas y las posibles dificultades involucradas en devenir y ser nuestro verdadero yo. Dentro de esta trama de complejidades, no obstante, subyace una verdad muy simple: por debajo de todo, nuestro yo simple y verdadero está ahí. Estamos tratando de destapar ese verdadero yo, hacerlo completo de nuevo, o completo por vez primera.

Trabajando con el sistema de desarrollo chákrico

Podemos hacer un montón de este trabajo de salvación y recuperación por nuestra propia cuenta trabajando con el sistema de chakras. Suelo seguir uno de los siguientes enfoques, o ambos:

1. Buscar bloqueos.
2. Buscar verdades.

Buscando bloqueos

Los **bloqueos** son puntos de resistencia a nuestro propio bienestar. Un bloqueo es cualquier afección física, creencia, sentimiento o malentendido espiritual que nos impide vivir nuestro propósito. Aunque un bloqueo pueda ser causado por un problema físico, una creencia mental falsa, un sentimiento no resuelto o una percepción espiritual errónea, puede hacer estragos en una de nuestras áreas humanas o en todas.

Bloqueos físicos: Todos sabemos lo que son los bloqueos físicos. Suelen experimentarse como problemas físicos, enfermedades, afecciones o dolores. Obviamente, los bloqueos físicos pueden impedir la plena utilización de nuestro cuerpo físico. Un atleta profesional puede verse bloqueado por una pierna rota. Hasta que no se quita la escayola, le está impedido funcionar a plenitud como atleta. Un cantante puede verse bloqueado por un resfriado. Si la enfermedad es importante, puede suspender una gira de conciertos. Estar cansados puede también bloquear nuestras capacidades mentales, distorsionando nuestra perspectiva e inhibiendo nuestra efectividad.

Los bloqueos físicos pueden afectar también nuestro estado de sentimiento, haciendo que estemos irritables, fatigados e impacientes. A su vez, estos sentimientos y otros estados de sentimiento pueden afectar grandemente la salud y la naturaleza de nuestras relaciones y nuestra vida de trabajo. Los bloqueos físicos pueden también obstaculizar nuestra vida espiritual, haciendo que dediquemos más tiempo y atención a empeños materiales que a preocupaciones conceptuales.

Eliminar los bloqueos físicos puede suponer tener que hacer algo físico, como descansar si estamos enfermos o tomar una aspirina para una jaqueca. Sin embargo, igual de fácilmente podría requerir un cambio de sistema de creencias, soltar un sentimiento bloqueado o hablar con nuestra forma de guía más elevada. La regla general es que si una condición física limitante no responde a una cura física, debemos buscar las soluciones en las otras áreas. Debemos estar dispuestos a mirar bajo las sábanas, a atisbar bajo los síntomas.

Tuve una experiencia bastante interesante concerniente a la naturaleza holística de los problemas físicos con uno de mis clientes, una mujer de cincuenta años. Vino a verme quejándose de que durante dos años había experimentado un problema físico tras otro, incluyendo gripe, dolores, constricciones en el corazón y entumecimiento en las piernas. Los médicos decidieron, finalmente, que debía ser hipocondriaca, pues habían sido incapaces de descifrar una causa orgánica.

Tras un mayor sondeo, soltó que estos problemas habían comenzado al principio de su matrimonio, que había tenido lugar dos años atrás. Bastante renuentemente, admitió que antes de su matrimonio la salud de su marido había sido pobre, mientras que la suya había sido buena. Psíquicamente, percibí inmensas cuerdas o conexiones de energía entre cada uno de sus chakras afectados y los de su marido. También vi un asunto aún más grave, una separación incompleta entre el segundo chakra de su madre y el suyo propio.

Esta cliente trabajó conmigo tres veces. Cuando la disociamos de su marido, dijo encontrarse mejor, aunque se sentía peor. Entonces empezamos a tratar de la relación con su madre. Cuando la pedí que trabajara también con un psicoterapeuta, se aterrorizó ante el pensamiento de herir a su madre y rehusó. En ese momento, creí haber hecho todo lo éticamente responsable y que no podía hacer más. No sé qué fue de ella tras nuestra última sesión, pero sé que se sintió mejor psíquicamente cuando devolvió una energía que no era suya a su propietario por derecho.

Bloqueos mentales: Los bloqueos mentales son creencias que nos impiden actualizar nuestro yo interior. Pueden atenazarnos de manera moderada o severa. Una creencia mental tiene impacto en primer lugar sobre nuestros procesos de pensamiento, y, a través de nuestros pensamientos, afecta a nuestras actitudes, emociones y acciones. Los sanadores kahuna de Hawai definen la creencia como cualquier idea que aceptas como verdad[33]. Creer

---

[33] King, *ibíd.*, pág. 97.

que eres una mala persona puede hacer que te sientas por encima de todo como alguien que no gusta, luego infeliz, y finalmente temeroso de sacar partido a las oportunidades.

Ted Andrews, en su libro *Imagick*[34], habla del poder de nuestros pensamientos. «El cuerpo mental tiene uno de los efectos más sutiles y poderosos sobre el hombre en lo físico... Es nuestro cuerpo mental y su acción en forma de nuestros pensamientos y palabras sobre el plano mental, el que más fuertemente establece el patrón de lo que experimentamos en lo físico. Forma la matriz o cianotipo de lo que ha de manifestarse en nuestras vidas.» Las implicaciones de creencias negativas o no verdaderas programadas en nuestros patrones de pensamiento son un daño de largo alcance a nuestra psique y a nuestra vida física externa.

Por ejemplo, podríamos, como les sucede a muchos de mis clientes, creer que somos del sexo equivocado, que nuestros padres querían un niño del género opuesto. Esta creencia puede inhibir nuestra expresión sexual y nuestro disfrute de los procesos físicos cotidianos. Una creencia de que no merecemos tener dinero puede impedirnos ser prósperos financieramente. Una creencia de que no merecemos seguir vivos puede ponernos físicamente enfermos apagando nuestro sistema físico o impidiéndonos obtener el necesario cuidado de la salud. La lista puede continuar indefinidamente. Para curar, debemos estar dispuestos a seguir el sendero del sanador kahuna, que es el de «ayudar a la gente a cambiar sus creencias, de insanas a sanas» [35].

Cuando trabajo mis propios problemas, o cuando ayudo a otros con los suyos, a menudo me pregunto a mí misma cómo puedo decir si el origen del problema es causado por una creencia o por otra cosa. Aunque podríamos experimentar las creencias mentales estancadas y sus patrones acompañantes como pensamientos obsesivos, problemas de actitud o un pensamiento problemático, también pueden revestirse como una disociación crónica o como patrones físicos, incluso como síntomas físicos, por ejemplo, nervios en el estómago o un corazón acelerado. Podríamos igualmente encontrar nuestras creencias mentales codificadas dentro de sentimientos, reacciones o comportamientos recurrentes.

Cada vez que experimentamos una condición crónica o repetitiva, los problemas causales están, al menos parcialmente, basados en creencias destructivas. Relacionar una creencia o patrón particulares con su chakra originador puede ser extremadamente útil, dada la complejidad de posibilidades y

---

[34] Andrews, Ted: *Imagick: The Magick of Images, Paths & Dance*. Llewellyn Publications, St. Paul, MN, 1989, 77.
[35] King, *ibíd.*, pág. 47.

el gran número de creencias secundarias que pueden ramificarse a partir de una creencia principal.

Bloqueos de sentimiento: Los bloqueos de sentimiento comprenden la destructiva presencia o ausencia de sentimientos. Los sentimientos destructivos son los que han sido almacenados o absorbidos y que necesitan ser expresados o devueltos a sus propietarios. Como ya examinamos, podemos almacenar nuestros propios sentimientos en vez de expresarlos, porque no consideramos seguro el expresarlos. Podemos también absorber y almacenar los sentimientos de otros como un modo de aliviar situaciones lacerantes y crear una sensación de seguridad. Estos sentimientos no resueltos ni expresados, literalmente lo detienen todo, causando daños físicos y psicológicos.

Uno de mis clientes, un ejecutivo de una importante empresa, era claramente afectado por sentimientos almacenados, pero no expresados. Había sufrido dos ataques cardiacos antes de venir a verme y deseaba aprender alguna técnica de meditación. Creí importante hacer algo más, y él consintió en que viéramos si podía haber algún motivo detrás de los ataques. Tras pasar mi cliente a un trance ligero, guié su conciencia hacia su corazón. Empezó a gritar y a hablar de que su padre parecía no haberlo amado. Él había decidido probar su valía trabajando duramente: realmente, trabajando a morir. Se refería a un muchacho de cinco años que, literalmente, había decidido ocultar estos sentimientos.

He visto otros cientos de clientes destapar sentimientos almacenados o no expresados, normalmente porque su entorno familiar no había proporcionado la seguridad necesaria para expresarlos. El caso más grave fue el de una mujer con cáncer de garganta y útero. Me dijo vehementemente que estaba dispuesta a hacer cualquier cosa con tal de vivir. La pregunté si estaría dispuesta a sentir sentimientos no sentidos, por horribles y dolorosos que fuesen. Ella dijo «sí».

Sabiendo el poco tiempo que le quedaba de vida, la forcé más de lo que lo hago con la mayoría de mis clientes. Entramos directamente en recuerdos de abusos. Conmigo y por sí misma escupió obscenidades a su padre, chillando toda la ira almacenada. Los nódulos de su garganta desaparecieron en dos días. Entonces devolvió toda la vergüenza que había en su útero de vuelta a su hermano y a su padre, vergüenza que estaba almacenada donde su hermano solía golpearla y donde se hallaba su tumor presente. Aunque la masa no desapareció, al eliminarla se encontró que era benigna. Estoy convencida de que habría muerto en pocas semanas si no hubiera expresado esos sentimientos.

También podemos ser afectados por sentimientos ausentes. En algunos momentos de nuestra vida podemos desechar o eliminar ciertos sentimientos, si nosotros mismos o los demás juzgamos esos sentimientos en particular como equivocados, malos o peligrosos. Debemos reclamar nuestro derecho a tener esos sentimientos si hemos de alcanzar nuestro propósito, pues el vacío que resulta de ellos nos deja incapaces de ser nuestro verdadero yo al completo.

Un cliente de treinta años me pidió guía intuitiva sobre por qué parecía no ser capaz de enamorarse. Mi análisis fue que los sentimientos amorosos podrían haber sido demasiado hirientes para él. Tras nuestra sesión, le animé a ver a un hipnoterapeuta y destapar qué pudo haber pasado que causara su temor. Me llamó más tarde y, con lágrimas de alegría, dijo que había descubierto que a su hermana le habían sido dados todos los sentimientos de relación de la familia. Siendo la mayor de los hermanos, se esperaba que fuera ella quien cuidara de los hermanos más pequeños. Él reclamó su derecho a tener también estos sentimientos, y nunca se había sentido mejor.

Diagnosticar nuestros bloqueos de sentimiento puede ser desconcertante, pues nuestros sentimientos están entrelazados con otros componentes de la vida. Podríamos advertir la presencia de un bloqueo de pensamiento observando emociones obvias, como son los estallidos de ira o los accesos irrefrenables de pesar. Nuestros sentimientos pueden también entremezclarse frecuentemente con otros problemas más predominantes, incluyendo problemas con el estilo de vida, las adicciones, los hábitos recurrentes, las relaciones, las enfermedades o los patrones de pensamiento. ¿Cómo llegar al fondo de nuestros problemas de sentimiento, y específicamente nuestros bloqueos de sentimiento?

Trabajar con el sistema de desarrollo chákrico proporciona las claves necesarias para llegar hasta el fondo de los problemas basados en sentimientos. Sondeando hasta sus chakras originadores y experiencias causales, los síntomas físicos, de estilo de vida, de relación, pensamiento o sentimiento, podemos pelar las capas de sentimientos hasta encontrar el que está realmente bloqueado o ausente.

Una de mis clientes, Jackie, proporciona un ejemplo de este proceso. El padre de Jackie fue un modelo de represión de la ira, y cuando ella llegó a sus cinco años de edad, quedó encerrada en un patrón similar. Para cuando llegó a los cuarenta había tenido una serie de relaciones volátiles, tenía problemas para reafirmarse y registraba un desorden físico en el corazón. Había estado con un consejero de relaciones y un especialista de corazón, pero no había asociado sus problemas con la ira. Vino a verme en busca de un análisis intuitivo. Dadas estas claves, **inmediatamente me sintonicé con su chakra del corazón. Las dificultades con las relaciones —un problema del corazón—** indicaban algo que tenía que ver con este chakra. Teniendo cuidado de no diagnosticarla, ayudé a proporcionarle información que finalmente la ayudó a llegar al fondo de sus desórdenes físicos y de relación. Jackie quiso combinar la curación por imposición de manos con un trabajo de regresión. Aprendió a llevar su conciencia a su corazón y a preguntar a su corazón qué es lo que quería de ella. A través de su trabajo de curación conmigo, y de sesiones con un psicoterapeuta, empezó a cambiar sus patrones de represión de la ira. La última vez que oí de ella estaba citada con un hombre muy amable.

En Perú estudié con un chamán que a menudo decía que el núcleo de muchas enfermedades está en la infancia o en cuestiones ancestrales. En Costa Rica encontré un sanador que profesaba curar la drogadicción librando al cuerpo de viejos patrones. La tradición Tsalagi (cheroqui) también cree que muchos problemas adultos brotan de patrones o creencias de comienzos de la infancia. Ywahoo escribe: «Es un practicante sabio el que cambia cuidadosamente la forma de pensamiento de un hábito... cogiendo los hilos de patrones tempranos y retejiéndolos como un bello vestido»[36]. La sabiduría de estos practicantes proviene de cientos de años de tradición.

Bloqueos espirituales: Los bloqueos espirituales son percepciones erróneas acerca del universo y nuestro lugar dentro de él. Para mí, los bloqueos espirituales son quizá los más poderosos y los más importantes, pues subyacen a cualquier otro problema. Pueden ser causados por cualquier cosa que nos suceda a nosotros, para nosotros o a nuestro alrededor.

Creo que la palabra «espiritual» significa justo eso: lleno del espíritu. El deseo más valiente y meritorio que podamos tener como seres humanos es el de ser llenados del espíritu, nuestra verdadera esencia. Dado que este yo es realmente un aspecto de la Fuente Divina, creo que la vida tiene que ver con aprender el modo de aceptar que somos parte de la Fuente Divina (el Todo, el Gran Espíritu), y que merecemos expresar plenamente esta verdad. Vivir conforme al propósito es expresar este yo del espíritu.

Este yo del espíritu o esencia intenta constantemente llevar nuestro cuerpo, mente y alma a esta comprensión. Cierta gente, como Cuervo Loco, un hombre de la medicina Lakota ya fallecido, entendió esta búsqueda. Conocido por ser capaz de curar a cualquiera de cualquier cosa, afirmaba que su capacidad le venía del hecho de ser capaz de volverse como un «hueso hueco» o vasija vacía a través del cual Wakan-Tanka, el Gran Espíritu, podía verterse. Uno de mis propios instructores sobre la curación, Echo Bodine, que ha escrito muchos libros sobre la curación, insistía siempre en que ella no curaba a nadie de nada; ella simplemente se apartaba del camino. Estas

---

[36] Ywahoo, *ibíd.*, pág. 85.

personas ilustran el poder del espíritu —el nuestro propio y otro de mayor fuerza— y sugieren que cualquier problema físico, mental o emocional puede ser causado por algo que impide a nuestro propio espíritu, o a uno mayor, entrar o estar plenamente presente.

A menudo, estos bloqueos espirituales o confusiones acerca de nuestra propia verdadera bondad se hallan dentro del alma. Recuerda que nuestra alma porta consigo todo lo que experimentamos de vida en vida, de chakra en chakra, de célula en célula. El alma registra experiencias como las de ser avergonzado o alabado, juzgado o apoyado, rechazado o cuidado, amado, odiado o matado. Registra lo que aprendimos en la escuela dominical, y es afectada por las creencias falsas y verdaderas concernientes a nuestros puntos de energía espirituales superiores. El alma misma imprime estas creencias acerca de la vida, la muerte, los demás, nosotros mismos, todo, dentro de nuestro ser temporal. El lado malo de esta realidad es el de que, incluso si no iniciamos esta vida con muchos problemas espirituales, para cuando llegamos a adultos probablemente hayamos adquirido un montón de ellos en cualquier caso. El lado bueno es que cualquier cosa que sanemos al nivel del alma quedará sanado a todos los niveles.

Podemos abordar nuestros problemas espirituales a través de cualquier chakra o punto de energía. El holismo, en su aspecto más consecuente, se hace aquí evidente. Una vez más, un modo de encontrar de manera efectiva el tema espiritual que subyace a un problema es el de aplicar el sistema de desarrollo chákrico, comenzando por aislar el chakra afectado por una experiencia negativa o traumática. Con mis clientes suelo ayudarles a destapar y entender primero los efectos físicos, mentales y emocionales de una experiencia, para volverme luego hacia la reflexión espiritual. Siempre los incito a abordar el asunto espiritual, más profundo. Salvo que abordemos el problema del alma, ésta podrá transportar la percepción negativa a otro nivel, afectando quizá una relación, una carrera profesional o un estilo de vida, o, por supuesto, una parte del cuerpo.

Sondear en busca del problema espiritual suele atemorizar a la gente, pues a menudo ello requiere tratar cuestiones referentes al bien y el mal, la divinidad y el diablo, la vida y la muerte. Mucha gente cree que este trabajo cae bajo el dominio de las instituciones religiosas. Sin embargo, yo creo que trabajar con problemas espirituales no tiene por qué ser estrictamente un asunto religioso, aunque la tarea pueda ser afectada de modo adverso o positivo por nuestras creencias religiosas.

La espiritualidad difiere de la religión en que la espiritualidad tiene que ver con nuestra esencia: nuestro yo esencial y nuestras necesidades esenciales. La religión proporciona un enfoque estructural de la vida, uno que, ojalá, esté de acuerdo con nuestras necesidades esenciales. Podríamos haber sido criados en una atmósfera religiosa que apoya a nuestra esencia y su expresión; igual de fácilmente podríamos haber sido expuestos a una estructura dogmática que ha machacado, moldeado o reprimido nuestra esencia. Cualquiera que sea el caso, cualquier cosa que impida al alma vivir en y a través de nosotros, es un problema espiritual. En última instancia, necesitamos reconocer a nuestra alma, que es nuestro yo invisible, y al universo por querer que este yo sea feliz y satisfecho. Los bloqueos espirituales son puntos de resistencia a la aceptación de esta gracia.

He aprendido a ser bastante valiente cuando trabajo con mis clientes sobre problemas espirituales. A menudo utilizo herramientas y técnicas espirituales que aprendí en Perú, Japón, Costa Rica, Gales, Marruecos, y de otras diversas culturas que tienen en cuenta la presencia de un alma. Sea que la técnica implique ayudar a un cliente a viajar a su subconsciente, a hablar con un guía espiritual invisible o ángel, o a imaginar su propia alma y hablar con ella, aún no he podido encontrar un cliente que no crea en lo que ve, oye o siente. Creo que la gente inherentemente cree en la parte espiritual e invisible de sí mismos.

Trabajar con un problema espiritual suele implicar el destapar la principal percepción errónea del alma y entender las consecuencias que resultan de esta percepción errónea. Por ejemplo, una de mis clientes, que tenía una grave enfermedad, informó que su alma creía que ella no merecía estar viva. Cuando imaginó su primer chakra, gritó que estaba casi cerrado y que su alma lo había mantenido cerrado desde el nacimiento. Sin la energía de este primer chakra es difícil para nuestros cuerpos estar activos y vitales, y para nosotros ganar dinero o entrar en relaciones fructíferas. En cierto modo, el alma de esta cliente nunca había nacido en su cuerpo físico, pues estaba segura de que su presencia iba a arruinar la vida de su madre. (Su madre la había concebido sin estar casada a los dieciseis años.) Desentendida del proceso de la vida, este alma había constreñido grandemente su salud y su felicidad. Tras convencer a su alma de que no había arruinado la vida de su madre, estuvo de acuerdo en abrir el primer chakra. Mi cliente informó de mejoras inmediatas en su salud y bienestar.

El impacto del trabajo espiritual puede ser poderoso, pues el alma nos capacita para recibir ayuda del modo fácil. El alma es el aspecto de nuestro ser más capaz de atraer asistencia y gracia espirituales. Si el alma rechaza la vida o se siente rechazada por el cuerpo o la mente, puede fragmentarse o astillarse. Parte de ella puede permanecer atrapada en una vida pasada o en un modo de observación en vez de participativo. Como dice el refrán, casa con dos puertas mala es de guardar. Con el alma separada, no podemos ir por un camino u otro, no podemos establecer y alcanzar objetivos. La vida se convierte en una experiencia esquizofrénica.

Los bloqueos espirituales comunes son encapsulados por creencias, cada una de las cuales puede servir como punto de partida para creencias secundarias casi igual de potentes. Por ejemplo, algunas creencias espirituales primarias podrían ser:

«Soy malo.»
«Las mujeres son cosa del diablo.»
«Dios no me ama.»
«Dios me abandonó.»
«No merezco la abundancia.»
«No merezco estar vivo.»
«No tengo alma.»
«Alguien es mejor que yo.»

Aunque la diferencia entre las creencias mentales y las espirituales pueda a veces ser mínima, el que sean una u otra se sabe por el origen de la creencia. Las creencias mentales brotan inicialmente de las experiencias del tiempo de vida (esta vida o una vida anterior), y se relacionan con nuestras actitudes o procesos de pensamiento. Las creencias espirituales a menudo se originan en el alma, y a veces en experiencias anteriores a nuestra existencia física. Pueden venir del tiempo en que éramos uno con la Fuente Divina, estábamos separándonos de la Fuente Divina o experimentando inicialmente la existencia de los cuerpos de otras almas (los yoes espirituales de otra gente). Cuando las creencias del alma se forman a partir de experiencias del tiempo de vida, se basan en reflexiones que primero hace el alma y luego la mente. Es útil recordar esto cuando se trabaja con las creencias mentales chákricas. Si podemos rastrear el origen de una creencia mental hasta una creencia del alma, podríamos de repente encontrarnos más allá de lo ordinario y en conversación privada con la Fuente Divina, reexperimentado una experiencia del alma, o hablando con una parte del alma que está revoloteando alrededor del cuerpo; una experiencia verdaderamente inusual para la mayoría de nosotros, criados en modos occidentales.

Buscando verdades

Además del enfoque orientado a los bloqueos para diagnosticar problemas utilizando el sistema de desarrollo chákrico, podemos también curar destapando las verdades ocultas por debajo de nuestros problemas. Las verdades son o bien lo opuesto, o bien un reflejo de las percepciones erróneas que nos causan una dificultad. «Seamos o no conscientes de ello», dice Ywahoo en *Voces de nuestros ancestros*, «el modo en que pensamos y hablamos de nosotros mismos atrae resultados y se convierten en profecías automanifestantes» [37].

Una verdad opuesta resulta evidente en la siguiente situación. Sandy era una cliente que había pasado de una mala relación a otra. El trabajo con ella reveló un conjunto de bloqueos. En su segundo chakra estaba la creencia de que no merecía ser amada por un hombre. En su sexto chakra sostenía la idea de que era fea. En vez de fijar la mirada en estos bloqueos, Sandy prefirió cortocircuitar los bloqueos decidiendo adoptar las creencias opuestas. En vez de detenerse en la creencia negativa «soy fea», empezó a decirse a sí misma que era bonita.

El trabajo con el reflejo de una verdad requiere que abordemos los efectos secundarios del problema causal. En vez de hacer afirmaciones positivas, Sandy podía haberse vuelto consciente de todos los modos en que estaba representando (o reflejando) la creencia de que era fea. Inmediatamente advertí que llevaba ropas poco atractivas y que dejaba caer sus hombros. Podía haberla pedido que alterara estos reflejos a base de vestirse de modo más atractivo o de erguirse mejor. De este modo, ella podría haber intentado una nueva verdad hasta que estuviese preparada para llevarla encima.

Lo más frecuente, los enfoques del bloqueo y de la verdad operan de la mano. A fin de llegar a la verdad, podríamos necesitar sentir los sentimientos no expresados originalmente, invocar las falsas creencias, recordar los recuerdos originales del cuerpo y desenterrar los problemas espirituales. Entender todas las facetas de un problema suele hacer que resulte más fácil encarar la verdad, lo cual, aunque siempre positivo, suele desafiarnos a hacer posteriores cambios en nuestra vida. Una mujer con problemas de relación puede, por ejemplo, tener que alterar toda su manera de encontrarse con la gente. Puede tener que cambiar el modo en que se viste, o puede tener que pasarse sin una relación por un tiempo. Puede tener que darse nuevos mensajes a sí misma y podría también tener que trabajar sobre sus problemas del alma o de la infancia. Podría necesitar trabajar en todos estos cambios al mismo tiempo. Cuando hacemos lo que es necesario hacer y confiamos en nuestro propio sentido al respecto, la curación puede tener lugar.

---

[37] Ywahoo, *ibíd.*, pág. 85.

El sistema de desarrollo chákrico completo

Utilizar el sistema de desarrollo chákrico del niño ayuda a clarificar los aspectos holísticos de nuestros problemas y dificultades. Lo siguiente es una descripción más completa de los chakras intracorporales y lo que afectan.

Ciclo Uno

Chakra Uno

Edad: De la matriz a los 6 meses.

Creencia mental: Afecta las relacionadas con las creencias heredadas, los legados del género, la seguridad y la supervivencia.

Componente de sentimiento: Origen de sentimientos acerca de nosotros mismos y el mundo, el derecho a existir, y sentimientos primarios como culpabilidad, terror, rabia, gozo y vergüenza.

Procesos físicos: Cuerpo y estructura desarrollados; afecta a todos los procesos que gobiernan la supervivencia.

Percepciones espirituales: Se relaciona con la entrega a la vida, la aceptación de ayuda espiritual y nuestras capacidades intuitivas básicas. Se relaciona con la confianza en los demás y la consciencia de las necesidades básicas. Núcleo de los problemas sobre la valía.

Todo lo que nos sucede a nosotros o a nuestros padres mientras estamos en el útero y de recién nacidos se guarda en nuestro primer chakra. Durante este tiempo experimentamos el mundo a través de las percepciones de nuestros padres y nuestro propio cuerpo físico. Si percibimos una amenaza a nosotros mismos o a nuestros padres, podríamos cuestionarnos nuestro derecho o capacidad de sobrevivir. Las **amenazas** pueden incluir cualquier cosa, desde no ser alimentados cuando tenemos hambre, hasta el que nuestros padres se arruinen. La situación de peligro puede activar la rabia, el dolor, el pesar, el terror y otros sentimientos primarios. Salvo que sean reconocidos, permitidos y expresados de alguna manera, estos sentimientos continuarán acosándonos durante el resto de nuestra vida. Las creencias que podrían surgir de estas experiencias incluyen: «El mundo es peligroso», o

«No merezco vivir». Sin embargo, si estos sentimientos y consciencia son procesados por nuestros padres o nosotros mismos, crearemos creencias que apoyan nuestra existencia y el derecho a que nuestras necesidades sean satisfechas. Entonces nos volvemos más fuertes por haber sido capaces de destapar nuestros sentimientos primarios.

El primer chakra también sirve como punto fundamental para la apertura a la guía espiritual. Si por alguna razón nos cerramos a la guía espiritual en esta temprana edad, nos volvemos mucho más vulnerables a experiencias de traumas y abusos.

En pocas palabras, los problemas centrales relativos a la inseguridad emocional y la seguridad física se originan en este chakra, al igual que las percepciones espirituales relativas a nuestro derecho a existir y a que nuestras necesidades sean satisfechas. Estos problemas centrales se convierten en problemas relativos a la profesión, el dinero, los sentimientos primarios, las adicciones, la familia de origen y la sexualidad en épocas posteriores.

Chakra Dos

Edad: De los 6 meses a los 2 años y medio.

Creencia mental: Consciencia de los sentimientos y el derecho a expresarlos; problemas relativos al punto de vista del mundo/la familia sobre los papeles de cada sexo y la sensualidad. Creencias acerca de la expresión y la creatividad.

Componente de sentimiento: Desarrollo de sentimientos sutiles, elecciones acerca de qué cuerpos de sentimiento activar y cuáles dejar entumecidos.

Procesos físicos: Crecimiento, capacidades motoras, dominio de nuestro propio cuerpo y de sus necesidades sutiles; la capacidad de motivar nuestro propio cuerpo; desarrollo de la sensualidad.

Percepciones espirituales: Desarrollo de la confianza en uno mismo y sus propios sentimientos, junto con la empatía y las creencias acerca del derecho a expresarnos y sentir. Raíz del derecho a ser creativos y expresivos.

De los seis meses de edad hasta los dos años y medio nos separamos de nuestra madre. La capacidad de ella para separarse con amor, y de nuestro padre para apoyar este comportamiento, se reflejarán en nuestro segundo chakra. Esta separación y nuestro sentido emergente del yo y de la relación puede traer consigo sentimientos como tristeza, calma, temor, esperanza o entusiasmo. Los mensajes que recibimos concernientes a nuestro derecho a tener y expresar estos sentimientos afectan realmente el desarrollo de nuestros cuerpos de sentimiento.

Los **cuerpos de sentimiento** son construcciones energéticas localizadas dentro del segundo chakra. Visto de este modo, podemos abordar cada sentimiento como una entidad individual. La tristeza, el temor, la ira, el gozo: cada sentimiento es una entidad individual, dispuestas una al lado de la otra como los colores del arco iris. Como los colores, los cuerpos de sentimiento se entremezclan. La tristeza, por ejemplo, puede fluir dentro del pesar; el contento deslizarse adentro de la felicidad. Como los colores, los sentimientos individuales tienen gradaciones. El cuerpo de sentimiento de la ira puede intensificarse como rabia o disiparse en frustración.

Cuando está sano, cada cuerpo de sentimiento aparece pleno y dispuesto para su activación y expresión. Si fallece una persona amada, nuestro cuerpo de sentimiento de la tristeza vibrará. Nos sentiremos tristes hasta que ese sentimiento haya sido disipado del modo apropiado. El cuerpo de sentimiento retornará entonces a un estado de más calma.

Si fuimos criados en un entorno emocional sano, el sistema funcionará. Algo interno o externo estimula una reacción basada en el sentimiento. Uno o más cuerpos de sentimiento vibran y nosotros respondemos. Nuestro entorno interno o externo cambia. Rápida o gradualmente, los cuerpos de sentimiento se desactivan. Retornamos al equilibrio.

La palabra clave es «si». *Si* fuimos criados en un entorno emocional sano. ¿Cuántas familias son realmente funcionales? Opiniones expertas insisten en que entre el 75 y el 95 por 100 de nuestras familias son disfuncionales. La mayoría de nosotros recibimos mensajes incorrectos concernientes a los sentimientos, lo que da como resultado represión, sobreestimulación o un daño real a uno o más cuerpos de sentimiento.

Los daños de corto alcance son los más reparables. Por ejemplo, digamos que uno de tus profesores te hizo avergonzarte por haber suspendido un examen. Embarazado, reprimiste tu respuesta instintiva, lo que fue un desencanto para ti. Una discusión con un padre amoroso aliviaría la vergüenza y te ayudaría a expresar el desencanto, permitiendo así una liberación, incluso si ya es un poco tarde. Tu cuerpo de sentimiento del desencanto probablemente no padecería un daño de largo alcance.

Un daño crónico o un daño agudo severo, sin embargo, dará a menudo como resultado un estado de enfermedad más permanente. El abuso sexual, físico, emocional o verbal puede atenazar uno o más de nuestros cuerpos de sentimiento. He aquí una imagen de cómo funciona todo esto.

Un cuerpo de sentimiento de la tristeza que está sano podría figurativamente describirse como un círculo perfecto. Digamos que tu padre no piensa que sentir tristeza esté bien; en vez de entristecerse, se enfurece. Recuerda, la tristeza es una verdadera energía: una frecuencia en movimiento. En su desesperación por no sentirse triste, papá arranca una sección de su cuerpo de sentimiento de la tristeza. ¿Adónde va? Tú la pillas; se ha visto desplazada hacia ti. Ahora tu cuerpo de sentimiento circular de la tristeza está deteriorado. Has pasado la mayor parte de tu vida tratando de deshacerte de un estado extremo de tristeza o depresión, pero sin conseguirlo. Deprimido, intentas seguir una psicoterapia. Prozac, vitaminas. Atraes amantes que te hacen daño en un intento por estimular a la tristeza a que se vaya. Nada sirve de nada, y te sientes aún más triste —y desvalido.

En el capítulo Once, exploraremos aún mejor cómo los cuerpos de sentimientos dañados y las percepciones erróneas o experiencias que lo causaron afectan a nuestro bienestar material y espiritual. En última instancia, constituyen un obstáculo para todo nuestro segundo chakra.

Chakra Tres

Edad: De los 2 años y medio a los 4 años y medio.

Creencia mental: Afecta a las creencias relativas al desarrollo cognitivo de uno mismo y del mundo, y creencias formativas acerca del mundo y nuestro lugar en él. Contiene creencias acerca de poderes, capacidades y el modo en que afectamos al entorno.

Componente de sentimiento: Origen de los temores y la autoestima.

Procesos físicos: Adquisición del control sobre las funciones físicas y desarrollo de la conexión mente/cuerpo.

Percepciones espirituales: Se relacionan con la capacidad del alma para hacer un impacto sobre el mundo y alcanzar el éxito. Origen de problemas concernientes a la interacción entre la energía de la vida y el mundo.

A la edad de dos años y medio empezamos a explorar el mundo de manera activa. La curiosidad natural nos lleva a buscar entender el modo en que funcionan las cosas, cómo la gente reacciona ante nosotros y cómo somos de poderosos. Las respuestas provenientes de nuestras relaciones inmediatas y del mundo en general afectan grandemente nuestras opiniones acerca de nosotros mismos y los demás, especialmente en lo relativo al poder personal. Si estas respuestas son de apoyo, adoptaremos creencias acerca del mundo como: «Soy efectivo» o «Mi personalidad está bien». Si las respuestas critican o no aceptan nuestro comportamiento, podríamos concluir: «Soy erróneo», o «No sé nada». El tercer chakra almacena y pone en juego sesgos, críticas y prejuicios acerca de nosotros mismos y de los demás.

Como «mente del cuerpo», el tercer chakra afecta los procesos de pensamiento, las actitudes y el proceso intuitivo de la empatía mental. Significativamente vinculado al cuerpo físico, el tercer chakra completa la formación de nuestra conexión mente/cuerpo. Este chakra puede ahora pasar los juicios al segundo chakra, lo que da como resultado emociones (la combinación de sentimiento y pensamiento). Dado que el tercer chakra regula nuestras funciones digestivas y reguladoras, nuestra autoestima continuará afectando no solamente estos procesos físicos, sino también nuestra capacidad de utilizar la energía de la vida para conseguir nuestros deseos.

Espiritualmente, nuestros problemas relativos al merecimiento tienden a quedar atrapados en esta etapa. Si pensamos que podemos hacer un impacto sobre el mundo y que merecemos hacerlo, estaremos preparados para enfrentarnos a cualquier reto y dominarlo. Si no creemos en nosotros mismos —principalmente porque la gente que es importante en nuestra vida no cree en nosotros—, nuestras vidas pueden seguir un camino diferente.

Chakra Cuatro

Edad: De los 4 años y medio a los 6 años y medio.

Creencia mental: Contiene creencias acerca de las relaciones, el amor, los deseos del corazón y principios universales como dar y recibir.

Componente de sentimiento: Origen de sentimientos como la compasión y el amor.

Procesos físicos: Tiempo para refinar todas las funciones y sistemas físicos. El momento inicial de distinguir las diferenciaciones chico/chica.

Percepciones espirituales: Problemas relativos al amor hacia uno mismo, el amor por los demás y el papel general del amor en la vida. Aquí, el alma trata «de corazón» los problemas relativos a tener un cuerpo y utilizarlo para alcanzar los deseos.

El chakra del corazón es el punto de integración para los siete chakras intracorporales. Mientras que nosotros hemos estado ocupados desarrollando nuestra escala chákrica hacia arriba, nuestro centro espiritual, el séptimo chakra, ha estado enviando energía hacia abajo, inicialmente a través de la coronilla. Si nosotros y nuestros padres hemos dado a esta energía espiritual un importante papel en nuestra vida, entenderemos de manera natural las relaciones y nos amaremos a nosotros mismos. Sabremos cuándo dar, recibir, ser compasivos, ser firmes, y/o ser autoprotectores. Experiencias y creencias que perturban este ciclo natural de dar-y-recibir inhibirán el estado de apertura de nuestras relaciones. Nuestros deseos, sueños y necesidades pueden entonces quedar atrofiados, al igual que nuestra capacidad para aceptar amor. Parte de ser amado comprende el aprendizaje de cómo aceptar nuestro propósito y nuestras necesidades espirituales. Si permitimos que los deseos de nuestro corazón se vean satisfechos, a menudo encontramos que los sueños de nuestro cuerpo, mente, alma, esencia y la Fuente Divina son lo mismo. Esta verdad acentúa el papel del corazón para apoyar nuestras fantasías.

Chakra Cinco

Edad: De los 6 años y medio a los 8 años y medio.

Creencia mental: Problemas de autoestima, responsabilidad, la expresión de los deseos y nuestro derecho a manifestar y comunicar nuestras necesidades y creencias. El punto de entrada para las guías positiva y negativa.

Componente de sentimiento: Frustraciones almacenadas, orgullo, desilusión y grandeza, y la expresión madura de necesidades y sentimientos.

Procesos físicos: Desarrollo del control de uno mismo, completamiento del cuerpo de la infancia y preparación para la vida adulta.

Percepciones espirituales: Punto de contacto para la comunicación entre el alma, la mente y el cuerpo. El lugar en donde el alma articula sus deseos.

El Chakra Cinco es despertado durante nuestros años de media infancia. En este tiempo, todas las creencias, experiencias y preparación de nuestros primeros y más críticos años de desarrollo dan su fruto. Comenzamos a articular claramente lo que realmente queremos o no queremos. Si somos conscientes de nuestras necesidades, sabemos que merecemos tenerlas satisfechas, y tenemos el deseo de interaccionar con el mundo, nuestras palabras se convertirán en transmisor para expresar y crear a partir de nuestro ser interno. Bloqueos o inhibiciones previos y fuerzas que actualmente repriman nuestra autoexpresión se manifestarán ahora como problemas o desórdenes de comunicación. Decírsenos, por ejemplo, que «a los niños/niñas buenos se les ve pero no se les oye» puede crear un severo bloqueo en este chakra. Si nuestra cultura está modelando un comportamiento que perpetúa la codependencia o el perfeccionismo, o que apoya el exceso o la falta de responsabilidad, la capacidad de nuestro quinto chakra para afirmar quiénes somos y lo que queremos, y de defender estas afirmaciones se verá afectada.

Espiritualmente, este chakra es el centro para manifestar lo que queremos de la vida. Cualquier percepción errónea acerca de nuestros derechos o capacidades concernientes a esta manifestación, especialmente si se originan en nuestro cuerpo del alma, nos impedirá ser lo bastante fuertes como para crear la vida que deseamos.

Chakra Seis

Edad: De los 8 años y medio a los 14 años.

Creencia mental: Desarrollo de creencias acerca de la imagen del cuerpo, la imagen de uno mismo, los potenciales de nuestro sexo y los planes para el futuro.

Componente de sentimiento: Contiene sentimientos acerca de uno mismo y de la imagen que tenemos de nosotros mismos, junto con sentimientos acerca de nuestro sexo y sus capacidades.

Procesos físicos: Era de desarrollo sexual y de nuestra naturaleza masculina o femenina.

Percepciones espirituales: Origen de las capacidades de registrar y establecer la visión que el alma tiene de nuestra vida.

El sexto chakra tiene que ver con el desarrollo de la imagen que tenemos de nosotros mismos, y es natural, pues se abre durante la pubertad. Mientras que nuestros cuerpos están empezando a madurar sexualmente, este chakra está ocupado en registrar los estándares familiares y sociales establecidos para hombres y mujeres. Somos emocionalmente vulnerables durante este periodo de desarrollo, y tendemos a personalizar estos mensajes. Si nos sentimos bien respecto a nosotros mismos y nuestro sexo, seremos capaces de seleccionar más tarde en la vida visiones y metas que sirvan a nuestro potencial más elevado. Si los puntos de vista alrededor nuestro humillan nuestro sexo, y en consecuencia nuestra imagen de nosotros mismos y de nuestro cuerpo, nuestras vistas serán establecidas demasiado bajas en áreas como las relaciones, el trabajo en la escuela y los objetivos.

Es interesante señalar que durante este periodo de tiempo también desarrollamos nuestra clarividencia, la capacidad de ver con claridad. Si podemos aprender a vernos a nosotros mismos claramente, a ver cuán adorables y bellos somos, seremos capaces de establecer metas y solucionar problemas a partir de nuestras verdades en vez de a partir de nuestros bloqueos. Si ocurre lo opuesto, tendremos problemas por el resto de nuestra vida para imaginarnos realmente como dignos de las cosas buenas de la vida.

Chakra Siete

Edad: De los 14 a los 21 años.

Creencia mental: Creencias que registran nuestro lugar en el mundo y en los sistemas que nos rodean, nuestros papeles, nuestras capacidades y nuestras expectativas profesionales.

Componente de sentimiento: Puede ser el origen de una confusión entre el yo y partes de nosotros al establecer objetivos. Relacionado con todos los sentimientos que se refieren al sentido de pertenencia y a las elecciones acerca de los grupos o sistemas a los que unirnos.

Procesos físicos: Maduración del cuerpo adulto y completamiento externo de los rasgos internos.

Percepciones espirituales: Consciencia del propósito y de nuestros propios principios guía.

El chakra Siete es realmente uno de los pocos chakras intracorporales plenamente activo al nacer. La energía espiritual emanante de nuestros chakras superiores extracorporales entra en nuestro cuerpo y en el sistema de chakras a través de la coronilla, el punto de entrada coronario inicial. Aquí reside nuestra capacidad de reclamar nuestro derecho de divinidad desde el principio. El cierre físico de este centro simboliza nuestra necesidad de desarrollarnos del modo planeado, de vivir la vida dispuesta para nosotros por nuestro yo humano y nuestros padres.

Durante los años medios de nuestra pubertad, nuestro cuerpo se completa. Es el tiempo de abrirse por completo a ser uno con nuestro pasado, con los demás y con nuestro plan espiritual. Sin embargo, los bloqueos forjados en nuestro viaje de la vida, junto con las creencias familiares y de la sociedad que no apoyan nuestro propósito, pueden hacer que estos años sean un tiempo de lucha y confusión antes que de desenvolvimiento de la gracia y el propósito. Muchas de las decisiones que la gente joven toma durante este tiempo son, desgraciadamente, hechas a partir de creencias programadas acerca de cómo encajar, antes que a partir de un sentido de individualidad emergente.

Durante los siete años del periodo del Chakra Siete reprocesamos de nuevo los Chakras Uno a Siete.

Chakra	Edad
Uno	14 a 15 años
Dos	15 a 16 años
Tres	16 a 17 años
Cuatro	17 a 18 años
Cinco	18 a 19 años
Seis	19 a 20 años
Siete	20 a 21 años

Empezamos entonces a procesar los siguientes cinco chakras en ciclos de siete años.

Chakra	Edad	Concepto clave
Ocho	21 a 28 años	Karma
Nueve	28 a 35 años	Propósito del alma
Diez	35 a 42 años	Supervivencia con propósito
Once	42 a 49 años	Éxito creativo
Doce	49 a 56 años	Maestría poderosa

Chakra Ocho

Edad: De los 21 a los 28 años

Creencia mental: Todas las creencias kármicas son ahora activadas, al igual que las cuestiones relacionadas con el tiempo en nuestra vida pasada.

Componente de sentimiento: Sentimientos de una vida pasada afloran ahora en superficie, sobre todo los relativos a relaciones y sucesos kármicos que necesitan clarificarse.

Procesos físicos: El cuerpo plenamente maduro puede asumir características de una vida pasada.

Percepciones espirituales: Luchas kármicas. Evolución del alma a una mayor consciencia.

Casi todas las elecciones que hacemos entre los veintiuno y los veintiocho años son kármicas. Un afirmación atrevida, pero a menudo cierta. A esta edad, los individuos, creyendo actuar de modo independiente, atraen hacia sí un segundo lote de relaciones kármicas (habiendo sido elegido el primer lote por el décimo chakra durante la preconcepción). Las elecciones hechas acerca de los compañeros de la vida, la profesión, el estilo de vida, los estudios y otras elecciones hechas durante este periodo de tiempo, a menudo se relacionan con patrones kármicos no diagnosticados e incompletos. El desafío para nuestra alma es el de llegar más allá de los niveles alcanzados en vidas anteriores y tomar decisiones nuevas o más efectivas.

Chakra Nueve

Edad: De los 28 a los 35 años.

Creencia mental: Se despiertan importantes creencias del alma respecto al propósito de la vida y las tareas de la misma. Los programas familiares pueden reaparecer para ser reconsiderados.

Componente de sentimiento: Surgen sentimientos provenientes de nuestros deseos, necesidades y propósito internos, al igual que conflictos entre los sentimientos que apoyan nuestro propósito de la vida y los que no lo apoyan.

Procesos físicos: El cuerpo espiritual puede ahora entrar por completo en la forma física.

Percepciones espirituales: Completamiento del espíritu en la forma y aceptación del próposito sobre este plano.

Durante este periodo de tiempo tenemos el reto de abrirnos por completo a nuestro propósito espiritual. Nuestra alma puede ser llamada por completo al interior de nuestro cuerpo, y podemos iniciar el trabajo de nuestra vida. Este periodo de tiempo se inicia a menudo con importantes cambios en la vida, o es acompañado de ellos, como son el divorcio, los cambios profesionales y el tener hijos. Estos cambios tienen lugar porque la apertura de este chakra trae consigo el conocimiento potencial de nuestro verdadero ser. Este conocimiento está al alcance de todos los que quieran experimentar los sentimientos que inhiben la verdadera expresión del propósito, abordar las creencias que no apoyan al ser verdadero y hacer los cambios de la vida necesarios para ir hacia delante.

Chakra Diez

Edad: Preconcepción y concepción; de los 35 a los 42 años.

Creencia mental: Las creencias de la vida pasada y las generacionales son portadas y almacenadas en este chakra.

Componente de sentimiento: Almacena sentimientos no expresados del yo, los padres, el legado y las vidas pasadas.

Procesos físicos: Primer paso para cambiar el yo espiritual en una forma material.

Percepciones espirituales: Ayuda a trasladar el espíritu a la forma (realmente somos tan sólo un espíritu materializado). Se relaciona con la toma de tierra por parte de nuestra alma y con la capacidad de proporcionar la energía elemental necesaria para manifestar nuestros cuerpos, sueños y deseos.

Nuestra alma activa nuestro décimo chakra antes de la concepción. Incluso cuando nuestros padres están considerando la posibilidad de tener un hijo, nuestro décimo chakra está ya tomando tierra y canalizando energía para nuestra existencia física. Durante esta etapa de preconcepción, nuestro décimo chakra reúne energías procedentes de nuestras vidas pasadas, la existencia de nuestros padres y nuestra herencia, para dar forma a la naturaleza de nuestro cuerpo físico. Las características físicas, el equipamiento emocional, los procesos mentales y la consciencia que necesitaremos para conseguir nuestros objetivos en la vida son considerados por el alma cuando selecciona energéticamente los cromosomas necesarios utilizando nuestro décimo chakra. ¿Vamos a necesitar ser fuertes durante este tiempo de vida? ¿Necesitaremos aprender cómo dejar de ser una víctima? Nuestro décimo chakra puede reunir recuerdos de nuestro propio victimismo en vidas pasadas (situaciones de maltrato sufridas por nuestros predecesores) para asegurar que nuestra alma selecciona el cuerpo y los sucesos correctos para trabajar nuestros problemas de victimismo. En pocas palabras, el décimo chakra proporciona al alma adviniente un cordón umbilical inicial hacia el plano físico.

Una de mis alumnas, habiendo estudiado conmigo durante cinco años, trató, por sí sola y con un psicoterapeuta, sus problemas del tipo «no merezco», que se habían desencadenado hacía poco por las negociaciones mantenidas durante su divorcio. A lo largo de toda su vida había creído que no era lo bastante buena, y que realmente no merecía el éxito. Desde la infancia, también había suprimido durante largo tiempo problemas en relación a querer ser un chico. Otro sentimiento dominante era un doloroso sentido de pérdida y vacío, incluso si había un compañero presente. Sabiendo que probablemente todos estos problemas estarían relacionados, hizo algunos ejercicios de meditación que la pidieron que echara la mirada atrás hasta el tiempo en que era un feto. Lo hizo, y se vio abrumada por una sensación de pérdida. Tras continuar excavando, sintió otra presencia junto a ella en la matriz: un gemelo. Incapaz de seguir adelante por sí misma, fue a un psicoterapeuta que fue capaz de hacerla regresar a ese periodo intrauterino y al tiempo anterior a ése.

Las respuestas que recibió dan validez a mi creencia de que el décimo chakra selecciona los genes necesarios para llevar adelante el propósito de la vida del individuo. Mi alumna fue a un lugar en el que todas las cosas eran posibles. Se le dijo que en verdad había sido concebida como una gemela fraternal, pues en ese momento no estaba claro si sería mejor un cuerpo masculino o uno femenino para llevar a cabo la tarea que tenía que realizar en esta vida. De modo que dos almas, con propósitos muy coincidentes, convinieron en venir al mismo continuo espacio-tiempo como gemelos, hasta que se decidió cuál sería el sexo que mejor podría cumplir el propósito de la vida. En fase temprana del embarazo, la elección fue finalizada; el femenino sería capaz de hacer el trabajo, así que el gemelo masculino se marchó. Aunque la elección había sido hecha por las dos almas implicadas, mi estudiante quedó con un sentido de pérdida, la sensación de ser del sexo equivocado, y un fuerte sentimiento de que no merecía tener éxito o siquiera estar viva.

Sólo tras integrar las emociones resultantes de descubrir que era un gemelo, fue capaz de aceptar el papel que le había dejado su hermano gemelo, siendo la más capaz de llevar adelante su propósito de la vida compartido. Se zambulló en su misión vital con dedicación y entusiasmo, sabiendo que debía honrar la elección hecha por su hermano y probar que la energía femenina era en verdad la elección correcta. Al mes de este descubrimiento empezó a seguir seriamente su sueño de toda la vida, ser una escritora, e inició su propio negocio como editora.

A veces los sucesos, sentimientos y energías a los que estamos conectados a través de nuestro décimo chakra son tan dolorosos que cortamos esta línea de vida. Esto puede dejarnos sin toma de tierra, abiertos al victimismo y carentes de la fuerza física y emocional que necesitamos para tratar situaciones lacerantes en general. Conforme avanzamos por la vida, podríamos echar a pique nuestro décimo chakra por nosotros mismos. En vez de utilizar su poder y sabiduría ocultos, introducimos nuestros sentimientos y experiencias negativos en este chakra, cerrando así aún más los canales. Esto puede dar por resultado recuerdos reprimidos, disociación, falta de poder personal, baja energía o relaciones abusivas. Aprender a ser nuestro verdadero yo tiene que ver con la reapertura por completo de este canal. Este proceso es a veces llamado «destapar nuestro yo en la sombra», la parte de nuestro ser que hemos juzgado y reprimido. A menudo se esconden en nuestro décimo chakra los sentimientos y los rasgos de la personalidad que hemos juzgado malos. En verdad, nuestros elementos en la sombra nos porporcionan poder y sabiduría ocultos.

Durante la parte media de la edad adulta, de los treinta y cinco a los cuarenta y dos años, el Chakra Diez es reactivado. Tenemos el reto de hacer tomar tierra a nuestra verdadera identidad a través del trabajo de nuestra vida, las relaciones y el estilo de vida. La integridad es el concepto operativo: la integración ética de todos los verdaderos componentes de nuestro yo. Creo que el motivo por el que tanta gente tiene crisis en la edad madura durante este periodo de tiempo se relaciona con esta llamada a la verdad en nuestra vida.

Chakras Once y Doce

No me he extendido sobre los Chakras Once y Doce. La función del chakra undécimo es simple. Es una energía rosada alrededor de nuestros pies y manos que transmuta energía externa a nuestro cuerpo en energía utilizable. También libera a la atmósfera energía que ya no necesita nuestro cuerpo.

Por simple que esto parezca, si el chakra undécimo no está activo o está dañado pueden tener lugar malfunciones críticas. Si es incapaz de filtrar la negatividad de otros, nuestro propio cuerpo puede convertirse en un lugar de desechos tóxicos. La incapacidad de liberar desechos energéticos innecesarios a través de nuestros pies puede llenar la parte inferior de nuestro cuerpo, haciendo que nos disociemos a nuestros chakras superiores. El resultado, con pérdida de las señales de seguridad (como señales de tráfico), puede ser algo más que molesto; ¡puede ser peligroso!

Por su parte, el Chakra Doce es demasiado complejo como para bosquejarlo. Como centro de energía que rodea el cuerpo humano, se conecta con cada uno de los treinta y dos puntos chákricos secundarios. El Chakra Doce, por tanto, afecta y es afectado por cualquier cosa de nuestros yoes espiritual y material.

El procesamiento con los puntos superiores

Nuestros chakras continúan abriéndose en periodos de siete años durante el resto del Ciclo Uno. Dentro de estos bloques de tiempo de siete años, cada chakra inferior es de nuevo reprocesado. La belleza de este eterno reprocesamiento estriba en que durante estos siete años podemos conseguir de un modo más efectivo el acceso a nuestros puntos de energía superiores. Podemos aplicar estas verdades superiores para hacer de inmediato cambios éticos y clarificar viejos problemas bajo principios espirituales.

Considera una típica crisis del Chakra Diez a mediados de la vida. El desafío de vivir de acuerdo con nuestras verdaderas necesidades podría convertirse en una excusa para renegar de decisiones previas y escapar de las responsabilidades presentes. En efecto, estaríamos diciendo: «¡Oh! Realmente no me gusta este trabajo, este/a esposo/a, cuidar de estos niños. Tomé esas decisiones de acuerdo con programas familiares, no con mi verdadera esencia, así que creo que simplemente me voy a largar de todo esto.»

Si, en cambio, abordamos esto desde una perspectiva espiritual, podemos todavía hacer muchos cambios, pero los haremos de modo responsable. En vez de tratar de escapar de nuestras responsabilidades, podríamos utilizar el punto de la Abundancia cuando experimentamos restricciones. Podemos entonces atraer nuevos amigos o aprender nuevos modos de ser. Estas experiencias positivas pueden evitar que echemos por la borda nuestro trabajo, nuestro matrimonio o nuestros objetivos en la vida de modo tan repentino. También podríamos trabajar con nuestros puntos Yin y Yang para obtener inspiración sobre nuestros propios seres masculino y femenino.

La verdadera sabiduría puede adquirirse luchando por incorporar estas verdades superiores, antes que viviendo de un modo simplemente ciego. Las reflexiones otorgadas por estos puntos superiores nos llaman a no reaccionar contra nuestra realidad presente, sino ser responsables de ella.

Ciclos dentro del ciclo

Con el tiempo, descubrí que el proceso de desarrollo chákrico ayudaba a los clientes a diagnosticar problemas, señalar el origen de éstos y, así enfocados, a aclarar los problemas. El proceso tenía sentido. Los psicoterapeutas comenzaron a integrar estas ideas en su práctica; los sanadores naturistas comenzaron a aplicar estos conceptos para localizar el origen de los patrones de enfermedad. Parecía ser un sistema que no necesitaba ser retocado, pues yo recordaba haber ayudado a la gente con el sistema en vez de encajar a la gente en el sistema.

En este punto, emergió un nuevo patrón. Advertí que en individuos mayores de veinte años había problemas sombra; problemas que parecían localizados en los chakras originadores, pero que estaban ligados también a otro chakra. Al principio pensé que éste era otro ejemplo de holografía, la afirmación teórica de que el todo se refleja en sus partes, y viceversa. El hecho era que estos problemas sombra seguían un patrón. Cada etapa de un chakra primario parecía ligada a un chakra secundario. Estos chakras secundarios evolucionaban en la misma secuencia que los chakras primarios, cada siete años.

Por ejemplo, casi todos los que estaban tomando decisiones durante la etapa de desarrollo de su chakra Ocho, o trabajando decisiones hechas durante ese marco de tiempo, estaban también luchando con problemas del primer chakra. El chakra Ocho es el tiempo del karma, y durante este periodo de tiempo los individuos están trabajando patrones muy viejos con el objetivo de clarificar su propósito del alma. El Chakra Uno tiene que ver con la vida y las necesidades de supervivencia —profesión, dinero, relación primaria, estilo de vida. Al vivir dentro del chakra Ocho, los individuos estaban claramente desarrollando (y a veces realmente trabajando) viejos patrones, utilizando problemas del primer chakra como base.

Vi un patrón similar en clientes a comienzos de su treintena. Aunque casi todos ellos estaban cuestionándose su propósito y el valor de su vida y de sus dones, estaban sintiendo esto ante todo de manera emocional. La búsqueda del propósito es un claro indicador del chakra Nueve, en la edad asociada con el Ciclo Uno. Sin embargo, el énfasis en los sentimientos a lo largo de este periodo de tiempo se refleja en el chakra Dos, el chakra de los sentimientos y la creatividad.

Descubrí que el mejor modo de ayudar a los clientes a lo largo del desarrollo de su Ciclo Uno era el de comunicarse a través del lenguaje de uno de los chakras intracorporales. Esto significaba que, al ayudar a clientes en el chakra Ocho, yo subrayaba las necesidades del chakra Uno. Al ayudar a clientes localizados en el chakra Nueve, hablaba a sus sentimientos (chakra Dos). Los clientes basados en el chakra Diez requerirían apoyo del Tercer Chakra, comprendiendo ayuda en cuestiones de poder personal y éxito. Los clientes asociados con el chakra Once estaban a menudo fuertemente implicados en problemas de relaciones personales, originados a menudo en el chakra Cuatro.

A modo de ejemplo: trabajé con un hombre de cuarenta años que estaba iniciando su propio negocio. Contable de éxito, creyó que sus dones serían mejor utilizados apoyando a los propietarios de pequeños negocios que a los gigantes empresariales. Deseaba ayuda sobre cómo comunicar su cambio de deseos a las personas que amaba y a sus clientes potenciales.

Desde un punto de vista del desarrollo chákrico, el contable era fácil de encajar. Su ciclo de siete años había llegado al chakra Diez, el periodo de tiempo para dar una toma de tierra al propósito. Sus necesidades encajaban. Estaba intentando colocar sus talentos y dones en un camino que tuviera sentido para él y para los demás. Durante este periodo de siete años del chakra Diez, estaba también siguiendo el ciclo entre los chakras quinto y sexto. (Recuerda que anualmente recorremos los siete chakras intracorporales dentro del esquema mayor.) Su deseo de comunicar su propia imagen mostraba preocupaciones que tienen que ver con ambos de estos chakras. Sin embargo, su mayor concentración tenía que ver con el éxito y asuntos relacionados con el trabajo, que eran problemas del chakra tercero.

Tras detectar el patrón ya descrito, hice alguna investigación informal. La mayoría de los expertos en intuición y sanación con quienes hablé dijeron que siempre se les había enseñado que los chakras repetían el ciclo del uno al siete a lo largo de la vida de una persona. El Ciclo Uno parecía existir, pero también lo que yo ahora llamaba Ciclo Dos, el reciclado de los chakras Uno a Siete cada siete años.

Conforme trabajaba con ambos ciclos, descubrí que mi trabajo y el éxito de mi cliente para tratar los problemas se veían propiciados. Aunque fue complejo, trabajar con esta capa adicional expandió nuestra comprensión de sus problemas y preocupaciones. Los datos adicionales causaron una reflexión adicional y, posteriormente, mayores avances.

Ciclo Dos

Como he explicado, el Ciclo Uno comprende una progresión de desarrollo a través de los doce chakras humanos. Básicamente, andamos nuestro camino desde el primero hasta el duodécimo chakra de forma lineal. Comenzando por el chakra séptimo, que se activa a los catorce años, saltamos de chakra en chakra cada siete años. Dentro de cada bloque de tiempo de siete años reactivamos anualmente nuestros siete primeros chakras intracorporales.

Edad	Ciclo Uno	Ciclo Dos
14 a 21	Chakra Siete	Chakra Siete
21 a 28	Chakra Ocho	Chakra Uno
28 a 35	Chakra Nueve	Chakra Dos
35 a 42	Chakra Diez	Chakra Tres
42 a 49	Chakra Once	Chakra Cuatro
49 a 56	Chakra Doce	Chakra Cinco

A los cincuenta y seis años, el Ciclo Uno retorna a la línea de partida; el Ciclo Dos continúa hacia arriba.

Edad	Ciclo Uno	Ciclo Dos
56 a 63	Chakra Uno	Chakra Seis
63 a 70	Chakra Dos	Chakra Siete
70 a 77	Chakra Tres	Chakra Uno
77 a 85	Chakra Cuatro	Chakra Dos

Conforme progresamos en edad, tenemos obviamente más problemas que procesar y más chakras a través de los cuales procesarlos. Creo, sin embargo, que la complejidad no está destinada a confundirnos, sino más bien a unir aún más nuestro yo material con nuestro yo espiritual. La belleza de este sistema está en que constantemente se nos proporciona la oportunidad de curar heridas del pasado y de transmutarlas en dones para nuestro futuro.

Podemos ilustrar esto examinando el modo en que encajan los dos ciclos, si mostramos cómo ambos chakras, cuando se funden o mezclan, pueden elevar nuestra consciencia a un nuevo nivel. Por ejemplo:

Edad	Ciclo Uno Chakra/Concepto
21 a 28	Ocho/Karma
28 a 35	Nueve/Propósito
35 a 42	Diez/Toma de tierra
42 a 49	Once/Transmutación
49 a 56	Doce/Lo Humano
56 a 63	Uno/Consciencia
63 a 70	Dos/Creatividad
70 a 77	Tres/Éxito
77 a 85	Cuatro/Relación (Amor)

Ciclo Dos Chakra/Concepto	Concepto combinado
Uno/Consciencia	Consciencia kármica
Dos/Creatividad	Propósito creativo
Tres/Éxito	Hacer tomar tierra al éxito
Cuatro/Relación (Amor)	Transmutación en amor
Cinco/Comunicación y Totalidad	Comunicar la totalidad de lo humano
Seis/Imagen, Visión	Visión consciente
Siete/Propósito, Espíritu	Definición de la vida
Uno/Consciencia	Revisión de la vida
Dos/Creatividad	Estado de conexión espiritual

Nuestra capacidad y necesidad de conectar con los chakras superiores se vuelve más grande durante nuestro segundo ciclo de desarrollo chákrico. En el caso óptimo, nuestra apertura chákrica se expandirá conforme nos acercamos a los cien años. En el Ciclo Uno volveremos a abrir el Chakra Cinco entre los ochenta y cinco y los noventa y dos años; el Chakra Seis entre los noventa y dos y los noventa y nueve años, y el Chakra Siete entre los noventa y nueve y los ciento seis años. Dado que la mayoría de nosotros no vivirá tanto tiempo, agrupamos nuestros chakras para encajarlos dentro de nuestro periodo de vida siempre que es posible.

EJERCICIOS
Explorando tu desarrollo chákrico

I. Guíate a ti mismo a un estado meditativo. Al enfocarte en uno de tus chakras, permítete completar estas afirmaciones:

   A) La experiencia que más me afectó a esta edad fue...
   B) La creencia más importante atrapada en este chakra que está impidiéndome ser mi pleno yo es...
   C) Los sentimientos que he reprimido y que ahora debo reclamar son...
   D) La parte de mi cuerpo conectada con este chakra necesita decirme...
   E) La creencia del alma a este nivel que necesita ser cambiada es...
   F) La nueva creencia del alma más adecuada sería...
   G) Una vez plenamente curado, este chakra me permitirá...

II. ¿Qué área de tu cuerpo te causa más dolor o dificultad? Ve si puedes aplicar el sistema de desarrollo chákrico para descubrir las razones de este malestar.

   A) En primer lugar, mira qué edad tiende a relacionarse con esa parte de tu cuerpo. Ahora, ve si puedes recordar algún suceso, sentimiento o experiencia destacado de ese periodo de tiempo. ¿Qué estaba sucediendo? ¿En qué modo fuiste afectado? Si no puedes recordar nada, pide ayuda a tus padres, hermanos o familiares.
   B) Junta las piezas haciendo la lista de las decisiones físicas, mentales, emocionales y espirituales que tomaste durante este tiempo. ¿Qué imagen emerge ahora?

III. Usando la imagen de la página siguiente, indica en cada círculo de la izquierda qué bloqueos se relacionan con el correspondiente chakra. Los bloqueos pueden ser físicos (una enfermedad), mentales (una creencia o actitud), emocionales (un sentimiento acerca de algo que sucedió a esa edad) o espirituales (la idea que tienes acerca de tu relación con la Fuente Divina). En los círculos de la derecha escribe una verdad que sirva de contraste.

Coge estas verdades y vuélvelas a escribir sobre unas tarjetas. Comprométete a leerlas dos veces al día.

EL YO EN DESARROLLO

Bloqueos **Número de chakra** **Verdad**

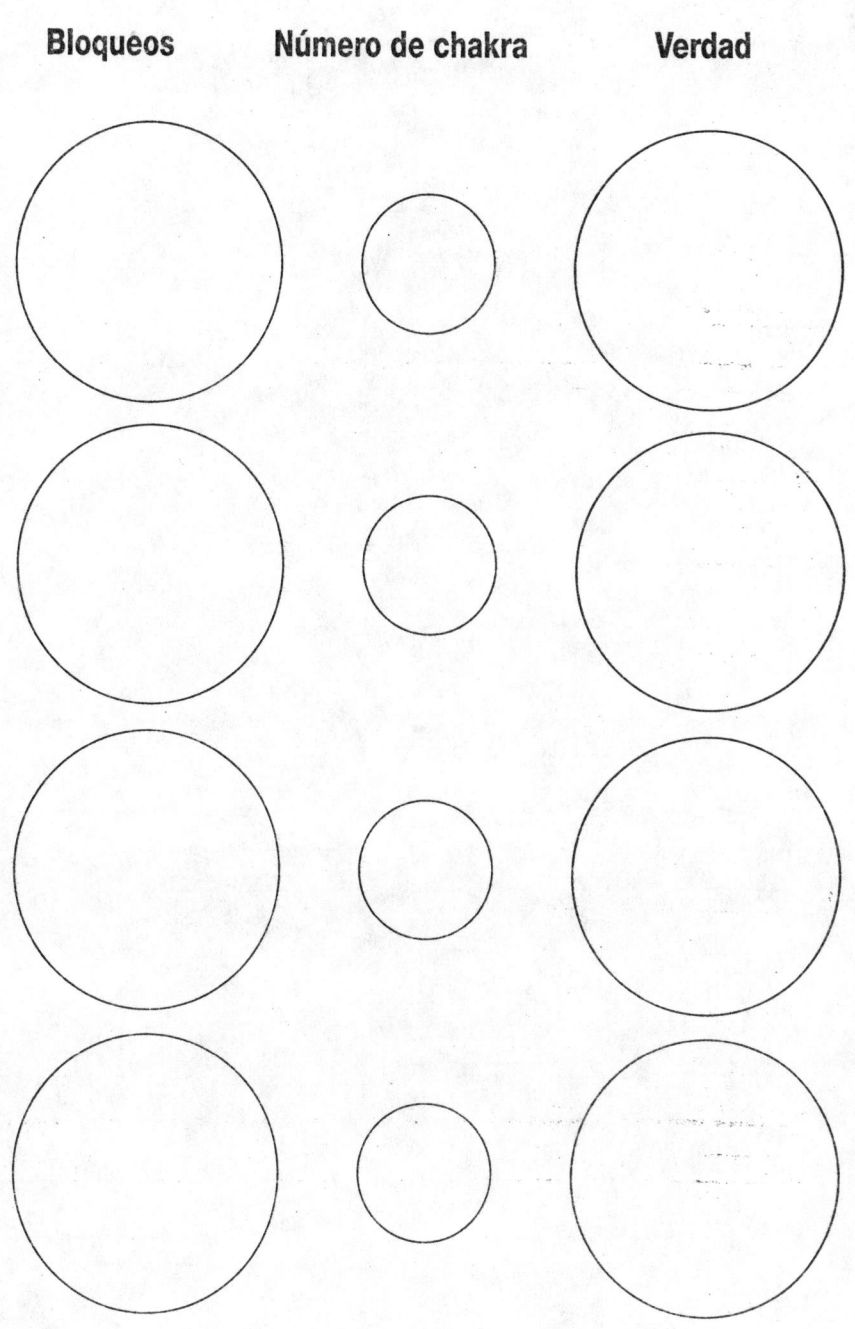

Capítulo Cinco

Del frente a la espalda: trabajando con tus centros intracorporales

LA MAYORÍA DE LAS REFERENCIAS al sistema de energía humano se concentran en el lado frontal de los chakras, lo que sería suficiente si sólo fuéramos seres bidimensionales. Sin embargo, igual que nuestros cuerpos tienen un lado frontal y otro dorsal, lo mismo sucede con nuestro sistema chákrico.

Cuerpos en la parte posterior de nuestros cuerpos

La mayoría de nuestros chakras intracorporales son masas de energía que se arremolina en forma cónica. Cada chakra tiene una parte por delante y otra por la espalda. Tanto la parte frontal como la dorsal se unen a la espina dorsal, o al punto dentro del cuerpo del que emana el chakra. Por el frente, el chakra gira en el sentido de las agujas del reloj. Por la espalda, gira en sentido contrario a las agujas del reloj. En general, el lado frontal del sistema chákrico se relaciona con nuestro yo consciente, nuestra realidad cotidiana. Contiene información e improntas procedentes de esta vida. El lado dorsal del sistema chákrico se corresponde con nuestro yo inconsciente, nuestra realidad extendida. Incluye información e improntas procedentes de nuestras vidas pasadas, dimensiones alternativas y otros mundos.

Cuando trabajamos con los chakras del lado frontal, conseguimos acceder a experiencias de esta vida. Dentro de cada centro de energía frontal están contenidos recuerdos, creencias, sentimientos, consciencias y necesidades que nos afectan ahora mismo. Nuestra meta curativa es la de señalar las experiencias, relaciones y creencias que nos afectan de modo adverso. Tras destapar la situación causal, la procesamos y aclaramos. Aclarar un problema de un chakra frontal suele requerir que se emprenda algún tipo de acción, como pensar nuevos pensamientos, adoptar nuevas actitudes o funcionar de nuevos modos.

Al trabajar con los centros de energía del lado dorsal, debemos abrirnos a una serie de energías completamente diferentes. Podríamos desenterrar experiencias procedentes de un periodo de tiempo diferente. Podríamos volvernos conscientes de un yo que está conectado a una dimensión diferente. Podríamos sintonizarnos con seres de otros planetas, dimensiones o realidades. Mientras que experimentamos nuestros chakras frontales a través de recuerdos, sentimientos, acciones o experiencias basados en la realidad, solemos experimentar los chakras dorsales a través de sueños, experiencias místicas, consciencias o sensaciones físicas inexplicables. Estos chakras dorsales contienen los datos almacenados en nuestro inconsciente o yo en la sombra. Aunque estos datos podrían originarse en experiencias de esta vida, no se limita a eso. Hay todo un mundo a nuestro alcance a través de nuestro sistema de energía dorsal. Por consiguiente, la curación o manifestación a través de nuestros centros dorsales puede cambiar la realidad sin una base respuesta-estímulo, causa-y-efecto. Nuestro mundo, creencias, sentimientos, procesos y objetivos pueden literalmente reordenarse. Tal es el poder del inconsciente.

	Lado frontal	**Lado dorsal**
Se relaciona con:	El yo consciente.	El yo inconsciente.
Regido por:	Leyes del universo físico.	La no-limitación de realidades alternativas.
Regula:	Nuestras realidades cotidianas.	Nuestras realidades extendidas.
Se manifiesta:	Siguiendo procedimientos comunes.	Conectándose a seres y energías espirituales/de dimensiones cruzadas.
Contiene:	Información acerca de nuestra vida presente; improntas procedentes de decisiones, necesidades y experiencias de esta vida.	Información acerca de nuestras vidas pasadas; improntas procedentes de decisiones, necesidades, y experiencias de la vida, pasadas o alternativas.
Se cura:	Permitiéndonos la comunicación con el mundo tangible; ayudándonos a «hacerlo de manera diferente».	Permitiendo que el mundo intangible cambie la realidad por nosotros.

Beneficios del lado dorsal

Trabajar con el sistema chákrico dorsal puede ser extremadamente beneficioso por muchos motivos. En primer lugar, mientras que nuestro lado frontal se relaciona con nuestros problemas conscientes, el lado dorsal se relaciona con nuestros problemas inconscientes. Podemos trabajar una y otra vez nuestros problemas conscientes, pero nunca descubrir las raíces de nuestras preocupaciones, que frecuentemente yacen en nuestro inconsciente. Si podemos curar los problemas físicos, mentales, emocionales o espirituales ocultos en nuestro inconsciente o causados por él, nuestra realidad consciente responderá de un modo acorde.

Un segundo motivo para trabajar con el lado dorsal es el de que nos abre a realidades alternativas antes que a otras simplemente aparentes. El lado frontal de cada chakra nos conecta con lo tangible, aquello que es regulado por el mundo de cada día, mientras que el lado dorsal de cada chakra nos vincula con dimensiones y energías que se extienden mucho más allá del mundo cotidiano. La energía vertida a través de nuestros lados frontales debe obedecer las leyes del universo físico. Si quieres levantar una caja, tendrás que coger la caja. La energía aplicada a través de los chakras de la espalda no se con-forma. Los chakras dorsales, cada uno a su manera, pueden literalmente doblar o dar forma a la realidad según principios no físicos. Si deseas levantar una caja aplicando principios dorsales, puede suceder cualquier cosa. Podría venir otra persona y levantar la caja. Un terremoto repentino podría mover la caja por ti. La caja podría simplemente moverse sola. Nunca se sabe.

El tercer motivo por el que es importante trabajar con el lado dorsal chákrico es que muy poca gente lo hace. La mayoría de las comunidades de curación metafísica pasan por alto un aspecto importante de la naturaleza humana al ignorar una mitad del sistema de energía humano: el lado dorsal, el lado escondido, oculto en la sombra. La espalda es el lado de nosotros que contiene nuestros sentimientos, consciencias, poderes, sueños, premoniciones y creencias negados. Es el lado que oculta nuestros recuerdos reprimidos, nuestro conocimiento no reconocido, nuestros secretos largamente mantenidos y nuestros deseos no realizados. Dado que hemos ocultado estos aspectos de nuestra naturaleza en la oscuridad durante tanto tiempo, nos atemorizan. Todo lo que es desconocido nos atormenta, lo que a su vez nos da más razones por negar nuestro lado en la sombra. El problema es que cuanto más ignoramos las verdades inconscientes que nos alinean con nuestros centros de energía dorsales, más ruido y problemas crean estos aspectos reprimidos de nosotros mismos. ¿No sería mejor encarar estos demonios de frente? Podemos hacerlo trabajando con nuestros lados dorsales chákricos.

El poder del lado dorsal

Una y otra vez, me ha impresionado el poder de estos chakras dorsales. He visto a clientes aclarar importantes problemas emocionales, curar problemas físicos muy antiguos, y volverse conscientes de recuerdos largamente enterrados, todo porque estaban trabajando con sus centros de energía dorsales en vez de con sus centros de energía frontales.

Recuerdo una cliente en particular. Jamie estaba luchando con un dolor crónico en la espalda y problemas de bajo rendimiento. Por más que lo intentara, nunca podía conseguir que su profesión fuera adelante. Estaba a un paso de aceptar la cirugía como modo de corregir su historial de desórdenes de espalda. Utilizamos la imaginación guiada, la psicología transpersonal y el trabajo de regresión para que entrara en y a través de cada uno de sus chakras dorsales. Dentro de cada uno de ellos, descubrió y habló con un aspecto de sí misma que había estado reprimido desde la infancia. Conforme sacaba a la superficie estos aspectos de la personalidad, preguntó si podían pensar en un modo de satisfacer sus necesidades, un modo que no diera por resultado el dolor de espalda o la pobreza. Lo hicieron, y el dolor de Jamie desapareció durante la sesión. La alenté a que fuera a su casa y continuara haciendo meditación guiada y trabajo de afirmación con sus chakras dorsales. No tuve noticias de ella durante seis meses, hasta que me llamó y entusiasmada gritó: «¡Mi dolor en la espalda no ha vuelto! Sigo yendo a través de los chakras dorsales, tal como dijiste, ¡y sucedieron las cosas más interesantes!» Jamie pasó a contarme un inesperado ascenso profesional, una oportunidad para asistir a un seminario selecto, un fantástico nuevo pretendiente y una gran cantidad de dinero que acababa de recibir de una compañía de seguros. Estaba experimentando el poder del inconsciente, el cual, aunque puede causar todo tipo de problemas, puede también introducir muchas soluciones inesperadas y milagrosas.

No toda experiencia con los chakras dorsales da por resultado un cambio tan espectacular. Sin embargo, el poder inherente a estas unidades es subrayado por mí cada vez que los presentó a mis estudiantes. Tras proporcionar información relativa a las funciones individuales y conjuntas de los chakras dorsales, suelo emparejar a los estudiantes para intercambiar curaciones. Durante estos intercambios, los estudiantes se ayudan uno al otro a explorar los sentimientos, conciencias, necesidades y problemas en los sistemas de energía y vidas del otro. Sin excepción, los estudiantes me informan que las energías sentidas, las curaciones recibidas, y la información recogida es mucho más poderosa desde el lado dorsal que desde el lado frontal.

Personalmente, creo que los lados dorsal y frontal son por igual de importantes y poderosos. La diferencia está en que los lados dorsales han estado durmientes, no reconocidos, y no tocados por mucho tiempo. La primera vez que alguien trabaja con ellos, es comparable a abrirle la puerta a un tigre largo tiempo enjaulado. Cualquier tigre que merezca su nombre va a saltar de manera feroz.

Hasta ahora, he explicado la naturaleza de los siete chakras intracorporales y los cinco chakras extracorporales, además de los veinte puntos de energía del plano superior. Al presentar los siete chakras dorsales intracorporales, deseo advertir que hay lados dorsales para los otros centros. Sin embargo, dado que se conoce muy poco de los otros veinticinco centros de energía, tratar de discutir los lados paralelos, aunque opuestos, de estos centros sólo serviría para añadir más capas de confusión.

Funciones de los chakras dorsales

Al igual que los chakras frontales, los chakras dorsales tienen una especificidad de función. Cada uno de ellos tiene un propósito físico, mental, emocional y espiritual. Cada uno de ellos se interconecta también con los otros. La verdadera salud existe cuando cada chakra dorsal independiente (así como cada uno de los frontales) funciona como una unidad individual sana y opera de manera coherente con los otros centros. Aunque aún deba hacerse mucha investigación con relación a estos chakras dorsales, entenderlos y trabajar con ellos es un componente crítico para crear una vida sana, equilibrada y feliz.

Chakra Uno

La parte dorsal del primer chakra está localizada en una dimensión de frecuencia inferior. Contiene todas las creencias y experiencias que alguna vez hemos tenido relativas a nuestro derecho a manifestarnos, crear y florecer en el plano físico. A través de este punto podemos destapar sistemas de creencias nucleares que afectan a todas las naturalezas de nuestro ser. La energía que idealmente queremos canalizar consiste en la energía roja de kundalini. Encendemos esta «llama de la vida» a través de nuestro primer chakra dorsal, y nos abrimos a nuestras pasiones, impulsos y deseos. Cuando este chakra dorsal es curado, podemos recibir todas las energías necesarias para actualizar nuestros sueños y necesidades físicos, porque caemos en la cuenta de que somos modelos físicos de la expresión de la Fuente Divina. Aquí, podemos curar nuestros problemas físicos, incluyendo las adicciones, enfermedades de la sangre y problemas heredados. Y lo que es aún más importante, este centro nos permite abrirnos a la abundancia, el merecimiento y la salud completa, y a una creencia en nuestra propia sacralidad.

Localización: Dimensión de frecuencia inferior. Basado en la reserva universal de materia física del que brota toda vida.

Atributos físicos: Programa el ADN. Regula el equilibrio químico del cuerpo en reacción a creencias sobre nuestro merecimiento. Coordina el pasaje genético del pasado colectivo. Funciona como el punto de acceso al globo de la humanidad y al impulso humano hacia la procreación.

Atributos mentales: Contiene la clave de nuestras creencias acerca de merecer la vida y el bienestar físicos. Idealmente, nos conducirá a la comprensión necesaria de que somos una manifestación de la energía de la Fuente Divina, y de que merecemos todo lo que nuestro yo esencial requiere para su plena expresión.

Atributos de sentimiento: Permite a la energía de amor universal que entre a través del lado dorsal de este chakra (que es la base para los sentimientos primarios que se muestran a través del lado frontal del primer chakra). Si no creemos en nuestra propia bondad, detendremos el flujo y experimentaremos rabia, dolor, temor y más cosas.

Atributos espirituales: Sirve como el terreno físico de encuentro para lo sagrado. Toda vida es sagrada, de la celular a la nebulosa. Nuestra verdadera esencia es inhalada en este chakra, donde cobra forma para las experiencias físicas.

Aplicaciones curativas: El lado dorsal del primer chakra recibe su forma de todas nuestras experiencias y creencias anteriores, y de las de nuestros compañeros humanos. Básicamente, hemos de desear eliminar los taponamientos que hay en este chakra, y borrar o transformar las creencias que dicen «No merezco una vida plenamente feliz». Cuando nos volvemos dispuestos a abrirnos al sistema de creencias de la Fuente Divina antes que al nuestro propio, encontramos una plantilla que permite la llegada de cantidades ilimitadas de energía de manifestación a nuestro primer chakra y a nuestro sistema espinal. Podemos aplicar esta energía bruta para curar problemas físicos, mentales, emocionales o espirituales.

Símbolos: Los colores negro, rojo y blanco. Símbolos culturales de la vida y la muerte, incluyendo la guadaña, la sangre, el ankh, la cruz, los signos de fertilidad y productos naturales como el trigo.

El Chakra Uno sirve de cimiento para nuestra experiencia de la vida.

Chakra Dos

El lado dorsal del segundo chakra contiene nuestros sentimientos acerca de nosotros mismos en relación al universo holístico. El lado frontal contiene nuestros cuerpos de sentimiento, que operan como entidades en sí mismas. El modelo o plantilla de estos cuerpos de sentimiento se encuentra en el chakra dorsal. El lado dorsal canaliza frecuencias de sentimiento de más allá o fuera de nosotros que alimentan un sentimiento completo o curan los incompletos. Podemos ver psíquicamente y conocer experimentalmente cada sentimiento como una unidad entera y completa o, a la inversa, como piezas fragmentadas y disociadas. Nuestro objetivo es el de tejer estas frecuencias en nuestros cuerpos de sentimiento, sea para completar nuestros sentimientos incompletos, sea para arrojar sentimientos que no son nuestros. Abriéndonos a las vibraciones que necesitamos, nos permitimos a nosotros mismos analizar las situaciones a la luz de sus complejidades emocionales. Esto nos permite trabajar dentro de las dualidades del universo físico: para entender lo bueno en lo malo, lo significativo en lo que carece de significado, y la verdad dentro de las falsedades.

Localización: Se origina en el área inferior de la espalda.

Atributos físicos: Contiene las plantillas de los cuerpos de sentimiento del lado frontal. Los cuerpos de sentimiento son cuerpos materiales. Todos los problemas físicos se relacionan, al menos hasta cierto nivel, con nuestros cuerpos de sentimiento. Problemas como el sentimentalismo, el estrés, las compulsiones, las dificultades de relación, los bloqueos creativos y los dolores lumbares pueden ser síntomas de un lado dorsal del segundo chakra que no está completamente abierto o que no está protegido. Este centro dorsal puede también transformar sentimientos en energía, poderes, creencias, colores y tonos. Podemos curar nuestros sentimientos trabajando con creencias, colores, tonos y cosas semejantes.

Atributos mentales: Recibe la energía curativa y de adaptación necesaria para afrontar los cambios de la vida. Los bloqueos en el lado dorsal nos impiden recibir esta energía. Juzgar lo aceptable de ciertos sentimientos y negar la expresión de estos sentimientos causa bloqueos en el lado dorsal del chakra o en el punto central de encuentro entre los lados frontal y dorsal.

Atributos de sentimiento: Sirve como nuestra plantilla de sentimiento. Si consideramos todos los sentimientos como iguales y buenos, nuestros cuerpos de sentimiento serán completos. Estos sentimientos pueden entonces alentar o desalentar, construir o destruir, solidificar o cambiar nuestros comportamientos de manera que podamos adaptarnos a los ritmos naturales de la vida y a las crisis naturales. El lado dorsal de este centro de energía estará, por tanto, abierto a las vibraciones y energías necesarias para la creatividad y la experiencia. Por añadidura, nos permitirá obtener y reconocer la ayuda sobrenatural necesaria para fluir con las vueltas que da la vida.

Atributos espirituales: Da al alma el apoyo y la fluidez necesarios para adaptarse a la vida y medrar en ella. El lado dorsal del segundo chakra es a su vez afectado por las creencias de nuestra alma acerca del significado o la falta de significado de la vida, la esperanza y la desesperanza, el bien y el mal, el vacío y la existencia, el yo y el Todo, y otras dualidades de la existencia tal como se experimentan en el plano físico.

Aplicaciones curativas: El lado dorsal del Chakra Dos es un punto de partida primario para la cura de la angustia emocional; preocupaciones por el nacimiento, el renacimiento y reproductivas; tendencias de codependencia; compulsiones generales; dolor lumbar, y nuestras reacciones a los sucesos justos e injustos de la vida. Aquí, podemos abrirnos a las energías necesarias para calmar y curar sentimientos como el rechazo, la desilusión, la apatía, los resentimientos, y sentimientos que resultan de la muerte y las pérdidas, el pesar y el dolor. Cuando ponemos en equilibrio nuestros sentimientos, abandonando los que no son nuestros y aceptando los que lo son, estamos abiertos al poder de la creación mismo. Nos permitimos a nosotros mismos manifestar el mana que nos sustenta a través de los altibajos de la vida.

Símbolos: Formas interculturales indicadoras de sentimientos, emociones, liberación y renacimiento, incluyendo la luna, el agua, el estanque judío de limpieza mikveh, los ciclos naturales y las estaciones, una mujer desnuda sobre un creciente lunar con su mano sobre su abdomen.

El Chakra Dos sirve como nuestra plantilla de sentimiento.

Chakra Tres

El lado dorsal del chakra Tres es realmente una plantilla intelectual. A través de este lado del chakra adquirimos conocimiento de las cosas que se ven y las que no se ven y, basándonos en nuestro sistema de creencias, atraemos las energías que necesitamos para tomar decisiones efectivas de la vida. Si el lado frontal nos ayuda a expresar nuestra voluntad en el mundo, nuestro lado dorsal se abre al impulso de la consecución. Aquí podemos curar juicios, falsedades y suposiciones incorrectas, y permitir que nuestro impulso hacia el éxito (sea como sea que definamos el éxito) trabaje para nosotros en vez de en contra nuestra.

Localización: Parte media de la espalda.

Atributos físicos: Se conecta con el centro metabólico del cuerpo; afecta nuestro nivel e impulso general de energía. Una energía vital disminuida, confusión, la incapacidad de enfocarse o concentrarse y cualquier afección física que refleje estos síntomas podrían relacionarse con este centro. Necesitamos recordar que la toma de decisiones, el establecimiento de objetivos y la consecución de metas requieren energía intelectual, que es una energía material.

Atributos mentales: Sirve de plantilla intelectual a través del cual todos los juicios son procesados, aceptados, cambiados o rechazados. A través del lado dorsal del tercer chakra, las formas de pensamiento son patronizadas, puestas en juego, alteradas. Las creencias concernientes al éxito, la afirmación de la voluntad y el impulso y nuestra relación con el mundo externo son directamente atribuibles a este chakra.

Atributos de sentimiento: Nos conduce a aceptarnos totalmente a nosotros mismos, nuestros propósitos y nuestros impulsos. Dependiendo de la salud del lado dorsal de este chakra, los sentimientos más elevados posible que pueden alcanzarse en este área incluyen la aceptación, la paz y la fe. Cuando el lado dorsal de este chakra está completamente abierto y sano, no participaremos en la violencia o la guerra, pues la base de la guerra es el prejuicio y el temor. Al actuar a partir de la confianza en nosotros mismos y la autenticidad, simplemente no queda lugar para la violencia.

Atributos espirituales: Nos da el conocimiento de lo que se ve y lo que no se ve, y, supuesto que tengamos fe en nuestras capacidades, nos da las ideas necesarias para establecer y poner en práctica nuestras metas. La duda espiritual es eliminada. Nuestra alma sirve de director espiritual, apoyándonos con los conceptos y el ímpetu necesario para presentarnos ante el mundo.

Aplicaciones curativas: Sería sabio trabajar sobre este centro en cualquier momento en que experimentemos problemas de energía, sean físicos, mentales o emocionales. Los bloqueos en este centro brotan de la duda, que es realmente una falta de fe en nuestro bien y objetivos más elevados. Aquí, podemos abordar y tratar juicios, prejuicios, suposiciones incorrectas, comportamientos dolorosos y problemas de éxito. Un modo de enfocar este proceso curativo es el de recordar cómo funcionan juntos los tres primeros chakras. Añadimos la emoción bruta del primer chakra a la consciencia intelectual del tercero para crear las emociones localizadas en el segundo chakra. Cambiando las directivas que entran a través del lado dorsal de nuestro tercer chakra, podemos cambiar nuestros sentimientos y percepciones acerca del mundo mismo.

Símbolos: Los símbolos típicos se relacionarán con el intelecto y los esfuerzos por aprender, incluyendo el sol, un libro y las palabras.

El Chakra Tres sirve como nuestra plantilla intelectual.

Chakra Cuatro

El lado dorsal del chakra Cuatro sirve de portal al maravilloso terreno de juego de nuestra alma. Todos nosotros, incluso la gente que se considera a sí misma como «almas viejas», en verdad tiene almas que son infantiles. Cualquiera que sea nuestra edad, nuestra alma es juvenil, pues todos somos niños de la Fuente Divina. Como niños, el trabajo de nuestra alma es el de explorar, aprender, desarrollar, poner a prueba, intentar y divertirnos. El lado dorsal de nuestro corazón, cuando no está tapado, nos abre a los verdaderos deseos de nuestro espíritu. La mayoría de estos deseos son de naturaleza infantil e incluyen fantasías como bucear desnudos, dejarse acariciar por el sol, comer helados u holgazanear alrededor de un estanque.

A través de este aspecto del chakra del corazón podemos fundir nuestra persona por completo con la luz divina del universo. Es el gran espacio que la Fuente Divina, el Planificador Maestro, ha construido para placeres simples. En este espacio, el amor es condicional. La condición es la libre expresión de nuestro ser total.

Localización: Parte superior de la espalda.

Atributos físicos: Sirve de punto de entrada para todas las acciones físicas que nos sentimos llamados a hacer. El foco físico de estos deseos se sincroniza con el latido de nuestro corazón. Latido, descanso, latido, descanso: hacer, ser, hacer, ser. Obviamente, cualquier problema relacionado con el corazón indicará un desequilibrio en el lado dorsal del chakra del corazón, al igual que sucede con la resistencia a seguir nuestra verdadera vocación o deseos.

Atributos mentales: Recibe amor carente de juicios, y sirve de punto de acceso para las energías mentales que son puras y simples. A través del lado dorsal del chakra del corazón podemos alcanzar el tipo de apoyo que anhelábamos obtener cuando éramos niños. Aquí, el sistema de creencias condicional de los chakras inferiores se encuentra con el sistema de creencias de los chakras superiores. Nuestras necesidades condicionales, que se reducen al simple requerimiento de ser y expresar nuestro verdadero yo, se funden con el amor y apoyo incondicionales del universo.

Atributos de sentimiento: Se conecta a nuestra esencia basada en lo físico, y se une a nuestra esencia basada en la Fuente Divina. Los sentimientos experimentados a través de un lado dorsal del chakra del corazón plenamente curado se relacionarán con el amor sin calificativos y el estímulo a ser.

Atributos espirituales: Nos mantiene continuamente abiertos a las necesidades de nuestra alma conforme progresa en su crecimiento y desarrollo. El lado dorsal de este chakra se conecta con la Fuente Divina y con nuestro yo de la Fuente Divina. Aquí, experimentamos la llamada del niño que somos. Tras experimentar el poder del lado dorsal del chakra del corazón, uno de mis estudiantes dijo: «Un alma se detiene aquí y nace, aguardando a nacer de nuevo.»

Aplicaciones curativas: Todos los problemas cardiacos, circulatorios, y de la sangre podrían relacionarse con este centro. Podríamos también examinar el lado dorsal de este chakra si estamos experimentando constricciones de algún tipo; tratando problemas de maltrato en la infancia, o si no creemos en nuestra propia pureza e inocencia. A menudo este centro nos hablará a través de sueños, experiencias extracorporales o guías como los ángeles que buscan estimularnos hacia nuestro verdadero ser y nuestro verdadero propósito.

Símbolos: Los signos relativos al lado dorsal de este chakra pueden ser muy personales, consistiendo en imágenes que tenemos por queridas e importantes. Los símbolos generales incluirían cualquier dibujo del corazón, mariposas, colibrís o cualquier cosa infantil e inocente.

El Chakra Cuatro es el asiento de los deseos de nuestro corazón.

Chakra Cinco

Nadie sabría que existes sin el lado dorsal del quinto chakra. Aquí, nuestras verdades nos son dadas a conocer. Conforme expresamos estas verdades, otros llegan a conocerlas también. El lado dorsal del quinto chakra es el centro a través del cual canalizamos pensamientos, ideas y conceptos procedentes de otros seres, otras dimensiones y otros aspectos de nosotros mismos. Recibimos información a través de la parte posterior del cuello, y luego la pasamos a través de nuestro lado frontal vocal y consciente. Aquí, nos quedamos con la guía que queremos y rechazamos la que no es aplicable a nosotros. En cierto modo, este chakra es el centro del destino. Constantemente seleccionamos y luego damos voz a aquello que queremos crear, frente a aquello que no queremos.

Localización: Parte de atrás del cuello.

Atributos físicos: Sirve de punto de acceso o portal. Si dejamos abiertas nuestras puertas de par en par, cualquier cosa podrá entrar y probablemente lo haga. Todo tipo de personas y seres pueden establecerse ahí, causando potencialmente todo tipo de problemas. A falta de filtros, podemos recibir guía de gente o seres que no tienen buenas intenciones. Abrirse a la guía de fuentes retorcidas puede volvernos vulnerables a la toma de decisiones que podrían causarnos problemas financieros, de relaciones y físicos. Aquí los problemas pueden crear un amplio espectro de dificultades materiales, desde problemas de dinero hasta cáncer de garganta. Por otro lado, estar abiertos pero ser sabios respecto a la información y la guía puede ayudarnos a crear la vida que deseamos.

Atributos mentales: Canaliza pensamientos, ideas y conceptos procedentes de otros seres y otras partes de nosotros mismos. Las creencias de otros en nuestra vida presente, las creencias procedentes de existencias anteriores y las creencias procedentes de fuentes externas pueden frecuentemente alojarse en el lado dorsal de este chakra. Uno de los problemas más comunes de este chakra es la presencia de cuerdas, contratos energéticos entre nosotros y otros seres. Dado que son tan comunes, siempre chequeo la presencia de cuerdas en la parte posterior del cuello. Por lo general, encuentro un gran conglomerado de las creencias de mamá entrando por el lado izquierdo del cuello del cliente, y otro legado procedente de papá plantado en el lado derecho. Es importante escardar estas viejas creencias a fin de adquirir el control sobre este centro.

Atributos de sentimiento: Sirve de punto de entrada para cualquier sentimiento; nos trae nuestra propia guía o la de los demás en cuanto a qué realidad nos hará sentirnos bien. Mediante técnicas como la imaginación guiada podemos salir a través de este chakra y buscar la guía en relación a nuestros sentimientos. A menudo, debemos confiar en nuestra reacción basada en los sentimientos ante la guía recibida a través de este chakra dorsal para filtrar la información que conviene de la que no.

Atributos espirituales: Sirve de punto de acceso para espíritus exteriores y para mensajes procedentes de nuestro yo espiritual. Los transmédiums completos utilizan este punto como puerta para abandonar sus cuerpos y permitir la entrada de otros seres. Podemos conseguir la misma claridad permaneciendo en nuestros cuerpos y escuchando la guía que entra por el lado dorsal de este chakra. Después de todo, es realmente nuestra alma lo que deseamos incorporar plenamente, no la de otro. Una regla general al curar o aplicar este chakra es la de hablar de lo que sabemos y liberar la resistencia a aprender lo que debemos saber. En última instancia, lo que deseamos canalizar a través de esta mitad del chakra son las palabras provenientes de nuestro yo de la Fuente Divina. Si nos concentramos en esas palabras, no podemos equivocarnos.

Aplicaciones curativas: Como punto principal de entrada para las viejas creencias, este lado dorsal puede darnos acceso a ideas para curar cualquier cosa.

A través de este chakra experimentamos las similitudes entre curar y manifestar. Para curar un problema, solemos tener que abrirnos a una nueva idea y luego decir que estamos dispuestos a actuar de modo diferente. Una vez que afirmamos nuestra intención, nos abrimos a manifestar algo nuevo. El lado dorsal de este chakra es también el centro para comprobar problemas desacostumbrados como la posesión por un espíritu o una influencia demoníaca.

Símbolos: Cualquier símbolo que se relacione con algo que hila, como un telar, una rueda giratoria o una araña. A través del lado dorsal de este chakra recogemos el material bruto necesario para hilar nuestras propias verdades, y en consecuencia hilar nuestras propias realidades.

El chakra Cinco sirve de centro para el destino dirigido por nosotros.

Chakra Seis

Considerado como el chakra de la vista, el lado dorsal del sexto chakra refleja todos nuestros potenciales, mientras que el lado frontal nos da la visión de nuestro verdadero sendero. El punto de encuentro entre las partes dorsal y frontal del sexto chakra —la glándula pituitaria— sirve como prisma que recibe todas nuestras visiones potenciales y las valora según nuestro propósito más elevado. El plan estratégico de nuestra vida puede estar activo o no. Si los sistemas de creencias centrales de nuestro sexto chakra son autoafirmativos, nuestras visiones de nosotros mismos serán constructivas. Si los sistemas de creencias centrales de nuestro sexto chakra son autodestructivos, la imagen que tenemos de nosotros mismos será negativa, y lo mismo pasará con nuestros objetivos.

Este chakra es un chakra de sendero. Un lado dorsal del sexto chakra plenamente curado nos ayuda a visualizar no sólo lo que podría suceder, sino lo que sucederá si nos mantenemos fieles a la forma. Durante mis sesiones de enseñanza, explico a los estudiantes este chakra dorsal de un modo algo poético:

Nadie sabe,
salvo tú y yo,
adónde me conducirá mi sendero.
Toma mi mano,
la luz está conmigo,

> *tu luz divina*
> *es mía.*
> *Creamos la visión que conduce*
> *al templo*
> *del ser perfecto*
> *y el sendero se despliega;*
> *quién soy yo,*
> *el niño de Dios*
> *se deleitará*
> *en seguir tan sólo*
> *las visiones de luz.*

Localización: Parte de atrás de la cabeza.

Atributos físicos: Afecta nuestra visión tanto interior como exterior. Como centro para la visualización creativa, lo que visionamos se materializa en la realidad física en este chakra. Con frecuencia la gente experimenta primero la curación o apertura de este chakra como la experiencia de una luz blanca. Al ver la intensa luz blanca, sus vidas nunca son ya las mismas. Lo que sucede es que se están abriendo al sendero que la Fuente Divina y su propio yo de la Fuente Divina visualiza para ellos. Si se entregan a seguirlo, la vida en verdad ya nunca es lo mismo.

Atributos mentales: Nos muestra las creencias que mantenemos acerca de nuestro verdadero potencial. Cuando estamos ciegos a nuestra naturaleza divina, nuestras visiones pueden ser inmaduras, demasiado bajas o demasiado elevadas, o incluso invisibles. Una autonegatividad extrema puede dejarnos tan en la oscuridad que somos susceptibles de lavado de cerebro o a admitir la influencia de las sectas. Cuando carecemos de una clara imagen del yo, podríamos adoptar las visiones de otros para nuestra vida en vez de la nuestra propia. Lo inverso es también cierto. Afirmando nuestro yo de la Fuente Divina, automáticamente recibimos y seleccionamos visiones que nos permitirán alcanzar nuestro potencial más elevado.

Atributos de sentimiento: Influencia y refleja cómo nos sentimos respecto a nosotros mismos. Cuanto más abierto esté el lado dorsal de este chakra, mejor nos sentiremos acerca de nosotros mismos. La falta de aceptación de nosotros mismos, una pobre imagen de nosotros, y cosas semejantes, son a menudo directamente atribuibles a un lado dorsal de un sexto chakra parcialmente cerrado. Los sentimientos de una baja valía propia pueden cerrar este chakra;

un sexto chakra dorsal inhibido puede también producir sentimientos depresivos. Y a la inversa, cuanto mejor nos sintamos acerca de nosotros mismos, más responderá este chakra para producir sentimientos positivos.

Atributos espirituales: Muestra a nuestra alma lo que ha creado y lo que desea crear. Cuando nuestra alma puede aceptar plenamente el viaje ya recorrido y abrirse a una luz de guía superior, puede no sólo visionar sus deseos, sino ser atraída a oportunidades que los manifestarán.

Aplicaciones curativas: Aquí podemos abordar problemas de una baja imagen de nosotros mismos o preocupaciones acerca de la imagen de nuestro cuerpo; confusión acerca de nuestro sendero, elecciones y futuros potenciales, y una falta general de creencia en el futuro. Durante cualquier proceso de muerte, incluyendo los que implican transformaciones o pérdidas, es típico un predecible y necesario cierre en este área. Perdemos la visión de la claridad conforme nuestras percepciones de nosotros mismos y nuestras elecciones se reordenan.

Símbolos: Todas las imágenes visuales; imágenes de cuentos relativos a un río, un sendero o un viaje; representaciones de la luz incluyendo el sol, el arco iris y los prismas.

El chakra Seis es el asiento de la autocreación.

Chakra Siete

El lado dorsal del séptimo chakra está localizado simultáneamente en todas y en ninguna parte. Aquí nos abrimos y comprendemos la chispa divina de la conciencia. El lado dorsal es el punto de acceso por el cual podemos conectarnos con todos los seres de la Fuente Divina, estén físicamente vivos o no. Aquí está la línea de la vida de toda existencia y la verdad de nuestra propia existencia. A través de este chakra dorsal canalizamos la kundalini dorada, la sangre vital de nuestra existencia espiritual. Uno de mis clientes compartió este poema tras haberle sido presentado este lado de su séptimo chakra:

Oh canto de mi alma
cántame dulcemente,
alza mi voz en armonía
para que se una al coro de almas
que cantan a mi alrededor.

Localización: Los planos superiores, donde todas las zonas de las dimensiones/tiempo se hacen uno.

Atributos físicos: Carece de atributos físicos por su completa falta de enjuiciamiento. Mientras que los problemas del lado frontal pueden manifestarse como preocupaciones físicas, el lado dorsal no puede afectarnos físicamente. Sin embargo, abrirse a energías accesibles a través de este chakra dorsal puede conducir a la curación física. Cualquier sentido de inarmonía o de no ser completos en nuestras vidas podría indicar un lado dorsal del séptimo chakra que está dañado.

Atributos mentales: Nos abre a la chispa divina de la conciencia y a las creencias positivas del universo acerca de nosotros. Cuando creemos que somos indignos o cuando tememos perder nuestra individualidad ante el Todo mayor, podemos cerrar la parte posterior del séptimo chakra. Para mantener abierto este portal, debemos estar dispuestos a cambiar estas creencias o dejar que se transformen.

Atributos de sentimiento: Nos trae un sentimiento de estar «perfectamente en calma» o de «beatitud» (tal como lo describen mis estudiantes una y otra vez). El sentimiento es comparable al que experimentamos cuando rezamos, meditamos o alabamos en nuestro lugar personal de adoración.

Atributos espirituales: Nos lleva a la comprensión de que todos los espíritus son iguales. Nuestra individualidad permanece intacta y, sin embargo, comprendemos que la unidad (antes que la des-unidad) es de importancia clave. La mayoría de la gente describe el estado de consciencia alcanzado a este nivel como sentirse «en casa».

Aplicaciones curativas: Cualquier sanador y cualquier viajero de la curación se beneficiará de la paz y tranquilidad experimentados a este nivel. A su nivel más básico, trabajar con el lado dorsal de este chakra nos abre a un cambio fundamental de conciencia. Debido a que su punto de acceso hacia el cuerpo se localiza en la mente, trabajar con las energías disponibles en el lado dorsal de este chakra puede alterar de manera espectacular nuestras percepciones y pensamiento.

Símbolos: Cualquier símbolo de completamiento o totalidad: la luz blanca, el círculo, la espiral, el halo.

El Chakra Siete es el asiento de la totalidad.

Sinopsis de las funciones de los chakras dorsales

Chakra	Creencia mental	Componente de sentimiento	Proceso físico	Percepciones espirituales
Uno	Creencias nucleares acerca de la valía de la vida y de todo lo que la vida tiene por ofrecer.	Punto de acceso a energías que determinan nuestros sentimientos primarios o nuestras reacciones primarias a los sentimientos de los demás.	Asiento de nuestra reserva genética y humana colectiva.	Lugar en donde podemos comprender que somos un modelo de la expresión de Dios en lo físico.
Dos	Creencias acerca de los sentimientos. ¿Son correctos o no? ¿Debo portar los sentimientos de otros o no?	Hogar de las plantillas de nuestro cuerpo de sentimiento, y punto de acceso para energías que alimentan, apoyan y curan nuestros sentimientos.	Fuente de la fluidez necesaria para mantener el sistema abierto y adaptable.	Punto para el reconocimiento de las dualidades de la vida; contiene la ayuda que el alma necesita para experimentar la totalidad a través de la dualidad.
Tres	Creencias acerca del éxito y las oportunidades; centro de juicios en un sentido global; área para la toma de decisiones; plantilla intelectual para el establecimiento de los objetivos y el éxito.	Se relaciona con los sentimientos sobre el éxito y la aceptación de nosotros mismos.	Canaliza la energía universal que se necesita para conseguir los objetivos.	Área clave relativa a la fe y la confianza en contraste con la duda y el temor.
Cuatro	Creencias concernientes a nuestra inocencia y pureza; merecimiento de deseos y necesidades simples.	Nos abre a actividades y necesidades que crearán sentimientos de amor y buena voluntad.	Nos abre a relaciones y sueños que nos permiten manifestar lo que realmente queremos.	Lugar donde el amor incondicional alcanza un equilibrio con las leyes condicionales basadas en la realidad.

Cinco	Contiene verdades implantadas, guiadas o diseñadas por nosotros mismos.	Regulado por los sentimientos; debemos abrirnos a lo que sentimos como correcto y rechazar lo que no sentimos como correcto.	Puede contener el germen de muchas enfermedades físicas; punto de acceso para obtener guía sobre el modo de tratar problemas o preocupaciones físicos.	Visto a menudo como el «asiento del alma» por proporcionarnos guía procedente del yo de nuestra alma y para éste (idealmente guiado por la Fuente Divina).
Seis	Visiones y senderos accesibles relativos a la colección de creencias acerca de nuestra propia imagen.	Seguir nuestra visión correcta asegura sentimientos de elevada autoestima.	Nuestras visiones y elecciones crean en última instancia la realidad física que manifestamos.	Viéndonos a través de los ojos de la Fuente Divina, nos abrimos a las visiones más verdaderas de nuestro ser.
Siete	Las creencias sólo existen en el punto de acceso físico; éstas tienen que ver con la relación entre conocernos como un individuo frente a conocernos como un miembro del conjunto; no hay creencias a este nivel, sólo el estado de aceptación.	Aquí podemos experimentar el sentimiento de completamiento y armonía, el punto desde el cual necesitamos hacer todas nuestras evaluaciones; el sentimiento último a alcanzar en este nivel es el de gratitud.	Conforme nos abrimos cada vez más a ser parte del todo, nuestros patrones cerebrales, y en consecuencia nuestro bienestar físico, pueden cambiar hacia la salud perfecta.	Lugar donde todas las almas se reúnen y apoyan el propósito del individuo en el gran esquema de las cosas.

Los lados dorsales en acción

Encarémoslo: somos humanos. La mayoría de nosotros no viviremos para ver el día en que todos nuestros chakras, especialmente nuestros chakras dorsales, estén plenamente funcionando.

La buena nueva es que no tenemos que esperar. Cada vez que abrimos o curamos uno de nuestros chakras dorsales, incluso si sólo es parcialmente, creamos un cambio en los restantes chakras, tanto frontales como dorsales.

Todos los chakras se interrelacionan. Por ejemplo, el primer chakra canaliza energía que nos mantiene vivos y seguros. Su lado dorsal sirve de embudo a material procedente del mar de la materia. La conexión del punto medio pasa esta energía a nuestro lado frontal, que determina nuestra acción. La cantidad de energía disponible y su dirección son reguladas por nuestros sistemas de creencias. ¿Creemos que merecemos abundancia y amor, o estamos constreñidos por creencias impresas durante nuestra existencia intrauterina? ¿Insisten estas creencias en que no somos deseados, que no merecemos que nuestras necesidades sean satisfechas? La cantidad de apertura o constricción experimentadas a través de este chakra general se traducirá en nuestro segundo chakra. Si devolvemos como una pantalla las energías tomadas a través del lado dorsal de nuestro primer chakra, inhibimos las energías intracorporales disponibles a los cuerpos de sentimiento de nuestro segundo chakra. Por consiguiente, nos será difícil procesar las energías recibidas a través del lado dorsal del segundo chakra, lo que a su vez dañará aún más nuestros cuerpos de sentimiento.

Veamos el ejemplo de un problema a través de nuestro sistema frontal y dorsal. Supongamos que encuentras alguien con quien quisieras tener una relación. Encuentras un hombre o una mujer en una fiesta y te sientes atraído. A través del lado dorsal del primer chakra recibes la energía necesaria para alimentar tu atracción y tu deseo. Si estás completamente abierto a estos sentimientos, esta energía dorsal alimenta tu comportamiento frontal. Emprendes la acción —abordas a esta persona.

Esta acción eleva la energía hasta el segundo chakra, estimulando ciertos cuerpos de sentimiento. En primer lugar, tocas cuerdas con el sentimiento de excitación. El lado dorsal de este chakra introduce energía tanto para alimentar como para atemperar esta excitación. Puede, por ejemplo, necesitar curar tu sentimiento de confianza, que, basado en una experiencia pasada, es estimulado hacia la desconfianza. Otro sentimiento, la confianza en sí, se combina con tu excitación. Debido a que el lado frontal del segundo chakra es un chakra personal y receptivo (en vez de tener un movimiento hacia fuera), la reacción del lado frontal es la de una apertura hacia esta persona.

Esta energía de apertura fluye entonces al interior del tercer chakra. El lado dorsal proporciona ideas sobre el modo de interaccionar con tu objeto de deseo. Tamizas y sopesas estas ideas, filtrándolas a través de los sistemas de creencias adquiridos e innatos que separan los chakras dorsales y frontales. Finalmente, decides que está bien dar un paso adelante; confías en que te presentarás con éxito.

Habiendo decidido interaccionar, tu energía asciende al corazón. Tu alma y las fantasías de tu corazón de la parte posterior entran a través del lado dorsal del cuarto chakra. ¿Cómo te sientes frente a esta persona? Una vez más, estás trabajando en un chakra personal y receptivo. Sientes la reacción de esta persona hacia ti. Tu energía se adapta a tu sentido de los potenciales sentidos en el corazón, y luego envía tu energía hacia arriba al quinto chakra.

Ahora te hallas ante esta persona. Es el momento de decir algo. A través del lado dorsal de este chakra recoges guía procedente de ti mismo y quizá de otros guías acerca de lo que decir. Si este chakra está claro, esta guía será adecuada. Si te adhieres a viejos tópicos, podrías fastidiarlo. Supuesto que estés relativamente curado y receptivo, pones todas las sensaciones, sentimientos y guía en palabras que se proyectan hacia delante. Le hablas a la persona. Uno de los deseos de tu corazón ha sido el de ir a esquiar, así que le preguntas a esta persona si le gusta esquiar.

Te responde: «¡Sí!» Tu energía se introduce en el sexto chakra. A través de la parte posterior del sexto chakra, vemos todas las visiones posibles que podrían producirse aquí. ¿Nos imaginamos esquiando ladera abajo o a través del campo? ¿Una cabaña rústica en las Montañas Rocosas o un chalet en los Alpes suizos? Estas visiones se filtran a través de tus imágenes programadas sobre ti mismo, determinando finalmente sobre cuál detenerte. Todos los chakras por debajo de éste se hallan ahora activados, de modo que puedes decidir el modo de proceder. ¿Te concentrarás en tu corazón, ayudando a que esta persona y tú mismo os sintáis cómodos uno con el otro? ¿Continuarás conversando, conectando por medio de palabras? ¿Emprenderás una acción posterior, empleando aún más tu primer chakra?

Hagas lo que hagas, idealmente será elegido y regulado por tu último chakra intracorporal, el séptimo, que está buscando propósito y unidad. La parte de atrás de este chakra se une no sólo al cuerpo de espíritus que te rodean eternamente, sino al espíritu superior de la persona frente a la que te encuentras. Sabes que si permites una expresión plena basada en el sentido más elevado de ti mismo, cualquier cosa que decidas hacer o decir tendrá sentido para ti y para la relación potencial.

Por supuesto, este escenario es una forma muy simplificada del modo en que interaccionan los lados chákricos dorsal y frontal. Percepciones erróneas, juicios, deseos reprimidos, sentimientos negados, los problemas y energías de otros, no sólo se almacenan en el punto que se encuentra entre los lados dorsal y frontal. Pueden también encontrarse dentro del cuerpo áurico, dentro del alma y en realidad en cualquier parte. Si tenemos presente que el lado dorsal funciona según nuestra programación inconsciente, y el lado frontal según nuestra programación consciente, podemos obtener una imagen muy clara del modo en que procesamos la energía y tomamos decisiones.

Lo que es más importante, podemos guiarnos por el hecho de que a todos nosotros se nos ha dado la oportunidad de experimentar la vida, no de evitarla. Continuamente se nos dan las elecciones, oportunidades y medios que necesitamos para clarificar, sanar y transformar.

Cómo detectar los chakras

Los lados dorsal y frontal de los chakras se encuentran en la columna, con la excepción del séptimo chakra, que se une en el cráneo. Hay herramientas físicas que pueden medir la presencia de todos estos chakras. Hay comunidades científicas y médicas que están comprobando la presencia de estos chakras a través del sonido, el color y su efecto.

Puedes encontrar tus propios chakras por medio de un péndulo. Un péndulo se hace poniendo un peso, por ejemplo, una piedra o un anillo, colgado de una cadena o cordel. Un péndulo sostenido por encima del área chákrica comenzará a moverse siguiendo el movimiento arremolinado del chakra mismo por el frente o la espalda (figura 5a).

Con este método, puedes ver el flujo de todos tus chakras intracorporales, excepto el lado dorsal de los chakras primero y séptimo. El lado dorsal del chakra Uno se localiza en una dimensión inferior. No puedes localizarlo con un péndulo; la mayoría de la gente ni siquiera puede verlo psíquicamente. El lado dorsal del chakra Siete se abre a una dimensión superior, que vibra demasiado rápidamente para encontrarlo utilizando técnicas físicas. De hecho, este chakra no se encuentra siquiera realmente localizado en un lugar físico. Dado que nos conecta con nuestro yo superior y con los yoes superiores de los demás, se encuentra fuera del continuo tiempo/espacio. El único modo de conocer o entender los lados dorsales de los chakras Uno o Siete es el de experimentarlos.

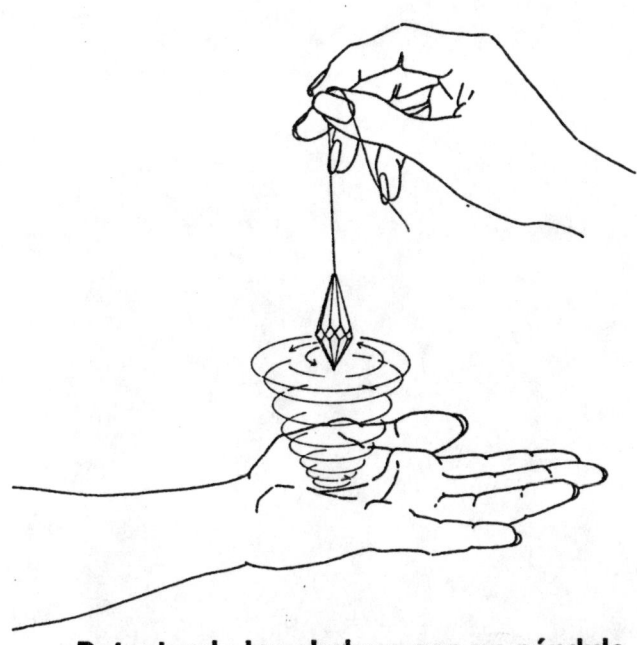

Figura 5a

Detectando los chakras con un péndulo

EJERCICIO
Trabajando con tus chakras intracorporales

Pide a un compañero que te ayude con este ejercicio.

A) Tumbado sobre tu estómago, haz que tu compañero te guíe a un estado meditativo. Permítele que coloque una mano sobre el área de cada chakra dorsal. Concéntrate sobre un área cada vez.
Conforme sientes cada punto, responde a las siguientes preguntas:

- ¿Qué puedo recibir abriendo o curando este chakra?
- ¿Qué está impidiendo a este chakra funcionar plenamente?

B) Luego pide a este chakra concreto que actúe como si estuviera curado. Experimenta cómo te sentirías si realmente estuviera curado. Comparte tus observaciones con tu compañero.

Capítulo Seis

El Tú alrededor de ti: tu campo de energía

TODA LA MATERIA FÍSICA se halla en constante movimiento. Las moléculas de nuestras mesas y vestidos están siempre vibrando. Las partículas de energía del aire que respiramos y del agua que bebemos se hallan en flujo constante. Las células de nuestra piel, glándulas, cerebro y ojos —así como nosotros mismos en relación con nuestro trabajo, coche, relaciones y otros asuntos— están llevando a cabo eternamente la «danza obligada con la muerte», como Kurt Vonnegut gusta de definir la vida.

La vida es movimiento. La vida es una danza. Este constante dinamismo produce un cambio constante. Incluso si pudiéramos gritar: «¡Basta ya!» y convencer a toda la materia para que detuviera su interminable vals, no seríamos capaces de crear la calma. Largo tiempo después de que un objeto haya dejado de moverse, continúa vibrando, adaptándose al cambio que ha hecho. Me acuerdo de una observación que mi hijo, cuando iba al jardín de infancia, hizo durante una excursión a un parque natural. Él y sus compañeros de clase anduvieron entusiasmados durante días con una salamandra que habían encontrado. «¡Mamá, seguía moviéndose!», compartió en su asombro. «¡Aunque se le hubiesen reventado las tripas!»

Todo componente de nuestro campo de energía se halla en flujo constante. Nuestro primer chakra pulsa de acuerdo con su propio ritmo, mientras que nuestro segundo chakra mantiene el *tempo* de su propio latido. Partículas de materia física y psíquica salen disparadas por aquí y por allá. Nuestros sentimientos saltan de nuestros pensamientos, quienes, a su vez, reaccionan a nuestras necesidades. Con todas estas diferentes melodías y fluctuaciones, es un milagro que podamos interaccionar como una entidad intacta, pero lo hacemos.

El aura

Una de las razones por las que nos mantenemos de una pieza como una entidad intacta es la de que, emanando de nosotros y rodeándonos, se encuentra un campo de energía, normalmente llamado el aura. Todo objeto animado tiene un aura (y algunas personas creen que los objetos inanimados también lo tienen). Un aura ha sido descrita de todas las maneras posibles, como una luz emitida desde el cuerpo, como un campo de fuerza y como un campo de energía universal. Cualquiera que sea el caso, el aura es un cuerpo esotérico compuesto de energía material. El aura es una puerta giratoria como lo son nuestros chakras.

El cuerpo áurico mismo comprende muchos planos. Algunos planos áuricos vibran a elevada frecuencia, y en consecuencia responden a nuestras necesidades espirituales. Algunos planos áuricos vibran a una frecuencia baja, y son, por lo tanto, responsables de nuestras necesidades materiales. Los de frecuencia inferior son los más fáciles de ver o de sentir fuera de nuestro cuerpo físico. En referencia a la teoría de la relatividad de Einstein, Bárbara Ann Brennan cree que materia y energía son intercambiables, y que «la materia es simplemente energía lentificada o cristalizada»[38].

Tanto los planos áuricos superiores como los inferiores interaccionan con sus opuestos. En múltiples modos, el verdadero trabajo de las capas de frecuencia inferior es el de convertir el mana espiritual en materia física; la función de las capas de frecuencia inferior es el de transmutar materia física en energía espiritual.

Muchos psíquicos diferencian los cuerpos esotéricos de este modo: el aura se encuentra en el exterior del cuerpo; los chakras en el interior. Aunque esta teoría pueda ayudarnos conceptualmente, no nos cuenta toda la verdad de la historia. La naturaleza no diferencia realmente entre el interior y el exterior de las cosas. La verdad es que los chakras son unidades holísticas que se unen a las capas áuricas, interaccionan con ellas y ayudan a formarlas. Estas capas áuricas son también unidades holísticas. El aura como un todo incluye los chakras y cualquier otro aspecto de nuestro ser. Es también una sub-unidad de nuestro ser energético, pues sus principales funciones nos permiten interaccionar con nuestro entorno externo y las dimensiones físicas, mentales, emocionales y espirituales que están constantemente influyendo en nuestro ser. (Ver figura 6a, páginas en colores).

---

[38] Brennan, *ibíd.*, pág. 24.

El aura como matriz

En vez de considerar el aura como bandas o capas de energía, es más apropiado considerarla como un sistema matricial. Las líneas de la matriz se intersectan para formar una rejilla. Esta rejilla podría ser vista como un cuerpo de energía completamente diferente, uno que incorpora nuestro cuerpo físico al tiempo que se une a puntos de éste. También podría ser vista como una extensión o sub-unidad de una rejilla mucho mayor, la rejilla de energía que conecta a todos los miembros de la humanidad entre sí, y con el universo mismo.

Cuando recordamos que estamos fluctuando constantemente, como sucede con todo aspecto de nuestro ser y de los de todo el mundo y de toda cosa, podemos empezar a preguntarnos por qué simplemente no nos hacemos pedazos con tanto cambio.

«Tanto cambio» es precisamente la razón de que tengamos un aura. Este campo de energía establece nuestra entidad individual al tiempo que nos vincula a fuerzas más grandes. Proporciona forma y sustancia, a la vez que nos ayuda a permanecer flexibles y adaptables. Las líneas matriciales que componen el cuerpo áurico operan como un rompecabezas, conectando una partícula subatómica con un órgano; ese órgano con nuestro cerebro; nuestro cerebro con nuestra piel; nuestra piel con las condiciones climáticas; el entorno inmediato con el sol; el sol con sus hermanos y hermanas planetarios. El aura opera como un ovillo que nos protege de una influencia excesiva de los cambios externos a nosotros. También opera como un ordenador para regular nuestro sistema de energía, de modo que podamos responder al cambio de alrededor nuestro. Nuestra aura advierte lo que está sucediendo a millones de kilómetros de distancia y lo que está ocurriendo en las más diminutas partículas de nuestras células.

Los cuatro papeles del aura

Normalmente, la matriz o campo de energía de nuestro aura lleva a cabo sus papeles de manera automática. Sin embargo, todos nos beneficiaríamos de una comprensión consciente de nuestra aura y de los cuatro tipos principales de papeles que realiza:

- Predictivo.
- Adaptador.
- Responsivo.
- Protector.

La respuesta predictiva del aura tiene que ver con su capacidad de advertir posibles problemas u oportunidades. Notando las funciones adaptadoras del aura, podemos tomar nota de lo que nos afecta y tomar decisiones acerca del modo de realizar cambios y así acomodarnos. A través de la naturaleza responsiva del aura, localizamos y abordamos las enfermedades, los problemas mentales, los sistemas de creencias inapropiados, los sentimientos excesivos o negados, los problemas de nuestra familia de origen, los problemas de relaciones, las preocupaciones profesionales y las percepciones erróneas espirituales. Trabajando con el papel protector del aura podemos aprender a mejor cuidar de nosotros mismos.

El trabajo que he hecho con pacientes de fatiga crónica es el que mejor ilustra los cuatro papeles del aura. Utilizando la visión intuitiva, puedo reconocer los pacientes de fatiga crónica por su aura, pues casi no tienen ninguna. Por término medio, las auras de individuos sanos pueden extenderse de uno a dos metros fuera del cuerpo. El aura de una persona con fatiga crónica está como pegada a su piel. En estos individuos, suelo ver una delgada banda roja sobre, en o justo por encima de la piel, luego una fina banda blanca, y por fin una banda más gruesa (de cinco a ocho centímetros) negro oscura por encima (figura 6b). Esta banda negra parece actuar como un agujero negro. Absorbe energía externa, pero la retiene fuertemente, sin proporcionar estímulo o sustento para el yo físico. La banda blanca, he llegado a creer que representa un grave malentendido respecto a la espiritualidad. He encontrado que este malentendido casi siempre ha sido traído desde una vida pasada o de un ancestro de la vida presente, y ha sido puesto en acción de nuevo a comienzos de la infancia. La banda roja es la energía de la fuerza vital de la víctima. Por algún motivo, la vida ha sido percibida demasiado dolorosa como para permitir que esta energía fluya a través del cuerpo.

Los pacientes de fatiga crónica carecen de la protección áurica que necesitan para combatir el estrés, pues su campo áurico entero se ha visto constreñido a esas tres bandas de energía. Mientras que las personas con auras sanas repelerían la negatividad y permitirían que las toxinas fueran eliminadas a través de las diversas capas áuricas, la capa negra de un paciente de fatiga crónica absorbe toda la negatividad, reteniéndola como lo haría un agujero negro. En un sistema sano, la energía roja es retenida ante todo dentro de nuestro cuerpo, estimulando el vigor físico y la capacidad de respuesta. Los pacientes de fatiga crónica, en un intento por protegerse o escudarse, pintan el exterior de ellos mismos con esta energía roja. Son, por lo tanto, incapaces de apelar a la fuerza interior cuando la necesitan.

Un aura normal proporciona también adaptabilidad y flexibilidad. En caso de fatiga crónica, el aura es rígida, de modo que los estresantes internos

EL TÚ ALREDEDOR DE TI: TU CAMPO DE ENERGÍA

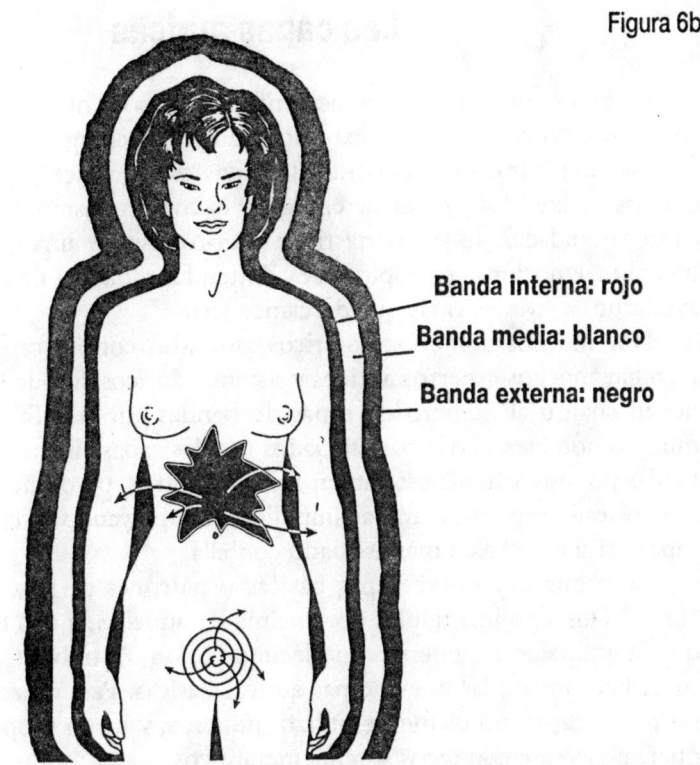

Figura 6b

Banda interna: rojo
Banda media: blanco
Banda externa: negro

Aura de una persona que padece síndrome de fatiga crónica

o externos no pueden fluir alrededor. La víctima de fatiga crónica está en una batalla energética constante, y, por lo tanto, constantemente agotado. Finalmente, el paciente de fatiga crónica carece del don áurico de la predicción. El aura sana rodea al ser y puede predecir las posibilidades futuras porque algunas de sus capas se extienden en otras dimensiones. Otras capas se introducen en los chakras, nuestros reservorios de experiencia, para extraer la sabiduría necesaria con la que hacer ajustes basados en sucesos potenciales. Los pacientes de fatiga crónica, al estar confinados a una concha muy estrecha, no son capaces de sentir estos potenciales futuros. De ahí que acaben agotados por la serie de vueltas inesperadas que da la vida. (Ver Apéndice por el modo en que aparecen los cuerpos de energía cuando están presentes diversas afecciones médicas.)

Obviamente, tener un aura sana es importante, y permitirla cumplir sus cuatro cometidos es vital. Así pues, ¿qué es exactamente este aura, y cómo se construye?

Las capas áuricas

El aura es una matriz que nos entrelaza con las matrices más amplias de nuestros entornos interno y externo. Campo de energía, el aura comprende diversas unidades, generalmente llamadas capas áuricas, que se entrelazan con los chakras, los puntos de energía y el cuerpo mismo. Cada una de estas capas o unidades de la matriz tiene un propósito y una dimensión físicos, mentales, emocionales y espirituales. Entender cada una de estas capas puede ayudarnos a vivir las vidas que deseamos vivir.

Hay muchos nombres esotéricos asociados con las capas áuricas. También hay muchos expertos áuricos y sistemas áuricos, lo que lleva al desacuerdo en cuanto al número de capas de bandas áuricas. También ha habido muchos nombres esotéricos asociados con las capas áuricas. Las ideas perpetuadas por este sistema estarán en línea con otros, pero diferirán en que presentaré cada capa de manera simplificada, subrayando la conexión entre la capa áurica y el chakra más asociado con ella.

Creo que hay nueve capas básicas o patrones de matriz en el sistema áurico. Dos algo intangibles por encima de aquellas, y una duodécima capa, que es equivalente a nuestro duodécimo chakra. Al trabajar con mis clientes, suelo hacerlo con las nueve capas áuricas básicas. Para describir estas primeras nueve capas, simplemente utilizo números, y luego proporciono una etiqueta coherente con otros sistema metafísicos.

Primera capa áurica

Asocio la primera capa áurica con el primer chakra; por consiguiente, sus funciones son similares a las del primer chakra. Protege, identifica y solidifica nuestra consciencia física.

La mayoría de los metafísicos piensan que la capa áurica primaria está afiliada al cuerpo etérico, el cual imaginan justo a continuación de la piel. Yo creo que la primera capa áurica es la piel. En cualquier ocasión en que uno de mis clientes está tratando de problemas de seguridad básica, de problemas de protección y de límites, de asuntos relacionados con la vida y la muerte, o de problemas de la piel o de la apariencia, trabajo con la primera capa áurica o animo a esa persona a trabajar con alguien que, directa o indirectamente, haga lo mismo. Ese grupo profesional puede incluir quiroprácticos, médicos, acupuntores, sanadores por imposición de manos, terapeutas con masaje, preparadores personales u otros especialistas del ejercicio, o cualquiera que interaccione con el cuerpo.

Nuestra piel mantiene nuestro interior dentro y nuestro exterior fuera. También regula la interacción entre ambos. La matriz energética asociada con esta capa áurica tiene una función similar. Crea una forma en la que cobijar nuestro espíritu mientras estamos en este plano, y nos ayuda a reflejar la verdad de nuestro espíritu en el mundo. Hace esto último ayudando a nuestra piel a registrar nuestras experiencias de la vida, a reflejar nuestros sentimientos y mantener el espacio físico.

Recuerda que el aura no es algo separado del cuerpo. Esta asociación es ilustrada muy claramente por el funcionamiento de la primera capa áurica. La primera capa áurica es la piel, y aspectos del cuerpo físico. Considero el patrón matricial que se conecta con el lado frontal del chakra como idéntico a nuestra piel física. El patrón matricial asociado con el lado dorsal del chakra se une a una frecuencia inferior de materia, de donde extrae la energía material para sustentar los límites necesarios para la vida cotidiana y la vida misma.

Considerar la piel como una capa áurica fue importante para mi trabajo con un paciente de psoriasis. Su psoriaris se extendía por todo su cuerpo, y había intentado todos los métodos médicos y clínicos a su alcance. Al proporcionarle inspiración, la única imagen que pude obtener fue la de un niño que anhelaba ser cogido por su madre. Él me confirmó que, por lo que sabía, su madre rara vez le cogía, y que incluso ahora nunca le abrazaba. Creo que al carecer de este cuidado protector por parte del modelo del papel maternal, la primera capa áurica de mi cliente no había conseguido recibir una plantilla que necesitaba.

Melancólico y a menudo emocional, mi cliente se ajustaba al perfil reactivo de piel fina. Su piel mejoró cada vez que empezó a dirigir sus problemas y sentimientos hacia su problema de la infancia. Desgraciadamente, cuando su afección de la piel casi había desaparecido, decidió que no necesitaba encarar estos problemas nunca más y empezó en cambio a enfocarse en experiencias románticas pasadas. Su afección de la piel se desarrolló nuevamente de inmediato.

Localización: La piel (figura 6c).

Atributos físicos: Regula todos los requerimientos físicos de la piel, el órgano más grande del cuerpo. Todos los problemas y enfermedades que afectan a la piel o a nuestras necesidades físicas básicas de supervivencia pueden indicar un problema del primer chakra y de la primera capa áurica. Éstos incluyen problemas de profesión y de dinero, y otras funciones relacionadas con la seguridad.

188 NUEVA CURACIÓN CON LOS CHAKRAS

Figura 6c

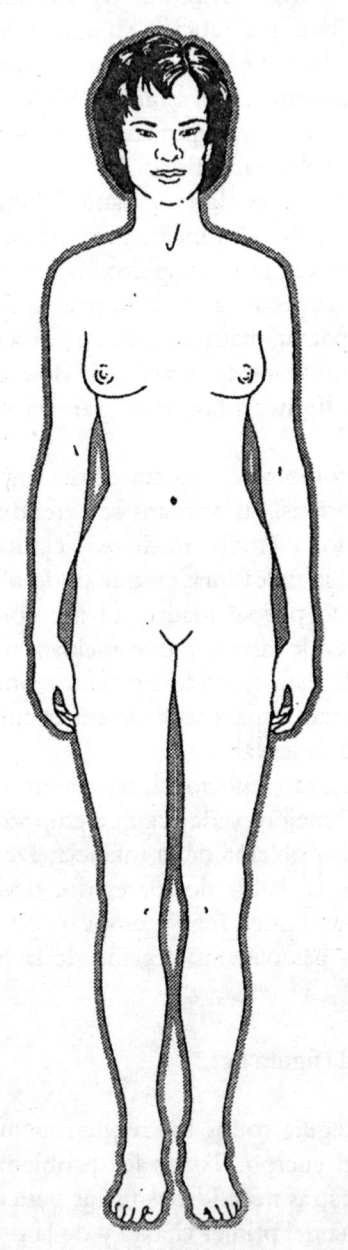

La primera capa áurica (la piel)

Atributos mentales: Puede reflejar creencias acerca de nuestro merecimiento, seguridad, identidad, sexualidad y otros problemas.

Atributos de sentimiento: Registra sentimientos primarios sobre la piel, y a través de realidades concretas relacionadas con el primer chakra como son las necesidades corporales de vivienda, relaciones y sustento. Estos sentimientos incluyen la ira, el daño, la rabia, el terror, el gozo, la culpa y la vergüenza. Anomalías físicas como acné, psoriasis y forúnculos pueden indicar un problema del primer chakra (a menudo de base emocional) reflejado en la primera capa áurica.

Atributos espirituales: Se vincula con nuestra realidad concreta a través del lado frontal del primer chakra. El lado dorsal del primer chakra se conecta en la primera matriz áurica y extrae nuestras creencias ocultas o aprendidas acerca de la Fuente Divina y nuestras relaciones con ella. Si podemos permitir que nuestra primera matriz áurica también se vincule con una plantilla espiritual, nuestras preocupaciones inmediatas de la vida se verán muy estimuladas.

Aplicaciones curativas: Es sabio recordar que el primer chakra contiene nuestra programación básica, incluyendo el sistema de creencias de nuestra familia de origen. Los problemas o enfermedades de la piel pueden tener su causa raíz en nuestro sistema familiar. Los problemas en el mundo material, un sarpullido de asuntos relacionados con la vida y la muerte, preocupaciones por la seguridad, o cuestiones y problemas relativos a la sexualidad, pueden sugerir lo mismo. Estos sucesos pueden asimismo indicar que la matriz áurica conectada con el lado dorsal de nuestro primer chakra está siendo afectada por creencias espirituales fundamentales. Aunque podemos utilizar los síntomas negativos para ayudarnos a localizar problemas causales y abordarlos, podemos también adoptar un enfoque preventivo. Estando dispuestos a buscar, asumir y transformar honestamente nuestra identidad y creencias nucleares, el campo áurico puede alentar el éxito, la salud y la felicidad, debido a que se conecta con los universos físico y material.

Otra situación clave que puede afectar o ser curada a través de la primera capa tiene que ver con los problemas de maltrato en la infancia. El victimismo o el daño emocional, físico, espiritual o mental puede reflejarse en la piel o a través de la apariencia física de una persona (con problemas como la obesidad o el desaliño). Recuerda, sin embargo, que esta capa áurica tiene un patrón matricial que es a la vez inmaterial y material. Los patrones de maltrato pueden también ser reflejados áuricamente en modos externos como el estilo de vida, la elección de la indumentaria, la profesión y el dinero y otros aspectos de la supervivencia.

Segunda capa áurica

La segunda matriz áurica es el cuerpo de sentimiento. Este campo matricial conecta nuestra realidad de sentimiento interna con los sucesos, experiencias o personas de nuestro exterior que están alentando o desencadenando nuestros estados de sentimiento.

La mayoría de los expertos esotéricos llaman a esta segunda capa el cuerpo emocional. Podríamos entrar en juegos semánticos, pero me parece que es peligroso definir la emoción. Las emociones son producidas cuando una forma de pensamiento se une con un cuerpo de sentimiento o parte de un cuerpo de sentimiento. Otras culturas sostienen esta creencia, por ejemplo, la cultura kahuna hawaiana, descrita por Serge King. «Para los kahunas, la emoción es algo más que sentimiento; es el movimiento de mana (energía) en el cuerpo acompañado por un pensamiento específico»[39].

Una forma de pensamiento es simplemente eso: una idea, concepto o pensamiento original. Por sí mismas, las formas de pensamiento son energías puras que abandonan nuestra psique una vez que se han registrado. Un cuerpo de sentimiento, por el contrario, es una forma ameboide. Cada forma encapsula un sentimiento. Deberíamos nacer con cuerpos de sentimiento intactos.

Empecé a trabajar con los cuerpos de sentimiento mientras pasaba un tiempo con un sanador japonés. Él se me acercó en la calle y me tocó en el abdomen. Mi marido y nuestro guía no se encontraban cerca; yo estaba embarazada y me sentí herida y vulnerable. El hombre procedió a formar un pequeño círculo con su pulgar e índice, golpeando en todo momento mi estómago. Un círculo venía acompañado de una sonrisa; el otro, de un fruncimiento de cejas. Otro, de ojos abiertos de par en par denotando terror. Pasado un tiempo, comencé a entender: estaba hablando de los sentimientos de mi bebé. Gradualmente, comencé a ser capaz de ver o imaginar estos cuerpos de sentimiento. Desde entonces, he visto a muchos de mis estudiantes o clientes trabajar con esta idea en su propio provecho.

En su mayor pureza, la segunda matriz áurica es inocente en cuanto a las formas de pensamiento, las cuales a menudo se relacionan con juicios, creencias y prejuicios. Los colores o reflejos de nuestros sentimientos pueden y

---

[39] King, *ibíd.*, pág. 63.

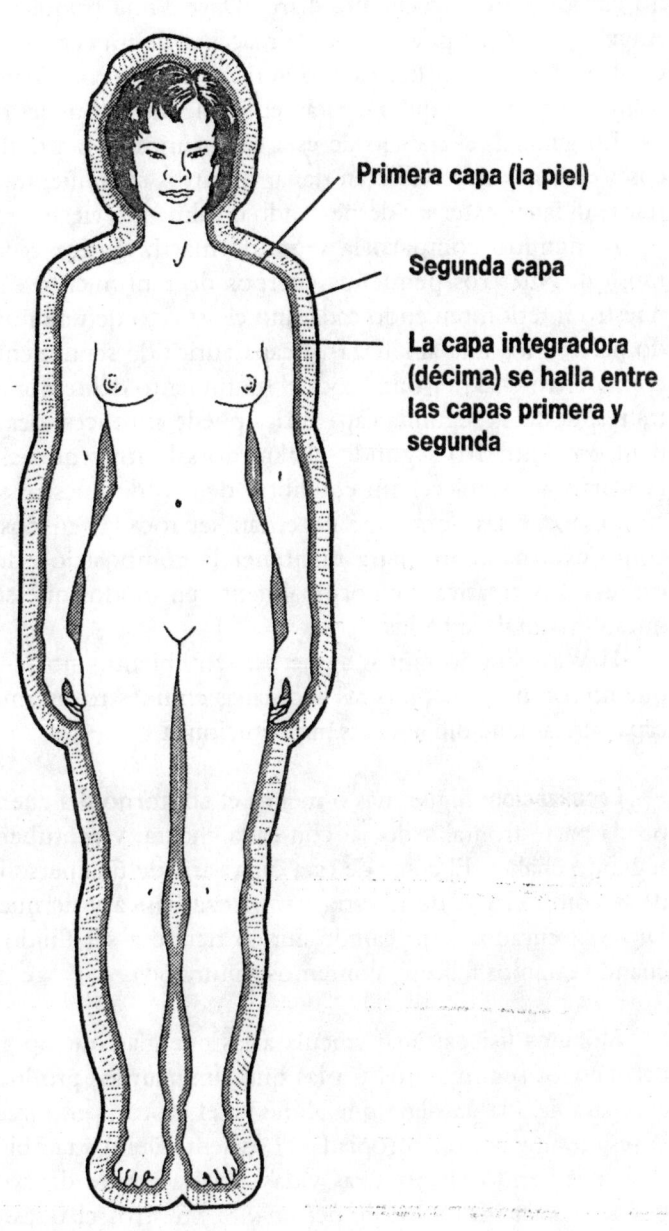

Figura 6d

Primera capa (la piel)

Segunda capa

La capa integradora (décima) se halla entre las capas primera y segunda

La segunda capa áurica

deberían ser expresados a través de este cuerpo áurico. Conozco muchos sanadores y psíquicos que examinan esta capa áurica para comprobar el estado emocional de su cliente. Carol Dryer, una psíquica establecida en Los Ángeles, dice que puede saber la reacción de un cliente por el modo en que cambian los colores del campo áurico. Dice: «Por ejemplo, si su campo se vuelve brumoso, sé que no están entendiendo lo que les cuento»[40].

En general, el trabajo de esta capa áurica es tanto el de protegernos de cosas externas que pudieran dañar nuestros sentimientos, como el de registrar realidades externas despertando o calmando ciertos sentimientos.

A menudo comparo la segunda matriz áurica con una composición musical. Nuestros pequeños cuerpos de sentimiento se hallan latentes en nuestro interior, teniendo cada uno el aspecto de una nota coloreada. Cuando percibimos una amenaza, la capa áurica de sentimiento que se intersecta con nuestro chakra frontal toca el sentimiento del temor. Para ayudar a nuestra respuesta, la segunda capa áurica puede entonces tocar una nota diferente dentro de nuestro segundo chakra dorsal, atrayendo así energías que nos ayudarán a restablecer un equilibrio dentro de nuestro sistema. Estas capas áuricas tocan las notas que necesitan ser tocadas en nosotros tanto interna como externamente, para mantener la composición de nuestro ser, para expresarnos creativa y emocionalmente en modos que sean coherentes con nuestra naturaleza básica.

Hay a menudo tantos agujeros, sentimientos no sentidos, sentimientos que no son nuestros, u otras anomalías en nuestro sistema, que esta segunda capa áurica tiene dificultades para funcionar.

Localización: Sigue más o menos el contorno del cuerpo, intersectándose por la parte frontal y dorsal con cada chakra, y protuberando alrededor del segundo chakra. El color de esta capa varía de una persona a otra, y depende de la composición de nuestra naturaleza básica y de nuestra programación. Una vez curados, este campo áurico tiende a ser fluido y acuoso, y reluce cuando estamos felices y contentos (figura 6d).

Atributos físicos: Nos vincula a las energías que aportan el combustible de nuestros sentimientos y a las que eliminan los productos de desecho. Es comparable a la gasolina que alimenta el motor, proporcionado energía para la respuesta y acción apropiadas. Los sentimientos también nos dicen lo que está sucediendo en nuestras vidas. La ira puede darnos poder; la tristeza puede señalar las causas de pérdida. Si nuestros chakras, comportamiento y

---

[40] Talbot, *ibíd.*, pág. 192.

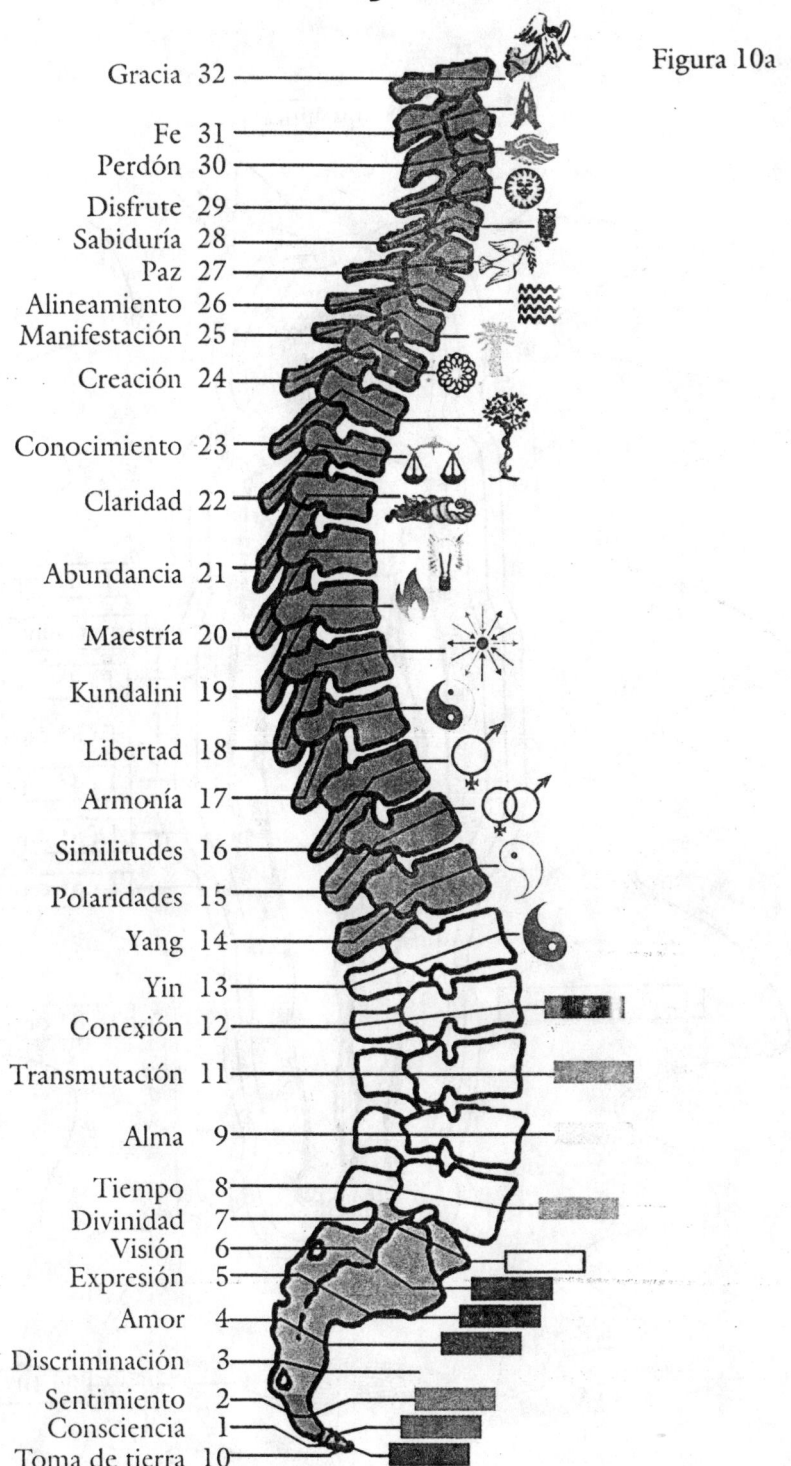

Figura 10a

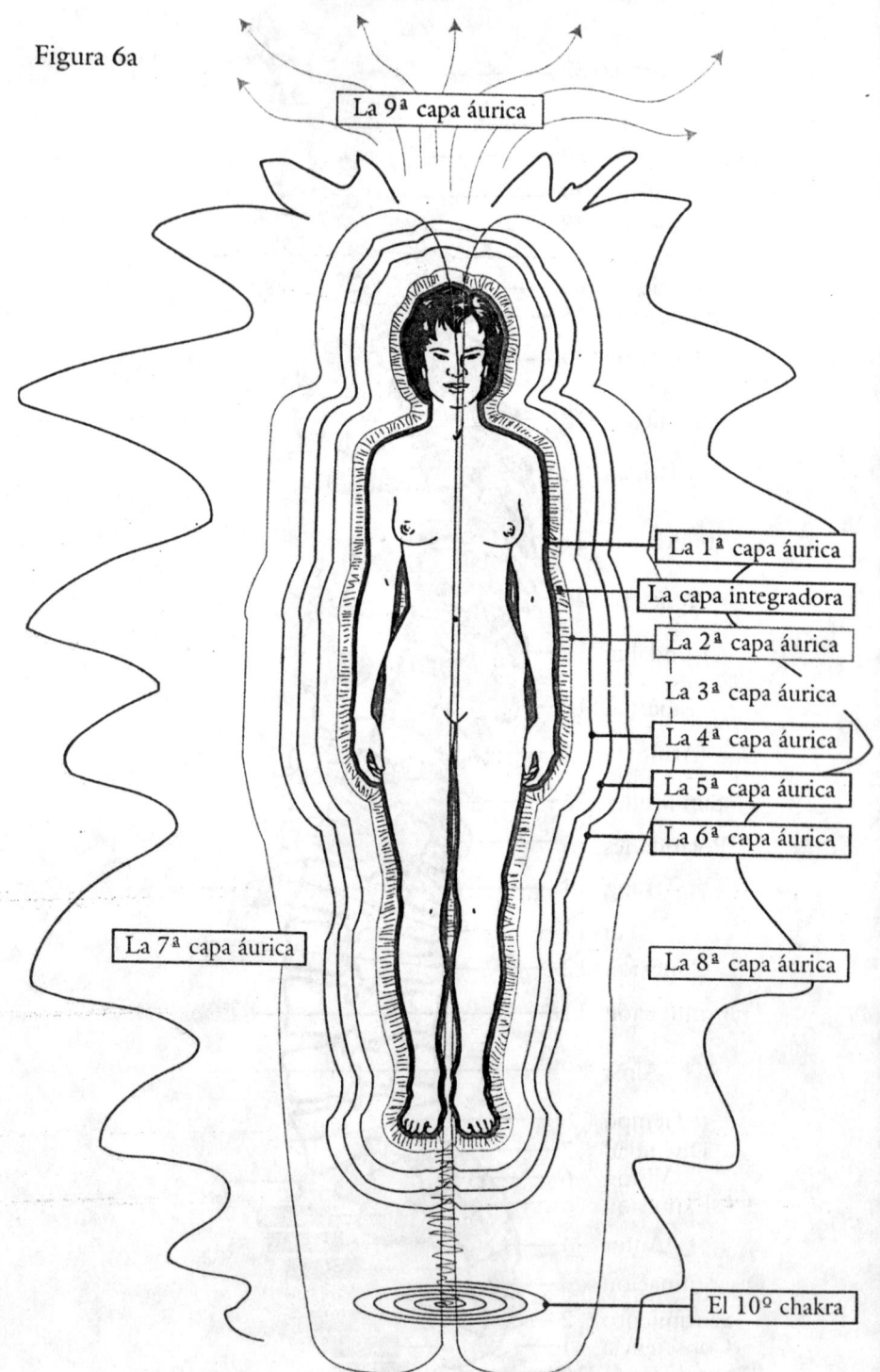

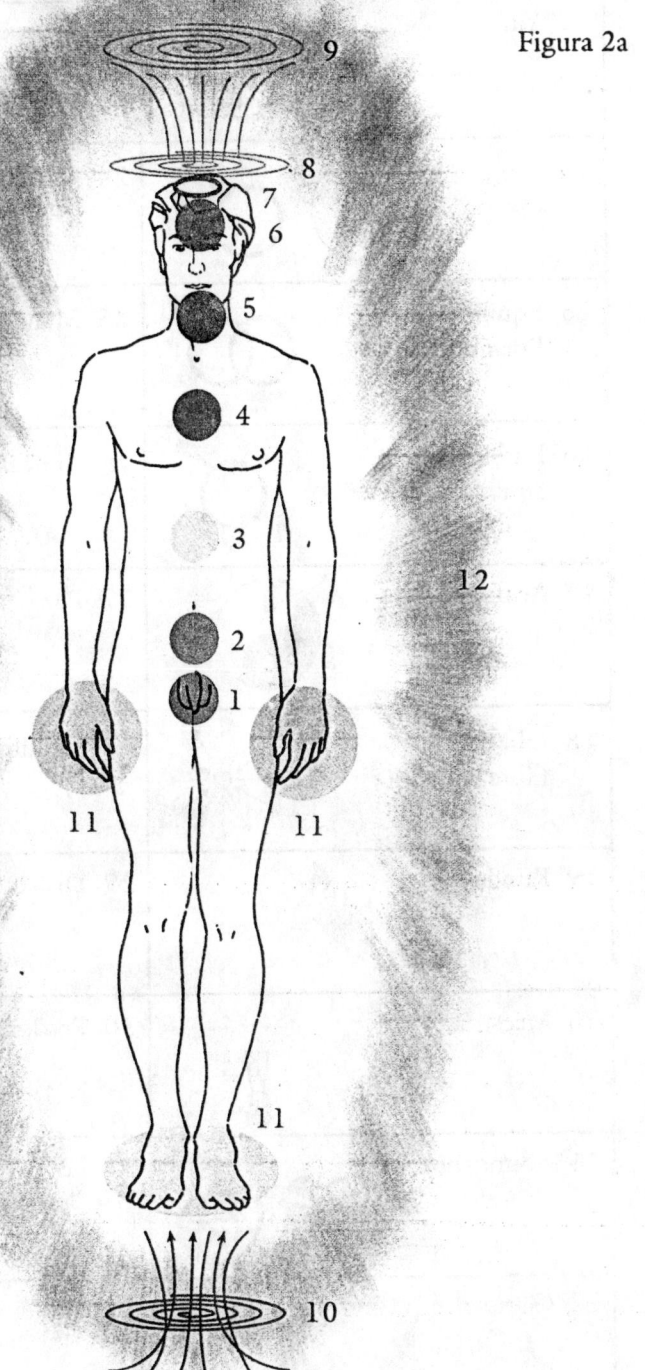

Figura 2a

Figura 3a

Tus veinte centros de energía espirituale

13 Yin 	23 Conocimiento (del Bien y del Mal) 
14 Yang 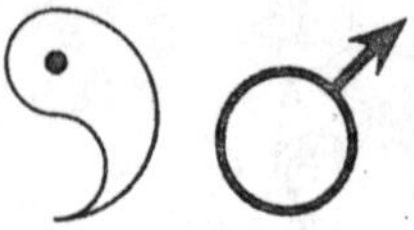	24 Centro de Creación 
15 Equilibrio de las Polaridades 	25 Manifestación 
16 Equilibrio de las Similitudes 	26 Alineamiento 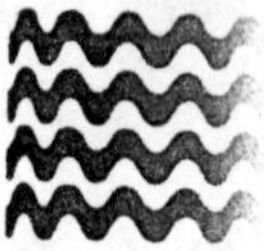
17 Armonía 	27 Paz 
18 Libertad y Libre Albedrío 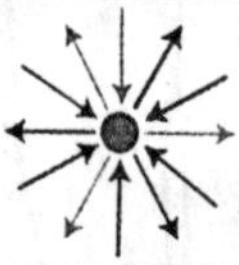	28 Sabiduría 
19 Kundalini 	29 Disfrute 
20 Maestría 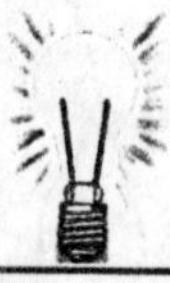	30 Perdón 
21 Abundancia 	31 Fe 
22 Claridad 	32 Gracia 

campo áurico están haciendo su trabajo, nos sentiremos energizados y «siguiendo la corriente». Si no es así, pueden abundar todo tipo de problemas físicos, a saber: los asociados con el segundo chakra. También examino las capas de mi segundo chakra o del cliente si hay dificultades de codependencia, afecciones relacionadas con el estrés, pobres relaciones y problemas de creatividad como el bloqueo de un escritor.

Atributos mentales: Casi todo el mundo tiene percepciones erróneas acerca de la validez de ciertos sentimientos. Estos prejuicios pueden envolver el campo áurico de sentimiento, volviéndonos susceptibles a desequilibrios y situaciones negativas, o simplemente confundidos y faltos de energía. Afirmar los sentimientos en nosotros y en los demás mantiene el segundo campo áurico en buena forma y operativo.

Atributos de sentimiento: Se conecta con cualquier sentimiento que alguna vez hayamos tenido, o cualquier sentimiento que permanezca durmiente en nosotros. Alimenta y cura nuestros cuerpos de sentimiento y nos protege de sentimientos que no son nuestros. Los agujeros en esta capa áurica pueden dejarnos vulnerables al daño por parte de los sentimientos de otros, o hacer que nos aferremos a sentimientos que nos entran. Los juicios acerca de los sentimientos pueden hacer que reprimamos nuestros sentimientos. Los sentimientos acumulados forman muros en el segundo campo áurico. Creemos que estos muros nos protegen, pero realmente impiden a nuestros sentimientos que nos protejan.

Atributos espirituales: Nos mantiene vivos y conectados con nuestras reacciones honestas, pues los sentimientos expresan nuestras verdades y limpian nuestro campo áurico.

Aplicaciones curativas: Muchas personas son conscientes del vínculo entre sentimientos y enfermedad. Los sentimientos y consciencias almacenados, negados, o de los que estamos atiborrados, se acumulan dentro del cuerpo físico. Decoloraciones, bultos anormales o una apariencia extraña en el segundo campo, pueden indicar una sobreabundancia o una subrepresentación de ciertos sentimientos. Estos problemas pueden ayudar a diagnosticar una anomalía física presente o predecir una potencial. Las situaciones abusivas pueden también afectar grandemente este campo áurico. El abuso o el descuido sexual, verbal, físico o emocional a menudo lesiona o rasga el segundo campo áurico.

A veces, un sensitivo con intuición puede ayudar a determinar los problemas de maltrato potenciales por la lectura del segundo campo áurico. Un enfoque más seguro es el de trabajar realmente con los problemas que aparecen en este campo a través de técnicas como la curación por imposición de manos, permitiendo a los clientes recordar o diagnosticar sus propios problemas. Los psicoterapeutas y otros profesionales de la salud mental consideran a menudo que su trabajo se relaciona con los sentimientos. Pueden ayudar a los clientes a etiquetar y entender sus sentimientos, aclarar sentimientos bloqueados, liberar sentimientos que no son suyos y renovar y aligerar la segunda capa áurica. La efectividad de su trabajo suele depender de la extensión de la implicación que han alcanzado con sus propios sentimientos.

Tercera capa áurica

Llamada comúnmente «cuerpo mental», la tercera capa áurica se relaciona con el tercer chakra. Su forma es mucho más definida que la de la capa áurica de sentimiento. Psíquicamente, las líneas matriciales suelen ser bastante visibles.

Los patrones dentro de nuestra tercera matriz áurica son determinados por nuestros dones y capacidades intelectuales característicos, tanto innatos como adquiridos; nuestra experiencia educativa, y nuestros juicios y prejuicios innatos y modelados. El cuerpo áurico mental realmente se expande hacia fuera a partir de nuestro tercer chakra. Culmina como un muro o campo mental alrededor nuestro. Este campo mental personal se vincula con los campos mentales de los demás, creando una red holística de aprendizaje que se extiende más allá de nuestro presente contínuo tiempo/espacio. Esto podría explicar el efecto del «centésimo mono». Parece como si los comportamientos o comprensiones se volvieran de pronto algo común cuando suficientes animales o personas comienzan a hacer o pensar patrones similares. Quizá este síndrome ocurra cuando suficientes individuos se conectan a través de la tercera capa áurica. A través de este campo áurico podemos contactar con un cuerpo de nacimiento interdimensional capaz de alimentar nuestro cuerpo, nuestra mente y nuestra alma con las ideas necesarias para generar el bienestar y el éxito.

Captar la idea de que tenemos una mente —y no sólo un cerebro— es importante. A través de nuestro tercer chakra y de su capa áurica asociada podemos tener acceso a constructos y datos conforme los necesitemos. Esto también requiere una redefinición del yo: somos mucho más de lo que se evidencia en la superficie física. Deepak Chopra, un afamado médico holístico, describe el yo como «nuestra inteligencia consciente», y explica que «la inteligencia no se encuentra sólo en la cabeza». Chopra dice que la «expresión» de la inteligencia tiene lugar a nivel celular, con los sistemas hormonales y los anticuerpos que regulan las funciones esenciales del cuerpo. «Aunque estas expresiones de inteligencia puedan estar localizadas, la inteligencia misma no lo está. Empapa cada nivel de su expresión; es omnipenetrante en nosotros y universal por naturaleza. La inteligencia es mente... y su alcance abarca el Cosmos» (Chopra, Deepak: *Creando salud*) [41].

Normalmente, la capa áurica mental es amarillenta, aunque sus coloraciones, brillo y patrones cambien de una circunstancia a otra. Por ejemplo, ciertas bandas de la tercera matriz áurica refulgen cuando alguien está pensando intensamente. Del mismo modo, esta capa tendrá tendencia a fortalecerse cuando se la utiliza.

Durante mis viajes he advertido significativas diferencias en el color general de este campo áurico de una cultura a otra. Muchas culturas americanas de origen caucasiano, noreuropeas y judías parecen tener capas áuricas predominantemente amarillas. El amarillo es el color de la racionalidad, el pensamiento y la claridad, atributos que tienen un valor para estas nacionalidades. El campo mental de varias naciones indias y paquistaníes tiene un tinte azulado o a veces purpúreo. En Perú, los chamanes que encontré refulgían con rojos y verdes brillantes. Mientras observaba ceremonias de los indios norteamericanos, detecté más turquesa, dorado, blanco o rojo sucio, dependiendo de las tribus. En todos los casos, matices de estos colores permanecieron largo tiempo después. En Japón detecté partículas plateadas. Diferentes grupos étnicos, diferentes culturas, probablemente toquen diferentes puntos de conciencia en la mente grupal. Aprender a comunicarse con puntos de conciencia, a través de la lectura, el aprendizaje y el viaje sólo puede que expandir nuestra propia consciencia.

Cuando estamos durmiendo, el aspecto frontal de la matriz casi parece desconectarse, y la parte dorsal comienza a refulgir. Cuando dormimos, nuestra mente comienza a allegarse a nuestros aprendizajes inconscientes. Estamos accediendo a ese cuerpo universal de conocimiento y aprendizaje. El campo áurico que se conecta con el tercer chakra dorsal alimenta los lados dorsales de todos nuestros chakras, ayudando a aclarar percepciones erróneas y revelar información necesaria. Algunas de las ideas que obtenemos mientras dormimos provienen de la apertura que podríamos experimentar mientras nuestra realidad consciente es retenida.

Localización: Emana primariamente de los lados dorsal y frontal del tercer chakra. Tiene el aspecto de una matriz o patrón reticular que discurre

---

[41] Chopra, Deepak: *Creating Health*. Boston: Houghton Mifflin Company, 1987, 83-84, 109.

Figura 6e

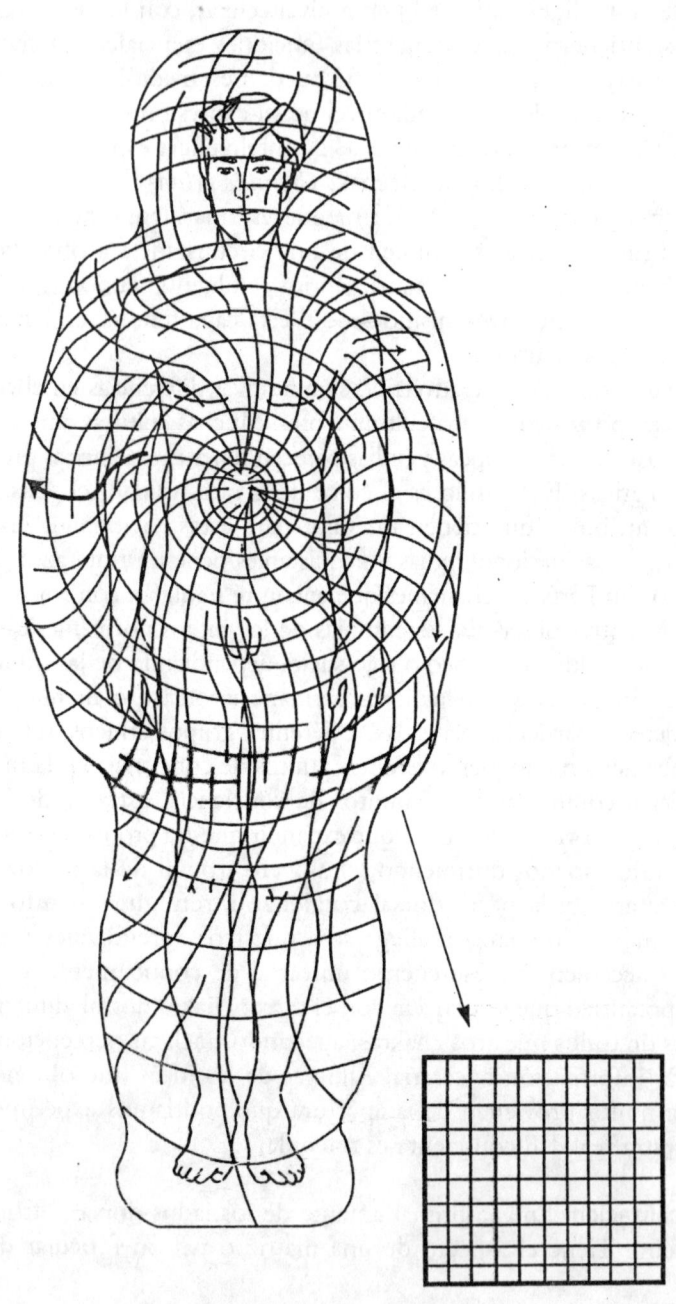

La tercera capa áurica

por encima y a través de la segunda capa áurica, conectándose con el campo mental interdimensional que nos rodea (figura 6e).

Atributos físicos: Nos ayuda a abrirnos a energías, ideas, conceptos y nociones que afectan nuestras vida física, específicamente nuestros aparatos digestivo y metabólico. Dada la conexión entre aprendizaje, pensamiento y éxito, este campo áurico puede proporcionarnos las ideas y claridad que necesitamos para tener éxito en el trabajo y en el juego.

Atributos mentales: Nos vincula potencialmente con almacenes y procesos infinitos de datos, información y conceptos. Esta capa áurica es el punto primario de operación. Observando psíquicamente este campo, podemos ver cuán extensa es la base de conocimiento de nuestro sujeto, y determinar su nivel de comodidad cuando recibe aprendizaje e información. Prejuicios, sesgos y percepciones erróneas se mostrarán en esta capa áurica como puntos matriciales rotos, decoloraciones sobre o entre líneas matriciales, un patrón incompleto y otras anomalías semejantes.

Atributos de sentimiento: Realmente interconecta la primera capa áurica a través de la segunda capa áurica. Esta interconexión con la capa áurica de sentimientos contribuye a la creación de una emoción, que es un pensamiento más un sentimiento. Cuando se juntan un pensamiento y un sentimiento, somos impulsados al movimiento: e-moción.

Atributos espirituales: Nos facilita el abrirnos a estructuras, ideas, explicaciones y ayuda para alcanzar el propósito de nuestra alma. «Eres lo que piensas» quizá no sea cierto del todo, pero nuestros pensamientos definen nuestros conceptos e imágenes de la vida.

Aplicaciones curativas: Trabajando con la tercera capa áurica podemos aislar los procesos de pensamiento y las creencias que nos están dañando. Tras diagnosticarlos, podemos cambiarlos. Del mismo modo, podemos trabajar simultáneamente con las capas primera, segunda y tercera para romper las emociones en sus subcomponentes, ayudándonos a cambiar comportamientos, patrones mentales y sentimientos abrumadores de naturaleza autodestructiva. Esta capa áurica puede también ser usada para diagnosticar y trabajar problemas intelectuales o dificultades de aprendizaje. Podemos también acceder deliberadamente a la capa áurica dorsal para encontrar las respuestas a preguntas sobre información que pudiéramos tener.

Cuarta capa áurica

Coincido con el punto de vista de la mayoría de los otros metafísicos en que esta capa áurica asociada con el corazón es el cuerpo astral. Nuestro cuerpo astral nos vincula con el plano astral, una dimensión en la que moran muchos espíritus guía y espíritus de estudiantes terrenales. En *Vidas psíquicas de las mujeres*, Diane Stein dice que nuestro cuerpo físico y nuestro cuerpo etérico (aura) están conectados por un «cordón de plata». Durante la proyección astral, dice: «El cuerpo físico denso y el cuerpo psíquico se separan, enviando al etérico a... volar mientras que el cuerpo permanece en casa. El cordón de plata se extiende a distancias infinitas, conectando los cuerpos físicos... con... cuerpos psíquicos»[42]. A través del cordón de plata, este plano es visitado muy frecuentemente por nuestras almas cuando somos niños, transimos o dormimos. Estas experiencias fuera del cuerpo a menudo aumentan durante los tiempos de mayor necesidad, cuando requerimos una ayuda de más allá de lo físico. A través de este campo áurico, volvemos a casa en busca de consejo, ayuda y alimento. A través de nuestro cuerpo astral, podemos también visitar personas que están en el cuerpo (vivas). La distancia física no tiene importancia en este plano, sólo el tiempo. Aquí podemos encontrarnos con un familiar fallecido hace mucho tiempo o con un potencial compañero de una vida futura, trabajar algunos de nuestros problemas o recibir los aprendizajes que necesitamos.

Cuando era joven, entré en relaciones activas con seres positivos a través de este plano astral. Guardianes, ángeles e instructores eran muy reales para mí. Todavía recuerdo una de las más críticas de estas experiencias, que sucedió cuando yo tenía veintiún años. En una visión/sueño, estaba siendo revisada por un grupo en cuanto a mis capacidades para materializar objetos. Me metieron en un cuarto vacío y me dijeron que lo llenara de objetos. Lo intenté, y luego lloré.

Cuando quienes me «revisaban» entraron, me enojé. Les pregunté cómo es que podían pedir de mí esta prueba cuando yo nunca había recibido instrucciones. Mirándome fijamente, dijeron que considerarían ese punto. Entonces me desperté de mi sueño. Unos pocos días más tarde recibí por correo un libro sin procedencia conocida; tenía que ver con la manifestación. Me vi de repente entre capítulos sobre temas como «Crea tu propia felicidad».

Por lo general, este campo rodea nuestro cuerpo físico entero. A través del lado dorsal, nos conecta con la Fuente Divina. A través del lado frontal, nos conecta con gente con la que tenemos relación. La naturaleza maleable

---

[42] Stein, *ibíd.*, pág. 28.

EL TÚ ALREDEDOR DE TI: TU CAMPO DE ENERGÍA

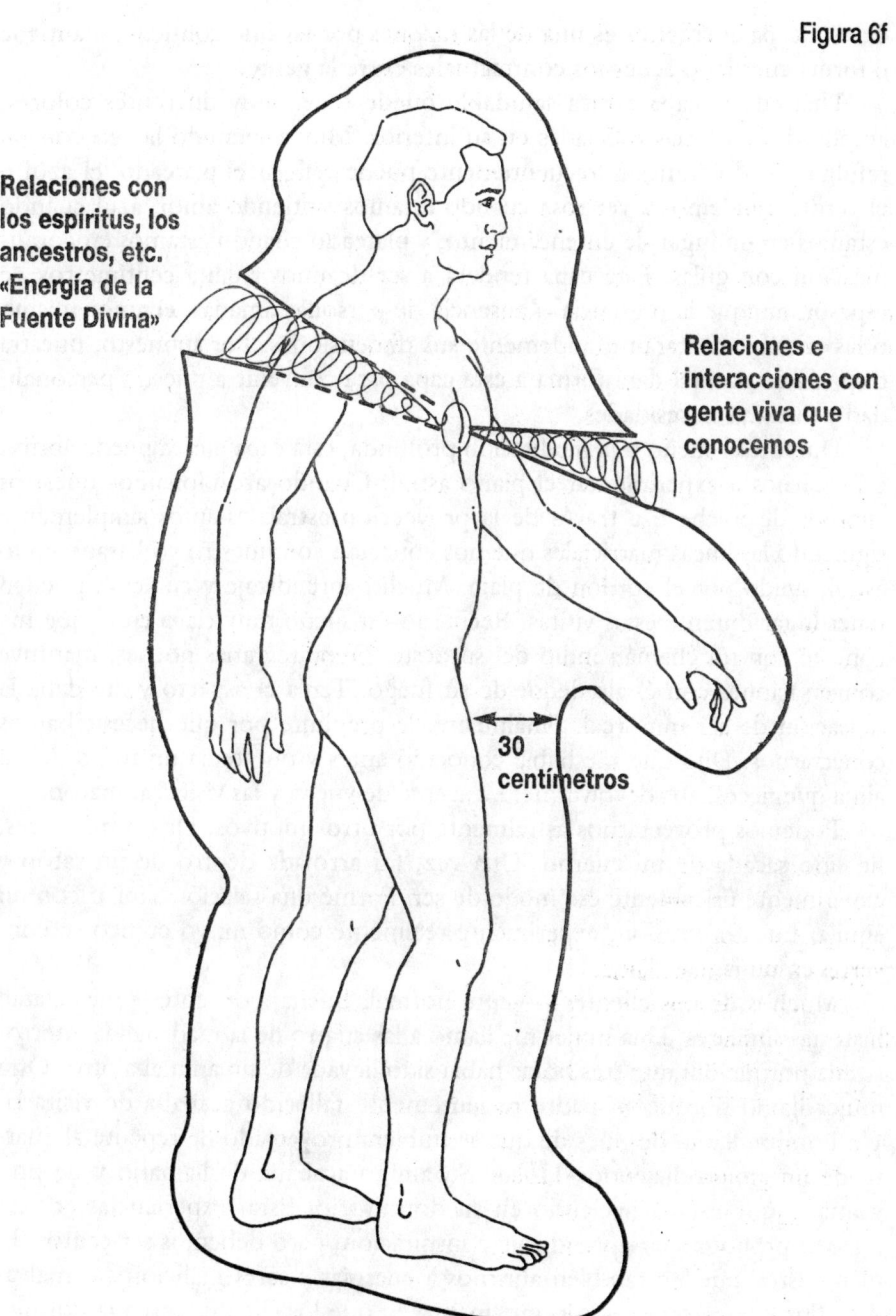

Figura 6f

Relaciones con los espíritus, los ancestros, etc. «Energía de la Fuente Divina»

Relaciones e interacciones con gente viva que conocemos

30 centímetros

La cuarta capa áurica

de esta capa energética es una de las razones por las que contiene, mantiene o forma cuerdas o acuerdos contractuales entre la gente.

Una cuarta capa áurica saludable puede tener muy diferentes colores, amplitudes y formas reflejadas en su interior. Muy a menudo la veo con un refulgir rosado, aunque frecuentemente puede reflejar el plateado, el azul o el verde. Tendemos a ver rosa cuando estamos sintiendo amor, azul cuando estamos en un lugar de entendimiento, y plateado cuando estamos en comunicación con guías. Esta capa tenderá a ser de unos treinta centímetros de espesor, aunque la presencia o ausencia de personas amadas, el amor mismo o las cuerdas afectarán grandemente sus dimensiones. Por supuesto, nuestra disposición natural dará forma a esta capa para convenir a nuestra personalidad y nuestras necesidades.

Durante el sueño o la meditación profunda, esta capa áurica puede abrirse e invitarnos a experimentar el plano astral. Cuando abandonamos nuestros cuerpos de noche o a través de la proyección astral, estamos simplemente siguiendo las líneas matriciales que nos conectan con nuestro yo basado en lo astral, unido por el cordón de plata. Mucho aprendizaje y curación pueden tener lugar durante estas visitas. Recuerdo un sueño muy claro en el que me conecté con un chamán indio del suroeste. Durante varias noches, mantuve conversaciones con él alrededor de su fuego. Tenía el aspecto y me daba la sensación de ser muy real. Finalmente, le pregunté por qué necesitábamos conectarnos. Dijo que me había conocido antes y que tenía un trozo de mi alma que necesitaba devolverme. La acepté de vuelta y las visitas acabaron.

Podemos proyectarnos astralmente por otros motivos. Dos o tres veces, he sido sacada de mi cuerpo. Una vez, fui arrojada dentro de un ratón y experimenté físicamente ese modo de ser. Formé una relación similar con un águila. En otra ocasión, experimenté realmente cómo mi yo etérico se convertía en un jaguar blanco.

Muchos de mis clientes —gente normal, buena, corriente— me relatan historias similares. Una mujer me llamó a las cuatro de la madrugada, aterrorizada porque durante tres horas había sido llevada de un animal a otro. Otra mujer llamó porque su padre recientemente fallecido acababa de visitarla. Un hombre llamó después de que se hubiera proyectado de repente al cuarto de un amigo diciendo «Hola». Su amigo acababa de llamarlo y de preguntarle qué estaba haciendo en su dormitorio. Estas experiencias críticas pueden proporcionar aprendizaje e inspiración, pero debemos ser cautos. El plano astral pueden también abrirnos a energías y seres maliciosos o malvados. Por esta razón es por lo que insisto en que los clientes aprendan primero el modo de protegerse a sí mismos, y luego a conectar con la Fuente Divina, antes de mayores exploraciones en este dominio.

Todas estas experiencias indican una sola cosa: somos puertas giratorias. Somos más de lo que hemos sido preparados para percibir o creer.

Localización: Está encima de la capa áurica mental, fulgurando alrededor del cuerpo físico con unos treinta centímetros de espesor. A través del chakra del corazón del lado dorsal, se conecta a la Fuente Divina por una corriente de energía; a través del lado frontal, interacciona con nuestro entorno y con nuestras relaciones (figura 6f).

Atributos físicos: Puede ayudarnos a señalar problemas cardiovasculares pasados, presentes o proyectados; también puede proporcionar información o curas adicionales concernientes a problemas físicos generales. Es interesante que resulta más fácil leer los aspectos físicos de este campo áurico cuando el sujeto está ejercitándose fuertemente en o fuera de la cama. (Esto podría dar cuenta de por qué muchos amantes suelen presentir los problemas de salud potenciales de su pareja.)

Atributos mentales: Puede darnos la clave de nuestras ideas acerca de las relaciones y de nuestras creencias concernientes al merecimiento. Si pudiéramos conectarnos más plenamente con la Fuente Divina a través de los planos dorsales, nuestras realidades físicas y de relación cambiarían, principalmente porque estaríamos alimentándonos con amor y con mensajes de que merecemos amor.

Atributos de sentimiento: Conecta nuestros cuerpos astrales inferiores con los cuerpos superiores, fundiendo así sentimientos y consciencia orientados a lo físico con sentimiento y consciencia inclinados a lo espiritual. A través de nuestros sentimientos, que indican nuestras necesidades y deseos superiores, la cuarta capa áurica nos proporciona la oportunidad de experimentar y manifestar todo aquello que soñamos.

Atributos espirituales: Invita a nuestra alma a encontrarse con otras almas en el plano astral. Aquí, aprendemos unos de otros, intercambiamos datos e información, y trabajamos a través de los planes de la lección de nuestra vida. En última instancia, permitimos a la energía de la Fuente Divina que nos apoye.

Aplicaciones curativas: A través de esta capa áurica podemos diagnosticar problemas cardiacos presentes o potenciales, y problemas de relación (pasados, presentes, o futuros). También la consciencia de los deseos de nuestro corazón puede lograrse en el cuarto campo áurico. Los problemas pueden también ser abordados trabajando con este campo o visitando el plano astral.

Ésta es la capa en la que más fácil resulta percibir las cuerdas. Todas las cuerdas tiene un impacto negativo sobre nosotros, pues limitan las relaciones presentes o recrean patrones de relación. También amortiguan la consciencia y la comprensión sobre el modo de conseguir los deseos de nuestro corazón.

Quinta capa áurica

La quinta capa áurica podría también ser llamada el campo paralelo. Este campo se abre a todos los planos y dimensiones, pero de un modo muy interesante. Invierte la forma de una dimensión paralela, proyectándola en nosotros a través de un espejo en vez de como una imagen directa. Nuestro quinto chakra, operando de forma tangencial con otros chakras, debe invertir esta imagen de modo que podamos entenderla.

El lado frontal, el aspecto más evidente físicamente del quinto campo áurico, tiene una superficie dura y suave, y cae más o menos sobre la cuarta capa áurica. Opera de modo parecido a una lente convexa. Imágenes, formas, ideas y mensajes procedentes de otros planos, transferidos a través del aspecto dorsal de la quinta capa áurica son invertidos al entrar en la tercera dimensión. Llegan entonces a la lente o pantalla frontal del aspecto más tangible de la quinta capa áurica, y se integran en nuestro sistema. Por este método podemos recibir tanto información como energía curativa.

Aunque la quinta capa áurica nos abre a otras dimensiones, debemos recordar que a algún nivel residimos dentro de esos otros planos. Podríamos interpretar la guía transpuesta a través de la capa áurica paralela como procedente de otros seres y planos. También es verosímil que estos datos provengan de otro aspecto de nosotros. Estos yoes alternativos coexisten en realidades paralelas y pueden reflejar elecciones no tomadas, generaciones no nacidas, planetas no concebidos en nuestra realidad. Podemos adquirir mucha sabiduría acerca de nuestras elecciones presentes y sus posibles consecuencias utilizando la quinta capa áurica como punto de acceso.

Localización: Comienza a unos setenta u ochenta centímetros de nuestro cuerpo. Se une a universos paralelos, deslizándose por encima de los puntos de la rejilla de todas las otras dimensiones (figura 6g).

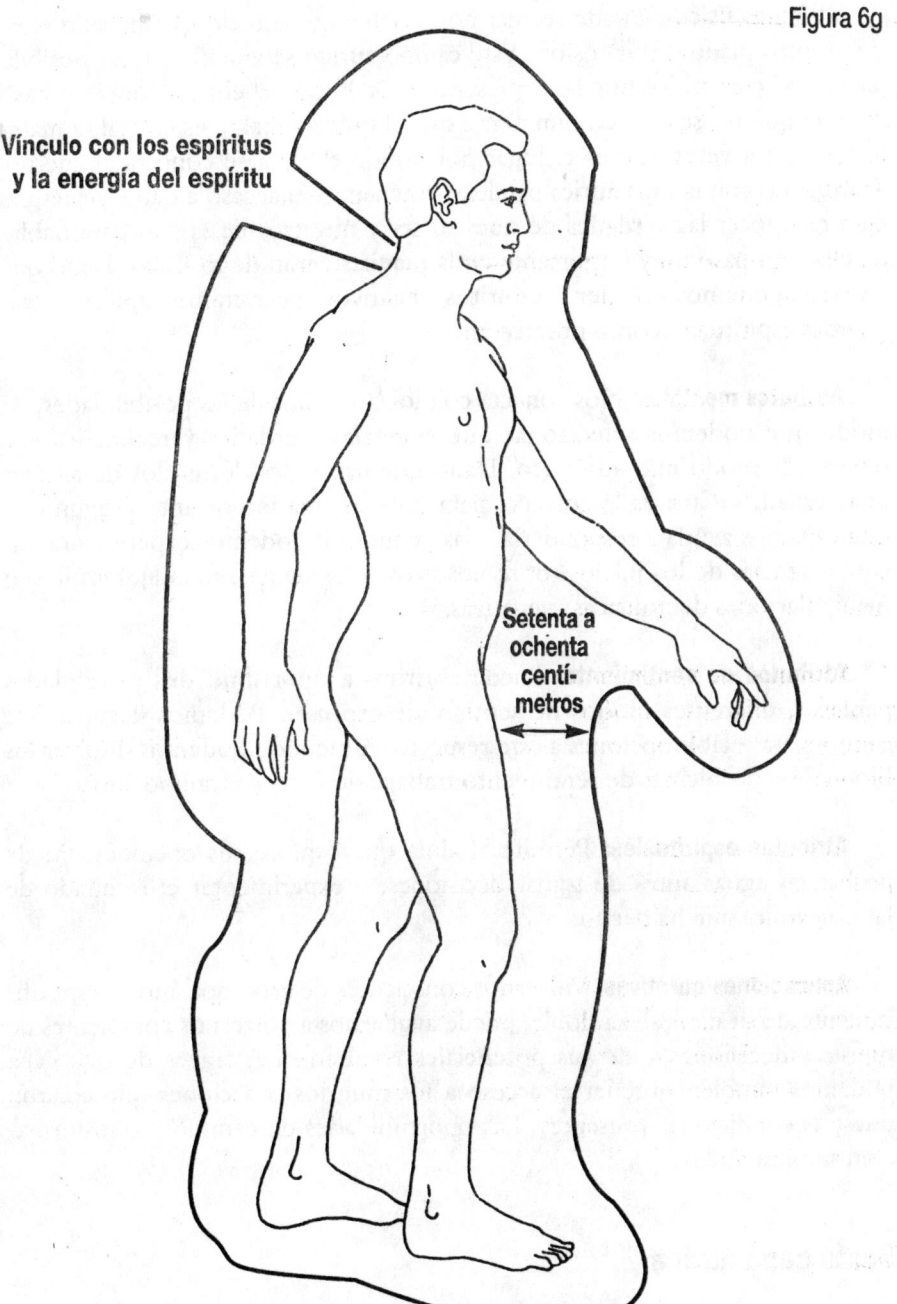

Figura 6g

Vínculo con los espíritus y la energía del espíritu

Setenta a ochenta centímetros

La quinta capa áurica

Atributos físicos: Puede recrear potencialmente aquello que ha sido creado en otro plano o dimensión. Este campo áurico se vincula a estas posibilidades y a seres sabios que las representan. Dado que el chakra conector básico es el quinto, se cree comúnmente que el quinto chakra es el chakra manifestador, o a veces que es el lugar por donde el alma se conecta al cuerpo. Trabajando con la capa áurica paralela, obtenemos el acceso a datos y energías para reconocer las verdades de nuestro ser y nuestros deseos, o para hablar de ellas, un paso muy importante en la manifestación de lo físico. Dado que también podemos acceder a espíritus negativos, necesitamos aplicar salvaguardas espirituales como protección.

Atributos mentales: Nos conecta con los dominios de las posibilidades, de modo que podemos seleccionar qué creencias, verdades y realidades nos reflejan de modo más auténtico. Dado que hay miles de modos de afirmar una verdad, «¿Cuál es la correcta para mí?» es una importante pregunta, y esta capa nos ayuda a responderla. Caso contrario podemos experimentar las consecuencias de los juicios sobre nosotros o los demás, mensajes críticos o manipulaciones demoniacas/negativas.

Atributos de sentimiento: Puede abrirnos a oportunidades y realidades paralelas, diferentes modos de sentir y de expresar. Podemos llegar a este campo para recibir opciones a este respecto. A menudo podemos disolver los bloqueos y problemas de sentimiento trabajando con este campo áurico.

Atributos espirituales: Permite al alma que explore sus opciones. Puede probar las aguas antes de tomar decisiones, o experimentar el resultado de las elecciones que ha hecho.

Aplicaciones curativas: Volvernos conscientes de esta capa áurica, específicamente de su naturaleza doble, puede ayudarnos a volvernos conscientes de nuestras decisiones y de sus potenciales resultados. A través de esta capa podemos también obtener el acceso a los mundos o acciones que crearon nuestras condiciones presentes. Las oportunidades de cambio y transformación son ilimitadas.

Sexta capa áurica

Esta capa áurica se compone casi exclusivamente de luz, lo que le concede la etiqueta de «cuerpo celestial» que otros metafísicos le dan. Yo lo llamo campo áurico del cuerpo de luz, pues sus patrones matriciales están tejidos de verdaderas fibras de luz. En *El universo hológrafo*, Michael Talbot escribe que muchas tradiciones religiosas creen que un individuo espiritualmente avanzado a menudo tendrá un aura tan brillante como para ser visible a la visión ordinaria. Sugiere que esta creencia es el motivo de que los santos y los seres sagrados sean pintados con halos rodeando su cabeza. También señala a un místico sufí, Hazrat Inayat Khan, fallecido en 1927, «del que se dice que a veces emitía tanta luz que la gente podía realmente leer con ella»[43].

Esta capa áurica reúne el quinto campo áurico, más estructurado, y el séptimo campo áurico, menos formado. Combina las necesidades de elección y consecuencia con la verdad del amor y el apoyo universales. Al trabajar con esta capa de energía, estamos accediendo a verdades superiores para crear imágenes que pueden ser actualizadas en la realidad física.

Me volví altamente sensible a esta capa áurica mientras trabajaba con chamanes y sanadores en Perú, el Yucatán y Costa Rica. En algunos momentos podía ver claramente con mis ojos físicos fajas de esta capa. Mientras que las fajas obviamente conectaban a estos sanadores con los participantes ceremoniales o sus pacientes presentes, también podía verlas extenderse muy lejos —a otros países— hasta sujetos que habían solicitado curación. Posteriormente relataría mi imagen de la persona a la que habían estado curando a tanta distancia, para descubrir, por una foto o una descripción que se me hacía, que mis visiones habían sido exactas.

Muchas otras culturas tribales que he estudiado, incluyendo la cultura de los indios estadounidenses y culturas de Brasil, Bolivia, Siberia y Hawai, recalcan la importancia de la visión, la importancia de ver lo que es verdad, frente a lo que no lo es. Podemos examinar la realidad en cuanto a su verdad haciendo una exploración de la sexta capa áurica.

Localización: Parece ser como una luz que refulge a un metro más o menos alrededor del cuerpo, pues el patrón matricial está muy entrelazado y es muy fino. En muchas personas, esta energía se concentra alrededor de la cabeza; idealmente, debería extenderse alrededor de todo el cuerpo físico y aparecer erizada, con fajas de luz que la conectan con realidades visibles e invisibles (figura 6h).

Atributos físicos: Permite la manifestación y la curación físicas cuando alcanzamos un vínculo entre la capa áurica de luz del cuerpo y la luz blanca de la Fuente Divina.

---

[43] Talbot, *ibíd.*, pág. 165.

206 NUEVA CURACIÓN CON LOS CHAKRAS

Figura 6h

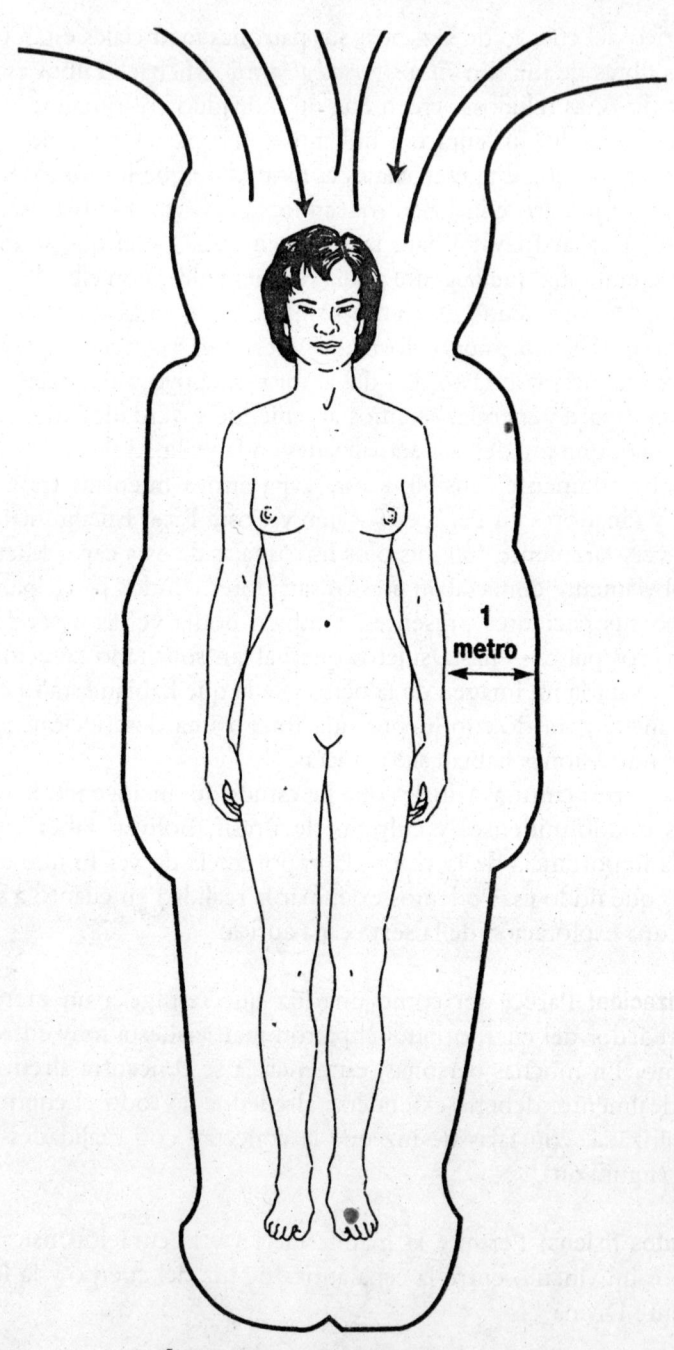

La sexta capa áurica

Atributos mentales: Refleja pensamientos y patrones de pensamiento que mantenemos acerca de nosotros mismos. Estos pensamientos son más bien actitudes que pensamientos separados, y reflejan el nivel de autoaceptación alcanzado. Al descifrar el significado de las diversas decoloraciones, emborronamientos, agujeros o imágenes deslustradas, es útil solicitar una imagen psíquica para tener mayor claridad.

Atributos de sentimiento: Nos une a un orden de sentimientos superior al de los que están encapsulados en nuestros cuerpos físicos, que operan casi como identidades separadas. Al buscar este nivel de conexión con los cuerpos de sentimiento superiores, seguimos las fajas de luz más allá del cuerpo físico. Cuando existen conexiones sanas, visualizo los sentimientos superiores como seres fluidos de forma oval, y la sexta capa áurica envolviéndolos como vestiduras en forma de ondas.

Atributos espirituales: Nos da acceso a las cualidades superiores de los sentimientos, los pensamientos y las posibilidades de manifestación. Las energías recibidas a través de esta matriz áurica alimentan todos nuestros aspectos, incluyendo (y algunos podrían decir que especialmente) nuestra alma.

Aplicaciones curativas: El campo áurico del cuerpo de luz es interesante para trabajar con él. Una fantástica aplicación curativa es la de llevar a cabo primero un trabajo curativo sobre este aura, como preparando la plantilla para el cambio deseado, y luego hacer bajar esta plantilla al interior del físico. Este campo puede también ser examinado en busca de problemas que pudieran sugerir un estado de autoaceptación perturbado.

Séptima capa áurica

Esta capa áurica suele considerarse como la última que enmarca el cuerpo físico. Llamada también la capa áurica kethérica, a la mayoría de la gente se le presenta en forma de huevo, extendiéndose algo más de un metro más allá del ser físico. En *El universo holográfico*, Talbot menciona varias tradiciones antiguas que experimentaron este campo, incluyendo la Cábala, una filosofía mística judía, que llamó a esta emanación *nefish*. La Cábala «enseña que una burbuja oval de iridiscencia rodea a todo ser humano» [44].

---

[44] Talbot, *ibíd.*, pág. 165.

Esta capa áurica penetra también en el décimo chakra o chakra de la toma de tierra, asegurando que nuestras conexiones espirituales con el mundo exterior tomen tierra en lo material.

Trabajo con esta capa áurica de tres maneras principales. La primera es más psicológica, si no mística. Conectada con el reino kethérico, esta capa áurica nos da acceso al yo real o simbólico asociado con nuestro propósito espiritual. El mejor modo que tengo de explicar esta noción es hablar de los *kachina*, un semidios de los indios estadounidenses. Cada uno de los cientos de dioses kachina está asociado con una particular causa o verdad; son literalmente «agentes de los dioses»: dioses con rasgos humanos. Uno, por ejemplo, puede traer lluvias de primavera. Otro representa la verdad del amor y la armonía. A menudo, explico que al tratar con la séptima capa áurica estoy ayudando a los clientes a ver su kachina: el ser que abandonó la Fuente Divina con un propósito o verdad que llevar adelante.

En las clases he ayudado a los participantes a recorrer la séptima capa áurica a fin de vincularse con este ser kethérico o kachina —el ser que mejor ilustra nuestra naturaleza espiritual en este plano. La idea es la de que si pudiéramos entender mejor al ser con las capacidades y dones del espíritu, cada uno de nosotros podría integrar mejor esos dones en la vida diaria.

Los miembros de las clases a menudo se asombran con los descubrimientos. Durante una clase en particular, una participante algo modosita recibió la visión de que era una atrevida oradora que podía recibir, a través de la séptima capa áurica, todas las palabras que necesitaba para transmitir sus mensajes. Otra, una mujer educada de un modo muy clásico y bastante «como Dios manda», se imaginó como un oso, capaz de canalizar un gran poder guerrero a través de la séptima capa áurica a fin de levantar su propio negocio. Otra personalidad bastante atrevida era un sanador suave y delicado. Cada una de las figuras presentadas/actualizadas durante este ejercicio encarnaba dones que estos participantes sabían presentes, pero que habían tenido demasiado miedo o apuro de utilizar. Durante las siguientes semanas, los participantes informaron de cambios en su carácter; estas alteraciones coincidían con lo que habían aprendido del ejercicio.

Otra de mis aplicaciones del trabajo con la séptima capa áurica se refiere a la curación. A veces exploro la séptima capa áurica para prever un cáncer potencial u otras enfermedades graves, y comprobar la situación de las enfermedades importantes presentes. Por supuesto, este tipo de exploraciones psíquicas son cuestionables en el mejor de los casos; sin embargo, creo que conforme nos volvamos cada vez más desilusionados con lo que la tecnología puede proporcionar, seremos forzados cada vez más a confiar en nuestra propia intuición o instinto en relación con nuestra salud personal. Aumenta-

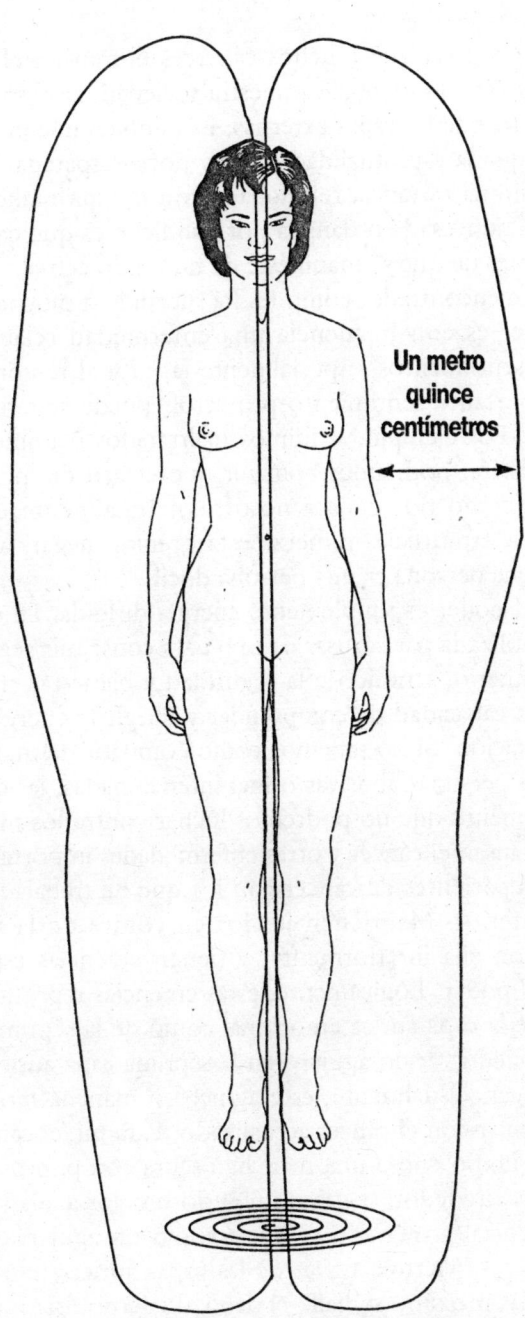

Figura 6i

Un metro quince centímetros

La séptima capa áurica

remos también nuestra confianza en ayudarnos unos a otros con diversos dones intuitivos.

Siendo esto así, creo que muchos cánceres entran en el campo áurico antes de mostrarse en el cuerpo. En nuestra sociedad, la séptima capa áurica es la más fácil de leer de las capas externas. Es también una de las más vulnerables, debido a que la espiritualidad es muy poco respetada (y esta capa de energía está en última instancia relacionada con la espiritualidad). A menudo, esta capa está atravesada o dañada por condiciones que causan el cáncer mucho tiempo antes de que se manifieste de un modo actual.

En general, he encontrado, como les ha sucedido a muchos de mis colegas, que el cáncer es con frecuencia una enfermedad relacionada con la represión de los sentimientos, especialmente la ira y el temor. La represión de la ira, un importante sentimiento protector, puede sugerir un juicio en contra del poder. Por ejemplo, si fuimos maltratados o fuimos testigos del uso violento de la ira, podríamos concluir que el uso del poder es malo y daña a la gente (como nos daña a nosotros). Igualmente, la mayoría de nuestras disciplinas espirituales refuerza esta opinión negativa de la ira y la justicia —una buena persona es una persona dócil.

Ahora bien, el poder es simplemente energía dirigida. La energía, como la ira, puede ser utilizada para causar daño o para conseguir seguridad. Nuestro sistema inmunitario, sentido de la seguridad y bienestar en el mundo se fundan en nuestra capacidad de comprender y dirigir la energía para la protección y manifestación. Si no sabemos cómo combatir de manera adecuada la enfermedad, las personas abusivas o mal intencionadas, las críticas y cosas semejantes, ciertamente que no podremos luchar contra los miles de virus y condiciones que causan el cáncer y otras enfermedades importantes.

Casi todos los pacientes de cáncer con los que he trabajado se ajustan a la descripción anterior. Mantienen juicios en contra de la ira, aunque a menudo bullen con ella interiormente, y tienen creencias espirituales que disputan contra el poder. Lógicamente, estas creencias reprimirán el funcionamiento tanto de la capa áurica emocional como de la séptima capa áurica. Frecuentemente puedo ver un agujero en la séptima capa áurica de personas que ya tienen cáncer. Usualmente, este agujero o mancha moteada se halla en línea perpendicular con el cáncer actualizado. Para mí, el cáncer actualizado aparece en el cuerpo como una mancha oscura con puntos rojos y blancos o formas vagas alrededor, o como un curioso color azulado. Sin embargo, el cáncer potencial a menudo se inicia como un agujero en la séptima capa áurica, y luego se vierte a través de las capas áuricas que se hallan por debajo. Cuanto más próximo se halle el daño al cuerpo físico, más completa será la manifestación de la afección. (Aunque a veces la capa áurica integradora contendrá una enfermedad importante durante varios años, antes de introducirla realmente en el cuerpo físico.)

Me acuerdo de una cliente con cáncer de mama en su historia. Estaba experimentando mucho dolor en uno de sus pechos, así como tejido fibroso. Vimos un agujero en su séptimo chakra, pero la línea de oscuridad no penetraba hasta su pecho. Yo no creía que tuviera cáncer, pero parecía como si en algún momento pudiera desarrollarlo. Los profesionales de la medicina verificaron que no tenía cáncer, hasta donde ellos podían afirmarlo. Ella, sin embargo, tomó precauciones, como cambiar su dieta, trabajar sus problemas emocionales, estimular su sistema inmunitario y endocrino y abordar sus insatisfacciones espirituales. Su condición fibrosa desapareció, al igual que el dolor. (Ver el Apéndice para una ilustración del aura de una persona con cáncer de mama.)

Una tercera aplicación importante del trabajo con la séptima capa áurica se considera a veces como algo mórbido, pero si se aplica de manera ética puede resultar extremadamente útil. Esta aplicación se conecta con el proceso de la muerte. En el mejor de todos los mundos posibles, la mayoría de los individuos se preparan para la muerte durante un periodo de cinco a siete años, lo que quiere decir que sus almas empiezan a separarse y prepararse para el tránsito de cinco a siete años antes de que su cuerpo muera. Esta idea me ha sido confirmada por un trabajo de consulta hecho para una residencia de ancianos. Las personas que trabajan ahí han dicho que a menudo pueden saber cuándo alguien va a morir, y que el proceso suele durar unos siete años por regla general.

Aunque este proceso de finalización es realmente bastante complicado, diré que el espesor y la blancura/brillantez de la séptima capa áurica cambian cuanto más próximo se halla uno de la muerte. En general, conforme el alma se prepara para marchar, la séptima capa áurica se vuelve más delgada. Una mayor cantidad de energía espiritual es, por lo tanto, dirigida a ella y a través de ella, aligerando así el tono de esta capa. Según esto sucede, hay un desnudamiento y penetrabilidad subsiguientes de las capas que se encuentran por debajo. Con menor protección áurica, el cuerpo de la persona se vuelve cada vez más propensa a las enfermedades. Así, la salud se deteriora, mientras que la naturaleza espiritual de la persona potencialmente se refuerza.

El séptimo campo áurico se extiende tanto en los planos conscientes como inconscientes, al igual que sucede con el primer campo áurico. Afecta a la glándula pineal y a la corteza cerebral, ensanchando así el alcance y capacidades de nuestros procesos de pensamiento. De ahí se extiende para unirse con las principales figuras y entidades de avatares (seres humanos ascendidos), y para unirse con Shambalah, el cielo místico de alta frecuencia localizado en la Tierra (un lugar que a veces he visto en visiones muy poderosas, pero que aún tengo que actualizar plenamente). A través del lado dorsal, esta capa nos conecta con el aspecto espiritual de absolutamente toda cosa y todo ser, y sólo es gobernada por un principio: somos uno.

Esta aura se conecta con todos los demás, uniéndose a través de la espina dorsal. De este modo, proporciona constantemente mana espiritual a nuestro yo físico.

Localización: Generalmente se ve como una forma ovalada alrededor del cuerpo físico. También se extiende hasta los avatares y «Shambalah», una ciudad mística que simboliza el cielo en la tierra, y nos vincula con cualquier otro ser que haya alcanzado un amor completo y humilde a la Fuente Divina (figura 6i).

Atributos físicos: Afecta a nuestra existencia entera, pues está intrincadamente anudada tanto al cerebro como a la columna, que regulan todas las funciones de la vida. Entrenarnos para sentir, ver o escuchar esta capa áurica puede acelerar grandemente tanto el diagnóstico como la recogida de información.

Atributos mentales: Nos permite unirnos a procesos de pensamiento correctos y buscar el consejo de los ancianos y los avatares para problemas de índole terrenal, y de los santos para cuestiones espirituales —interacciones positivas todas ellas si nos guían hacia la Fuente Divina.

Atributos de sentimiento: Es el lugar donde los sentimientos se alean juntos como un arco iris que se funde en una gran luz blanca. El sentimiento resultante es más una consciencia de beatitud que una emoción determinada.

Atributos espirituales: Es el lugar donde todo es espíritu, tanto si se relaciona por su categoría con lo físico, como si lo es con lo mental, lo emocional u otros niveles.

Aplicaciones curativas: Sería sabio investigar el modo de utilizar personalmente este campo áurico. Dado que conecta nuestro yo físico con toda la vida y todo lo que es bueno respecto a la vida, su potencial de atraer hacia nosotros curación y abundancia es inconmensurable.

Dado que los dos siguientes campos áuricos, junto con el campo integrador, afectan de modo tan completo lo físico, mental, emocional y espiritual,

sólo proporcionaré descripciones generales de estos cuerpos de energía. Mucha de esta información proviene de mi propio trabajo, y, por tanto, sólo puede substanciarse de modo experimental.

Octava capa áurica

La octava capa áurica se relaciona con el octavo chakra, que tiene que ver con el tiempo pasado, presente y futuro, y todas nuestras experiencias dentro del tiempo. Este campo de energía se conecta a través del extremo superior de nuestra cabeza, y luego se extiende alrededor de nuestro cuerpo, uniéndose a los chakras primarios y secundarios, frontales y dorsales. Nos mantiene situados en el momento y proporciona un contexto para el tiempo presente.

Veo la apariencia real de esta capa como una celosía de fajas de color de luna con un vacío o energía negra por detrás. Podríamos presionar en cualquiera de los puntos dentro de esta matriz y reexperimentar algo por lo que nosotros, o los próximos a nosotros, hemos pasado o podríamos pasar. Esto implica que podríamos utilizar esta capa áurica para la predicción, atraer recuerdos y la transformación tanto en relación al pasado como al futuro. Al trabajar con el campo áurico, es importante no buscar demasiados detalles tratando de recordar la historia o predecir el futuro. Este campo de energía, más que ningún otro, es un sistema completo en sí mismo. Cuenta la historia de quiénes somos justo ahora. El jugar demasiado con aquella información desplazará el presente, quizá en modos que no prevemos o no deseamos.

Hay cuatro aplicaciones muy interesantes para los subcomponentes de este campo de energía. He hecho un considerable trabajo con éstos como practicante e instructora, y compartiré algunos de los resultados.

La primera aplicación de esta capa áurica corresponde a la memoria de nuestra zona blanca. La zona blanca es esa área o estado en el que existimos justo antes de entrar en una vida. La regresión o el recuerdo de las principales decisiones que tomamos acerca de este periodo de vida puede resultar enormemente instructivo y ayudarnos a cambiar acuerdos negativos que no son actualmente interesantes para nosotros. Creo que el doctor Joel Whitton, profesor de psiquiatría en la Facultad de Medicina de la Universidad de Toronto, ha estado regresando individuos a esta zona blanca en su investigación sobre la reencarnación. Ha descubierto que cuando las personas se encontraba en este «reino intervidas, entraban en un estado de conciencia desacostumbrado en el que eran agudamente conscientes de sí mismas, y tenían un sentido moral y ético aumentado». El doctor Whitton llama a esto «metaconciencia». Dice: «Cuidadosamente o al azar, escogemos nuestras circunstancias terrenas. El mensaje de la metaconciencia es que la situación vital de todo ser humano no es ni casual ni inadecuada» [45].

A la zona blanca se accede a través de la meditación guiada, los viajes chamánicos, el trance o el trabajo de regresión. Con mucha frecuencia guío a los clientes a la zona blanca cuando simplemente no pueden ir más allá de cierto suceso, relación o problema. Una mujer, por ejemplo, había estado obsesionada durante años con un antiguo novio. La psicoterapia tradicional simplemente no había servido de nada. La guié de vuelta a la zona blanca, donde recordó haber escrito un contrato de almas con ese hombre. Un contrato de almas es un acuerdo entre almas sobre el modo en que se interrelacionarán en la encarnación adviniente. Este contrato de almas en particular obligaba a un matrimonio entre mi cliente y su antiguo novio. Sin embargo, en el punto crítico del destino, el momento en el tiempo en el que, según sus negociaciones de almas, habían convenido en casarse, él renegó. Ayudé a mi cliente a disolver el contrato de almas original como estaba en su derecho, pues la otra parte lo había roto. Me llamó una semana más trade, en éxtasis, psicológicamente libre de él por vez primera.

También trabajé con una cliente que estaba teniendo dificultades relacionadas con su madre. Regresando a la zona blanca, descubrió que su padre se había casado con la mujer equivocada. Ella había decidido entrar en esta vida por sus lazos con su padre. Puesto que no había necesitado kármicamente a su madre, nunca se había unido a ella. Esta nueva información ayudó a mi cliente a hacer las paces con sus sentimientos, y a rebajar sus expectativas para una relación madre/hija, mejorando realmente la relación con su madre.

Otra interesante aplicación de la zona blanca se relaciona con un cliente con fatiga crónica. Era extremadamente psíquico. De hecho, durante nuestra primera o segunda sesión juntos, él mismo se llevó automáticamente a la zona blanca antes incluso de que le dijera que existía una. Allí, recordó un trauma de una vida pasada y una decisión que tomó su alma antes de esta vida: que se castigaría a sí mismo cerrando su cuerpo al flujo de energía vital. Este joven, llevando a cabo regresiones de vidas pasadas, tomó nuevas decisiones. La última vez que oí de él había recuperado la suficiente energía como para trabajar a tiempo completo.

Una segunda aplicación de la octava capa tiene que ver con los registros akáshicos, el registro de todo lo que alguna vez hemos hecho, sido, dicho o experimentado a lo largo de todo el tiempo. Recorriendo las ondas del octavo campo áurico, podemos no sólo apelar a estos registros, sino ponerlos en

---

[45] Talbot, *ibíd.*, págs. 215-217.

funcionamiento. A diferencia de algunos consultores intuitivos, yo no llevo a la gente automáticamente a vidas pasadas para abordar preocupaciones presentes. Animo a la gente a buscar estos tiempos distantes únicamente cuando están bajo una presión extrema, para buscar una cuestión causal que ellos ya piensan que se encuentra en el pasado, o para abordar problemas que no pueden ser solucionados mirando en los sucesos de esta vida. A veces, ver representado un patrón en otro escenario (una vida pasada) con diferentes actores, dará a un cliente la perspectiva que necesita para romper un patrón.

Tengo algunos motivos para aconsejar cautela con este tipo de regresión. Salvo que estemos plenamente preparados para reconocer todo lo que somos en el presente —bueno y malo, luz y oscuridad—, no estaremos preparados para conocer todo lo que hemos hecho alguna vez. Debemos continuar avanzando hacia el perdón y la gratitud. Llegar a saber lo grandes que solíamos ser puede oscurecer nuestras preocupaciones actuales. Llegar a saber lo malos que fuimos una vez puede hacernos sentir peor acerca de nosotros mismos. Lo fundamental es que estamos aquí para tratar del presente. Estamos aquí para entender la familia en la que hemos nacido, para aprender acerca del propósito de la vida, y para llevar adelante las tareas de esta vida. No se trata de perderse en el pasado únicamente para olvidar el don de la vida que actualmente poseemos.

Por supuesto, he ayudado a gente con muchos problemas del pasado. Las fobias a menudo se relacionan con el pasado. En el curso de dos a tres meses, uno de mis clientes que había participado en años de psicoanálisis se liberó de diversos desórdenes obsesivo/compulsivos recordando vidas pasadas. Estos desórdenes incluían lavarse las manos de manera compulsiva, y una fijación con ser castigado por ser malo. La vida crítica tenía que ver con purgarse por algo sucio que había hecho en los tiempos bíblicos.

He visto a muchas mujeres liberar sus temores al éxito recordando vidas en las que habían sido matadas o torturadas por decir sus verdades o ser poderosas. Una de ellas, médico, había realmente llegado a un punto en el que tenía miedo de practicar la medicina. Desenterró un tiempo en que, como sanadora, había sido lapidada por cometer un error.

Los problemas físicos pueden relacionarse también con fenómenos de vidas pasadas. Fui curada de una alergia a las nueces gracias a haber recordado una vida pasada en el siglo catorce. Durante aquel tiempo, creo que mis padres trataron de matarme de hambre. Sobreviví únicamente con lo que pude recoger, y las nueces proporcionaron lo fundamental de la dieta. Mi sensibilidad a las nueces desaparecieron después de esa sesión.

La tercera aplicación de la octava capa áurica es una que sólo he empezado a aplicar recientemente. Tiene que ver con un «lugar» que denomino la zona negra. Durante los años pasados, había empezado a trabajar con muchos individuos que estaban muriéndose o críticamente enfermos, a menudo visitando hospitales u hospicios para hacer este trabajo. También trabajo con mucha gente que ha perdido a seres queridos. He encontrado repetidamente que, al morir, la mayoría de las almas pasan algún tiempo en un espacio que, al tiempo que comprende una revisión de la vida, es mucho más que eso. A menudo, los recién fallecidos deambularán por el plano terrestre, y algunos quedan atrapados. Estas almas suelen llamarse fantasmas, seres que consciente o inconscientemente deciden permanecer en este plano en una forma similar a la creada para la vida recién finalizada. Sin embargo, todas las almas invariable e inevitablemente son guiadas a la zona negra. Aquí puede ser conducida o completada una revisión de la vida. Entonces las almas son alentadas a curar esas partes que necesitan una mayor curación o a reclamar fragmentos de ellas mismas que han sido disociados en alguna vida. Si se requiere este proceso, se establece un contrato de alma. Es similar al creado durante las etapas de la zona blanca, pero pertenece a la experiencia entrevidas a la que llamamos muerte.

Mi única confirmación de esta zona es la de que, cuando me he sintonizado con ella para los clientes, he sido capaz de contarles hechos acerca de sus seres queridos que yo no podría haber conocido. Ha habido gente moribunda que me ha contado cosas que implican que hay en verdad un lugar al que van. También he guiado estudiantes a su propia zona negra para hacer trabajo curativo. La mayoría han informado que esto es extremadamente poderoso y real.

Una cuarta aplicación de la octava capa áurica es informativa. A través del octavo campo áurico podemos acceder al octavo chakra de los demás. Trabajando con espíritus guía éticos, un buen sanador/facilitador, o empleando buenos límites, es posible pedir ayuda a otros a través del octavo campo áurico. A menudo hago esto para los clientes y luego proporciono comprobación intuitiva. Sin embargo, prefiero ayudar a los clientes a que sean ellos quienes busquen su propia información. Tengo mis propias tendencias y pantallas, y aunque me esfuerzo por proteger a los clientes frente a ellas, soy obviamente vulnerable a ver o interpretar los datos a través de mis propias lentes.

Novena capa áurica

Esta capa áurica se relaciona con el noveno chakra. Realmente ocupa un espacio muy pequeño, casi inexistente, en el plano físico. Lo veo casi como una puya localizada por encima de la cabeza. No tiene por qué ocupar mucho espacio, pues opera bajo las leyes de la ausencia de límites y de la abundancia, y puede, creo, motivar a la energía a moverse más allá de la velocidad de la luz.

Trabajar con esta capa áurica implica guiarse uno mismo o ser guiado a este pequeño portal. Tener un facilitador es muy útil. A falta de ello, puedes trabajar con guías y visualizar que estás unido a una línea de la vida por medio de la cual puedes remolcarte de vuelta a esta realidad. No corres realmente peligro, pues estás descendiendo a una parte de ti mismo. Sin embargo, puedes aprender algunas cosas sorprendentes acerca de ti mismo.

La mayoría de la gente experimenta un mundo de maravillas al otro lado de este portal. El verdadero noveno campo áurico es a la vez el límite para el mundo de nuestra alma y su contenido, el cielo que estamos tratando de alcanzar sobre este planeta o cualquier otro. Puede ser beneficioso viajar aquí para meditar, examinar ideas, solucionar problemas o curar. Este aspecto de nosotros es tan apacible, que es sorprendente que no viajemos aquí más a menudo.

Mis viajes aquí me conectan a menudo con un sentimiento más que con un lugar. Algunos podrían llamar a este lugar cielo, nirvana, Shambalah. Me abre a la experiencia de la metatonia —un estado de beatitud e iluminación— que tanto buscamos.

Creo que este campo es aquel al que se refiere Ann Brennan en *Manos de luz* cuando describe los campos cósmicos que «se relacionan con quien somos más allá de este periodo de vida». También describe milagrosas curaciones a través de esta capa áurica. «Cuando observo a los guías trabajando desde este nivel, me parece como si simplemente quitaran una parte de los cuerpos de energía de una persona (y todos los campos con ella) y pusieran una nueva pieza...», dice. «Esto... tiene el efecto de curar muy rápidamente al paciente» [46]. Obviamente, esta capa áurica tiene un impacto tremendo.

La capa áurica integradora

La capa áurica integradora es un campo áurico extremadamente importante, pues se relaciona con el décimo chakra. Mucha gente la llama el «cuerpo etérico» y la considera como la capa que viene a continuación de la piel (figura 6d). Para mí, esta capa áurica, que se halla a continuación de la piel, se introduce tanto en el décimo chakra como en el suelo. Es la capa áurica

---

[46] Brennan, *ibíd.*, págs. 230, 233.

de la forma. Cuando nos sentimos seguros, esta capa puede extenderse hasta un metro más allá de la piel. Cuando nos sentimos amenazados, puede quedar como pegada a la piel.

A veces pienso que esta capa integradora es un sendero de viaje para el doble del que hablan tantos brujos y chamanes, ese segundo yo capaz de separarse del cuerpo físico. Carlos Castaneda, preparado por el indio yaqui don Juan, experimentó este doble. Estas experiencias fuera del cuerpo no son desconocidas para los occidentales. Muchos de nosotros podemos relatar la sensación de separarnos de nuestros cuerpos, de salir de un tirón durante la noche, sintiendo de repente que estamos en otro lugar. De acuerdo con el investigador Charles Tate, hay cinco características que se relacionan con las experiencias fuera del cuerpo:

1. La sensación de flotar.
2. Vemos nuestro propio cuerpo.
3. Encontrarnos de pronto en un lugar en el que acabamos de pensar.
4. La creencia de tener un cuerpo no físico.
5. La certeza absoluta de que la experiencia no fue un sueño.

(En *Tiempo de sueños y espacio interior*, de Holger Kalweit) [47].

La capa integradora puede servir de sendero entre los mundos físico y espiritual. A veces, esta capa misma puede formar el doble que viaja.

También he descubierto que esta capa áurica, programada por nuestra herencia genética y del alma, puede ser leída o sondeada en busca de información primaria y basada en el alma. Esta capa incorpora todas las experiencias que hemos tenido en el cuerpo, sea en esta vida o en otra. Estos datos prácticos son registrados en la materia física que compone la mitad de nuestro sistema corporal de energía. También se encuentran en ella improntas relativas al propósito y sendero de nuestra alma. Esta capa áurica realmente integra nuestra materia física (prana) con la materia espiritual (maná). Conecta nuestros centros chákricos de energía con nuestros puntos de energía espirituales. Por añadidura, este cuerpo de energía proporciona a nuestros aspectos físicos, emocionales y mentales un cianotipo para el crecimiento, el desarrollo y el cambio. De manera que muchos sanadores por imposición de manos trabajan con el cuerpo etérico, pues alterándolo pueden efectuar cambios tanto físicos como espirituales.

---

[47] Kalweit, Holger: *Dreamtime and Inner Space: The World of the Shaman.* Boston: Shambhala Publications, Inc., 1984, 53.

Otras capas áuricas

Hay muchas investigaciones que podrían substanciar la existencia de estas diez capas áuricas, incluyedo estudios en la Universidad de UCLA, la Universidad de Duke, investigaciones de los gobiernos alemán y ruso, y probablemente mucha investigación no publicada del gobierno americano. Hay también fenómenos como la fotografía Kirlian, un tipo de fotografía que saca fotos de capas áuricas. La teoría moderna y científica de las cuerdas puede «probar» que hay diez dimensiones. Por supuesto, hay también miles de años de experiencias místicas y prácticas que podrían sustentar la idea de que las auras existen. Sin embargo, hay pocos datos para apoyar mi teoría de que hay dos capas áuricas por encima de estas diez capas principales.

Creo que existen las capas áuricas undécima y duodécima. La undécima, en mi trabajo, es simplemente una extensión del undécimo chakra. Difiere en cuanto que no está limitada al espacio que rodea a manos y pies; por el contrario, se extiende más allá, tocando la energía de los veinte puntos de energía espirituales superiores, entre otros espacios.

Llegué a esta teoría mientras trabajaba con el undécimo chakra en la curación. Una de mis clientes tenía el síndrome del tunel carpiano. Tratamos una y otra vez de eliminarlo con los métodos «regulares» de curación intuitivos o espirituales, pero sin resultado alguno. Entonces la hice fluir a su undécimo chakra. Visualizó ondas de energía que salían de este plano y se conectaban a otros sentimientos. Para mi sorpresa, estos sentimientos eran estados conceptuales: los mismos que son representados por los veinte chakras espirituales superiores. Ella podía sentir de modo palpable la energía en forma de ondas procedente de estos chakras a través de sus manos y pies. Su túnel carpiano mejoró de manera significativa cuando trabajó con el punto de la Creatividad (Punto 24). (Creo, no obstante, que la conexión entre este chakra y su síndrome era peculiar para ella y para los motivos causales de su dolencia).

Con el tiempo, ayudé a mis clientes a dirigir mejor qué energía estaban atrayedo y extrayendo de sus pies y manos. Al hacer la toma de tierra, a menudo los hago trabajar con lo que ahora llamo esta undécima capa áurica, haciendo subir energía desde las profundidades de la tierra o trayéndola de las puntas de los cielos. ¡A veces, el impacto es tan grande que algunos clientes tienen después dificultades para moverse! Recuerda, el undécimo chakra y, en consecuencia, la undécima capa áurica, tiene que ver con la transmutación —nuestros cuerpos experimentarán físicamente aquello que estamos atrayendo.

Creo asimismo que hay una duodécima capa áurica; de hecho, veo esta capa como aquello que el pegamento que une al duodécimo chakra. Como recordarás, el duodécimo chakra es una colección de puntos de chakra secundarios. Aunque estos puntos se conectan fuera del cuerpo a través de una serie de fibras visibles psíquicamente, percibo otro cuerpo alrededor de estas fibras. Esta energía refulgente tiene el aspecto de una masa vibrante de átomos que forman una red mucho, mucho más allá de nuestra esfera humana. En ocasiones he trabajado con esta red, a la que llamo la duodécima capa áurica, con el fin de invocar energía espiritual para gente con dolencias graves y traumáticas, como son las víctimas de accidentes. Casi siempre veo una relajación instantánea del cuerpo, pues a través de esta capa áurica puedes trabajar sobre todos los chakras secundarios a la vez.

Por ejemplo, fui testigo de cómo una participante en un seminario (que tenía un historial de lesiones casi fatales) se golpeaba la cabeza y casi moría. Rodeada de un grupo, recibió un montón de atención espiritual. Por mi parte, pude ver cómo su alma escapaba. Ya había salido de su pecho y estaba tratando de soltar su conexión con el cordón de plata, uno de los puntos chákricos secundarios. También estaba cortando la masa que considero como la duodécima capa áurica. Instantáneamente supe que si su alma completaba esta «operación quirúrgica» dentro de su aura, la mujer moriría.

Tras decirle a su alma que éste no era el momento de partir (raramente hago tales intrusiones, pero en este caso creí que era adecuado), forcé el cierre de nuevo de la duodécima capa áurica y tiré de ella de vuelta a su cuerpo a lo largo del cordón de plata. En contra de todo lo previsible, esta mujer se recuperó muy rápidamente.

Trabajando con el aura

Hay tantas maneras de trabajar con el aura, que podríamos dedicar un libro entero a este tema. Discutiré algunos pocos de los modos en que abordo el trabajo con el aura.

Al trabajar con campos áuricos, primero selecciono una técnica intuitiva. ¿Quiero visualizar el aura (y los chakras)? ¿Quiero utilizar mis capacidades intuitivas de audición y escuchar información sobre ellas? ¿Deseo aplicar mis capacidades basadas en el sentimiento o las cenestésicas para interaccionar con ellos? ¿Quiero incorporar las tres posibilidades?

Habiendo seleccionado un método, decido entonces si deseo visualizar el cuerpo áurico en su conjunto o centrarme inmediatamente en capas concretas. Generalmente, chequeo el campo global mientras exploro los chakras, y luego aíslo unas pocas capas concretas. (A veces, exploro el campo global examinando cada capa, una por una. Cuando hago esto, suelo empezar por la capa integradora y voy hacia arriba y hacia fuera en dirección a la novena.) Utilicé este método, por ejemplo, con una mujer que estaba preocupada por saber si tenía cáncer de pecho o no. Primero aclaré con ella tres puntos:

1. Para trabajar conmigo, tenía que continuar trabajando con su médico.
2. No iba a diagnosticarla en modo alguno, sólo a compartir sensaciones e imágenes, y a ayudarla a que ella misma obtuviera el mismo tipo de información.
3. No juzgaría el curso o el resultado de su proceso de enfermedad como bueno o malo, sino que la animaría a abrirse plenamente a la Fuente Divina durante nuestra interacción.

Le comuniqué mis imágenes tras haber hecho una exploración completa del aura y de los chakras, y haberme centrado luego en dos chakras y dos campos áuricos. Las decoloraciones del campo áurico alrededor de su pecho y abdomen se hallaban en los campos segundo y séptimo. Conforme discutíamos estas decoloraciones, las causas emocionales y espirituales de sus problemas se hicieron evidentes. Entre otras cosas, su padre la había dicho que era por culpa de ella por lo que había muerto su madre, momento en el que se iniciaron sus problemas de pecho. Hicimos algo más de sondeo y de trabajo, pero el dolor en el pecho de mi cliente desapareció, y los resultados de las pruebas médicas fueron normales. Por supuesto, no podemos probar que nuestro trabajo la curara, pero tiendo a coincidir con los sentimientos expresados por Ywahoo en *Voces de nuestros ancestros*. «Cuando te miras a ti mismo, estás reconociendo una vibración de la vida. La eliminación de algunas de las formas de pensamiento obstructivas es un resultado de la meditación. Ve el efecto de tu conciencia sobre la corriente de la vida. *Decide manifestar pensamientos sanos*»[48].

Si estoy utilizando técnicas visuales, como hice con la cliente antes mencionada, suelo buscar decoloraciones, formas anormales, protuberancias o puntos débiles, partes deshilachadas o colores extraños. La presencia de cualquiera de estos detalles apunta a un problema presente o potencial. Uso tanto mi mente como mi intuición cuando hago un trabajo de diagnóstico sobre el aura. Recuerdo todo lo relativo a esta capa áurica y empiezo a repasar posibles problemas en mi cabeza. Si estoy trabajando con alguien, puedo plantearle preguntas pertinentes. Puedo incluso hacer que visualicen su propia aura y me digan lo que ven.

---

[48] Ywahoo, *ibíd.*, pág. 75.

Cuando utilizo la intuitición auditiva, hago preguntas a los guías o a mi propia intuición respecto a la salud o necesidades de una banda áurica en particular. Las preguntas típicas podrían ser:

1. ¿Cuál es la condición general de esta capa áurica?
2. ¿Hay algunos problemas que yo/nosotros necesitemos conocer?
3. ¿De qué tipo son?
4. ¿Cuáles son las consecuencias de curar este problema?
5. ¿Cuáles son las consecuencias de dejarlo como está?
6. ¿Cuál es el mejor modo en que podemos trabajar con las dificultades?

Cuando empleo mis sentidos cenestésicos, puedo trabajar de muchas maneras diferentes. Con técnicas de curación por imposición de manos o de contacto terapéutico, puedo sentir los puntos calientes o fríos o las irregularidades en el campo de energía o en la piel. Por lo general, el calor significa que hay demasiada energía en un punto, lo que podría reflejar la presencia de sentimientos almacenados o no sentidos, o una creencia o problema no procesados. Podría ser un punto de recogida o derivado de otros problemas o pensamientos. El calor encontrado durante una exploración significa algo diferente del calor que se siente durante un intercambio de energía. Cuando hago una curación, mis manos a menudo se calientan como una indicación de que estoy enviando energía a mi cliente.

Un punto frío suele indicar una ausencia de sentimiento o consciencia. Podría también reflejar un agujero en el campo áurico. Los agujeros pueden causar la disipación o pérdida de energía, y también dejarle a uno susceptible a las energías de los demás. Cuando mis manos están frías durante una curación, sin embargo, se está liberando o sacando energía. A menudo, los clientes que dejan escapar poderosos sentimientos, creencias, recuerdos o percepciones erróneas se ponen fríos. Pueden tener escalofríos durante una hora, o experimentar accesos de calor y frío durante días. Una de mis clientes tenía una antigua lesión en una rodilla que las operaciones no podían curar. Su rodilla realmente se movió (de manera permanente) ocho centímetros tras cada sesión, y experimentó estos tipos de acceso durante dos o tres días. La curación física de su rodilla liberó muchas energías y emociones almacenadas desde hacía largo tiempo.

Otra técnica cenestésica comprende el uso de la capacidad intuitiva directa de sentir o sintonizarse con el campo áurico. Todos tenemos la capacidad de sentir problemas, sentimientos, anormalidades o sensibilidades en nosotros mismos y en los demás. La clave para la aplicación de esta capacidad está en confiar en nuestras percepciones y animar a otros a hacer lo mismo. A veces, el que me sintonice requiere que me permita sentir los problemas o síntomas de mi cliente como si fueran míos. He sido preparada en varios países en el chamanismo, de modo que me siento bastante cómoda con este método; sin embargo, advierto a la mayoría de la gente en contra de él. No es asunto tuyo asumir los problemas de vuestros clientes, amigos o familiares. Si descubres que te implicas de este modo en forma natural, te animo a aprender de inmediato acerca de los límites y la protección, y a que seas preparado por alguien que entiende del asunto y de la ética implicada en este estilo de curación.

Mientras visualizo las capas áuricas puedo también hacerme preguntas a mí misma, a mi cliente, a nuestros guías o a la Fuente Divina. Si siento una anormalidad cuando exploro con mis manos, puedo guiar a mi cliente a esa parte de su cuerpo, solicitando que visualice el problema o una representación de él. Hay innumerables modos de mezclar las intuiciones cenestésica, visual y auditiva. Suelo integrar estos tres enfoques. He encontrado más que valioso practicar usándolos por separado e individualmente, de modo que soy capaz y tengo confianza, capaz de apelar a todas mis capacidades cuando son requeridas para manejar este proceso de investigación.

En última instancia, la productividad de una exploración o de una curación se correlaciona directamente con lo dispuesta que esté a abrirme a (y me ponga en camino hacia) la Fuente Divina. Me veo a mí misma simplemente como un instrumento o canal para la curación divina. Como ser humano, trabajo constantemente como un hueso hueco, un instrumento imperfecto que debe ser desnudado para convertirse en conducto del amor. Como sanador que debe no juzgar las creencias y procesos particulares e individuales de mis clientes, pido que reciban la forma de guía más elevada posible en ese momento. Lo fundamental es que todas las técnicas, enseñanzas, y conocimientos del mundo importan poco comparados con nuestra actitud.

Curación de problemas áuricos

Podemos también emplear cualquiera de estos estilos para hacer realmente alteraciones en el campo áurico. La visualización es una herramienta poderosa. Si hay una cuerda, por ejemplo, podemos visualizarla primero, y luego utilizar la imaginación guiada para entender la naturaleza de la conexión de la relación. Finalmente, podemos visualizar técnicas para eliminar la cuerda y sanar el agujero resultante. La visualización, en la forma de meditación guiada, trance, regresión y trabajo de hipnoterapia es extremadamente útil. Nos permite guiarnos a nosotros mismos o a otra persona al corazón del problema.

Las habilidades auditivas nos ayudan para invocar fuentes de sabiduría internas o externas. A menudo facilito la discusión entre un cliente y una parte de sí mismo. Puedo hacerlos hablar a ese agujero del aura o a la persona de cuyos problemas se están apropiando. También hablo con mis propios guías y con los del cliente durante la mayoría de los procesos de curación, y animo a mis clientes a hacer lo mismo. Frecuentemente, pido a estos guías invisibles que lleven a cabo realmente una curación por mí; para mí, invoco a seres angélicos o a Cristo. Otros pueden invocar de acuerdo con sus propias tradiciones.

Hay innumerables técnicas curativas cenestésicas. Incluyen el canalizar energía dentro de alguien o eliminar energía de su campo. Estas técnicas podría implicar calmar el campo de energía o excitarlo con el chispazo de energía que necesita. Por lo general, integro los tres enfoques. Al hacer esto, comúnmente busco respuestas a las siguientes preguntas:

1. ¿Hay algunos problemas físicos inmediatos o potenciales?
2. ¿Hay algunos sistemas de creencias o patrones afectando negativamente esta capa áurica?
3. ¿Hay algunos sentimientos que necesitan ser liberados, expresados o reclamados?
4. ¿Está el alma tratando de decirme algo a través de esta capa áurica?
5. ¿Hay algunos guías asignados a esta capa áurica con algún mensaje para mí?
6. ¿Hay algunas experiencias de la vida positivas, presentes o potenciales, que esta capa áurica esté bloqueando o tratando de atraer hacia mí?
7. ¿Hay algunos problemas inherentes de la familia de origen que estén afectando negativamente este campo áurico?
8. ¿Hay algunas relaciones afectando a esta capa áurica, negativa o positivamente? ¿Qué tengo que hacer al respecto?
9. ¿Hay algo que yo pueda hacer para ayudar a este campo áurico ahora mismo?

Las respuestas a estas preguntas generalmente me dirán lo que necesito hacer.

En general, he encontrado que la técnica utilizada es la parte menos importante de cualquier procedimiento de sanación, sea que estemos trabajando con el aura, o con cualquier otra parte del sistema de energía. Mantener lo mejor de los intereses nuestros y de nuestro cliente en nuestra mente es la parte más importante de cualquier curación. Mantener buenas intenciones nos protege a ellos y a nosotros de cualquier daño potencial.

La otra dimensión: la capa energética media

Hay otra capa sistémica que se halla interpuesta entre nuestros sistemas chákrico y áurico. La utilizo para proporcionar a los clientes una descripción de la impronta de su alma o de las características de la personalidad. Aprender a percibir esta capa puede ayudarte a ti y a otros a recibir información crítica para decisiones sobre las relaciones o la profesión. Después de todo, somos más felices cuando una relación o un trabajo implica a todo nuestro ser, y no sólo a una parte. Esta capa puede darte unos fotogramas de los rasgos que necesitas para implicarte plenamente a un nivel personal o profesional.

Leo esta capa media igual que cuando hago un *screening* de la televisión. En primer lugar, hago un chequeo de los cuerpos áuricos del cliente y luego exploro los chakras. Después llevo mi ojo interno a un espacio entre ambos, y hago desaparecer del cuadro el aura y los chakras. Ahora me encuentro en la capa energética media.

Normalmente, experimento esta capa con mi visión interna y en colores. Dado que no he leído acerca de esta técnica o esta capa en ninguna otra fuente, sólo puedo decirte que para mí y mis estudiantes este método visual parece ser el modo más claro de llegar a esta capa. A menudo utilizo y enseño medios auditivos y cenestésicos de interpretar los datos, pero en este momento me concentraré en el visual.

Básicamente, leo la capa energética media mirando las capas de energía por encima de los chakras. Se trata realmente de una serie de capas, cada una de un color diferente. Los colores mismos y la anchura de sus bandas suelen ser diferentes a los de los chakras mismos.

Déjame que ponga un ejemplo. Al explorar a una cliente, vi un torbellino de púrpura alrededor de sus pies, una acumulación de azul en sus muslos y abdomen, una banda rosa frente a su corazón y una banda naranja alrededor de su cabeza.

A partir de este cuadro, determiné factores acerca de su personalidad básica. Informé a esta persona que, según mi sistema, diría que ella se encontraba más cómoda en un estado de cambio o transformación, o asociada con gente en ese estado. A ella le gustaría trabajar en un campo que ayude a la gente a pasar por procesos transformacionales. (Recibí imágenes reales de posibilidades, pero después de haber señalado esta información general.)

Saqué estas conclusiones a partir del púrpura alrededor de sus pies. Sé que el púrpura, tal como se definió en mi descripción del sexto chakra, se relaciona con la transformación y la visión intuitiva. Los pies se relacionan con el décimo chakra, el chakra de la toma de tierra. Cualquier cosa relacionada con los pies o lo que está por debajo de los pies tiene que ver con el lugar en que se coloca esa persona en la realidad cotidiana. Continuando con la sesión, sugerí que este cliente era una persona compasiva y comprensiva, y que su estado emocional probablemente fuera bastante afectado por los demás. También sugerí que considerase el aplicar su compasión en una ocupación profesional, y luego amplié esta información.

Estos últimos comentarios los hice porque sabía lo siguiente. El azul se relaciona con el quinto chakra, y tiene que ver con el entendimiento y el aprendizaje. Los muslos se relacionan con las funciones heredadas; mi cliente probablemente heredó mucha compasión y entendimiento de parte de su familia. El azul sobre el primer chakra me dice que sería buena en profesiones que impliquen algún tipo de clarificación emocional y de compasión, y que, en las relaciones importantes, la comunicación sería una necesidad primaria. El azul sobre su segundo chakra me dijo que ella necesita que sus sentimientos sean entendidos.

Continué con este examen, asegurándome de comprobar con ella su validez, y de que le daba aplicaciones prácticas de esta información general. Aunque le di una serie de sugerencias en cuanto a profesiones, tuve el cuidado de no decirle qué debía hacer ella. Por aquel tiempo la mujer estaba empleada como agente de préstamos en el sector bancario. Dado nuestro examen, esa profesión no parecía convenirle, pero era importante que llegara a esa conclusión por sí misma.

Un año más tarde volvió, ¡en estado de éxtasis! Acababa de completar su solicitud para un grado de máster en divinidad, concentrándose en el consejo espiritual. Había conectado su naturaleza compasiva y su asociación con la transformación, con el trabajo espiritual. Rara vez he visto ese brillo en la cara de alguien. Todos los demás clientes que han experimentado esta técnica se han asombrado de su aplicabilidad y utilidad.

Colores, partes del cuerpo y su significado

Lo siguiente es una breve sinopsis de los colores y las partes del cuerpo en cuanto se aplican a la capa magnética. Te animaría a tratar de leerlos, y ver hasta dónde puedes ser exacto.

Los colores y sus significados

Rojo	Vida, pasión, energía, motivación unida a proveer las necesidades básicas para uno mismo o los demás.
Naranja	Creatividad, sentimientos, atraído hacia lo que está emergiendo como nuevo.
Amarillo	Intelectual, mental, indica capacidades organizativas, clasificadoras, administradoras.
Verde	Capacidades sanadoras; gusta de ver la gente o los proyectos pasando del punto A al punto B.
Azul	Compasión, comprensión, comunicativo; gusta de aprender y entender.
Púrpura	Profundamente intuitivo, humanamene espiritual, color de la transformación.
Blanco	Se relaciona con los principios, los conceptos y el propósito.
Plateado	Transmisión; puede transmitir datos de un punto a otro.
Dorado	Color del amor universal.
Rosa	Color del amor humano —combina el blanco del espíritu/propósito con el rojo que protege/proporciona vida.
Marrón	Terrenal y ligado a la tierra; indica una conexión con la naturaleza o los procesos naturales.
Negro	Puede indicar una fuerte capacidad, poder oculto, o una necesidad o destreza para protegerse a uno mismo o a los demás; puede también encubrir una capacidad oculta o entendida que necesita salir a la luz.

Partes del cuerpo y su significado

Pies	Se relacionan con la toma de tierra; dónde prosperaría uno en relación al entorno de vida; tipo de atmósfera de trabajo que se necesita.
Rodillas	Conciernen al estilo de movilidad; cómo la persona cambia y oscila con los altibajos de la vida.
Muslos	Se relacionan con los rasgos y tendencias heredados; programación masculina y femenina; y emociones almacenadas y no procesadas acerca de las naturalezas masculina y femenina.
Caderas	Se relacionan con los problemas del primer chakra; mira aquí para entender la profesión fundamental y las necesidades/capacidades/laboriosidad profesionales.

Abdomen	Se relaciona con los problemas del segundo chakra; esta área puede proporcionar conocimiento sobre la naturaleza básica del sentimiento y los dones creativos de la persona.
Estómago	Se relaciona con el tercer chakra; indica los dones mentales de la persona y su afán de éxito.
Corazón	Tiene que ver con la necesidad de relaciones, el comportamiento y la personalidad.
Timo	Se relaciona con la conexión entre alguien y su identidad espiritual, y con las creencias sobre el derecho a ser fuertes y seguros.
Garganta	Se relaciona con el estilo y capacidades de comunicación de la persona.
Cara	El modo en que uno ve el mundo; lo que necesitamos ver cuando despertamos por la mañana.
Frente	Se relaciona con nuestro sentido del cuerpo y la imagen que tenemos de nosotros mismos; nuestros objetivos y predicciones para el futuro.
Coronilla	Se relaciona con principios importantes e innatos; lo que es importante para esta persona.

En general, los problemas en el lado derecho del cuerpo tienen que ver con cuestiones estereotípicamente masculinas: acción, comportamiento, relación con el mundo. Los problemas en el lado izquierdo del cuerpo se relacionan con problemas estereotípicamente femeninos: receptividad, emociones, guía y relación con el yo interior.

EJERCICIOS
Lectura de las auras

I. Lectura de tu propia aura

A) Coge una hoja de papel y algunos lápices de colores. Dibuja la forma de un cuerpo. Esta forma eres tú. Tras ponerte en estado meditativo, aborda un problema que tengas en el cuerpo. ¿Tienes dolor por alguna parte? ¿Sientes el miedo en tu estómago? ¿Hay algún lugar que sientas que está cerrado? Haz una «X» en el chakra correspondiente.

B) Decide ahora con qué capa áurica se relaciona ese chakra, y, por tanto, ese problema. Dibuja este aura en tu hoja de papel. Imagina ahora que tú eres el médico intuitivo. ¿Qué color o decoloraciones hay en esta capa? ¿Qué necesita ser cambiado? Mientras dibujas, sé creativo.

C) Cuando hayas acabado de dibujar, mira si puedes dibujar este aura en tu cabeza. Dale vueltas en tu cabeza. Mira si puedes hacer cambios. ¿Sientes alguna variación en o alrededor de ti?

D) ¿Qué has aprendido acerca de ti mismo?

II. Lectura del aura de otra persona

Hay tres modos de leer el aura de otra persona: visual, verbal, y cinestésicamente.

A) **Visual:** Pide a tu pareja que se ponga de pie frente a una pared desnuda. Apaga todas las luces de la habitación menos una; si es posible, ilumina a tu pareja con esta luz. Enfoca tus ojos en el exterior de la forma de tu pareja y luego difumina tu enfoque. Busca formas, bandas de energía, colores o cualquier elemento visual representativo. Registra tus observaciones e interprétalas para tu pareja, pidiendo la convalidación de lo que corresponde y lo que no.

B) **Verbal:** Pide a tu pareja que comparta contigo un problema, preocupación o pregunta. Tómate unos momentos de reflexión y pide a tu mente intuitiva que te diga qué capa áurica es la más afectada por este problema, o cuál contiene la clave o solución. Anota por escrito o comparte verbalmente la información que llegue a tu mente. Continúa preguntando a tu intuición para descubrir información adicional.

C) **Cinestésico:** Pide a tu pareja que se tumbe. Frotad juntas vuestras manos hasta que sintáis que la energía fluye entre ellas. Recorre con ellas el exterior del cuerpo de esa persona, comprobando puntos calientes o fríos, sensaciones extrañas, reacciones emocionales, bultos o hendiduras del cuerpo de energía. Ve si puedes distinguir una capa áurica de otra, diferenciándolas basándose en su frecuencia y en las reacciones de tu pareja.

III. Lectura de la impronta de la personalidad de tu pareja

Trabajando con cualquiera de los métodos anteriores, explora la capa de la personalidad en vez de los chakras o las capas áuricas. Comparte tus reacciones y razonamientos con tu pareja.

Capítulo Siete

Entrando en la corriente: los rayos de energía

LOS rayos son energías universales al alcance de todos nosotros. Poder usarlos es una de las consecuencias de ser humanos, pues pueden ayudarnos con cualquier cosa que se encuentra con nosotros, nos saluda o nos golpea durante nuestro viaje por la vida.

Algunos metafísicos teorizan que cada rayo está ligado a una figura o ser particular. Los metafísicos que siguen al grupo llamado la Gran Hermandad Blanca creen en este tipo de vínculo. Según ellos, hay siete rayos y siete seres avanzados que actúan como guardianes y administradores de cada rayo.

Creo que la humanidad ha sido dotada de mucha guía avanzada y que los seres humanos son sostenidos por la energía de los rayos. Creo que el uso de todos y cualquiera de los rayos está disponible para cada uno de nosotros. Podemos preferir pasar a través de un guardián de la puerta o no. Sin embargo, en mi práctica, no he encontrado ningunas razones prácticas para asociar un rayo universal con un solo ser.

La otra aplicación de los rayos que ha encontrado favor es asignar a los rayos un papel en la determinación de nuestra personalidad básica. Jack Schwartz, un reciente defensor de esta teoría, cree que podemos concebir nuestra personalidad básica o nuestro propósito basándonos en los rayos que entran en nuestros cuerpos. Alice Bailey, una antigua «teósofa» contemporánea de C. W. Leadbeater, también trabajó con los rayos de este modo.

Existe una popular creencia metafísica de que cada alma está sintonizada con cierto rayo, y de que utiliza sus energías para completar su propósito. Yo le hago algunos retoques a esta creencia. Podríamos usar algunos rayos más que otros, sea porque nos sentimos más cómodos con determinada energía, o porque necesitamos un cierto rayo para equilibrarnos. Sin embargo, no creo que sea cierto que un alma sólo discurra sobre uno o dos rayos. Cada persona tiene una personalidad única. Nuestras almas, que buscan el equilibrio y el completamiento, necesitarán ciertas energías en un momento dado, y otras energías en otro momento. La tradición cheroqui parece apoyar este punto de vista, como dice Ywahoo en *Voces de nuestros ancestros*: «Cada uno de nosotros, en algún momento de su vida, está irradiando y resonando según esos rayos diferentes»[49]. Aunque podríamos atraer más una fuente de energía o rayo que otras, sólo sería porque conviene al propósito de nuestra alma. Sin embargo, no revisamos el propósito de nuestra alma según el rayo adviniente. Encuentro que meramente usamos su poder, como lo hacemos con el de otras fuentes.

Mi afirmación puede tener mayor sentido si explico mi visión de los rayos. Un rayo es una corriente de conciencia, y los rayos más completos son emitidos directamente por la Fuente Divina. Estos rayos vibran en frecuencias seguras, poderosas y elevadoras. Los rayos son algo más que simples bandas de luz que se despliegan como los rayos del sol. Según mi punto de vista, fluyen de acuerdo con un patrón circular, moviéndose desde la Fuente Divina hacia nosotros, y luego de vuelta hacia ella.

Una de las paradojas más importantes que entender en relación con los rayos es la que de un rayo, o corriente de conciencia de la Fuente Divina, nunca abandona realmente la Fuente Divina. Los rayos alimentan nuestro yo de la Fuente Divina, el aspecto de nosotros mismos que sabe que es uno con la Fuente Divina y que nunca la ha abandonado. Nuestro yo humano está íntimamente ligado a este yo de la Fuente Divina. De hecho, es un reflejo o, como dirían algunos, una proyección de aquél.

Es como si una parte de nosotros crease un mundo de sueños llamado Vida en el que explorar, jugar y aprender. Entonces se proyectó en este campo de juegos y empezó a experimentar con diferentes creencias, sentimientos y otras modalidades. El yo en-la-vida nunca ha sido realmente diferente del yo basado en la Fuente Divina; es simplemente una extensión de aquél. El yo de la Fuente Divina actúa siempre como anclaje de nuestro yo humano. Sin embargo, por diversas razones, la mayoría de los yoes comenzaron a creer que había una escisión. Creo que esta creencia surge de un sentimiento de culpabilidad por haber querido experimentar. Es sobre este abismo de culpabilidad y vergüenza como tenemos que tender un puente para desarrollar nuestro yo humano, no en dirección a un punto de consecución desconocido, sino de vuelta a la comprensión de que está y siempre ha estado dentro de la Fuente Divina.

Creo que los rayos alimentan al yo de la Fuente Divina. Proporcionan a nuestra parte conocedora e instruida los ricos nutrientes que se necesitan para mantener y fortalecer nuestra esencia. Como persona en-el-cuerpo,

---

[49] Ywahoo, *ibíd.*, pág. 108.

debemos comprender que nuestro yo de la Fuente Divina es nuestro yo humano. El papel de los rayos es el de envolvernos de vuelta, para ayudarnos a recordar nuestro yo de la Fuente Divina.

Percibo seis rayos principales y una séptima corriente de energía que interacciona con nuestro yo interno de la Fuente Divina. Veo cada uno de estos seis rayos mayores entrando por un punto particular del cuerpo y saliendo por otro. Cuando entran y salen, lo hacen por ambos lados del cuerpo. Por supuesto, esta afirmación es una paradoja en sí misma, pues cada uno de los rayos realmente se desplaza del interior de nuestro cuerpo a su exterior. Establecer una relación consciente con cada una de estas energías es más fácil si primero nos concentramos en estos puntos de entrada y salida.

Muchos de vosotros probablemente caigáis en la cuenta de que reduzco el número típico de rayos de siete a seis. Percibo que el séptimo rayo es el yo de la Fuente Divina. Tras abrirnos a los seis primeros rayos, debemos vernos y reconocernos como hijos de la Fuente Divina. Y a la inversa, si fuéramos a entendernos como parte de la Fuente Divina ahora mismo, no necesitaríamos entender los otros rayos.

Los seis rayos mayores

Rayo	Punto de Entrada	Punto de salida
Primero	Cóccix	Glándula pineal
Segundo	Tercer ojo/frente	Abdomen
Tercero	Área del estómago	Garganta
Cuarto	Parte frontal del corazón	Parte dorsal del corazón
Quinto	Octavo chakra	Décimo chakra
Sexto	Yo de la Fuente Divina	Noveno chakra

Las cualidades de los rayos mismos son similares a las mencionadas en otros textos. He aquí una sinopsis.

Primer rayo

Aspecto clave: Poder de la voluntad.

Significado del punto de entrada: Establece la existencia del yo de la Fuente Divina a un nivel físico.

Significado del punto de salida: Reconecta la existencia del yo humano con la Fuente Divina.

Segundo rayo

Aspecto clave: Amor y bondad.

Significado del punto de entrada: Permite al yo humano verse a través de los ojos de la Fuente Divina, una lente de bondad y amor infinitos.

Significado del punto de salida: Devuelve nuestros estados de sentimiento, tanto los difíciles como los positivos, a la Fuente Divina para su curación y completamiento.

Tercer rayo

Aspecto clave: Inteligencia.

Significado del punto de entrada: Trae las ideas de la Fuente Divina al yo humano para su consideración (permitiendo al yo humano considerar qué activar y qué no).

Significado del punto de salida: Devuelve decisiones, consecuencias o lecciones aprendidas de vuelta a la Fuente Divina.

Cuarto rayo

Aspecto clave: Unidad.

Significado del punto de entrada: Refuerza el hecho de que la Fuente Divina traerá los deseos del corazón al yo humano a través de la realidad concreta.

Significado del punto de salida: Refleja las armonías e inarmonías de vuelta a la Fuente Divina para su reflexión y curación.

Quinto rayo

Aspecto clave: Conocimiento.

Significado del punto de entrada: Despierta todo conocimiento pasado y todo futuro potencial del yo humano y de otros yoes humanos, haciendo que este conocimiento esté disponible para el uso cotidiano.

Significado del punto de salida: Encarna este conocimiento en la realidad material presente del yo humano.

Sexto rayo

Aspecto clave: Idealismo.

Significado del punto de entrada: Concede al yo humano la aceptación incondicional, el amor y el apoyo basado en principios, limpios y puros, que sólo el yo de la Fuente Divina puede proporcionar.

Significado del punto de salida: Tras despertar la naturaleza esencial del alma, vuelve al yo de la Fuente Divina, cerrando el círculo entre ambos.

Séptimo rayo (el rayo final)

No considero esta energía como un rayo. Es más bien una consciencia que nos viene cuando comprendemos que estamos en la Fuente Divina, que somos alimentados por la luz blanca que es, contiene e incluye todo.

El trabajo con los rayos

En el trabajo con los rayos podemos elegir hacerlo deliberada o inconscientemente. En el enfoque deliberado, comprobamos lo que falta en nuestras vidas o el tipo de energía que podría ser útil. Por ejemplo, uno de mis clientes, James, estaba experimentando problemas financieros. Dado que ya estaba profundamente interesado en el concepto de los rayos, le pedí que empezara a trabajar con la energía del Primer Rayo. Aunque los problemas de dinero podrían reflejar cualquiera de los rayos, yo sabía que los problemas de la línea base de seguridad se originan en el primer chakra, y que el Primer Rayo entra a través del primer chakra. También sé que el dinero está unido al problema mayor del propósito, y al de estar en nuestro sendero profesional correcto. Mi decisión fue subrayada por el hecho de que el Primer Rayo sale por la glándula pineal o séptimo chakra, que pertenece al propósito. Finalmente, el Primer Rayo tiene que ver con el poder de la voluntad. Descompón este término y tendremos «voluntad» más «poder»: lo que queremos, más el poder para conseguirlo. De esta forma fundí mi racionalidad con mi propia intuición para hacerle una sugerencia a James.

Por su parte, James meditó en el Primer Rayo y en su conexión con la Fuente Divina tres veces al día, imaginando que el rayo entraba a través del cóccix y salía a través de la glándula pineal. Se enfocó en cada giro y vuelta que daba este rayo. Durante el curso de dos meses, trabajó varios problemas que atañían al dinero, incluidas las creencias de que no lo merecía, la confusión acerca del modo de ganarlo y la ira hacia su padre, quien sólo se concentraba en el dinero.

Con James hice algo un poco distinto. Al cabo de un mes de trabajo, le sugerí que empezara a usar al mismo tiempo el punto de energía Abundancia, lo que aceleró su progreso en su trabajo activo con los problemas. En dos meses había encontrado un nuevo trabajo mejor remunerado. En seis meses estaba ahorrando el suficiente dinero como para pagar la entrada de una casa.

Ciertos problemas pueden también requerir una mezcla de rayos. En este juego de química, es útil emplear algún tiempo en concebir todos los lados de un problema antes de hacer experimentos. Digamos que has apuntado al Primer Rayo por tus problemas de dinero, pero crees que necesitas algo más. Pensar un poco puede ayudarte a recordar que no tuviste problemas de dinero hasta que te divorciaste. Sabiendo que el cuarto chakra (corazón) tiene que ver con las relaciones, puedes intentar la idea de que el Cuarto Rayo puede también contener la curación adecuada para ti.

Pasé por una experiencia bastante insólita con los rayos poco después de separarme de mi esposo. Siendo la que había tenido que marcharse, me encontré con 500 dólares, dos futones y un niño pequeño. Fui a acostarme una noche pidiendo que la Fuente Divina me enviase cualquier energía que pudiese necesitar para mantenerme en pie. Nunca olvidaré esa noche.

Al principio, era consciente de una energía roja, la del Primer Rayo. Una voz en mi cabeza me decía: «Esto puede hacer daño.» Un eufemismo. Lo agudo del dolor, el crujir de los huesos moviéndose; estaba aterrorizada, no sabía a ciencia cierta qué clase de monstruo había liberado. En ese momento, yo era una firme creyente en la vieja máxima de que la cura puede ser peor que la enfermedad. La noche siguió adelante, con cada color iluminando diferentes aspectos de mi personalidad y alterándome de modos diferentes. Experimenté la presencia de seres, pero más de uno por rayo. Los encontré consoladores y reconfortantes.

En año y medio estaba viviendo en un barrio confortable, había comprado un terreno fuera de la ciudad, pagado todas mis deudas y tenía 700 clientes. Creo que mucho de ello tuvo que ver con el aclarado de los rayos y algún trabajo anterior y posterior que hice con los centros de energía superiores (junto con la vieja ética puritana del trabajo).

Métodos para el trabajo con los rayos

Hay varios métodos para trabajar con los rayos. Una persona psíquicamente visual puede sintonizarlos en sí misma o en otra persona y explorar la presencia o ausencia de rayos. Los psíquicos suelen interpretar los colores de los rayos del siguiente modo:

Rayo	Color
Primero	Rojo o rosa.
Segundo	Naranja o lavanda (diferente del violeta o del púrpura profundo).
Tercero	Amarillo o verde lima.
Cuarto	Verde o rosa.
Quinto	Plateado o blanco y negro.
Sexto	Dorado o púrpura.
Integrador	Blanco.

Aparte de buscar conexiones de rayos ausentes o incompletos, puede ser útil determinar qué rayos se están utilizando más. Esta información puede decirnos cuáles son las necesidades primarias presentes, nuestras o de los demás. Si estamos usando mucha energía de Segundo Rayo, lo más probable es que, al menos por el momento, nos estemos concentrando en los sentimientos y en la expresión de éstos en nuestra vida. Si estamos atrayendo energía de los rayos Tercero y Cuarto, estamos empleando las energías intelectual y de relación. Quizá estemos considerando el modo en que nuestras ideas acerca de una relación chocan con la realidad de una cierta relación.

Dado que la lista de posibilidades y sus interpretaciones es interminable, resulta importante confiar en nuestros sentidos intuitivos en relación con nuestro empleo de los rayos. Si alguien nos dice que somos una persona de

Tercer Rayo, y nosotros no lo creemos así, no tenemos por qué aceptar esa información como válida. No obstante, si percibimos mucha energía de Tercer Rayo en nosotros, tenemos opciones en cuanto al modo de usar este conocimiento. Podemos buscar entender mejor nuestra familiaridad con el Tercer Rayo, el rayo de la inteligencia. Quizá podamos retarnos a nosotros mismos a hacer un mayor uso de nuestra brillantez, o a establecer nuevos modos de transmitirlo.

Cómo usar la energía de los rayos

Hay muchos modos de emplear o atraer la energía de los rayos. El primer método probablemente sea el más fácil, pero también el más difícil de describir. Simplemente lo atraemos. Lo pedimos, sentimos la presencia del rayo y lo introducimos en nuestro cuerpo. Si sigues este enfoque, recuerda chequear tanto el punto de entrada como el de salida. ¿Están limpios, sin taponamientos? ¿Están fluyendo los rayos completamente a través de estos puntos, o se está atascando alguno? Sabemos que henos tenido éxito cuando nos sentimos distintos. Otro método es el enfoque visual. Podemos explorar psíquicamente los puntos de entrada y salida, y buscar los rayos. Se trata de chequear colores y decoloraciones, la fuerza e intensidad de los rayos entrando y saliendo, y si el rayo está tratando de iluminar algo para nosotros.

Otro método de exploración tiene que ver con el enfoque auditivo. Siempre podemos pedir a nuestro propio yo o a un guía que nos explique qué está sucediendo con los rayos. Podemos escuchar las respuestas o anotarlas.

Buenas preguntas que plantear acerca de cualquier rayo específico podrían incluir:

1. ¿Puedo localizar el rayo en o alrededor de mí?
2. ¿Está entrando el rayo por su punto de entrada?
3. Si no es así, ¿por qué? ¿Está bloqueado el punto de entrada? ¿Con qué? ¿Es un problema emocional, físico, mental o espiritual? ¿Qué necesito hacer o creer para abrir este punto de entrada?
4. ¿Qué efecto está teniendo el rayo dentro de mi cuerpo?
5. ¿Hay algo que necesito hacer o conocer para emplear este rayo de manera que sirva mejor a mis necesidades?
6. ¿Está saliendo el rayo de mi cuerpo?
7. Si no es así, ¿por qué? ¿Está bloqueado el punto de salida? ¿Con qué? ¿Qué necesito hacer o creer para abrir este punto de salida?

8. ¿Qué aspecto o sensación comunica el rayo al abandonar mi cuerpo?
9. ¿Es apropiado que tenga este aspecto o dé esta sensación? Si no, ¿qué necesito hacer o saber?
10. ¿Vuelve el rayo por completo a la Fuente Divina? Si no es así, ¿en qué modo estoy impidiendo su pleno retorno?
11. ¿Están en equilibrio todos mis rayos? En tal caso, ¿cómo asegurarme de que seguirán así? Si no, ¿qué debo hacer o conocer para llevarlos al equilibrio?

Si fuera a destilar esta información y toda la demás información acerca de los rayos hasta su esencia, llegaríamos finalmente a esta conclusión: los rayos están ahí para ayudarnos a amarnos mejor a nosotros mismos. Si estamos dispuestos a amarnos a nosotros mismos, alcanzaremos automáticamente la estrella apropiada.

EJERCICIOS
Trabajando con tus rayos

I. Selecciona un método de exploración y busca tu propio campo para los rayos. Dibuja o documenta tus descubrimientos (incluyendo la imagen de un cuerpo). Luego, guiándote a ti mismo a un estado meditativo, hazte a ti mismo las preguntas de exploración presentadas al final de este capítulo. Anota tus respuestas. ¿Qué te dicen sobre tu actual situación?

II. Selecciona un rayo con el que trabajar durante una semana. Cada mañana y cada noche imagina este rayo entrando en tu cuerpo, saliendo por el punto de salida y conectándote con la Fuente Divina. Al final de la semana, valora qué sucedió en relación al foco primario de ese rayo.

III. La siguiente serie de preguntas está destinada a ayudarte a concebir qué rayo(s) estás actualmente utilizando más. Conocer esta información puede darte claves acerca de los focos profesionales o personales que puedes tener que atender en este momento.

A) ¿Qué color parece explicar mejor tu personalidad en este momento?

1. Rojo.
2. Naranja.
3. Amarillo.
4. Verde.
5. Plateado.
6. Dorado.
7. Blanco.

B) ¿Cuál sería el mejor modo de describir tu naturaleza bajo las siguientes condiciones?

En el trabajo...

1. Contundente: Es importante que las cosas se hagan.
2. Considerada: Lo que importa es hacer las cosas de un buen modo.
3. Ponderada: Es importante considerar las opciones, a fin de tomar la mejor decisión.
4. Orientada al trabajo en equipo: El mejor trabajo se hace cuando cada persona está haciendo lo que mejor sabe.
5. Instruida: El conocimiento —saber qué conocer— se reflejará en el resultado final.
6. Idealista: No podrás llegar hasta las estrellas si no te pones en camino hacia ellas.
7. Con propósito: Si permanezco conectado a mi Fuente Divina, lo que haga será perfecto.

En las relaciones...

1. Poderoso: Seamos reales unos con otros.
2. Amable: Creo en amar a mi prójimo como a mí mismo.
3. Pensativo e intencionado: Las acciones tienen consecuencias; pensemos en ellas.
4. Armonioso: Es importante que operemos como una unidad, apoyándonos el uno al otro.
5. Comprensivo: Si sabemos de dónde viene cada uno y por qué, iremos adelante.
6. Conectado: Nos esforzamos por ser uno.
7. Aceptador: La gente es quien es, y quien se supone que ha de ser —en todo momento.

En el entretenimiento...

1. Físico y determinado: Me gusta mantener la marcha.
2. Reflexivo: Éste es el momento de conseguir una comprensión superior de las cosas.
3. Estudioso: Necesito tiempo para investigar, estudiar y pensar, si es que he de dar lo mejor de mí mismo cuando realmente cuente.
4. Abierto: Estando abierto y siguiendo mis deseos, me convierto en una mejor persona.
5. Curioso: Quiero aprender todo lo que haya por aprender.
6. Dedicado: Cuando estoy haciendo algo, me gusta hacerlo lo mejor que puedo, incluso si es un juego.
7. No diferente: Siempre estoy siendo yo mismo, mantenido en la Fuente Divina.

C) ¿Qué cualidades usas más en tu vida diaria?

1. Determinación.
2. Consideración por los demás.
3. Razón.
4. Compasión y armonía.
5. Entendimiento, relatando lo que conoces.
6. Adhesión a las creencias.
7. Consciencia.

D) Lo siguiente es una lista de gente famosa y de una cualidad que les ayudó a hacerse grandes. Si tuvieses que escoger un héroe o una heroína de esta lista, ¿a quién elegirías?

1. Mickey Mantle (un grande del béisbol): Cogió un talento natural y se obligó a hacerlo aún mejor.
2. Madre Teresa (humanitaria): Comparte el amor independientemente de la raza, color, edad o credo de alguien.
3. Albert Einstein (mente maestra de la física): Fue un hombre brillante que se esforzó por interrelacionar ciencia y espiritualidad.
4. Martin Luther King, Jr. (líder de los derechos civiles): Nos dijo que todos somos iguales y vivió ese principio.

5. Madame Marie Curie (científica): Se dedicó incansablemente a la investigación y a compartir este conocimiento para ayudar a la humanidad.
6. Santa Clara o San Francisco de Asís (líderes de órdenes religiosas): Ambos creían que la gente era capaz de vivir una vida espiritual, y enseñaron a los demás el modo de hacerlo.
7. Profetas espirituales: Gentes cuyas vidas y trabajo condujeron a otros a conectarse con la Fuente Divina.

Cómo descifrar:

Cuenta el número de veces en que has seleccionado cada letra. Utiliza la siguiente tabla para saber cuántas veces elegiste cada rayo:

1 = Primer Rayo
2 = Segundo Rayo
3 = Tercer Rayo
4 = Cuarto Rayo

5 = Quinto Rayo
6 = Sexto Rayo
7 = Rayo Integrador

La mayoría de nosotros atraemos uno o quizá dos rayos más a menudo que los demás. Usa el siguiente análisis para determinar lo que tiendes a hacer.

Cinco elecciones en un mismo grupo de rayo: Eres un fuerte proponente de este rayo. Probablemente, el propósito de tu alma se apoya en una sólida aplicación de la energía que te es accesible a partir de este rayo. Tus amigos tal vez te describirían como alguien con las cualidades de la personalidad más frecuentemente relacionadas con este rayo. Sabiendo esto, usa las fuerzas de esta energía de la Fuente Divina, pero permanece abierto al hecho de que otra gente puede ver la vida de un modo diferente. Necesitarás formar compañía con otros en algunos empeños, a fin de asegurarte el equilibrio en tus proyectos y en tu vida.

Cuatro elecciones en un mismo grupo de rayo: Te adhieres fuertemente a los rasgos inherentes a este rayo, usándolos y probablemente expresándolos para alcanzar tus metas. Aunque no tan estridente como alguien con cinco elecciones en su grupo de rayos, necesitas tener cuidado de respetar los métodos y planteamientos de los demás. Usar el rayo que obtuvo un único voto puede aliviar la intensidad de los otros cuatro rayos y añadir equilibrio a tu personalidad.

Tres elecciones en un mismo grupo de rayo: Probablemente uses por igual dos tipos diferentes de energía de rayo, lo que te señala como bastante adaptable y equilibrado. En tu trabajo tiendes a aplicar cualidades de ambas categorías. Eres la persona puente ideal: alguien que puede ayudar a unir dos puntos de vista o enfoques aparentemente diferentes. Tener dos series fuertes puede a veces ser difícil. La joya en el centro es ésta: cuando te quedas atascado en un problema particular, puedes cambiar tu enfoque del problema. Por ejemplo, si no puedes concebir tu escape a un dilema a través de una de tus tendencias, cambia a un «rayo» de pensamiento diferente.

Un conjunto de elecciones de rayo: Si no surge ninguna inclinación fuerte, eres más un generalista que un especialista. En las relaciones, podrías aprender fácilmente a ver más de un punto de vista, y podrías tener dificultades para representar tus propios puntos de vista más fuertes. A veces, es importante ser más de un modo que de otro; ten cuidado de no ser insípido. Como apaciguador y mediador natural, utiliza tus dones de manera sabia y reflexiva.

Capítulo Ocho

Los principios guardianes

TODAS LAS PRINCIPALES religiones, ciencias, industrias, enfoques médicos y disciplinas se rigen por principios o directrices establecidos. Los principios pueden provenir de muy diferentes orígenes. Algunos se concluyen a partir de la experiencia práctica, como la noción de gravedad desarrollada por Newton. Otros son creados a partir de la investigación empírica, como las leyes de la termodinámica. Otros son entregados desde lo alto, como los Diez Mandamientos o las enseñanzas del Buda. Algunos surgen del viejo sentido común, como la sabiduría de los viejos cuentos. Cualquiera que sea su origen, todos los principios tienen una cosa en común: definen la cultura que los crea o que se adapta a ellos.

Los principios son importantes. Proporcionan continuidad y definen límites, asegurando con ello un nivel de seguridad. Pueden unir a la gente bajo un intento común, impulsando así una causa o movimiento. También establecen estándares, fomentan la investigación y ayudan a la gente a entenderse entre sí. Los principios consiguen muchos fines superiores.

Los principios pueden también ser usados en dirección a fines menos deseables. Pueden, por ejemplo, separar a la gente. El sistema de castas de la India es mantenido por principios religiosos que dividen a los dignos de los indignos, dejando a estos últimos hambrientos, enfermos y no satisfechos. Los principios aplicados por el régimen nazi dieron por resultado directamente la muerte de millones de personas que no se ajustaban a las regulaciones arias «inspiradas por la divinidad». Muchos antepasados americanos fueron arrojados de sus naciones de nacimiento por principios; incapaces de adscribirse a las reglas de los tiempos, escogieron estándares diferentes, y fueron forzados a abandonar sus naciones de nacimiento o prefirieron hacerlo así para escapar a las persecuciones.

Además de causar escisiones entre la gente, los principios rígidos pueden también limitar el crecimiento y desarrollo de las ideas, la ciencia, el progreso, el cambio y el bien. A lo largo de la historia, ciertas creencias religiosas impidieron o retrasaron el desarrollo de la ciencia. Imagina dónde estaría ahora la sociedad si la teoría de Copérnico de que la Tierra es redonda hubiera sido aceptada por sus contemporáneos en vez de permanecer dormida durante varios años. Resulta irónico que los estándares científicos mismos se hayan utilizado para prohibir el desarrollo personal. Podemos ver ahora una situación semejante cuando algunas instituciones estadounidenses gubernamentales y empresariales están tratando de impedir que la gente use la cromoterapia, los tónicos herbales y la curación por imposición de manos. Incluso el uso de las vitaminas se ha visto cuestionado en años recientes.

Los principios a menudo son mal aplicados. El fallo no suele estar en los principios mismos, sino más bien en la percepción y aplicación de ellos. La gente es gente. Cuando sostenemos percepciones erróneas, como la creencia de que los demás están ahí para abusar de nosotros o que tenemos que inclinarnos para seguir adelante, podríamos retorcer la verdad para escapar a amenazas percibidas o a los peligros de descubrirnos. Al considerar la existencia de los principios, debemos prestar estrecha atención a las aplicaciones de los mismos. No es suficiente con decir: «El mundo funcionaría mejor si todos nos amásemos.» Deberíamos considerar el modo de aplicar personalmente este principio de un modo ético.

Hay muchos principios universales que gobiernan nuestro planeta, nuestra nación, nuestro estado, nuestro negocio, nuestra familia y nuestras vidas diarias. Muchos de estos principios cruzan las fronteras étnicas, socioeconómicas, geográficas y políticas. Muchos pueblos mantienen en común varios principios. Incluso mi hijo, al escuchar por vez primera la Regla de Oro cuando tenía cinco años, pudo adherirse a ella. En sus propias palabras: «¡Eso significa que si doy a Bobby un juguete, él tendrá que darme uno a mí!» Principios como «Ama al prójimo como a ti mismo» se manifiestan en la mayoría de las culturas de un modo u otro. La idea de que «Dios es amor» es compartida comúnmente por muchos grupos religiosos.

Si tantos de nuestros principios son los mismos, ¿por qué parecemos todos tan diferentes? Aunque podamos compartir principios similares con otra persona o grupo, podemos diferir en nuestras interpretaciones de principios comunes, podemos aplicar principios comunes de manera diferente, o podemos sostener también principios diferentes que causan comprensiones encontradas de nuestros principios comunes. Sin embargo, pese a estos problemas, la humanidad continúa creando y sosteniendo principios. Los creamos porque los necesitamos.

Al trabajar con el sistema de energía humano, nos enfrentamos a una necesidad de principios semejante. La cuestión es: ¿Cuáles son los principios bajo los que podemos trabajar con el sistema de energía humano completo? Bajo esa pregunta se esconde otra todavía más importante: ¿En qué modo podemos trabajar éticamente con este sistema? ¿Cómo asegurarnos de que esta información no se convierte en pienso para malas aplicaciones y prácticas no éticas? Tenemos miríadas de hechos, sistemas y tratamientos que pueden ser aplicados en nuestras relaciones esotéricas y espirituales, y en nuestras vidas cotidianas. No estamos tratando de crear otra razón para criticarnos o juzgarnos a nosotros mismos, o a los demás. No estoy tratando de crear otro sistema más que dé por resultado la manipulación o la fantasía.

Como he señalado, los principios pueden derivarse de varios orígenes. Podríamos crear todo un conjunto de principios para regular el trabajo con nuestro sistema de energía humano, pues inevitablemente cualquiera que trabaje con esta información lo hará. Lo que necesitamos realmente es una serie de directrices bajo las cuales desarrollar nuestros propios valores y principios individuales. Necesitamos directrices con principios, pero también universales en naturaleza. Necesitamos directrices que no excluyan a nadie, y que, sin embargo, impliquen estándares éticos. Necesitamos directrices que convaliden el punto de vista de todos, pero que no impliquen que una serie de experiencias es mejor que la de otros. Necesitamos directrices que sean pasos antes que reglas. Estas directrices, a su vez, deben alentarnos a buscar nuestro conjunto de principios más elevados, en concepto y en aplicación.

Las siguientes directrices son las que he desarrollado por mí misma. Creo que son universales en origen, pero necesitan recibir forma y aplicarse de manera personal. Son sugerencias, no reglas. Se conforman a la mayoría de las doctrinas, series de principios, conceptos e ideales, pero tienen una aplicación práctica. Las ofrezco como una serie de directrices a seguir cuando trabajes con tu propio sistema de energía humano o con el de otra persona. Han sido desarrollados para aplicarse de manera específica al sistema de energía humano, pues se alinean con la naturaleza holística de los centros mismos. Aunque prácticos, también son conceptuales. Os animaría a usarlos, o al menos a crear vuestras propias directrices, teniendo siempre presente que su aplicabilidad depende de que lo intentéis. Estos principios pueden ayudarnos a todos a abrir las puertas giratorias entre lo material y lo espiritual que hay en cada uno de nosotros y en la humanidad en su conjunto.

Principios para el proceso de energía humano

Principio Uno

El sistema de energía humano está destinado a dos actividades: curar y manifestar. En última instancia, estamos:

1. Buscando curar aquello que nos está impidiendo manifestar los deseos de nuestro corazón.
2. Buscando manifestar aquel daño a nuestro verdadero ser que requiere una curación.

Los deseos de nuestro corazón provienen de nuestra esencia. Nuestra esencia es la manifestación a la vez espiritual y física de lo que la Fuente Divina quiere para nosotros. Nuestra esencia desea ser su pleno ser en lo físico y en todos los otros planos. El sistema de energía humano, dado que opera como una puerta giratoria entre lo espiritual y lo físico, es el instrumento óptimo tanto para curar los problemas que impiden la plena expresión de nosotros mismos, como para la manifestación de los verdaderos deseos de nuestra esencia.

Principio Dos

Curar y manifestar son una y la misma actividad.

En el plano físico, la curación tiene lugar cuando canalizamos, cambiamos o reordenamos la materia. La curación nos permite manifestarnos de modo pleno. Manifestar implica canalizar, cambiar o reordenar la energía espiritual. Nos permite sanar los daños a nuestro verdadero ser. Cuando nos hallamos en un proceso de curación, estamos tratando de reparar el daño a fin de volver a un estado más completo, o bien nos estamos abriendo a cambios a fin de alcanzar un nuevo y deseado estado. Para conseguir la curación, debemos aprender el modo de manifestar; para manifestar, debemos estar dispuestos a curar cualquier cosa que se interponga en el camino de tener lo que deseamos. Ambos procesos comparten el mismo final. Nos ayudan a conocer y actualizar nuestro verdadero ser.

Principio Tres

La verdadera curación y, por lo tanto, la verdadera manifestación, depende de que estemos dispuestos a cambiar.

Este concepto parece simple, y lo es. Nuestra resistencia, sin embargo, hace a veces difícil su aplicación. Por ejemplo, si necesitamos curación o estamos viviendo en un estado de necesidad, a algún nivel, estamos resistiéndonos a la manifestación de nuestros deseos. Podríamos estar haciendo esto por una serie de motivos. No creemos que merezcamos realmente las cosas que deseamos. No hemos acabado de aprender de la experiencia presente. Queremos algo diferente de lo que creemos querer, o simplemente tenemos miedo de hacer la prueba. Quizá no queramos ser dañados o humillados de nuevo.

El cambio es un concepto que nos atemoriza a la mayoría. Incluso cuando nuestras mentes parecen hallarse cómodas con la idea, a veces nuestros sentimientos o nuestro cuerpo se resisten. Cuando combatimos nuestra resistencia, nuestra resistencia nos combate a su vez. Lo que tenemos que hacer entonces es estar dispuestos a cambiar. Sin eso, podemos estar dispuestos a estar dispuestos a cambiar. Cuando dejamos de pelear contra nuestra resistencia, abrimos las puertas giratorias a oportunidades diferentes para la curación y la manifestación.

Principio Cuatro

Para cambiar, debemos estar dispuestos a abandonar.

Abandonar es rendirse. Para conseguir los deseos de nuestro corazón, debemos abandonar todo lo que no es un deseo del corazón o cualquier cosa que no se alinee con la Fuente Divina. Debemos estar dispuestos a soltar cualquier cosa que no sea de nuestra esencia, procedente de ella o para ella. Debemos rendir a la Fuente Divina todo lo que no es de nosotros.

Principio Cinco

Abandonar requiere una plena aceptación de nuestro estado presente, una disposición a amarnos a nosotros mismos por completo, y una disposición a ser amados por completo.

Sólo podemos abandonar algo que aceptamos por completo. Por razones conocidas o desconocidas, a menudo nos resistimos a la curación o manifestación de los deseos de nuestro corazón. Debemos aceptar la sabiduría de nuestro conocimiento oculto; necesitamos aceptar la resistencia. Sólo desde un lugar de amor a nosotros mismos podemos permitir el cambio, y con ello arriesgarnos a amarnos más aún a nosotros mismos. Dado que estamos volviendo nuestra resistencia hacia la Fuente Divina, debemos también estar dispuestos a permitir que la Fuente Divina nos ayude o ame. Abandonarse simboliza el estado del perfecto amor a uno mismo.

Principio Seis

La norma es lo que percibimos que es. Si cambiamos nuestros estándares, la norma cambia también.

Nuestro estado de existencia presente es siempre el estado que consideramos normal. Enfermedad, limitaciones de dinero, insatisfacción profesional o en las relaciones, y otros molestos estados, provienen de nuestros estándares y reflejan realmente aquello que consideramos normal. El trabajo de nuestro sistema de energía físico es el de mantener nuestros estándares. El trabajo de nuestro sistema de energía de base espiritual es el de ayudarnos a crear la realidad de nuestros estándares óptimos o esenciales. Si permitimos a nuestra esencia que establezca nuestros estándares físicos, mentales, emocionales o mentales, nuestro sistema de energía cambiará su idea de lo que es normal. Entonces curaremos y manifestaremos los deseos de nuestro corazón.

Principio Siete

Cuanto más alineemos nuestros estándares de curación y manifestación con los de la Fuente Divina y nuestro yo de la Fuente divina, más felices seremos.

La Fuente Divina y nuestra esencia o yo de la Fuente Divina se componen de pura energía de amor. Todo en la Fuente Divina busca su pura autoexpresión. Cuando estamos siendo y actuando a partir de nuestro ser total, somos felices y satisfechos en nosotros mismos.

Aplicación de los principios

Estos principios están destinados a constituir un forraje para las directrices que los individuos o grupos definan para sí mismos. No son principios en sí mismos. Cualquier sistema de principios podría aplicárseles, incluyendo los principios de los Doce Pasos, las doctrinas religiosas, e incluso el juramento hipocrático.

Aunque estas directrices parezcan conceptuales, yo las aplico en asuntos prácticos. Un modo de hacerlo para mí o para mis clientes es el de ir directriz por directriz. Por ejemplo:

Principio Uno: ¿Cuál es el deseo del corazón que estoy trabajando ahora mismo?

Principio Dos: ¿Qué necesito curar a fin de manifestar lo que deseo, y qué necesito manifestar a fin de curar lo que se interpone en mi camino?

Principio Tres: ¿Estoy verdaderamente dispuesto a cambiar aquello que está impidiendo mi éxito, o a permitir que la Fuente Divina me cambie?

Principio Cuatro: ¿Estoy realmente dispuesto a abandonar aquello que está impidiendo mi éxito?

Principio Cinco: ¿Estoy dispuesto a amarme a mí mismo exactamente como soy, a amarme lo bastante como para cambiar, y a ser amado lo bastante como para obtener la ayuda que necesito?

Principio Seis: ¿Estoy dispuesto a cambiar mis percepciones de lo normal, de modo que incluyan el vivir plenamente en/con el cambio deseado?

Principio Siete: ¿Estoy dispuesto a ser feliz (en relación a este problema)?

Podemos hacer recorrer cualquier problema a través de estos siete principios. Podemos incluso usar este modelo para diagnosticar lo que está realmente sucediendo en nosotros.

Otro modo en que utilizo estas preguntas es el de incorporar plenamente mis siete chakras intracorporales en el proceso. Llevo mi conciencia a mi primer chakra y me planteo a mí mismo la primera pregunta, luego me llevo a mi segundo chakra para hacer la segunda pregunta, y así sucesivamente. Advertirás que cada principio refleja la naturaleza básica del chakra del mismo número. A través de este método obtenemos una comprensión completa de nuestro problema con sus repercusiones de curación y manifestación, y abrimos nuestro cuerpo entero al proceso de cambio. Esta apertura acelera grandemente nuestro proceso de curación/manifestación.

Estos principios se reducen a esto: somos nuestra esencia —nuestro yo de la Fuente Divina— y merecemos que nuestras vidas reflejen esa verdad. Ello significa que nuestras realidades física, mental, emocional y espiritual pueden estar en alineamiento con los deseos de nuestro corazón. Podemos ser felices.

Exploraremos estos principios con más profundidad en relación con nuestro bienestar físico, mental, emocional y espiritual a lo largo del resto de este libro. El siguiente ejercicio te ayudará a practicar estos principios de una manera concreta.

EJERCICIO
Practicando los principios

Guío a mis clases a través de este ejercicio, y te animo a que un compañero haga lo mismo por ti.

A) Ponte en estado meditativo. Apunta a un problema importante. Tómate unos instantes y permítete experimentar todas tus sensaciones acerca de este problema. ¿Cómo percibes este problema en tu cuerpo? ¿Cómo afecta a tu vida? ¿Cómo afecta a las vidas de quienes te rodean? ¿Por cuánto tiempo has sido consciente de este problema?

B) Vas ahora a emplear unos pocos minutos reflexionando sobre este problema. Crea una burbuja de color rojo, únela a tu primer centro de energía y entra en este mundo de rojo. Hazte la primera pregunta correspondiente a la primera directriz: ¿Cuál es el deseo del corazón sobre el que estoy trabajando ahora mismo?

Recuérdate a ti mismo que por debajo de tu problema subyace un deseo, un sueño, una necesidad. ¿Cuál es? Conforme ves o sientes lo que está faltando, pregúntate qué es lo que te esfuerzas por alcanzar. Mientras te hallas rodeado por este color rojo, deja que tu cuerpo experimente lo que sería tener lo que quieres.

C) Crea ahora una burbuja de color naranja. Únela a tu segundo chakra. Entra en este mundo y responde a la pregunta relativa a la segunda directriz: ¿Qué necesito curar a fin de manifestar lo que deseo, y qué necesito manifestar a fin de curar lo que se interpone en mi camino?

Mientras reflexionas sobre esta pregunta, deja que tu creatividad se desboque. Concibe imágenes, recrea pensamientos, imagina historias que te proporcionen inspiración.

D) A continuación forma una burbuja amarilla y conéctala con tu tercer chakra. Hazte aquí la pregunta: ¿Estoy verdaderamente dispuesto a cambiar aquello que está impidiendo mi éxito?

No respondas demasiado deprisa. ¿Estás realmente dispuesto a cambiar aquello que está impidiendo la consecución del deseo de tu corazón, de curar o manifestar aquello que necesitas? Pasa adelante sólo cuando sientas que podrías, sinceramente, responder con un «sí».

E) Ahora hay una burbuja verde conectada con tu corazón. Entra en ella y hazte a ti mismo la siguiente pregunta: ¿Estoy realmente dispuesto a abandonar aquello que está impidiendo mi éxito?

Haz una pausa y siente tus reacciones a esta idea. ¿Hay algunos temores? ¿Inhibiciones? ¿Preguntas? Sé honesto. Luego cava más hondo. ¿Eres realmente feliz aferrado a este problema y a todo lo asociado con él? Si puedes sentir y decir un «no», probablemente estés dispuesto a abandonar.

F) Ahora forma una burbuja azul y únela a tu garganta. Dentro de esta burbuja, hazte la siguiente serie de preguntas: ¿Estoy dispuesto a amarme a mí mismo exactamente como soy, a amarme lo bastante como para cambiar, y a ser amado lo bastante como para obtener la ayuda que necesito?

Aquí debemos decir nuestra verdad. Debemos fijar nuestras reclamaciones. Discute la resistencia contigo mismo; pide al color azul que te ayude a encontrar la verdad de cualquier juicio negativo que mantengas respecto a ti mismo y a liberar la negatividad. Cuando puedas decir que eres una persona plenamente merecedora, pasa adelante.

G) Te aproximas a una burbuja púrpura brillante que emana de tu frente. Esta burbuja púrpura es el centro de tu imagen de ti mismo. Pregúntate a ti mismo: ¿Estoy dispuesto a cambiar mis percepciones de lo que es normal de modo que puedan incluir el vivir plenamente en/con el cambio deseado?

Permítete a ti mismo imaginar la imagen presente que tienes de ti mismo. Es este yo el que está creando tu realidad presente. ¿Parece satisfecha esta persona? ¿Feliz? ¿Se siente bien consigo misma? Si no es así, busca otro nivel de comprensión. ¿Qué aspecto tiene el yo que hay debajo de ese yo? ¿Dónde está el yo con una baja imagen de sí mismo? Siente tu compasión hacia esa figura y pregunta cómo le gustaría aparecer. ¿Estaría ese individuo dispuesto a aceptar un nuevo estándar para sí, y, en consecuencia, para su realidad?

Visualiza realmente el proceso de cambio sobre este aspecto de ti mismo. Vete a ti mismo alterando tus percepciones por el cambio de imagen. Luego sigue adelante.

H) Entras en una burbuja blanca que flota en la parte superior de tu cabeza, y te haces la pregunta: ¿Estoy dispuesto a ser feliz (en relación a este problema)?

A este nivel, puedes abrirte a sentir y experimentar lo que es la felicidad en relación a este problema. Báñate en la luz blanca. Rodea este problema, tu imagen de él, tus sentimientos acerca de él, en luz blanca. Luego pide a la Fuente Divina que transforme el problema y su energía. Cuando te sientas completo y total, vuelve a tu corazón.

I) Al nivel del corazón, devuelve los colores de las burbujas de vuelta a su respectivos centros de energía. Deja detrás todo aquello que estás dispuesto a soltar: todas las falsas creencias, las bajas imágenes de ti mismo, los puntos oscuros y las decoloraciones. Cuando estés listo, libera estas burbujas a la atmósfera, pidiendo a la Fuente Divina que las descomponga en su sustancia y recicle la energía.

J) Respira profundamente y retorna a un estado consciente.

Capítulo Nueve

El designio del espíritu

HASTA AQUÍ he delineado los componentes básicos de nuestro sistema energético, y he establecido los patrones de desarrollo y líneas rectoras por las que operan. Es ahora tiempo de desarrollar las aplicaciones prácticas curativas y de manifestación de este sistema. Podrías pensar que deberíamos comenzar con una orientación física, ya que la mayoría de nuestras inquietudes lo son. La mayoría de nuestras preocupaciones están centradas en el trabajo, el dinero, el hogar, las relaciones, la salud y las pertenencias. Creemos a menudo que si alteramos nuestra realidad física o si simplemente hacemos algo diferente, podremos mejorar nuestro bienestar total.

Aunque este enfoque sea lógico, estamos explorando dimensiones que nos presentan posibilidades adicionales. Hay dos formas de realizar el cambio. En primer lugar, podemos alterar la energía física, y frecuentemente lo hacemos. Puesto que somos una especie de puertas giratorias, alterar la energía física cambiará en primer término nuestra realidad física y después nuestra realidad espiritual. Los programas de Doce Pasos se basan en esta teoría. Si dejamos de beber, de fumar, de obsesionarnos, nuestro sistema de creencias y sentimientos se clarificará. Seremos capaces de alcanzar mejor nuestro yo espiritual y nuestro poder superior.

Sin embargo, debido a que somos puertas giratorias, lo contrario también es verdad. Si afectamos nuestro yo o energías espirituales, nuestros yoes físico, mental y emocional reaccionarán. El truco está en que las reacciones posteriores no son equivalentes al cambio físico. Son mucho mayores: drásticamente mayores. Ni nuestro yo ni nuestro sistema espiritual tienen que apoyarse en leyes físicas como el tiempo, causa y efecto y estímulo/respuesta.

La base de todas las líneas rectoras de mi sistema energético humano es el conocimiento de que hay una Fuente Divina, y de que tenemos/somos un yo de la Fuente Divina.

Toda energía emana de la Fuente Divina, lo cual significa que toda la materia que forma nuestro universo, nuestras casas, nuestros cuerpos físicos, e incluso nuestros sentimientos, proviene de la Fuente Divina. Requiere mucha más energía volver a reordenar la materia una vez que se ha establecido y adoptado un patrón, que modelarla de manera apropiada en primer término. Piensa cuánto más difícil es perder esos últimos y tozudos cuatro kilos que mantenernos en nuestro peso ideal. Piensa en cuánto más esfuerzo requiere reparar una silla que hacer en la fábrica el original. Piensa cuánto más difícil es ponerse bien que mantenerse bien. Piensa cuánto más fácil sería, a la larga, cambiar primero nuestro yo espiritual y permitir que ese cambio reordene el resto de nosotros.

Existen muchas otros motivos por los que trabajar con las energías espirituales de frecuencia superior es la forma más efectiva de sanar y manifestarse. Sin embargo, para comprender completamente esta idea, debemos comprender un poquito más acerca de cómo está organizado nuestro sistema energético humano y cómo se originó.

Porque la curación espiritual puede provocar un cambio

Para hacer un mejor uso de nuestros cuerpos espirituales, incluidos nuestros puntos de energía espirituales, precisamos entender unos pocos hechos básicos acerca de nuestro sistema de energía humano en relación con el desarrollo espiritual. Todos los aspectos del sistema humano pueden ser organizados en tres componentes físicos principales del yo: el cuerpo, la mente y el alma.

Mi descripción de nuestro desarrollo genérico espiritual halla eco en las palabras de Zachary Lansdowne, quien dice: «Aquí el punto de vista es que el alma existe antes de la encarnación física, y entonces adquiere una personalidad a partir de los cuerpos mental, emocional y físico»[50]. Como Lansdowne, creo que el alma es ese aspecto de nosotros que ha pervivido durante más tiempo. En efecto, nuestro cuerpo del alma es el marco para la chispa de la Fuente Divina que somos. Es el yo que fue proyectado de la Fuente Divina cuando nuestro yo de la Fuente Divina decidió experimentar con la realidad física.

Cada alma porta una misión, un propósito. Este propósito está relacionado con aquello que el yo de la Fuente Divina quería aprender o experimentar en el plano físico. Cada alma tiene un propósito diferente, porque

---

[50] Lansdowne, *ibíd.*, pág. 5.

cada yo de la Fuente Divina es único. El propósito de un alma puede ser el de aprender el modo de ser feliz; otra puede desear prestar servicio y curar.

En algún punto de nuestro desarrollo anímico se añadió una conciencia o una percepción de ser. El alma aprendió que es un «yo soy». Esta conciencia de sí creó un segundo aspecto de nuestro yo: nuestra mente. Nuestro aspecto mente expresa a través suyo, y registra dentro de él, el aprendizaje, la enseñanza y el conocimiento. Nuestra mente es esa parte de nosotros mismos que realiza comparaciones y contrastes. Nuestra mente individual alberga las creencias y comprensiones intelectuales que hemos recogido a lo largo de todas las experiencias de nuestra alma. Su tarea es la de ayudar a guiarnos mediante la razón, a realizar elecciones que nos permitan cumplir el propósito global de nuestra alma. Para guiarnos, nuestra mente alberga nuestro conocimiento individual, pero también se conecta con los cuerpos mentales de todos los otros seres. Jung llamó a esta vasta red el «inconsciente colectivo».

Desgraciadamente, para cuando llegamos a desarrollar un alma y una mente algo funcionales, nuestras experiencias del plano físico están comenzando ya a deslustrarnos. Experimentábamos dolor y sufrimiento, y no sabíamos qué hacer al respecto. Nuestra alma pudo haberse enfrentado a las dificultades actualizando nuestro propósito, en tanto que nuestra mente puede habernos comparado con otros y decidido que estábamos necesitados. Cualquier serie de dificultades pudo haber empantanado nuestros procesos creativos y evolutivos.

Como reacción, añadimos un cuerpo, el cual nos ayudó a experimentar de forma más completa el plano físico. A través de nuestro cuerpo, se suponía que debíamos actualizar el propósito de nuestra alma y sanar cualquier bloqueo que tuviéramos para el cumplimiento de esta misión. El problema fue que nuestro cuerpo experimentó un dolor atroz y se culpó a sí mismo (y fue probablemente culpado tanto por el alma como por la mente en este proceso). Nuestros patrones malsanos se enclaustraron y se convirtieron en un abono para múltiples viajes de vuelta a este plano físico. Una vida seguía a la otra. Buscando en cada una de ellas sacarnos del foso, nuestra alma preparaba cuidadosamente sus planes de estudio antes del siguiente descenso o encarnación. En *El universo holográfico*, Michael Talbot describe estudios hechos por el doctor Joel Whirton sobre sujetos regresados. Describe un lugar lleno de luz donde los individuos «ya no poseían la capacidad de racionalizar cualquiera de sus faltas y errores, y se veían a sí mismos con total honestidad... cuando los sujetos planeaban su vida siguiente, lo hacían con un sentido de obligación moral»[51].

---

[51] Talbot, *ibíd.*, pág. 215.

Sin embargo, nuestra alma olvidó repetidamente un hecho importante: el cuerpo tiene sentimientos. No le gusta ser herido o sufrir. Así se organizó un conflicto básico entre el alma y el cuerpo; el alma elegía experiencias de la vida que nos exponían a mayor dolor y dificultades para poder enderezarnos y compensar a aquellos a quienes agraviamos en vidas anteriores [52]. Debido a tanto dolor, el cuerpo se hubo de rebelar. Nunca hemos enderezado el asunto, porque enderezarlo es demasiado doloroso y difícil.

Al igual que nuestras otras vidas, nuestra encarnación presente es un intento por aclarar patrones malsanos y lograr el propósito de nuestra alma. Sin embargo, dado que nuestro cuerpo recuerda y alberga cada experiencia dentro de sí, los fracasos, desilusiones, abusos y patrones disfuncionales que experimentamos antes de esta vida probablemente hayan sido recreados durante esta misma vida.

La mayoría de nosotros puede probablemente sentir que nuestra mente, nuestro cuerpo y nuestra alma no están unificados. Han aprendido a no confiar entre sí. Nuestra alma ha tomado decisiones que han dañado al cuerpo; nuestro cuerpo ha rechazado parte del propósito de nuestra alma. Nuestra mente ha almacenado juicios que han cristalizado en patrones autodestructivos. La grieta entre estos tres aspectos de nosotros mismos se ha agrandado con el tiempo y persiste hoy en día.

Según esta teoría, la curación implica el sellado de las grietas que existen entre nuestro cuerpo, nuestra mente y nuestra alma. Sólo cuando estos tres aspectos de nosotros mismos se unen, pueden realizarse actos como la manifestación. A menos que los tres aspectos de nosotros mismos actúen al unísono, el alma minará al cuerpo, el cual puede minar la mente, etcétera.

La curación espiritual podría ser el único medio para realizar esta tarea curativa, porque la curación espiritual opera con la energía invisible que reside entre estos aspectos disociados. Nuestra esencia o yo de la Fuente Divina, cuando se halla en el plano físico, está compuesto de materia espiritualizada. Comenzamos a sanar el cisma entre nuestras tres unidades cuando caemos en la cuenta de que esta esencia es la energía esencial o llama que conecta cuerpo, mente y alma (figura 9a). Los tres residen realmente dentro de nuestra esencia o yo de la Fuente Divina. Cualesquiera que sean sus asuntos individuales, están interconectados por hilos invisibles de energía espiritual con cada uno de los otros y con la Fuente Divina. Todo está hecho de energía de la Fuente Divina, incluyendo el espacio vacío entre nuestros aspectos cismáticos. Bárbara Ann Brennan describe esta creencia en *Manos de luz*. «Todo el universo parece una telaraña dinámica de patro-

---

[52] Talbot, *ibíd.*, pág. 215.

nes energéticos inseparables... de modo que no somos partes separadas de un todo. Somos un Todo»[53].

La energía esencial funciona realmente de dos modos. Existe en forma de ovillo, usualmente dentro del centro energético cardiaco, presta y dispuesta para ser activada. A este yo interno, al que habitualmente llamo el espíritu o la esencia, se le imprime información acerca de nuestro propósito esencial, nuestras necesidades esenciales y nuestra personalidad esencial. Podríamos decir que nuestros yoes reales están emparedados dentro de nuestro corazón, esperando ser liberados. Nuestros yoes reales están esperando el día en que nuestro cuerpo, mente y alma comiencen a trabajar al unísono en vez de hacerlo por separado.

La otra forma en que opera nuestro yo esencial o espiritual es envolviéndonos y rodeándonos. Nos atrae hacia el exterior. Recuerda que uno de los motivos por los que estamos aquí es para crear. Queremos evolucionar, intentar nuevas cosas, expandirnos, ser más conscientes. Estos impulsos son nuestra energía esencial guiándonos hacia una realización aún no lograda en el plano físico.

La curación espiritual implica ayudar a nuestro verdadero espíritu a liberarse, lo cual significa reconocer que ya es libre. Una vez liberado, puede reconectarse con nuestro cuerpo, mente y alma, de manera que podamos trabajar de una forma armoniosa para lograr nuestro propósito. Este paso nos lleva a nuestros estadios curativos intermedios y avanzados (figuras 9b y 9c). La curación espiritual también implica manifestar nuestros deseos, de modo que podamos convertirnos en más de lo que nunca nos hemos convertido. Para cumplir verdaderamente nuestro propósito, debemos querer ser quienes realmente somos, y debemos querer convertirnos en aquello en lo que debemos convertirnos.

Trabajo, magia y milagros

Trabajo

Ser quienes somos y convertirnos en lo que debemos ser puede resultar una tarea muy ardua. Todos sabemos esto, porque todos hemos trabajado ya mucho para tratar de cumplir estas metas. Uno de los motivos por los que hemos trabajado tanto, y sin embargo hemos merecido tan poco, es que trabajar duro va contra el designio del espíritu. La curación espiritual, y la

---

[53] Brennan, *ibíd.*, pág. 25.

Figura 9a

La mayoría de las conexiones alma/mente/cuerpo

Figura 9b

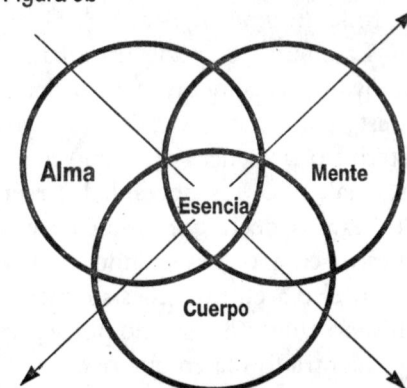

Etapa de curación intermedia que comprende la expresión de la esencia (similar a vivir nuestro propósito)

Figura 9c

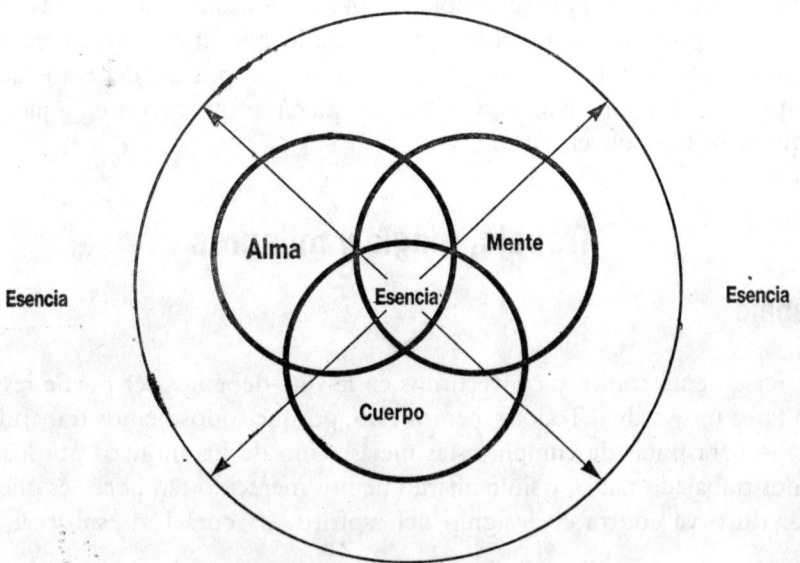

Etapa de curación avanzada

manifestación de nuestro yo de la Fuente Divina, se supone que son fáciles. El problema es que la mayoría de nosotros estamos programados para hacer las cosas difíciles.

En su libro *Ilusiones*, Richard Bach cuenta una historia que ilustra nuestra natural atracción hacia la elección de lo difícil frente a lo fácil. Don Shimoda, la figura crística del libro, preguntó en una ocasión a un grupo qué estarían dispuestos a hacer para iluminarse. «Si os dijera que para iluminaros necesitaríais trabajar duro, sufrir, ser castigados, ¿querríais hacerlo?, preguntó. Ellos respondieron a coro «sí».

«¿Y si os dijera que para iluminaros tendríais que ser felices?», preguntó. La gente se quedó perpleja. Muchos se enfadaron. Si la iluminación era fácil y le hacía a uno feliz, no debería funcionar [54].

Todos nosotros estamos programados con el ideal del trabajo duro. Se refleja en el sueño americano, en la ética puritana del trabajo y en el énfasis católico sobre la culpa y la vergüenza. Cada cultura tiene su propio conjunto de criterios, y la mayoría de ellos perpetúan la noción de que para iluminarse, tener éxito, realizarse, o incluso ser lo bastante bueno, debes trabajar duro.

El trabajo es una forma de crear curación y manifestación. Trabajar requiere la generación y movimiento de materia física para provocar un cambio. La curación por el trabajo podría implicar someterse a una operación, tomar pastillas, cambiar nuestra dieta o ir a un club de salud. Manifestarse mediante el trabajo podría suponer conservar un empleo, escribir currículos, construir el objeto que queremos o poner en práctica nuestros planes estratégicos.

Trabajar duro es, con mucho, un fenómeno de los chakras intracorporales del lado frontal. Nuestro primer chakra (parte frontal) nos capacita para levantar, mover, portar y hacer todas las acciones físicas tan importantes para crear cambios. Nuestro segundo chakra nos aporta los sentimientos que motivan nuestras decisiones y acciones. Nuestro tercer chakra genera las ideas que están detrás de nuestro trabajo duro. Nuestro cuarto chakra nos hace establecernos y trabajar sobre las relaciones que nos vuelven productivos. **Nuestro** quinto chakra dice las palabras que cristalizan nuestros puntos de vista. **Nuestro** sexto chakra nos hace ver la realidad que necesitamos cambiar. **Nuestro** séptimo chakra controla nuestro pensamiento. Nuestro octavo **chakra** nos aporta el karma o las experiencias cargadas de lecciones que necesitamos pasar para crecer. Nuestro noveno chakra nos alimenta con los pla-

---

[54] Bach, Richard: *Illusions: The Adventures of a Reluctant Messiah*. Nueva York: Dell Publishing Company, 1977.

nes de estudio de nuestra alma. Nuestro décimo chakra establece el cuerpo mediante el cual hemos de trabajar.

El trabajo es una parte de todo proceso de cambio. Dado que estamos en el plano físico, no tenemos más remedio que, en un momento u otro, tomar el teléfono, ir al médico, escribir una carta, comer, dormir, bañarnos: hacer lo que necesitamos hacer para curarnos o manifestarnos. El problema es que creemos de forma tan obsesiva en la efectividad del trabajo, que olvidamos o ni siquiera caemos en la cuenta de que hay otros dos vehículos altamente efectivos para crear el cambio: la magia y los milagros.

Magia y milagros

La magia implica permitir que otra gente nos ayude. Los milagros se crean cuando permitimos que la energía espiritual lo haga por nosotros. En tanto que las tres avenidas del cambio —trabajo, magia y milagros— trasvasan energía de lo espiritual a lo físico, el trabajo emana de energías ante todo físicas y sólo de forma incidental espirituales. Los milagros operan casi enteramente con la energía invisible de frecuencia superior. La magia surge a partes iguales de las energías espiritual y física. El perfil que da Zachary Lansdowne sobre la magia corre parejo con mi sugerencia de que trabajo más serendipismo produce la magia. Su «trabajo de la magia» incluye cinco pasos: recibir intuitivamente una idea, construir un cuadro mental claro, añadir deseo emocional, añadir vitalidad y, finalmente, ponerlo en materia física densa [55]. Mis exploraciones de la magia son similares, excepto que yo las conecto con las relaciones.

La curación y la manifestación espirituales son más fáciles que las de cualquier otra variedad, pues implican permitirnos a nosotros mismos devenir agentes para la magia y los milagros. La magia y los milagros no están asociados a procesos ocultos, y ni siquiera religiosos. Son formas naturales de creación. Todos estamos dotados con el conocimiento interno para ello, y con los derechos externos a ello. Para permitir que la magia acontezca, debemos comprender que no sólo nosotros somos puertas giratorias entre lo material y lo espiritual, sino que los demás también lo son. Si nos permitimos confiar en otra gente, pueden convertirse en médiums para canalizar energía espiritual para nosotros.

Tal y como yo lo veo, la magia puede aparecer bajo muchas formas, pero siempre viene a través de otra gente. Está operando cuando, como caído del

---
[55] Lansdowne, *ibíd.*, pág. 84.

cielo, un amigo perdido hace largo tiempo nos llama justo en el momento en que necesitábamos hablar con él. Ocurre cuando por una coincidencia ese televendedor comparte información que hemos estado buscando. La magia existe cuando un amigo dice exactamente lo que necesitamos oír, o nuestro jefe nos da un inesperado y muy necesitado aumento de sueldo.

La magia también puede presentarse en situaciones que no parecen beneficiarnos de forma inmediata. Recuerdo tres incidentes de destino mágico respecto a mi último coche. Había pedido a la Fuente Divina que me ayudara a librarme de mi viejo Plymouth azul que no dejaba de averiarse. Había también requerido que, de algún modo, fuera capaz de sacar lo suficiente por él como para pagar un precio razonable por otro nuevo (dado que no tenía ningún dinero extra). En los siguientes meses me vi envuelta en tres accidentes. En cada uno de ellos fue la otra parte la culpable y nadie resuló herido; en cada caso, el único dañado fue mi coche. El último golpe fue de siniestro total. Mi seguro no sólo se quedó con mi viejo Plymouth, sino que me dio lo bastante como para comprarme un vehículo a estrenar (el cual, dicho sea de paso, sólo ha requerido 50 dólares en facturas de reparación en tres años).

La magia es una fuerza curativa espiritual, aunque usa a la gente como su instrumento de reparto. La clave para la magia es confiar en la gente. No estoy hablando de ser ingenuo o ignorante; es importante saber quién es digno de confianza y quién no lo es. La mejor manera de gestionar la magia es tener clara la necesidad curativa o de manifestación, y entonces estar abiertos para permitir que la Fuente Divina opere a través de la persona apropiada y segura.

Los milagros están obviamente conectados con lo divino. El problema es que pocos de nosotros reconocemos la presencia de milagros en nuestra vida presente. A menos que nos abramos a ellos, creamos en ellos y los advirtamos cuando ocurren, probablemente experimentemos pocos milagros. Mi teoría es que la mayoría de nosotros nos manifestamos y curamos al revés. Nuestras ganancias provienen en un 90 por 100 del trabajo, en un 9,9 por 100 de la magia, y, si somos afortunados, en un 0,1 por 100 de los milagros. Pienso que se supone que debería ser justo lo contrario: un 90 por 100 de milagros, un 9,9 por 100 de magia y un 0,1 por 100 de trabajo.

La clave para abrirnos a los milagros es definirlos adecuadamente. Un milagro es cualquier acaecimiento que nos hace progresar en nuestro sendero hacia el propósito o realización, y eso es gestionado por la energía de la Fuente Divina. Para que ocurra un milagro, nuestra voluntad no debe estorbar. Debemos dejar de insistir en que nuestra meta debe ser lograda de cierta manera o a través de cierta persona. No podemos permitirnos el creer que nuestro compañero para toda la vida va a ser esa mujer u hombre guapísimos que conocimos en la última fiesta. No podemos informar al universo de que nuestro libro debe ser publicado por este o aquel editor. Recuerda, la gente tiene libre albedrío. Si estás contando con cierta empresa para que te contrate, de manera que puedas lograr a través de ella tus metas, puedes verte seriamente decepcionado. Dado que cada persona dentro de esa empresa tiene libre albedrío, podrían rechazarte, o puede que te empleen sólo para darte cuenta de que odias el empleo.

Si bloqueamos nuestro espíritu apegándonos al «cómo», puede que no dejemos a nuestro espíritu diseñar una situación capaz de obrar realmente en nuestro favor. Podemos —de hecho, debemos— declarar nuestros sueños y deseos. Sin embargo, aferrarse a cierto sendero, persona o proceso sólo limita la capacidad de maniobra de nuestro yo, energías y guías espirituales y de la Fuente Divina misma. Cuando declaramos nuestras necesidades y entonces, siguiendo nuestros principios, cedemos el «cómo» al universo, nos trasladamos a un estado de dejarse ir, de soltar. Cuando dejamos de intentar conseguir que ocurra, y en vez de ello dejamos que ocurra, creamos un enorme potencial para los milagros.

Estos milagros o dones de la gracia, como algunas personas los llaman, pueden parecer minúsculos o gigantescos. He visto milagros que van desde encontrar los cincuenta centavos que se necesitaban para esa botella tan deseada de gaseosa, hasta ver cómo alguien se recuperaba de cáncer ante mis propios ojos. Advertir los milagros erige nuestra fe en ellos. Cuanta más fe tenemos, más milagros recibimos. La fe tiene que ver con la confianza en otra gente, en la Fuente Divina, y en el yo que quiere darnos lo que deseamos. Visto desde este ángulo, los milagros son algo que puedes entrenarte a recibir.

Hice que una de mis clases intentara un experimento. Los participantes debían escribir cualquier sueño o deseo que les gustaría ver manifestado en un mes. Pusimos aparte estas listas. La siguiente tarea fue olvidar estas metas y concentrarse en cambio en qué milagros ocurrían en sus vidas durante el mes siguiente. Debían llevar un diario de milagros en el cual anotar los milagros del día.

Tras la primera semana, la mayoría de los participantes de la clase informaron de hallazgos similares. Estaban sorprendidos de cuantos pequeños milagros ocurrían diariamente. Estos milagros iban desde que una ardilla se encaramara a su lado cuando estaban sitiéndose solos, hasta tener una avería justo delante del taller del barrio. En situaciones normales no habrían advertido estos milagros. El hacerse más consciente les permitía reconocer estas porciones de la realidad por lo que realmente eran.

Sugerí que durante la siguiente semana deberían ensanchar su horizonte requiriendo realmente un milagro cada mañana tras levantarse. No habían aún de determinar la naturaleza del milagro. La lista de milagros informados a la semana siguiente era al menos diez veces mayor que la de la semana anterior. Estos milagros incluían una serie impresionante de pequeñas ayudas, pero también incluían algunos milagros respetables. Una ráfaga de aire, por ejemplo, empujó a una mujer dentro de un restaurante justo antes de que una banda juvenil comenzase a disparar por toda la calle.

Finalmente, volvimos a nuestras listas de sueños y deseos. Pedí a los hacedores de milagros que revisaran sus peticiones bajo las siguientes líneas rectoras:

1. ¿Ayudará el obtener este deseo a que se integren mi cuerpo, mi mente y mi alma?
2. ¿Me ayudará obtener este deseo a amarme más a mí mismo y a los demás?
3. ¿Estoy dispuesto a no obtener este deseo si lograrlo daña mi relación con el yo de la Fuente Divina o con la Fuente Divina misma?

Después de que los participantes retocaran sus deseos, les hice pasar por una adaptación de los Principios Guardianes Universales. Les hice preguntarse a sí mismos tan honestamente como les fuera posible lo siguiente:

1. ¿Estoy dispuesto a manifestar la curación que necesito para tener lo que deseo y para sanar a través de la manifestación de este deseo?
2. ¿Estoy dispuesto a cambiar lo que necesita ser cambiado para permitir que este deseo se haga realidad? (Éste es el componente de trabajo de la solicitud.)
3. ¿Estoy dispuesto a abandonar mis imágenes e ideas acerca del modo en que debería manifestarse este deseo, y permitirle que suceda?
4. ¿Estoy dispuesto a mantenerme a mí mismo en un estado de sometimiento y apertura?
5. ¿Estoy dispuesto a que cambie mi percepción de mí mismo de manera que pueda amarme más a mí mismo?
6. ¿Estoy dispuesto a ser feliz incluso antes de que se me conceda este deseo?

No supe nada de los participantes durante dos semanas. ¡Qué sorpresa cuando se presentaron para nuestra última clase! Sus informes fueron sorprendentes. Durante las dos semanas previas, a una mujer se le había ofrecido una práctica médica en una ciudad diferente, y la había aceptado. Su petición había sido encontrar un entorno de trabajo más significativo en otra ciudad. Otra había hecho las paces con sus antiguos problemas de abusos siguiendo una serie de sueños y revelaciones. Su petición fue sanar su abuso infantil. Otra mujer había tomado la decisión de abandonar su trabajo después de recibir por correo un paquete de información no solicitada acerca de una escuela. Ella había querido dirección profesional. La lista seguía y seguía.

Podemos, por supuesto, dedicar la mayor parte de nuestra atención a trabajar duro, a hacer que las cosas ocurran. Podríamos también permitirnos el abrirnos a la magia, para recibir ayuda de los demás. Podríamos pedir y esperar milagros, milagros que pueden llover como el maná del cielo, milagros tangibles, diarios, basados en la realidad.

Quizá la información más importante que hay que recordar acerca de las prácticas espirituales es que, en último término, su meta es mejorar nuestra calidad de vida mediante la ayuda espiritual. Nuestro cuerpo, nuestra mente y nuestra alma requieren integración si hemos de ser completamente nosotros mismos, y gozar de la vida que se nos ha dado. Este proceso integrador es emprendido de forma más efectiva cuando comprendemos que pertenecemos a la Fuente Divina y venimos de ella. Por esta razón, podemos coser nuestras heridas y sueños con el hilo del Espíritu.

Técnicas directas de energía espiritual: el cuerpo y la curación espiritual

Podemos aplicar la idea de trabajo, magia y milagros a las manipulaciones directas de la energía espiritual. El primero y más obvio instrumento de transmisión de energías espirituales es el cuerpo físico mismo. Al trabajar con el cuerpo, estamos involucrándonos básicamente en la satisfacción de las necesidades corporales. Las necesidades corporales primarias son:

1. Alimento.
2. Cobijo.
3. Ropa.
4. Aire y agua.
5. Tacto/Amor.

La energía espiritual puede ser transmitida a través de cualquiera de estos instrumentos, para sanar problemas o para manifestar deseos no sólo del cuerpo, sino también de la mente y del alma.

Alimento

El alimento ha jugado frecuentemente un doble papel, físico y espiritual. Considera cuántas reglas culturales existen respecto al alimento. La tradición judía prohíbe comer cerdo, la hindú prohíbe comer carne de vaca, y muchas tribus americanas prohíben alimentos que no sean sagrados. Por el contrario, hay alimentos que otorgan poder espiritual. Las ceremonias étnicas están basadas a menudo en reglas rigurosas respecto a qué alimentos servir. Mientras llevaba a cabo una ceremonia chamánica de dos semanas en Perú, se me impuso una *icaro*, la dieta de purificación de un hombre de la medicina. Absteniéndome de sal, azúcar y carnes fuertes se me daban alimentos conocidos por su cualidades para crear un cuerpo sano y una psique abierta. Antes de participar en las casetas del sudor de los nativos americanos, fui instruida en el ayuno. Un chamán de Costa Rica me dijo que me abstuviera de todas las carnes y comiera siempre batatas antes de una curación. Por otra parte, las creencias mágicas de Marruecos incluyen un concepto conocido como *kimia*, que multiplica el alimento.

Incluso las culturas caucasianas tienen sus tradiciones espirituales del alimento. ¿Quién podría imaginarse una Navidad sin turrón o un Día de Acción de Gracias sin pavo? Es una práctica típica estadounidense el rezar delante de la comida antes de empezar a comer.

A menudo he hecho que mis clientes traten sus asuntos físicos espiritualizando su enfoque hacia la comida. Esta técnica es particularmente útil para problemas centrados en el peso, la imagen corporal, la diabetes o enfermedades terminales que afectan al apetito o al peso del cuerpo físico. A menudo, les he animado a elegir uno de los puntos de energía espiritual como foco y asignar alimentos concretos con ese valor.

Por ejemplo, tuve una cliente que era significativamente obesa. Desde la infancia, había comido para negar sus temores. Aunque no le dije que estábamos trabajando con un punto energético real, le sugerí que el punto de la Fe podría ayudarla a equilibrar sus temores. Elaboró maneras de comer con fe, diciendo afirmaciones del tipo «Siempre tengo lo que necesito» y «Puedo confiar en que este alimento nutrirá mi capacidad de ser fuerte». También decidió comenzar a comer alimentos que la pusieran en contacto con su fe en sí misma antes que alimentos que la «disiparan». Con el tiempo, comenzó a comer de forma menos compulsiva, perdió algo de peso, y finalmente se apuntó a un programa de desórdenes alimentarios, preparado para abordar sus problemas emocionales.

Cobijo

Desde que la humanidad apareció, el cobijo se ha contemplado como un medio de crecimiento espiritual. He estado en santuarios por todo el mundo y puedo testificar acerca de su poder. Están los *kivas* indios, refugios subterráneos en los cuales la gente se limpia, sana, reza y se comunica con sus ancestros. Los monasterios y templos japoneses tienen energías capaces de recuperar y renovar el espíritu. He hecho actos de adoración en templos judíos, catedrales alemanas y *staves* noruegas. He caminado por los asentamientos de antiguas ruinas, que después de siglos aún hablan de las formas sagradas. Están los *fogues* de las Islas Británicas, casas de los muertos en los que se respondía a las oraciones. Están los templos de Grecia, a través de los cuales los oráculos canalizaban profecías. Están las cuevas mayas, en las que los dioses del submundo conectaban con la gente del mundo físico. Están los túmulos a lo largo de toda Europa, y las pirámides de Egipto y América Central.

Y está la morada más sagrada de todas: el hogar. He visto a clientes, amigos y a mí misma beneficiarse físicamente por la introducción de lo sagrado en su entorno. Gerald, un profesor, se quejaba de estar demasiado estresado en el trabajo como para hacerlo bien. Cuando aportó a su espacio laboral objetos que consideraba espirituales, incluido unas rocas y una alfombra de piel de oso, informó de una mejoría significativa en su vida y en su actitud laboral. Mary, una madre de tres hijos, estaba fuera de sí con su estrés cotidiano. Formó un «Lugar de Mamá», un lugar en una esquina de la sala familiar en el que podía meditar. Cuando ella estaba allí, se la dejaba en paz. Usarlo hizo que sus niveles de estrés descendieran. Otro cliente creó un santuario de plantas, rocas hermosas y una pequeña fuente de agua para establecer un lugar natural sagrado en su hogar y darle un aire natural y pacífico a todo su hogar.

Una vez más, aliento a menudo la conexión entre los conceptos representados por los puntos de energía espiritual y el entorno. Según el sitema *feng shui*, un enfoque asiático del manejo de la energía, cualquier cosa que pongas en la esquina trasera izquierda de la habitación se acentuará en tu vida. Yo animo a los clientes con abundancia de problemas a que cuelguen una representación o símbolo de lo que quieren en esta esquina, como una foto de una relación amorosa o una moneda. He experimentado resultados rápidos y reales a partir de éste y de otros métodos.

Espiritualizando el alimento y el cobijo, especialmente en conjunción con los puntos de energía espirituales, podemos favorecer tanto la manifestación como la curación. En cierta manera, podemos cambiar nuestra dieta y mejorar nuestro sistema inmunológico. Podemos eliminar una sustancia tóxica y mejorar nuestra salud. Más metafísicamente, cuando nos nutrimos a nosotros mismos con alimento espiritual, nuestros cuerpos físicos se pueden transformar. Cuando convertimos el lugar donde vivimos en un altar, todo lo que pensamos y hacemos dentro de nuestras propias paredes se convierte en un reflejo de la paz.

Ropa, aire y agua

La ropa, el aire y el agua son sustancias materiales que también pueden albergar propiedades y potenciales espirituales. Hay que buscar mucho para encontrar una mujer que no admita que lo que viste, o, al menos, que sus vestidos determinan su estado de ánimo. La indumentaria y los accesorios han sido siempre una parte de la ceremonia y del significado, desde los ritos de iniciación y funerarios hasta las bodas y los nacimientos. El aire y el agua se unen a las fuerzas elementales del fuego, la tierra y, en algunas culturas, la madera y el hierro, como formas espiritualizadas de la materia. Desde luego, tener un aire y un agua convenientes puede afectar a nuestra salud y bienestar.

Tacto

La necesidad más ambigua del cuerpo es la del tacto. Aunque a muchos de nosotros aún nos cuesta creer que el contacto es una necesidad (y lo es), normalmente pensamos en las profesiones relacionadas con el tacto cuando pensamos en la curación espiritual. Los impositores de manos usan el tacto como un instrumento de transmisión todo el tiempo. Así lo hacen los sanadores MariEl, Reiki o Kofutu, muchos de los cuales usan símbolos mentales para unirse a la energía espiritual. Quiroprácticos, acupuntores, chamanes y hechiceros usan también el tacto. Incluso los médicos colegiados confían también en el tacto; adviértelo la próxima vez que te hagas el chequeo anual.

La curación más beneficiosa relacionada con el tacto acontece cuando el sanador, consciente o inconscientemente, hace circular energía espiritual por dentro y fuera del cuerpo. He visto problemas físicos, mentales y emocionales aclararse, evaporarse o transformarse, en respuesta a simples técnicas de toque. Sin embargo, para ser un instrumento efectivo de curación espiritual efectivo, este tacto debe ser empleado como un canal para la Fuente Divina.

El tacto también puede ser un ingrediente necesario para manifestar las necesidades del cuerpo, así como las de la mente, el alma y el yo de la Fuente

Divina. Un artista toca la piedra para modelar una escultura. Un ejecutivo toca el ordenador para preparar un informe. Casi todos nosotros interactuamos con los componentes físicos de nuestro entorno para construir, hacer o fabricar los objetos, formas o materiales que necesitamos.

Algunas personas se preocupan de que tocarlas pueda causarles un daño posterior. A los psiquiatras, por ejemplo, no les está legalmente permitido tocar a sus clientes. A menudo, víctimas de abuso físico o sexual huyen avergonzados del contacto para evitar traumas adicionales. Yo, por el contrario, he visto que el tacto apropiado puede sanar legítimamente heridas físicas y emocionales. Mediante la imposición de manos, he ayudado a mis clientes a disminuir crecimientos, reducir la hinchazón y eliminar el dolor. He visto a clientes sacar a la luz recuerdos dolorosos tras la estimulación de puntos de presión, permitiéndose así a ellos mismos trabajar sobre sus problemas.

Recuerdo una de mis experiencias más extrañas, que hizo posible que el tacto me curara. Estaba recibiendo un tratamiento de acupuntura en Belize, y la habitación del sanador estaba ubicada sobre un asentamiento de ruinas mayas. Jenkins, el sanador, me llenó de agujas y luego encendió una sustancia parecida al tabaco para ayudar al proceso purificador. Colocó esta sustancia entre los dedos de mis pies. Según estaba allí «fumando», recordé un incidente en el que yo había sido quemada por un cigarrillo cuando niña. A medida que recordaba, revivía y soltaba esta experiencia, sentí literalmente que la tensión subsiguiente de mi cuerpo se disipaba. No ha vuelto a aparecer desde ese día.

Me agrada recordar a mis estudiantes que el tacto no es sólo una función física. Dado que somos puertas giratorias, nuestra energía también toca a otra gente. Nuestras auras a menudo interactúan entre sí, como lo hacen nuestros chakras. Dado que nuestros puntos de energía espirituales existen dentro del continuo espacio/tiempo, están siempre interrelacionándose con los de los demás. Con frecuencia, realizo curaciones mientras estoy sentada en el otro extremo de la habitación del cliente. De hecho, trabajo mediante el teléfono cada semana con una media de cinco a diez clientes que viven en otros estados. Para su sorpresa, puedo leer su energía tan claramente como si estuvieran justo a mi lado, porque puedo tocar los puntos de energía espiritual y trabajar a partir de ese nivel.

Alimento, cobijo, ropa, aire, agua y tacto cubren nuestras necesidades corporales básicas, pero tienen incluso un impacto mayor si nos abrimos a los valores y energías espirituales que pueden ser canalizados a través de los procesos físicos corporales.

La mente y la curación espiritual

La mente responde también a la energía espiritual y puede hacer de transmisor para la curación espiritual. Cuando pensamos en nuestras necesidades mentales, pensamos en una lista bien diferente de la que asociamos con el cuerpo. Nuestra mente requiere lo siguiente:

1. Aprendizaje.
2. Estimulación.
3. Pensamiento.
4. Actitud apropiada.
5. Creencias funcionales que sirvan de marco a lo anterior.

Aprender es una necesidad humana evidente. De niños, nacemos con el impulso de aprender. Sólo tenemos que mirar a los ciclos infantiles de intenso crecimiento para ver que, si se le da un entorno que le apoye y estimule, y si se le conceden sólidas oportunidades de aprendizaje, un niño cumplirá ávidamente este impulso innato a crecer y aprender.

Del aprendizaje viene el pensamiento. De niños, nos formamos ideas, opiniones y constructos, a modo de gafas o filtros a través de los cuales comprender el mundo y nuestro lugar en él. Estos pensamientos estaban determinados en parte por nuestro propio mundo interno, y en parte por nuestra percepción del mundo que nos rodeaba. La interacción entre nuestros mundos interno y externo determinó nuestras actitudes. Por debajo de todos estos componentes relacionados con la mente se hallan nuestras creencias, nuestra comprensión filosófica de nosotros mismos, los demás y el universo.

Para crecer correctamente, nuestra mente madurante requirió una entrada de información capaz de conducirla a la salud y el bienestar. También necesitó un proceso para asimilar, interpretar y diseminar los datos. Aunque probablemente recibiéramos datos y apoyo que fueron útiles y sanos, la mayoría de nosotros probablemente también nos vimos expuestos a información y sistemas que nos dejaron sintiéndonos mal acerca de nosotros mismos.

Cambiar esta condición en la edad adulta puede ser un proceso lento y arduo. Podríamos deshacer todo lo que se hizo descubriendo una a una las capas de aprendizaje. Paso a paso, podríamos reanalizar, revalorar, volver a reunir, y reformular cada pensamiento, actitud, idea o aprendizaje que hayamos digerido alguna vez, y comenzar desde cero. Podríamos también evitar la mayoría de este trabajo duro volviéndonos hacia la magia; abriéndonos a las relaciones que nos ayuden desde este momento en adelante. Gente como los amigos, los psicoterapeutas y los educadores a menudo se califican como magos en este proceso de curación y manifestación.

Aún mejor, podríamos abrirnos a las datos y energías espirituales, y dejar que la energía de la Fuente Divina haga el trabajo por nosotros. Cuando nos abrimos de esta forma, el pensamiento, la actitud y el conocimiento positivos son nuestros. Somos conducidos a fuentes de información que cubrirán nuestras necesidades.

El alma y la curación espiritual

El alma es el instrumento más evidente para canalizar la energía espiritual. A mi juicio, la idea básica que subyace al trabajo con el alma es que la enfermedad o carencia surge de una discordancia dentro del alma. En *Tiempo de los sueños y espacio interior*, Holger Kalweit dice que la mayoría de las sociedades basadas en el chamanismo creen que «la causa de la enfermedad reside en el cuerpo del alma. La curación debe, por tanto, concentrarse en la armonización de dicho cuerpo»[56].

Muchos sanadores espirituales creen que nuestra alma debería realizar todo el trabajo de curación o manifestación por nosotros. Muchas culturas indígenas trabajan directamente con el alma, aplicando principios curativos espirituales. La mayoría de mi aprendizaje en estas culturas está relacionado con el chamanismo. Me he sorprendido de los cambios que han ocurrido al aplicar algunas de las técnicas del alma que se me han mostrado. He sido lo bastante afortunada como para visitar a chamanes reales en otros países, sin embargo, trabajar de forma cotidiana con estos chamanes no es posible. Por ello creo que necesitamos devenir nuestros propios chamanes.

La curación espiritual puede tener que ver con ser nuestro propio chamán o con ayudar a otra persona en esta capacidad. Un chamán camina entre los mundos físicos y espirituales para ayudar a los individuos a curar problemas físicos y espirituales. Todos podemos servir para esta función si estamos dispuestos a hablar con el alma —la nuestra propia o la de otro— y convertirnos en su psicoterapeuta o testigo. Debemos preguntar al alma qué necesita para repararse tras el trauma, o para recuperarse del dolor de separarse del cuerpo, la mente o la Fuente Divina. Podríamos necesitar también negociar nuevas relaciones operativas entre estos distintos componentes del yo.

Pienso que la mayoría de nuestras almas albergan errores de comprensión acerca de su lugar en el universo, dudan merecer la riqueza y la salud

---

[56] Kalweit, *ibíd.*, pág. 29.

material, y tienen sentimientos encontrados acerca de habitar un cuerpo para empezar. Por tanto, creo que el alma misma necesita energía para la curación y la manifestación espirituales.

Normalmente, he hallado que las heridas del alma son el resultado de un trauma, temor o desconfianza. El alma puede responder a estos traumas de muchas formas. Puede fragmentarse, extenuarse o debilitarse a sí misma. Los fragmentos pueden permanecer dentro del yo físico, o estancarse, perderse o ensamblarse con vidas pasadas, experiencias previas y otras realidades. Cuando los fragmentos dejan el cuerpo, el yo físico queda sin protección. Si un fragmento se oculta dentro de una parte del cuerpo, la parte no poblada del cuerpo queda sin resguardo. Si un fragmento se estanca en otro periodo temporal, persona u objeto, el «tú» de tu vida actual puede sentirse inexplicablemte atraído hacia el periodo temporal, persona u objeto que alberga la porción de alma.

Un trauma puede también hacer que un alma abandone parcial o totalmente el cuerpo. Encuentro esto a menudo en clientes que han sido maltratados. Energéticamente, percibo vacíos en el cuerpo o aura. Por ejemplo, los esquizofrénicos parecen vacíos del cuello hacia abajo. Normalmente, veo el alma de un esquizofrénico como una forma de aspecto lechoso, apegada del cuello hacia arriba, y a veces quebrada en dos o más formas distintas sobre la cabeza. A veces el alma permanece así en el cuerpo hasta que es enganchada por una experiencia familiar a la que causó el trauma original. En este punto, a menudo se disocia o se separa completamente del cuerpo hasta que la calma se restablece.

El primer paso en el trabajo chamánico de curación del alma es determinar el estado actual de ésta. Cuando actúo como chamán para mí misma o para otra persona, suelo chequear si el alma está:

1. Estancada en algún reducto del cuerpo.
2. Disociada del cuerpo, quiza aún adherida por una cuerda.
3. Fragmentada, con diferentes porciones en diferentes lugares.
4. Ocultándose en una vida pasada o en una experiencia infantil.
5. Proyectada hacia el futuro.
6. Sólo parcialmente conectada al cuerpo.
7. Plenamente intacta dentro del cuerpo.

A la hora de localizar un alma, nuestro yo chamánico puede experimentar el alma de forma visual o sentirla en palabras inaudibles. A veces la comunicación tiene lugar por escritura o simplemente experimentando sentimientos. Estas mismas prácticas pueden usarse para reparar o reconocer las relaciones entre cuerpo, mente, alma y Fuente Divina.

En ocasiones hago que los clientes chequeen el paradero de sus almas, especialmente si están experimentando mucho miedo, indecisión y frustración, o trabajando sobre problemas infantiles. Recuerdo claramente el impacto que me comunicó una mujer que había hallado parte de su alma pendiendo de una cuerda por el universo. Sabiendo que la vida sería espeluznante, había rehusado entrar en su cuerpo. Después de que ella la convenciera de que la necesitaba dentro de su cuerpo para conectar mejor con el poder del espíritu, se rebobinó en el cuerpo de nuevo. Estuvo dos o tres días desconcertada, y después me dijo: «¡Finalmente comencé a saber quién era yo! ¡Nunca me he sentido tan fuerte ni tan feliz!»

Una vez diagnosticado el estado del alma, el trabajo del chamán comienza. Cuando el alma está enferma, maldecida o incapaz de operar, los chamanes de la mayoría de los grupos indígenas responden con la curación del alma, bien sea para la comunidad o para los individuos dentro de ella. A veces los individuos son sanados dentro de la comunidad. Esto es cierto en muchas culturas tribales, como los aborígenes australianos, los zulúes y los kung africanos. El último grupo, por ejemplo, realiza danzas grupales. Un bailarín danza hasta alcanzar el *kia*, un estado como de trance que lo capacita para tirar de *num*, la hirviente energía serpentina, hacia arriba de su columna. En *Energía hirviente: Curación comunitaria entre los kung del Kalahari*, Richard Katz nos dice de los kung que pueden controlar esta energía para «aplicar el num a la curación». Ellos extraen el *twe* o curan mientras están en estado de kia porque entonces pueden «ver las cosas que deben extraer, como la cosa mortal que el dios ha puesto en la gente. Ves a la gente adecuadamente, tal como es» [57]. Estos sanadores ven los problemas del alma, y a veces deben incluso abandonar sus cuerpos para ir a buscar un alma errante o enferma. Por ello, los chamanes reflejan la parte de nosotros que puede recorrer ambos mundos, algo que todos debemos hacer para lograr la verdadera realización.

A menudo hago un trabajo grupal similar para los clientes. Dirigí recientemente un grupo de curación chamánica para una mujer que quería suicidarse. Ante la presencia de gente cálida y alentadora, dejó su cuerpo y buscó su alma, la cual halló acurrucada junto a la Fuente Divina, demasiado asustada para entrar en su cuerpo. Ella convenció al alma de que entrara en ella. Lo siguiente que supimos es que tuvo espasmos violentos, y que su cuello enrojeció. Los anteriores dolores desaparecieron, al igual que su deseo de morir. No ha tenido tendencias suicidas desde entonces.

---

[57] Katz, Richard: *Boiling Energy: Community Healing Among the Kalahari Kung*. Boston: Harvard College, 1982, 42.

Por supuesto que las curaciones del alma se realizan más frecuentemente en privado, ya que nuestra cultura se asusta a menudo de la magia. Una mujer que asistía a esta sesión de curación grupal se me acercó posteriormente para una sesión privada, ya que decía que se sentía demasiado «cohibida» para verse tan expuesta. (No me sorprendió; era una víctima de abuso sexual.) Se sentía incapaz de tener una buena relación, tomar decisiones, o incluso recuperarse del trauma. Cuando la pedí que buscara su alma, descubrió que sólo estaba parcialmente conectada con su cuerpo, y que en ella había un punto oscuro. Tras ver esto, mi cliente estalló en lágrimas y, sollozando, me dijo que nunca creyó que Dios la amara porque ella había sido «ensuciada». A través de la sesión comenzó a sanar esta idea, y su alma retornó a su cuerpo. Su trabajo en la psicoterapia progresó rápidamente tras esta sesión, y la última vez que la vi me dijo que por fin estaba comenzando a pensar que podía vivir una vida normal.

El paso final en el trabajo con el alma es asignar a cuerpo, mente y alma un proyecto a través del cual puedan solventar sus diferencias. He dado tareas como cosechar abundancia, crear un matrimonio sólido, sanar una pierna rota o tomar una decisión. En último término, quiero que estas tres entidades se integren, entendiendo por ello que quiero que el conjunto tenga integridad. He hallado que cuando cada uno de estos tres aspectos se siente escuchado, oído, notado e importante, nuestras decisiones automáticamente crean nuestro bien más elevado, porque tienen más integridad.

A medida que estos tres aspectos se ensamblan cada vez más, se hace más difícil distinguir sus voces. En este punto, muchos de mis clientes informan oír una voz nueva, voz que es a menudo completamente sabia, o que comienzan a tener experiencias con luz blanca, en las que ven o sienten el poder sobrecogedor de la luz blanca de la Fuente Divina. Sea cual fuere el caso, estos síntomas significan que la esencia está comenzando a emerger lentamente como el yo primario. Esto es lo que queremos.

Orígenes de la energía espiritual curativa

En cualquier punto de un proceso de curación o manifestación espiritual puedo animar a que un cliente trabaje directamente con uno de los cuerpos energéticos espirituales. Es a menudo útil enfocar un punto de energía espiritual en un chakra particular, rayo, principio o capa áurica, y siempre, en la Fuente Divina, en respuesta a un asunto concreto. Este enfoque puede iluminar la causa raíz de un problema o asunto, arrojando luz de este modo sobre una posible solución. También puede llevarnos del nivel del trabajo al nivel de la magia y de los milagros.

Estos puntos de energía superiores pueden ser muy poderosos. Personalmente, tengo gran cuidado cuando trabajo con ellos, porque respeto enormemente su intensidad. Hace unos pocos años, cuando experimentaba por vez primera con el sistema de treinta dos centros de energía, pasé por una experiencia que me confirmó firmemente el poder latente de estos puntos superiores de energía.

Un mediodía de verano decidí dar un paseo. Había mucha gente por los alrededores hasta que llegué a una curva cerca del río próximo a mi casa. Me atacaron. En medio de la refriega, apelé desesperadamente al poder de la Fuente Divina a través del punto de energía trigesimosegundo, la Gracia. Mi atacante alzó repentinamente la mirada al otro lado del agua. A través de sus ojos, vi una mujer malvada, de aspecto horrible, reprendiéndolo. Con mi propia visión, vi a Cristo. El hombre salió corriendo. No había ninguna persona de carne y hueso a la vista. Me fui cojeando a casa y, cuando llegue, una enfermera estaba llamando a mi puerta. Había obtenido mi nombre de alguien y «por casualidad» decidió detenerse a examinar mi trabajo. Mientras me atendía, llamé a la policía. Había un coche patrulla en el vecindario. El policía que llegó me dijo que era un sanador «extraoficial» y me dio una «dosis» de energía. Trabajé posteriormente con el punto de energía trigesimosegundo ese mismo día, y mis heridas, que un doctor había dicho tardarían semanas en sanar, lo harían en dos días. Aunque no puedo probar que esta energía realmente me salvara, esta experiencia por sí sola me mostró el poder de invocar la energía espiritual.

La energía espiritual y los chakras

El impacto más poderoso se obtiene al traer energía desde los chakras espirituales superiores y los puntos de energía superiores hasta nuestros chakras inferiores. Uno de mis clientes, por ejemplo, estaba experimentando un problema relacionado con el trabajo. Todas las ideas y acciones de Jay encontraban fricción. Comenzamos nuestro trabajo analizando los problemas. Hurgó en su pasado en busca de patrones, después aprendió capacidades de comunicación aplicables a su empleo. Aunque el progreso era lento, estaba viendo cambios. Sin embargo, no nos paramos ahí; pasamos al nivel de la magia. Hizo un compromiso serio de pedirle a su alma que se abriera a quienes lo rodeaban. En el plano físico, les pidió compartir proyectos, y esto ocurrió de maneras adorables. Su situación mejoró radicalmente. A medida que tendía puentes, los otros los cruzaban. Él quería más, de modo que hizo frente al problema desde una perspectiva espiritual. Le vi pasar al plano de los milagros tan pronto como buscó honestamente las energías espirituales que habrían de aliviar y sanar esta situación. Comenzó a consultar diariamente su intuición. Eligió entonces varios puntos de energía espiritual sobre los que concentrarse, y se abrió a los puntos Paz, Fe y Alineamiento. Recibió un ascenso y un aumento de sueldo. Y, lo más importante, se sentía mejor consigo mismo.

Otra cliente me informó del éxito al utilizar estos puntos espirituales para aliviar un asunto de trabajo. Durante años, la relación de Dora con su jefe había sido tensa. Ella había llegado finalmente a la conclusión de que necesitaba «salir del debajo». Percibimos que su resistencia central estaba afiliada a su corazón; se sentía culpable y con miedo cuando hacía valer sus derechos. Cuando atrajo Fe y Sabiduría hacia su corazón, me pareció que la habitación literalmente brillaba. Una semana después le ofrecieron un nuevo puesto en la compañía con un jefe diferente.

La energía espiritual y las capas áuricas

El trabajo con las capas áuricas es similar al trabajo con el sistema de centros de energía. Una vez más, podemos hacerlo por el lado difícil buscando agujeros, bloqueos y puntos de resistencia. Podemos devenir mágicos respecto a ello buscando asistencia y ayuda, y requiriendo que las relaciones nos ayuden a sanar las áreas problemáticas. También podemos movernos al nivel de los milagros. Recuerda, las capas externas del aura interaccionan con lo espiritual, y las capas internas conectan con lo concreto. Vinculando las capas externas con las internas, y conectando ambas con el deseo de recibir la información correcta o las energías de la Fuente Divina, podemos alterar nuestros sistemas de energía y, por consiguiente, alterar las situaciones.

Realicé una proeza así en Gales. Por aquel tiempo estaba afligida por un problema cutáneo. Decidí que quería permitir que la energía de la Fuente Divina me ayudara, de modo que simplemente hice esa afirmación y la dejé ir. Durante dos días, me vi seguida por lo que percibí como hadas. Un puente pareció desaparecer, como lo hicieron dos horas de uno de mis viajes. Como venida del cielo, se hizo la luz en mi cabeza. Me hubiera perdido en la niebla dando vueltas y vueltas alrededor del mismo punto. La situación culminó en un pequeño pueblo llamado Castletown. Allí, uní mi primera capa áurica con la capa áurica externa, y usando la imaginación guiada cambié las polaridades, pidiendo que ambas compartieran su comprensión una con la otra.

Repentinamente descubrí que me había crecido un quiste de unos cuatro centímetros de largo. Cuando volví a casa, los médicos no pudieron determinar lo que era. Estuve a punto de hacer que lo extirparan, cuando me di cuenta de que si pude activar su crecimiento original, también podría activar su reducción. Uní ambas capas, la primera y la externa a la Fuente Divina, e invertí sus polaridades. El quiste desapareció en treinta minutos, al igual que mi afección cutánea inicial.

La energía espiritual y los rayos

Otro de los medios para la curación espiritual es utilizar las poderosas energías de los rayos. Aprovechar el poder e influencia de estas energías puede darnos la energía necesaria para limpiar los bloqueos espirituales que nos impiden el acceso completo a las energías espirituales. Hemos discutido ya las diferentes propiedades de los rayos. Baste decir que en un determinado momento del día podemos requerir la ayuda de cualquiera o de todos los rayos en cualquier forma de guía espiritual. Cuanto más fuerte sea nuestra petición, cuanto mayor nuestra necesidad, cuanto más claros seamos respecto a nuestra necesidad, mas rápida será la respuesta.

Éste y otros métodos están a nuestra disposición para la curación y la manifestación. Todos ellos pueden tener lugar siguiendo los Principios Guardianes Universales o pasos para la transformación. ¿Qué podemos curar o manifestar exactamente a través del trabajo espiritual? ¿Simplemente buenos sentimientos o una mejor conexión con nuestro yo superior? No. Podemos abrirnos a la curación y manifestación trabajando con estas energías de frecuencia superior: mejores relaciones, un mejor trabajo, un cuerpo más sano, una casa nueva. ¿Qué tal algunos buenos momentos?

EJERCICIO
Llevar un diario de milagros

A) Escribe una lista de deseos para una semana. En esa semana, ¿qué te gustaría ver curado o manifestarse dentro de tu vida? Estudia la lista de preguntas contenidas en este capítulo para ayudarte a definir y refinar estos deseos, de manera que sepas que son para tu mayor beneficio. Pon a un lado estos deseos.

B) Crea un «Diario de Milagros» para ti mismo. Cada noche, anota los milagros que viste o que sentiste que tenían lugar. Cada mañana, solicita milagros para ayudarte a obtener tus deseos.

C) Al final de la semana, revisa tu lista de deseos y tu Diario de Milagros. ¿Qué progreso hiciste, o qué progreso se hizo por ti esta semana? Si tus deseos no han sido cumplidos del todo, revísalos. ¿Son demasiado amplios, o demasiado estrechos? ¿Describen realmente un deseo del corazón, o son simplemente algo que piensas que querrías?

D) Recorre los Principios Guardianes y trasládate a un lugar de aceptación. Reescribe cualesquiera deseos que no se hayan realizado y, sin ponerles un periodo de tiempo, vuelve a realizar tu Diario de Milagros hasta que automáticamente solicites, adviertas y te sientas agradecido por los milagros presentes en tu vida.

Capítulo Diez

Trabajando con el cuerpo: los puntos clave

EN LA SANACIÓN o al manifestarse, una de las técnicas físicas más benéficas que se pueden usar es la de enfocarse en la columna vertebral. Todos nuestros cuerpos energéticos fundamentales están conectados con la columna. Tanto la parte frontal como la dorsal de los centros energéticos intracorporales están vinculadas a la columna. Los rayos entran a través de contactos espinales, y las capas áuricas se conectan a los chakras, que se alinean en la columna. La columna desgrana nuestros problemas de desarrollo infantil. La columna es la «espina dorsal» literal de cualquier tipo de curación física.

También es un punto central para la conexión entre nuestros cuerpos de energía físico y espiritual. He descubierto y practicado un sistema que realiza esto muy bien. Lo llamo el Sistema del Punto Clave. La idea que subyace a este sistema es la de que cada uno de los treinta y dos centros de energía está vinculado a una vértebra específica, con una energía adicional conectada a la vértebra superior.

La base del Sistema del Punto Clave radica en la idea de que la columna sirve como báculo de la vida para todo nuestro sistema energético. La estructura de la columna apoya este punto de vista. Desde una visión frontal, la columna se muestra como dos pirámides unidas en su base. La sección superior está formada por las vertebras que van desde la segunda cervical hasta la última lumbar, y la sección inferior está formada por sacro y cóccix. La *Anatomía* de Gray dice que la pirámide superior está construida a partir de tres pirámides menores. Físicamente, la estructura piramidal es una de las más sólidas de la tierra. Metafísicamente, la pirámide es considerada a menudo como una construcción mágica, una forma a través de la cual podemos canalizar y cimentar energías. Nuestra columna hace uso de ambas de estas capacidades, tanto físicas como metafísicas, para conectar la materia y el espíritu. ¿Qué mejor unidad sobre la que trabajar, tanto por motivos de sanación como de manifestación, que la columna misma?

En general, creo que los centros de energía están relacionados con las siguientes vértebras (figura 10a, páginas a color).

Área espinal	Vértebra	Centro de energía Relacionado
Coccígea	Cuarta (la más inferior)	Décimo chakra
	Tercera	Primer chakra
	Segunda	Segundo chakra
	Primera	Tercer chakra
Sacra	Quinta	Cuarto chakra
	Cuarta	Quinto chakra
	Tercera	Sexto chakra
	Segunda	Séptimo chakra
	Primera	Octavo chakra
Lumbar	Quinta	Noveno chakra
	Cuarta	Undécimo chakra
	Tercera	Duodécimo chakra
	Segunda	Punto 13
	Primera	Punto 14
Torácica	Duodécima	Punto 15
	Undécima	Punto 16
	Décima	Punto 17
	Novena	Punto 18
	Octava	Punto 19
	Séptima	Punto 20
	Sexta	Punto 21
	Quinta	Punto 22
	Cuarta	Punto 23
	Tercera	Punto 24
	Segunda	Punto 25
	Primera	Punto 26
Cervical	Séptima	Punto 27
	Sexta	Punto 28
	Quinta	Punto 29
	Cuarta	Punto 30
	Tercera	Punto 31
	Segunda	Punto 32
	Primera	Principio del 33

Podemos trabajar la columna de una manera general o abstracta, bien como imposición de manos sobre las áreas chákricas intracorporales, bien concentrándonos sobre una vértebra concreta para solucionar un asunto específico. Para comprender mejor este sistema y, por ende, todo nuestro sistema energético humano, necesitamos comprender nuestros grupos vertebrales.

Las vértebras coccígeas

Estas cuatro vértebras se forman dentro de nosotros a una temprana edad, diferenciándose mientras aún nos encontramos en el útero. De jóvenes, las vértebras coccígeas y las sacras consisten en nueve piezas separadas. Cuando somos adultos, estos huesos se unen para formar dos huesos más grandes, cinco de aquellos entran en el sacro y cuatro forman el cóccix mismo (figura 10b).

El cóccix es la parte más rudimentaria de nuestra columna. Está compuesto de cuatro segmentos o vértebras, de las que la primera, o pieza superior, es la mayor, y la cuarta y última la menor. El cóccix, llamado comúnmente rabadilla, realiza funciones físicas y metafísicas críticas. La mayoría de los biólogos le asignan la función de aportarnos equilibrio y protección. Metafísicamente, creo que se relaciona con nuestro yo más básico, y está asociado a nuestras capacidades reproductivas.

El extremo final de las vértebras, la primera vértebra coccígea, se relaciona con nuestro décimo chakra. Nos hace tomar tierra en esta realidad y sirve como el punto de acceso para la energía roja de kundalini.

La kundalini misma, en este sistema, está asociada a un centro de energía espiritual superior. A través del decimonoveno centro de energía espiritual de Kundalini, recibimos la forma no diluida de la energía vital bruta. La kundalini o energía serpentina, es un componente disponible y necesario en todos los estadios de desarrollo en la vida. Nos pone en marcha de un golpe en la concepción, y nos mantiene vivos durante nuestros primeros años. Despierta nuestra sexualidad y energiza nuestro cuerpo para lograr nuestro propósito. A través del décimo (y del primer) chakra recibimos un aspecto de la kundalini total —la kundalini roja, que nutre nuestro yo material.

Hombres y mujeres procesan la kundalini roja de manera diferente, aunque el punto de entrada de esta energía sea el mismo para ambos. He hallado que el sistema de energía masculino suele estar orientado hacia logros del primer chakra. A medida que maduran, la mayoría de los hombres centran su identidad en logros relacionados con la voluntad física, lo cual incluye la des-

Figura 10b

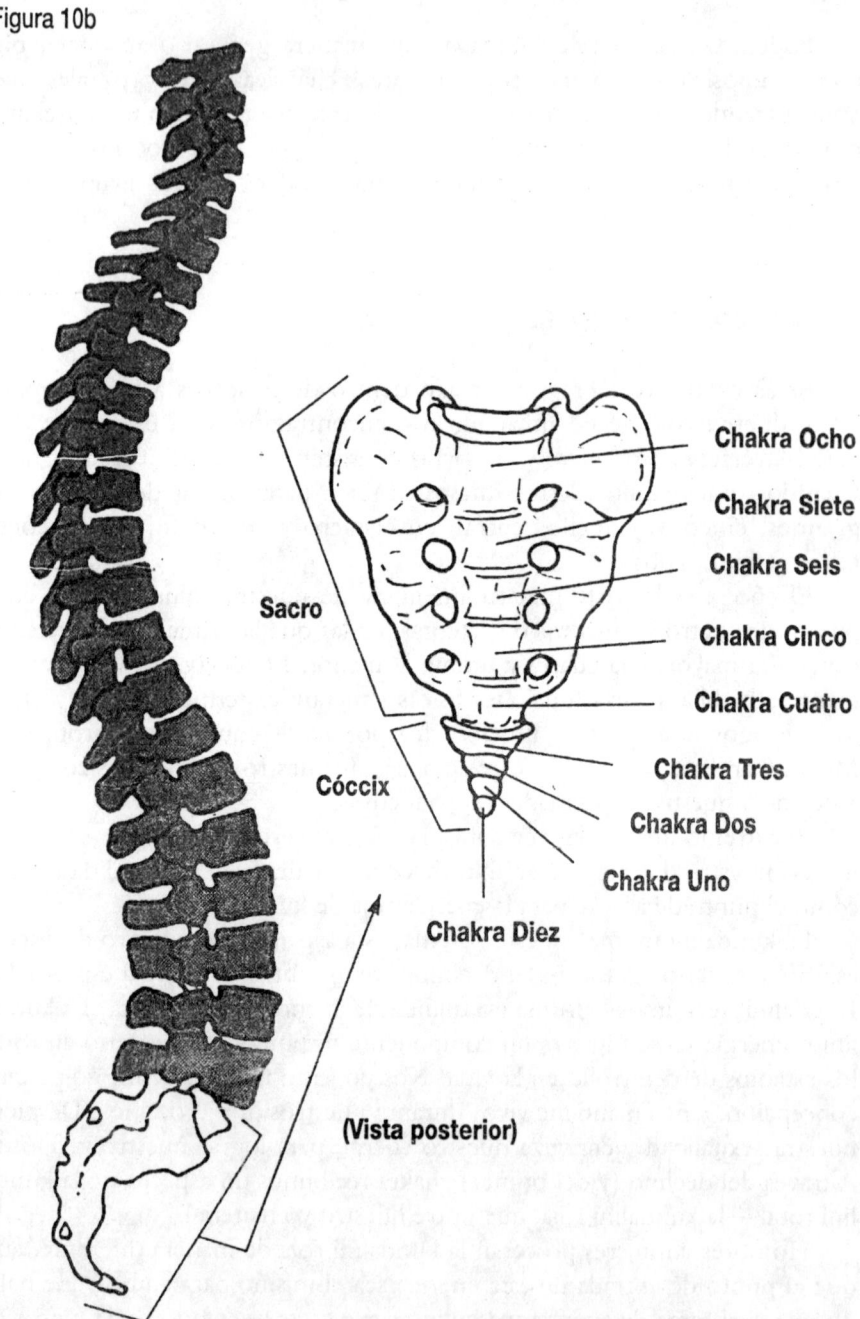

Las vértebras sacras y coccígeas, y sus conexiones chákricas

treza sexual, material y física. Es típico que la llamada a trascender este enfoque en el primer chakra ocurra tras completarse la toma de tierra, lo que sucede de los treinta y cinco a los cuarenta y dos años, durante la concentración en el décimo chakra. Creo que esta trascendencia se ve completada en los hombres cuando el primer chakra reinicia de nuevo el ciclo a los cincuenta y seis años.

Este sesgo de primer chakra propio de la sociedad occidental deriva parcialmente de prejuicios culturales, pero está incorporado también en almas que escogieron ser masculinas. La energía del primer chakra es extremadamente importante; crea familias, ciudades y países. Se presta también a la violencia y a comportamientos abusivos. Una y otra vez, mis clientes varones de cuarenta y tantos años hablan del temor que tienen a madurar, porque al hacerlo tendrán que encarar sus propios sentimientos de ser heridos o, peor, de herir a alguien.

Pienso que este miedo, combinado con obstáculos culturales y familiares, es lo que hace que tantos místicos se lamenten de los peligros de permitir el ascenso de kundalini. En realidad, existe la idea extendida de que, de no ser controlada adecuadamente, la iniciación de kundalini puede dañar la psique o el alma, o incluso matar a alguien. Leadbeater aconseja gravemente que «nadie debería experimentar con ella (kundalini) sin instrucción definida de un maestro... porque los peligros asociados con ella son muy reales y terriblemente serios»[58].

Esta creencia cobra sentido si recordamos que la mayoría de estos místicos son hombres, y que están hablando para hombres. Por consiguiente, la mayoría de las advertencias se relacionan con las experiencias masculinas del despertar de kundalini. Cuando kundalini pasa a través del décimo chakra y entra en la base del cóccix, estimula toda la región del primer chakra. Cualquier asunto primario, maternal, sexual o relativo al éxito que no se haya resuelto se ve estimulado, y el efecto puede ser explosivo en los individuos centrados en el primer chakra.

En último término, los hombres necesitan trasladar su centro de poder y de procesamiento de kundalini desde el cóccix hasta el tercer chakra, que es regulado por la región dorsal (torácica). Esta transferencia implicaría el procesamiento de kundalini en la octava vértebra dorsal, a través de la cual puede ser canalizado kundalini espiritual, no sólo físico. (La octava vértebra dorsal o torácica es el punto de cierre para el centro de energía espiritual Kundalini). Esta transferencia capacitaría también a los hombres para abordar de manera positiva cualquier problema del ego o de baja autoestima

---

[58] Leadbeater, *ibíd.*, págs. 81-83.

almacenado en su tercer chakra. Mediante el uso apropiado del poder de kundalini, puede realizarse el verdadero poder personal.

He estado presente en situaciones en las que hombres han destapado su kundalini. De hecho, fui testigo de tres de dichos despertares en un mismo día. Todos y cada uno de los hombres perdieron los estribos con el ascensión de la energía. Como mujer, me sentí aterrada por sus intensos gritos, sus insinuaciones sexuales y sus temblores. Como sanadora, les forcé a llevar la energía serpentina directamente a su tercer chakra, donde les ayudé a abrir su punto de energía Kundalini. Los guié entonces hacia una forma diferente de kundalini —la kundalini dorada— accesible a través de su séptimo chakra. (Ver la sección «Vértebras cervicales» en este mismo capítulo.) Esencialmente, los ayudé a ensamblar los kundalini rojo y dorado. Inmediatamente, estos hombres se calmaron. Durante las siguientes semanas, informaron de un incremento de energía, de una conciencia de sus talentos y metas y de una nueva sensación de calma.

Las mujeres pueden también destapar la kundalini roja a través de sus vértebras del cóccix, pero muchas mujeres no llegan a abrirse siquiera completamente a esta energía. Esto se debe en parte a fuertes jucios sociales sobre la sexualidad de la mujer, y al condicionamiento cultural que reprime el impulso femenino hacia el éxito material. Las opiniones religiosas que subrayan que la naturaleza básica de la mujer es mala, ciertamente no mejoran las cosas. He hallado que cuando una mujer permite entrar a su kundalini roja, necesita usar esta energía de manera diferente que un hombre. Si no lo hace, corre el riesgo experimentado por una de mis clientes.

Beth, una joven madre de tres hijos, se consideró a sí misma durante años como la estereotípica buena chica. Su esposo, un abogado de éxito, pasaba muy poco tiempo en casa, y eso la hacía sentirse sola. Dos acontecimientos precipitaron la apertura de su kundalini. Primero, comenzó a traer a su memoria recuerdos de abusos sexuales. Tras dos años trabajando conmigo y con un profesional autorizado, comenzó a sentirse más sana en relación con estos traumas. Me expresaba continuamente tanto a mí, como a sus amigos y a su esposo, un deseo creciente de compañía, pero su marido no la prestaba atención. Conoció entonces a un corredor de carreras de motos, y todas las células sexuales de su cuerpo se pusieron en marcha. La kundalini estaba ascendiendo, pero volviéndola loca. Llegó hasta el extremo de irse una vez en medio de la noche para buscar a este hombre a cientos de kilómetros de distancia.

Un enfoque masculino de este ascenso de kundalini no habría ayudado a Beth. Hacer que intentara conducir esta energía hacia su tercer chakra la hubiera impedido hallar su verdadero poder, el poder creativo que toda mujer posee. Este poder yace latente en el útero o segundo chakra de la mujer. Haberla dejado simplemente disfrutar de su primer chakra despierto habría puesto en peligro su posición social y sus derechos legales como madre. Beth ha aprendido desde entonces a manejar su energía de una manera madura, aunque aún lucha con ella. Ha comenzado a escribir un libro, una tarea que usa y dirige de manera apropiada esta difícil energía del primer chakra.

En tanto que el segundo chakra es obviamente crítico para los hombres, es el último centro para las mujeres. Como le explica a Castaneda la Gorda, una compañera de estudios del brujo don Juan, en *El don del águila*, un método femenino de poder «ha de provenir de su matriz, porque ése es su centro». Don Juan, en los libros de Castaneda, hace referencia frecuentemente a las mujeres como potencialmente más poderosas que los hombres debido a la magnitud de la matriz como centro de poder. También, ya que el secreto del guerrero es la invisibilidad o desinterés, las mujeres tienen otra ventaja adicional. Como dice Florinda, otra de las estudiantes de don Juan: «Soy una mujer, y eso me da una ventaja espléndida. No soy tenida en cuenta.» La invisibilidad social de las mujeres las libera para hollar el sendero del poder [59].

La kundalini de una mujer debe en último término amoldarse y fundirse de forma más completa con su cuerpo que en el caso de un hombre. Creo que esta idea se ve apoyada por el hecho de que, a medida que una mujer envejece, sus vértebras coccígeas tienden a unirse con su sacro. Esta fusión enfoca su centro de gravedad e identidad en su centro reproductor, del que debe extraer constantemente la energía que necesita para la vida diaria. Como los ciclos naturales de menstruación se suman a esta necesidad de una renovación energética constante, la necesidad de una fuente poderosa de energía parece obvia. La kundalini roja debe nutrir este proceso; quizá sea éste incluso el propósito para el que la kundalini fue concebida. En *Desenrollando la serpiente*, Janet Balaskas dice que la energía de kundalini pertenece a las mujeres «a través de nuestros procesos biológicos de hemorragia y concepción». Su afirmación de que «La kundalini es la base de nuestra fuerza, coraje, poder psíquico y creatividad» aboga por la causa de que kundalini debe alimentar el segundo chakra femenino [60].

A medida que la kundalini roja o energía vital pasa a través de sus cuatro etapas iniciales, simbolizados por las cuatro vértebras coccígeas, completa-

---

[59] Castaneda, Carlos: *The Eagle's Gift*. Nueva York: Pocket Books/Washington Square Press, 1981, 136, 269.

[60] Balaskas, Janet: «The Feminine Power of Birth», en *Uncoiling the Snake*, editado por Vicki Noble. Nueva York: HarperCollings, 1993.

mos el sendero inicial de entrada de la energía material, tanto la nuestra propia como la de la Fuente Divina.

Las vértebras sacras

Pasamos ahora al siguiente estadio de crecimiento, representado por el área sacroespinal. Para las mujeres, ésta es el área de poder. Para los hombres, es el área de los sentimientos.

El sacro o cía está formado por la unión de cinco vértebras (figura 10b). En general, esta área vertebral cubre el área corporal del segundo chakra. Forma el caliz que sustenta la *chi* o energía vital que es vertida desde el primer chakra. Esta área es física y metafísicamente importante para mujeres y hombres, pero de forma diferente. Para las mujeres, esta área espinal regula su energía vital y sirve de depósito del que extraer energía vital para los demás, incluidos bebés, niños, y tareas relativas al propósito de la vida. En los hombres es el centro de refinamiento y maduración de sus energías físicas. Aquí, los sentimientos derivan en pasión, atemperando así el vigor, la voluntad y la acción. En ambos sexos, este hueso tarda en desarrollarse hasta los treinta años. En su estado definitivo, es más corto y más ancho en las mujeres, recalcando con ello que su función es diferente en cada género.

Según el Sistema del Punto Clave, la vértebra sacra permite la integración de los chakras Cuatro a Ocho en éste, el centro creativo del cuerpo. Aplico esta información de diferentes maneras. En primer lugar, me dice que si un cliente está experimentando problemas del segundo chakra, como dolor lumbar, colitis, gripe, problemas renales o de ovarios, puede estar reflejando también aspectos relacionados con uno de los chakras que se integran en esa área. Por ejemplo, la colitis de un cliente puede estar relacionada con sentimientos negados acerca de una relación (vértebras del cuarto chakra). Los quistes en los ovarios de otra cliente podrían tener que ver con una autoexpresión reprimida (vértebras del quinto chakra). El dolor lumbar podría ser la forma en que otro cliente evita estar físicamente activo y parecer saludable, atractivo y en buena forma (un problema de la imagen de un mismo propio de las vértebras del sexto chakra). Tal vez las piedras en el riñón de otra cliente reflejen creencias infantiles de que no está bien hacer lo que ella quiere hacer (vértebras del séptimo chakra), o bien las piedras podrían estar relacionadas con un problema de una vida pasada (octavo chakra).

El hecho de poder diferenciar los problemas hasta un nivel tan minucioso es lo que hace que este procedimiento sea tan útil. Si estoy trabajando con un cliente que parece estar experimentando dificultades del tipo segundo chakra contra cuarto chakra, puedo aislar las vértebras pertinentes. Sí, puede ser difícil precisar de forma exacta la vértebra correcta (especialmente durante los inviernos de Minnesota, cuando todo el mundo viste jerseys gruesos). Puedo hacer que el cliente se represente estas vértebras en su propia mente, sea de forma realista o pictórica, o puedo imponer mis manos sobre el chakra entero y sentir energéticamente las vértebras críticas. Normalmente, me gusta que los clientes imaginen, toquen o diagnostiquen sus propios problemas. La curación, especialmente cuando está siendo llevada cabo en los chakras inferiores, que son a menudo el dominio de problemas de abuso o victimismo, debe ser un proceso alimentado por el propio cliente.

Trabajé en una ocasión con una cliente, Marcy, que tenía tendencias suicidas. Una relación más había fracasado, y no quería continuar. Experimentaba un considerable dolor lumbar, y había estado menstruando durante una semana más de lo habitual. Además, era incapaz de controlar sus intensas oscilaciones de estados de ánimo.

Le pedí a Marcy que mirara dentro de sí misma con el fin de hallar la raíz de sus problemas. Jadeó, informándome que había una herida increíble en su segundo chakra. Había sido severamente maltratada y rechazada por su padre a edad temprana. De *motu propio*, hizo una relación de eventos relacionados con cada una de las vértebras del sistema sacro. Sus problemas estaban basados en las relaciones (cuarto chakra), le hacían tragarse sus sentimientos y necesidades (quinto chakra), creaban una imagen corporal extremadamente baja (sexto chakra), creaban confusión acerca de si espiritualmente se suponía que debía tener una relación o no (séptimo chakra), y tenía cuerdas de vidas pasadas con al menos su amante actual (octavo chakra). Para sanar su herida, Marcy hubo de afrontar cada una de estas áreas dolorosas. Su cuerpo respondió de inmediato sintiéndose mejor, y el dolor lumbar desapareció finalmente.

Las vértebras lumbares

Las vértebras del sistema lumbar son algunas de las más grandes de la columna. En general, son más anchas y tienen menos rasgos distintivos que otras vértebras (figura 10c). En relación con nuestro sistema chákrico, esto significa que son buenos conductores y aportan estabilidad al sistema energético global. Estas vértebras solapan parte del sistema de nuestro segundo chakra, y conectan el segundo con el tercero. Debido a que estas vértebras vinculan nuestro noveno chakra (en su punto más bajo) con el decimocuarto punto de energía, Yang (en su punto más alto), enclaustran nuestro propósito y nuestros asuntos masculinos y femeninos en nuestro estado de sentimiento.

La unión de estos chakras al área del segundo chakra vincula las cualidades espirituales con nuestros sentimientos. Respecto a la conexión con el noveno chakra, estas vértebras enclaustran nuestro propósito en nuestros sentimientos. Podemos y deberíamos poder ser capaces de «sentir las situaciones» para distinguir si son conformes al propósito o no.

La conexión con el décimo chakra nos capacita para anclar nuestro yoes material y espiritual en nuestros sentimientos. La relación con el décimo chakra nos permite introducir energías elementales en nuestro cuerpo de sentimiento, y viceversa. La unión entre nuestro duodécimo chakra y las vértebras lumbares ata nuestros sentimientos con todas y cada una de las partes de nuestro cuerpo físico. Como seres humanos, puede que no seamos realmente nuestros sentimientos, pero nuestros sentimientos pueden decirnos quiénes somos.

Las conexiones con los puntos de energía décimotercero y décimocuarto explican por qué muchos de nuestros problemas relativos al género sexual, especialmente los relacionados con nuestra feminidad o masculinidad, afectan nuestro estado de sentimiento, y al revés, por qué nuestros sentimientos pueden afectar nuestra visión de nuestra propia feminidad o masculinidad. En general, las vértebras lumbares conectan nuestros sentimientos con todos los aspectos de nuestra condición humana, ayudándonos en la curación a través de nuestros sentimientos, y ayudándonos a sanar nuestros sentimientos a través de principios más amplios.

Creo que los principios asociados con este sistema vertebral son críticos para la curación de nuestros propios y particulares problemas de tipo masculino/femenino, y pueden servir para ayudar a que hombres y mujeres se amen y gusten unos a los otros. Aunque no puedo probar esta afirmación, me viene a la mente un caso especial.

Se me pidió visitar a la madre de una amiga, que se encontraba en el hospital. Fui para apoyar a mi amiga, no para participar profesionalmente. Su madre se había roto la espalda por el área lumbar. Esperando hallarla enfadada, desesperada o infeliz, me sorprendió ver a la madre sonriendo, con su marido a su lado cogiéndole la mano. Tras unos minutos de charla intrascendente, su marido me dijo que, en cierto modo, este accidente era lo mejor que podía haber pasado. «Salvó nuestro matrimonio», dijo. «Nunca supe realmente cuánto me importaba; simplemente contaba con ella como una cuestión de hecho.» Al abrirse estas vértebras con la ruptura, esta mujer se había abierto ella misma a la oportunidad de una verdadera conexión con el ser que amaba.

Figura 10c

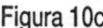

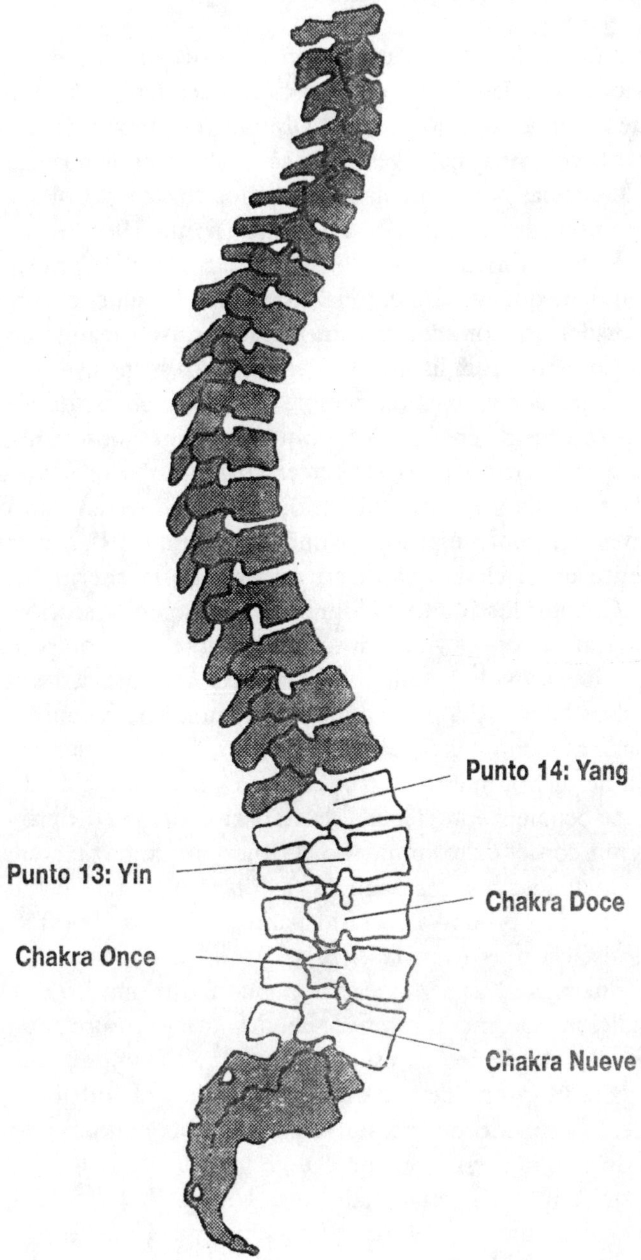

Las vértebras lumbares y sus conexiones chákricas

Las vértebras torácicas (dorsales)

Las vértebras torácicas o dorsales son intermedias en tamaño, mayores que las cervicales que las siguen en dirección ascendente y menores que las lumbares que están por debajo de ellas. Disminuyen en tamaño a medida que ascienden por la columna. Estas vértebras se localizan en la misma región que las costillas, lo cual las pone en conexión con los chakras del plexo solar y del corazón, y en contacto con la glándula timo (figura 10d). Su característica más destacable es su forma de corazón. Esotéricamente, la principal función de esta región tiene que ver con entrelazar las energías superiores relacionadas con los deseos del corazón, con nuestra capacidad para manifestar el éxito y las relaciones necesarias para instilar vida en nuestros sueños.

Respecto a las conexiones de energía, estas vértebras, de abajo arriba, relacionan los centros de energía decimoquinto a vigesimosexto. En general, las vértebras que interactúan con el tercer chakra están relacionadas con el equilibrio, la armonía y el libre albedrío; se interconectan con el corazón mismo a través del punto espiritual Kundalini (Punto 19), y se enclaustran completamente en el chakra cardiaco a través de la energía de Maestría (Punto 20). Cuando los hombres logran enfocarse en la sección del tercer chakra de esta área, son elevados automáticamente a la compasión, el don del corazón. Liberados de la culpa y de la vergüenza asociadas típicamente con los impulsos básicos del primer chakra, los hombres basados en el tercer chakra pueden realmente tener más, y no menos, éxito que sus equivalentes.

Como ya he dicho, nuestro tercer chakra es el responsable de la entrada de ideas, el conocimiento intelectual, la clarisensibilidad (o claro conocer) y nuestra relación con el éxito mundano. Debido a que hay elevadas energías espirituales vinculadas a estos asuntos, a través de estas vértebras, todos podemos lograr el equilibrio necesario para emplear la (libre) voluntad en dirección a satisfacer nuestro propósito.

Cuando nuestras ideas se alinean con nuestro propósito, recibimos un suministro adicional de energía a través del decimonoveno centro de energía, Kundalini, localizado dentro de esta área vertebral. Este punto Kundalini es crítico. Conecta el punto de acceso coccígeo de la kundalini roja con el punto de acceso primario de la kundalini dorada, la corona. Este punto de entrada puede también correr parejo al centro de kundalini basado en el corazón al que se refieren varias tradiciones yógicas de la India. Leadbeater, en *Los chakras*, dice que este centro es femenino, y es llamado el «hogar de la madre del mundo»[61]. Varón o hembra, este punto-centro es a la vez fértil y

---

[61] Leadbeater, *ibíd.*, pág. 33.

TRABAJANDO CON EL CUERPO: LOS PUNTOS CLAVE   293

Figura 10d

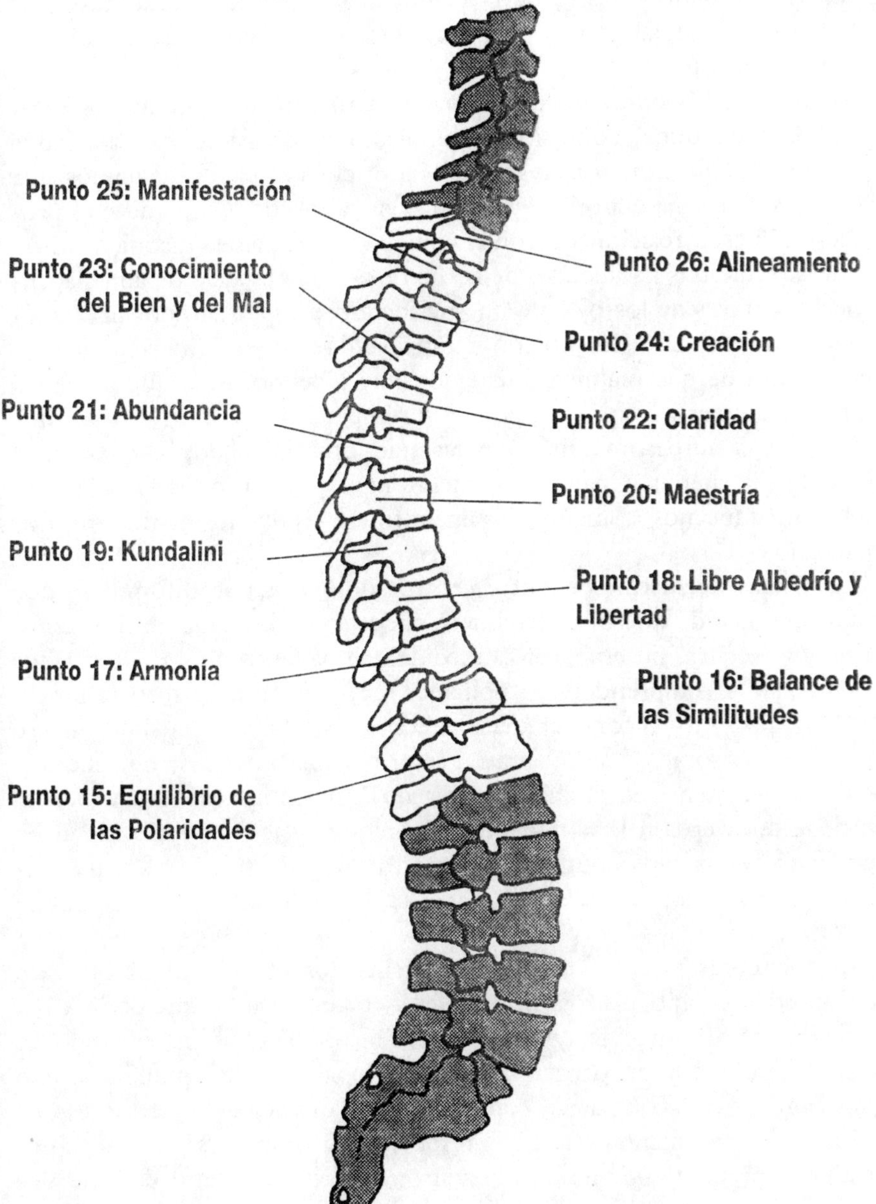

- Punto 25: Manifestación
- Punto 23: Conocimiento del Bien y del Mal
- Punto 21: Abundancia
- Punto 19: Kundalini
- Punto 17: Armonía
- Punto 15: Equilibrio de las Polaridades

- Punto 26: Alineamiento
- Punto 24: Creación
- Punto 22: Claridad
- Punto 20: Maestría
- Punto 18: Libre Albedrío y Libertad
- Punto 16: Balance de las Similitudes

Las vértebras torácicas (dorsales) y sus conexiones chákricas

alimentador. Así, kundalini alimenta nuestro aliento con energía vital, imbuyéndonos del cálido soporte de la Fuente Divina. Podemos ahora elevar nuestras metas mundanas a su nivel más elevado, a través de la maestría de nuestra tarea a mano.

Sanar estas vértebras puede ser particularmente útil cuando estamos experimentando duda, confusión o temores; cuando parecemos atascados respecto a la definición o el logro del éxito; cuando experimentamos una baja autoestima, baja energía o problemas metabólicos. A menudo, el problema puede estar relacionado con el equilibrio. Precisamos distinguir nuestras ideas o nuestras habilidades de las de otros. Esta especie de autoalabanza, hecha a través de los ojos de nuestra identidad espiritual, nos lleva a un nivel de armonía más estrecho con nuestro verdadero yo. Una vez que captamos la idea de que realmente tenemos libre albedrío, y de que podemos elegir lo que creer y lo que no, podemos romper la barrera de la baja autoestima. La baja autoestima, más que cualquier otra dificultad, bloquea nuestro acceso a la energía. Cuando nos energizamos con el propósito y el respeto a nosotros mismos, comenzamos finalmente a ser dueños de nuestro propio destino.

Las líneas de distinción entre centros de energía se difuminan, por supuesto, a medida que una vértebra se pliega sobre la siguiente. En términos muy generales, sin embargo, a medida que pasamos de ser energizados por kundalini a comprender que podemos ser los dueños de nuestra propia identidad, podemos reconocer que merecemos la abundancia simplemente por ser quienes somos. La vértebra del centro de la Abundancia está enclaustrada completamente en el chakra cardiaco. Piensa simplemente en todo lo que tiene que ver con la abundancia. Queremos relaciones maravillosas en abundancia. Deseamos abundancia respecto a la diversión, la fortuna y la fama. Queremos abundante salud. Creer en la abundancia es un deseo del corazón.

Las vértebras torácicas también participan en el flujo de abundancia hacia nuestros cuerpos físicos. El truco está en comprender que deseamos y merecemos la abundancia, y entonces recibir claridad sobre el modo de lograrla. La claridad, en particular, está relacionada con los pulmones, uno de los órganos que comparten con el corazón la cavidad del pericardio. La claridad del pensamiento y la de la respiración parecen ir de la mano, una verdad comprendida por muchos maestros de yoga. La claridad como una realidad nos envuelve para hacer las paces con nuestra naturaleza humana dual: bueno y malo, luz y oscuridad, iluminado y no iluminado. Sólo usando completamente todas las energías disponibles —tanto la oscuridad como la luz— podemos crear y manifestar los deseos de nuestra alma y de nuestro corazón; todo ello bajo la protección de la vértebra torácica superior, Alineamiento (con el Propósito Superior; Punto 26).

Trabajar con las vértebras torácicas puede ser instructivo para cualquiera que busque ayuda para las relaciones y la manifestación. Nuestro corazón es el punto de encuentro, una puerta giratoria en sí mismo. Es el espacio en el cual nuestros aspectos espirituales superiores contactan con nuestros aspectos materiales inferiores. Dhyani Ywahoo dice que la energía de la tierra y la energía del cielo se unen en el corazón, «expandiéndose, irradiando hacia fuera»[62]. Todas las vértebras torácicas, en forma de corazón, se ocupan de ayudarnos en que logremos lo que es verdaderamente mejor para nosotros durante esta vida.

Las vértebras cervicales

Las vértebras cervicales coronan el sistema espinal. Estas vértebras individuales son generalmente más pequeñas que las de otras regiones, y, sin embargo, cada una de ellas realiza funciones físicas y metafísicas muy importantes.

Las vértebras cervicales componen la parte superior de la espalda y el cuello. Estas vértebras cubren el chakra de la garganta y su conexión con nuestro chakra del corazón. También unen la columna con los centros o puntos superiores intracorporales; estos puntos discurren en la misma dirección que la columna, aunque se hallen situados fuera del cráneo. Las siete vértebras del sistema cervical nos llevan desde el punto de energía vigesimoséptimo hasta el «Principio del Trigésimotercero».

El vigesimoséptimo punto de energía es Paz. La serenidad sigue al alineamiento con nuestro propósito, el cual completa la conexión del corazón con la glándula timo. Para lograr serenidad, debemos saber que vamos en la dirección de nuestro propósito. Esta vértebra, una de las vértebras cervicales con forma extraña, está ligada a nuestro sistema inmune. Cuando se experimentan deficiencias o desórdenes inmunológicos, podemos usar la energía espiritual de Paz a fin de lograr la calma que necesitamos para regular nuestras reacciones físicas y químicas. La conexión entre el centro de la Paz y el área inferior del cuello puede ayudarnos a lograr el estado equilibrado que necesitamos para expresarnos apropiada y rectamente. El centro de la Sabiduría (Punto 28) se enclaustra en el chakra de la garganta. Una de las metas mas elevadas del chakra de la garganta es la de canalizar, conocer y hablar

---

[62] Ywahoo, *ibíd.*, pág. 102.

sólo sabiduría. Por encima de éste, y alineados todavía con la garganta, nos vinculamos al Gozo y al Perdón (Puntos 29 y 30). ¿Cuántos de nuestros problemas surgen de haber sofocado nuestro gozo y nuestra energía vital, o de no haber dicho aquellas verdades difíciles? El centro del Perdón está también bien ubicado. Cuando podemos decir que nos perdonamos a nosotros mismos y a los demás, rompemos las cuerdas de los viejos tópicos que entran tan a menudo a través de la garganta.

Las vértebras cervicales se completan con el atlas o segunda vértebra cervical, que se une con el axis o primera vértebra cervical. Estas dos vértebras son enormemente importantes, pues completan la columna, acunando de algún modo nuestra cabeza. El axis forma un pivote sobre el cual el atlas sostiene la cabeza. Este pivote permite que la cabeza gire. Por la parte posterior del cuerpo, el axis se eleva en forma dentada. El resto del cuerpo parece casi como una cama que se estirara a partir de un cabecero. El axis y el atlas, también, completan el sistema chákrico espinal, y nos abren a los principios superiores de la vida.

El atlas nos vincula con nuestro punto trigesimosegundo, el centro de la Gracia y la conciencia de la Fuente Divina. El centro Gracia se encuentra opuesto directamente al hueso coccígeo que se conecta a la tercera vértebra coccígeal, la cual contiene nuestros sentimientos y nuestra creatividad. Canalizando la energía de la conciencia de la Fuente Divina, esta conexión con la gracia debe alinearse con nuestros sentimientos y nuestra creatividad, así como con los asuntos de que se ocupa el área de nuestro primer chakra. Con la forma de una cuna, nuestro atlas representa la cuna de nuestro ser superior, estando ella misma hecha de gracia.

El axis soporta el globo de la cabeza. No tiene ni proceso físico ni proceso espinal. Es de forma anular, con un arco frontal y otro dorsal. Metafísicamente, el axis tiene que ver con el Principio del Trigesimotercero, que es una energía protectora que debe utilizarse para trabajar de forma segura con cualquiera de los puntos de energía superiores. Este principio es el del Amor. No simplemente amor, el sentimiento que tenemos cuando estamos chiflados por alguien, sino la energía del Amor, el sentimiento que la Fuente Divina tiene por sí misma y por nosotros.

El amor depende de la gracia para apoyar los centros superiores. Es también la puerta a través de la cual viajamos para alcanzar los planos superiores de nosotros mismos. Cae opuesto directamente a la cuarta vértebra coccígea, la cual está relacionada con el primer chakra, la fuerza de la energía vital primaria. Cuando hacemos uso de nuestra energía vital de acuerdo con los principios del Amor, todo nuestro sistema energético se alinea.

El axis también sirve de conexión espinal para la kundalini dorada, la energía espiritual que alimenta nuestro propósito. Esta forma de energía,

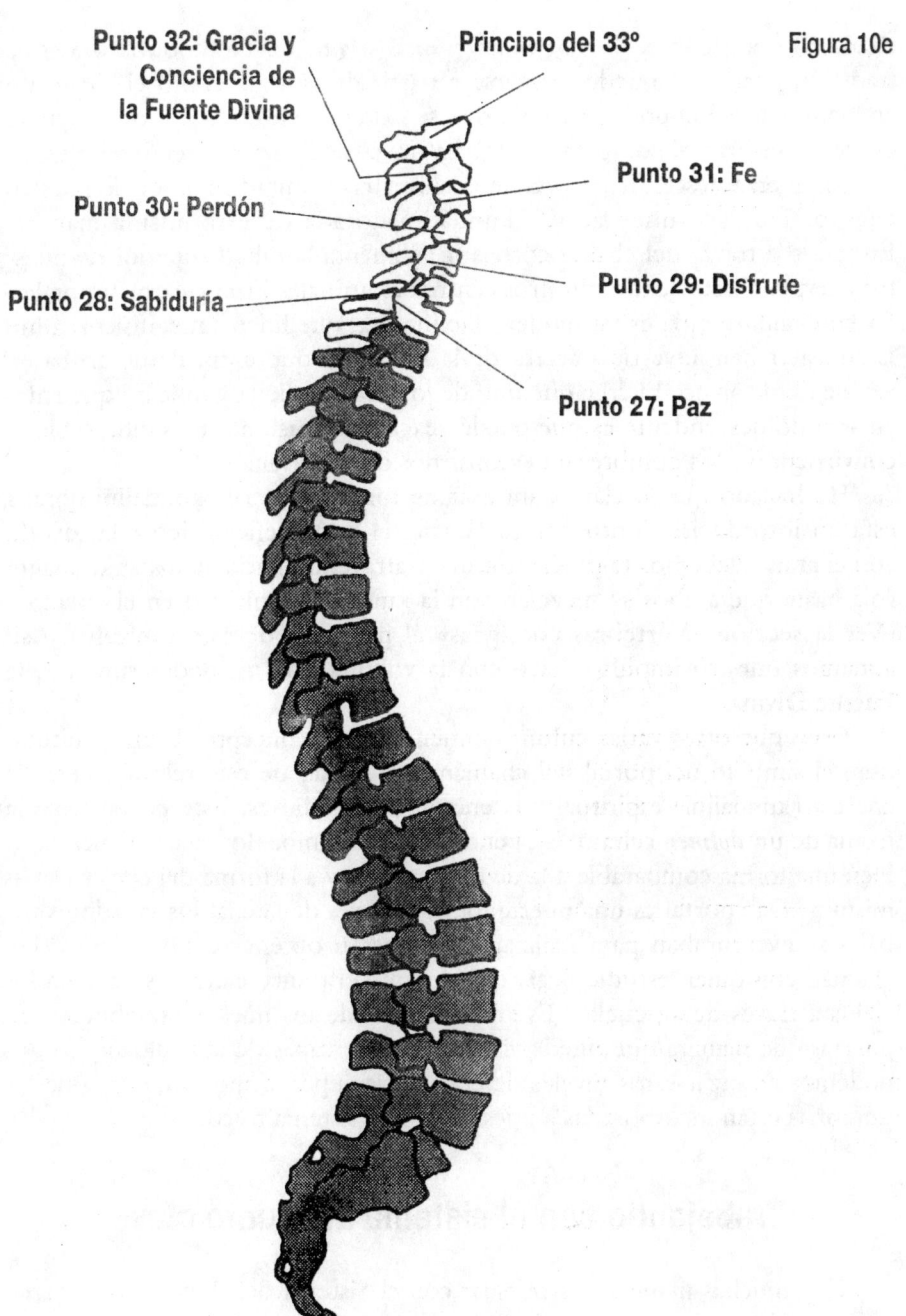

Las vértebras cervicales y sus conexiones chákricas

citada en obras como *Voces de nuestros antepasados* de Ywahoo, basada en la tradición cheroqui, puede formarse a partir de energía como el *linga*, un emblema indio del poder creativo que se extiende en dirección descendente desde los cielos (así como hacia arriba a través de la tierra). Según esta tradición, la fuerza descendente prende la chispa en la mitad superior de nuestro cuerpo. He experimentado la kundalini dorada de esta misma manera. Entrando a través del chakra coronario, alimenta la mitad superior de nuestro cuerpo, abasteciendo nuestros centros espirituales intra y extracorporales. La kundalini dorada es tan poderosa e intensa, que líderes metafísicos como Leadbeater han advertido acerca de la kundalini que entra desde arriba en vez de desde abajo. Él cree que uno de los peligros de la kundalini que entra en sentido descendente es que puede «excitar las pasiones más indeseables», convirtiendo a los hombres en «monstruos de depravación» [63].

He hallado que la clave para usar de forma segura la kundalini dorada está en introducirla junto con la Gracia, el punto energético relacionado con el atlas. Debemos también continuar atrayendo hacia arriba la kundalini roja hasta que ambos se mezclen con la kundalini espiritual en el corazón. (Ver la sección «Vértebras coccígeas» al principio de este capítulo). Así, aunamos nuestro impulso físico con la voluntad de un poder superior, la Fuente Divina.

Creo que otras varias culturas entienden este concepto. Dichas culturas usan el símbolo del portal del chamán para hablar de esta relación entre la energía (kundalini) espiritual y la energía de los dioses. Este portal tiene la forma de un *dolmen* celta o de la entrada a una tumba, los cuales tienen también una forma comparable a la de las vértebras y a la forma del atlas y el axis mismos. Este portal es una puerta lógica a través de la cual los sanadores tribales se aventuraban para realizar curaciones u obtener conocimiento. Un chamán con quien estudié decía que durante el trance elevaba su alma a los cielos a través de su cuello. Es ahí, dice, donde los huesos «se ahuecan en puertas» de manera que puede visitar las «siete capas de la realidad». Todos podemos alcanzar estos niveles de conciencia superior, porque estas puertas giratorias están incorporadas a nuestro propio sistema físico.

Trabajando con el sistema del punto clave

Hay muchas maneras de trabajar con el Sistema del Punto Clave, varias de las cuales ya he mencionado. Clasificaré éstas y otras para ilustrar mejor

---

[63] Leadbeater, *ibíd.*, pág. 82.

los posibles métodos. Hay tres aproximaciones generales al trabajo con este sistema:

Visual: Reunir cuadros, imágenes o representaciones simbólicas de un problema, creencia, persona, lugar o cosa.

Verbal: Oír palabras o sonidos de un aspecto de nosotros mismos, o de una fuente de guía visible o invisible.

Cinestésico: Sentir, percibir o conocer información. Normalmente asociado a uno de los cinco sentidos.

Las siguientes técnicas del Sistema del Punto Clave pueden hacer uso de cualquiera los enfoques anteriores o de todos ellos.

Aislando una vértebra

Si es posible precisar un problema concreto, puede ser beneficioso trabajar con la vértebra relacionada con dicho problema.

Aislando una área chákrica

Al concentrarnos en la parte frontal, dorsal o en las energías combinadas de un chakra determinado, puede resultar útil analizar el problema en conexión con las vértebras halladas en ese área chákrica.

Trabajando con un área vertebral

Esta técnica es especialmente beneficiosa si alguien se queja de un dolor o problema en su columna. Por ejemplo, si un cliente está experimentando dolor en la zona inferior de la espalda, yo trabajaría con los centros localizados en toda el área vertebral sacra.

Trabajando con vértebras, chakras o áreas espinales opuestos

A veces un problema asociado a la dimensión física se refleja como en un espejo en la dimensión espiritual, o viceversa. Asimismo, un problema en una vértebra se reflejará en su opuesto espinal directo. Por ejemplo, si un cliente está experimentando dificultades con su rabadilla, puede resultar beneficioso trabajar también sobre el área cervical. Nuestro sistema está intentando siempre alcanzar el equilibrio. Atacar el problema de una manera diferente puede ayudar a devolverlo el equilibrio.

Aplicando el sistema de desarrollo infantil

Nuestros chakras despiertan y se abren por estadios. Nuestros centros superiores se unen en este proceso por estadios a través de las vértebras. A menudo recorreré hacia arriba la columna de un cliente, buscando recuerdos reprimidos o problemas en diferentes edades. Puede ser útil hacer que se abra a las energías espirituales accesibles a través de las conexiones vertebrales. Por ejemplo, cuando alguien está tratando un problema que le ha acosado desde antes de la adolescencia, utilizar el centro Paz propicia una interpretación más expansiva de ese problema y de su papel. Los clientes que están curándose de problemas traumáticos pueden también beneficiarse del hecho de abrirse a las energías espirituales superiores disponibles a través del centro superior correspondiente.

Usando los rayos

Hay dos formas principales de trabajar con los rayos bajo el Sistema del Punto Clave. En primer lugar, precisa con detalle las vértebras que requieren curación, y luego selecciona o intuye qué rayos ayudarán a sanar el problema. Enfoca estos rayos sobre las vértebras dañadas. En segundo lugar, establece si existe ya o no un rayo vinculado a las vértebras en cuestión, sea como punto de entrada o de salida. Usa esta energía de rayo para ayudar a fijar el problema. (También puedes usar la energía de rayo más próxima a las vértebras sobre las que estás trabajando.)

Aplicando los principios

Recorrer cualquier problema a través de los Principios Guardianes es un forma efectiva y significativa de sanarnos o de manifestar nuestros deseos. Como ya sugerí en el capítulo Ocho, los principios pueden ser mezclados con el sistema de desarrollo infantil. Después de usar la información de desarrollo infantil para resaltar el origen de un problema, podemos recorrernos a través de un proceso curativo por medio de los principios.

Trabajando con la Kundalini

La columna funciona en su mejor manera cuando la kundalini roja del cóccix contacta con la kundalini dorada del séptimo chakra (y con la vértebra torácica del decimonoveno centro) en el corazón, y opera conjuntamente con ella. Esta kundalini dorada entra en la columna a través del axis. Cualquier proceso de curación o de manifestación puede beneficiarse si nos aseguramos de que las energías de las kundalini roja y dorada estén mezclándose en el corazón y/o en las vértebras torácicas. Esta energía amalgamada, consistente en materia espiritualizada, puede energizar cualquier proceso.

Me gustaría suministrar un ejemplo de cómo el Sistema del Punto Clave ha ayudado a alguien a curarse. Bev, de cuarenta y cinco años, me fue enviada por un quiropráctico. Había experimentando un intenso dolor en la espalda la mayor parte de su vida, desde que se había roto la rabadilla cuando tenía siete años. Durante la década pasada había sufrido también otros desórdenes crónicos, incluidos dolores de cabeza, desmayos, problemas digestivos y síndrome premenstrual. Se quejaba también de otros dos problemas: nunca se había podido quedar embarazada, y a menudo tenía dolor de pies debido a sus pies planos.

Bev y yo trabajamos juntas durante dos meses aproximadamente antes de que apareciera la solución. El problema físico clave era su rabadilla. Inherentes a la rabadilla, están los asuntos relacionados los chakras primero, segundo, tercero y décimo, y Bev mostraba síntomas físicos que podrían haber surgido de todos esos chakras. Los problemas de espalda, dolores de cabeza y desmayos eran síntomas de asuntos del primer chakra. Las dificultades prementruales y de embarazo surgían del segundo chakra. Los desórdenes digestivos eran producto de un problema del tercer chakra, y los pies planos era producto de un problema del décimo chakra.

El hecho de que todas las vértebras coccígeas estuvieran afectadas me dio una pista. Las dificultades de Bev podrían haberse originado antes del nacimiento, aunque se hubieran visto agravadas en diferentes momentos de esta vida. Le pregunté si sus síntomas físicos se veían reflejados en algún miembro de su familia, o afectados por dicho miembro, o si se correlacionaban con algún problema experimentado por miembros de su familia mientras ella crecía. Bev compartió una historia tras otra acerca de su madre. Su madre se había dañado su propia rabadilla poco antes de que Bev se lastimara. Cada vez que su madre enfermaba, ella también lo hacía.

Seguimos la pista de estas migajas hasta el núcleo mismo del problema. Hacía varias vidas que Bev y su madre habían creado un contrato de almas. Se habían ligado espiritual y físicamente anudando energéticamente sus primeros chakras. El resultado era que si una se ponía enferma, la otra la suministraba la energía vital para ayudarla a mantenerse con vida.

Para cambiar esta situación, Bev y yo trabajamos con la Fuente Divina. Ella estableció un tipo diferente de vínculo con su madre, uno en el cual ellas compartían amor, pero no energía vital. Bev conectó entonces su energía vital con la Fuente Divina, y pidió al alma de su madre que hiciera lo mismo. Dos semanas después, Bev vino a verme. Había visto a su quiropráctico poco después de trabajar conmigo. El quiropráctico había pasado una hora con ella, sorprendido de lo fácilmente que se ajustaba su columna, incluido el cóccix. Tres meses más tarde, Bev me informó que sus dolores de cabeza, problemas digestivos, dolores de espalda y otras dolencias habían desaparecido. Además de eso, dijo que la relación con su madre nunca había sido mejor.

La moraleja de la historia no es que trabajar con el Sistema del Punto Clave pueda curarlo todo. Puede que lo haga, puede que no. Si es el sistema correcto para ti o para un cliente, si el momento es el correcto, si estás abierto al cambio, podría ayudarte a que te curaras. Hay muchas maneras de sentirse bien con uno mismo. Si te sientes a gusto con este sistema, úsalo.

Capítulo Once

Comprendiendo las emociones

MUCHOS EVOLUCIONISTAS aseguran que existen dos rasgos que distinguen a los seres humanos del resto del reino animal: nuestras manos y nuestro cerebro superior. Los filósofos coinciden, pero añaden que somos diferentes porque podemos razonar. El clero insiste en que la diferencia es que los humanos tenemos almas. Yo estoy en desacuerdo con todos ellos. Si hay un factor determinante (y se podría discutir este punto), pienso que sería que los humanos tenemos emociones. Las emociones nos aportan nuestro mayor placer, pero también nos causan la mayoría de nuestras dificultades.

La anatomía de las emociones

Creo que una emoción es un sentimiento más un pensamiento. También he llegado a creer que los sentimientos son el lenguaje del cuerpo, en tanto que los pensamientos son el lenguaje de la mente. Las emociones se producen cuando nuestro cuerpo y nuestra mente se comunican y llegan a un acuerdo. Cuando el cuerpo y la mente ligan un sentimiento con un pensamiento, obtenemos una emoción: energía en movimiento. El resultado es expresión.

Muchos estudios científicos han recalcado la idea de que los sentimientos son verdaderamente expresiones de nuestro cuerpo, y que existen en forma separada de nuestros pensamientos. Antonio R. Damasio, investigador del cerebro y autor de *El error de Descartes*, ha hallado que los sentimientos provienen de nuestras reacciones somáticas o corporales a los acontecimientos. Estas reacciones, basadas en experiencias pasadas y en respuestas predictivas, «nos ofrecen una vislumbre de lo que sucede en nuestra carne». Así, los sentimientos «nos permiten tener en cuenta el cuerpo»[64].

---

[64] Damasio, Antonio R.: *Descartes Error*. Nueva York: G. P. Putnam & Sons, 1994, 159.

Examinados de forma más metafórica, los sentimientos podrían estar ligados a la esencia pura. En *El agua no porta cicatrices*, David Reynolds dice que los sentimientos son un «fenómeno natural» sobre el cual no tenemos más control del que tenemos «sobre los terremotos o sobre las brisas de verano» [65]. No sólo no tenemos control sobre estas brisas internas, sino que además tenemos el derecho a sentir cada sentimiento. Tenemos el derecho a experimentar completamente todos y cada uno de nuestros sentimientos. Los pensamientos en sí mismos son también puros. Tenemos el derecho a pensar cada pensamiento que se forma. Tenemos el derecho a explorar completamente cada uno de nuestros pensamientos.

¿Qué son exactamente los pensamientos? ¿Cómo se relacionan con los sentimientos? Los pensamientos, al igual que los sentimientos, se originan en el cuerpo. Difieren de los sentimientos, sin embargo, en que son almacenados y construidos a partir de «imágenes en la mente», como Damasio explica. Estas imágenes surgen originalmente como representaciones «disposicionales» del conocimiento, innatas y experienciales. El conocimiento nuevo es obtenido mediante la modificación de estas representaciones. Antes de que estas representanciones puedan ser convertidas en palabras, existen como «imágenes auditivas o visuales en nuestra conciencia» [66].

Mente equivale a conciencia. Los pensamientos expresan esta mente igual que los sentimientos expresan el cuerpo. Damasio describe su relación de esta manera: a medida que suceden los cambios corporales, puedes seguir la marcha de estos cambios. «Ese proceso de vigilancia continuada, esa experiencia de lo que tu cuerpo está haciendo mientras los pensamientos acerca de contenidos específicos van pasando, es la esencia de lo que yo llamo sentimiento», dice. Por tanto, una emoción es «una colección de cambios en el estado corporal relacionada con imágenes mentales particulares» [67].

Visto de esta forma, las emociones son vehículos naturales e importantes para la conciencia de uno mismo. Los sentimientos ligados a pensamientos nos dan una vislumbre de nuestras realidades y necesidades, tanto externas como internas. En conjunto, segun Damasio, forman la base para nuestra capacidad de razonamiento. Por tanto, es obviamente de nuestro mayor interés permitir que ambos, sentimientos y pensamientos, sean sentidos libremente.

---

[65] Reynolds, David K.: *Water Bears no Scars: Japanese Lifeways for Personal Growth*. Nueva York: William Morrow & Company, 1987.
[66] Damasio, *ibíd.*, págs. 104-106.
[67] Damasio, *ibíd.*, pág. 145.

Emociones estancadas

¿Qué? ¿Expresar todos nuestros sentimientos? ¿Todos nuestros pensamientos? ¿Significa esto que si estamos enojados está bien el matar a alguien? ¿Significa esto que si pensamos que los polacos o los afroamericanos o los caucasianos son estúpidos, podemos ser desagradables con ellos? No y no. Las acciones negativas, autodestructivas o violentas surgen de emociones estancadas, no de pensamientos o sentimientos que fluyen libremente. Podemos sentirnos enfadados, pero sólo nos meteremos en problemas cuando emparejamos el sentimiento de ira con un pensamiento destructivo del tipo «estar enfadado es malo, de manera que debo tragarme mi ira», o «estar enfadado es de hombres. Es mejor que muestre lo fuerte que soy», y mantengamos estos sentimientos o pensamientos emparejados o soldados.

Las emociones estancadas están encoladas tan sólidamente que nos impiden reordenar nuestros sentimientos o nuestros pensamientos para que encajen con las circunstancias que se nos presentan. La verdad es que cualquier sentimiento se dispersará de forma natural si lo expresamos en alineamiento con la situación dada. Cualquier pensamiento, incluso uno negativo, madurará con la reflexión si lo examinamos en alineamiento con la situación dada. Cuando nuestro sistema energético está operando en alineamiento, expresaremos siempre nuestros sentimientos y pensamientos de manera constructiva. Cada sentimiento y cada pensamiento recibirá los datos, consejo y curación que necesita para ser expresado de forma auténtica, porque todos nuestros centros energéticos, no sólo algunos, se pondrán en funcionamiento en el acto.

No estamos completamente abiertos o alineados si hemos fraguado y fracasado en desenganchar los sentimientos y los pensamientos críticos. Nos volvemos rígidos, y perdemos nuestra capacidad de adaptación y nuestra flexibilidad. Permitimos fácilmente que los estímulos externos nos hagan estallar. Las situaciones nuevas a menudo nos parecerán re-creaciones de acontecimientos anteriores, los acontecimientos que probablemente provocaron la formación de la emoción en primera instancia. Nuestras respuestas emocionales han devenido hábitos o patrones de respuesta/reacción. Nuestros sentimientos y pensamientos se han convertido en una pareja enredada; se han vuelto demasiado temerosas de operar por separado. Debido a que se hallan tan bien instalados, no están en condiciones de emparentarse con otros sentimientos y pensamientos, los mismos sentimientos y pensamientos que pueden necesitarse para abordar un asunto actual.

Los sanadores se entrenan mucho y duro para tratar este problema. En *Curación kahuna*, Serge King dice: «Parte de la curación kahuna tiene que ver con ayudar a la mente consciente a aprender a percibir las emociones sin permitir que el subsconciente interfiera con su acción habitual» [68].

Pensamientos y sentimientos suelen desposarse por una buena razón. Tal vez nos sentimos amenazados por alguien durante la infancia. Ciertos sentimientos y pensamientos se unieron para menejar mejor la situación. Creamos emociones que percibimos que nos ayudarían a pasar por una experiencia dura. Por ejemplo, digamos que te viste amenazado por un padre borracho cuando tenías cinco años. Tuviste miedo. ¿Quién no? Tu yo pensante también te recordó que eras pequeño y débil. La emoción que cuidó de ti pudo ser algo así como: «Tengo miedo. No soy fuerte, de modo que cuando tenga miedo, será mejor callarse.»

Esta respuesta emocional puede haber sido apropiada para la situación atemorizante original. De adulto, sin embargo, podrías verte metido en problemas si esta respuesta o emoción se ha convertido en la única que se provoca cuando te sientes atemorizado. En realidad ya no eres pequeño, pero puedes creer que lo eres cuando te sientes atemorizado. Tal vez te quedes callado cuando se te ofrece un ascenso, atemorizado por un perro que está ladrando, o cuando se te pide una cita. Tu silencio puede costarte un aumento, una mordedura de perro o dejarte sentado en casa el viernes por la noche.

Dada la obvia desventaja de ensamblar las emociones, debemos preguntarnos por qué permitimos siquiera que permanezcan ensambladas. Bien, quizá no conozcamos nada mejor. Tal vez nuestra madre lo hizo así. Posiblemente éramos castigados si lo hacíamos de otra manera. Quizá la situación original duró tanto tiempo que creímos que nunca podría ser diferente. Recuerda que, cuando se formó, nuestra emoción nos ayudó, pero si ha devenido un patrón de respuesta, un hábito, debemos cambiarlo. Aferrarse a una emoción que pareció ayudarnos en un trauma no vetará un trauma adicional. En realidad, las evidencias sugieren que lo cierto es justo lo contrario.

Sí, los patrones emocionales suelen producir lo contrario de lo que deseamos. Los sentimientos y pensamientos que componen las emociones estacandas no están disponibles para ligarse con otros pensamientos y sentimientos. Nuestras reacciones son de ese modo inhibidas y habituales. Debido a que nuestras respuestas situacionales se han estrechado, perdemos la panorámica de elecciones adiccionales. Realizamos la misma elección, reforzando con ello nuestros viejos hábitos.

Veremos dos ejemplos de este patronamiento emocional. El primero concierne a Ryan, un productor de vídeo energético y de gran éxito, quien

---

[68] King, *ibíd.*, págs. 94-95.

desgraciadamente odiaba su trabajo. Se descubrió a sí mismo saboteando su carrera al llegar tarde a las tomas, contestando mal a los clientes y desplegando otros comportamientos contraproducentes. Sin embargo, no daba los pasos necesarios para cristalizar su sueño, que era el de ser escritor.

En el sondeo, descubrió que el corazón de esta situación era una emoción estancada. Cuando Ryan era joven, su padre le gritaba por escribir poesía. Avergonzaba a su hijo en las comidas, insistiendo que «todo en la familia sería mejor si Ryan dejara de perder el tiempo e hiciera lo que es importante». La respuesta emocional de Ryan era la ira, pero su padre se ponía tan furioso que Ryan decidió que debería haber algo verdaderamente erróneo en su deseo de escribir. La ira se ligó a la creencia de que «lo que quiero hacer causa problemas». De adulto se halló a sí mismo experimentando la agitación de tratar de reafirmar este yo lleno de alma, el yo escritor. Podía dejar nacer la ira, pero no ir más allá de eso, hasta que la disoció del hecho de que estuviera mal o equivocado. Estaba viviendo la creencia hasta el final, causando problemas en su profesión actual.

Otro ejemplo tiene que ver con mi propia vida. A lo largo de los años me he hecho consciente de una incapacidad por defenderme a mí misma. Si, en el momento en que trataba de mediar en favor de mis propios derechos, mi oponente apuntaba algo que yo había hecho mal, incluso cosas que habían ocurrido de niña o adolescente, me venía abajo.

A través de la terapia, llegué a comprender que estaba recreando un patrón iniciado entre mi madre y yo. De joven, intentaba discutir contra algo que era obviamente una injusticia. En respuesta, mi madre me decía que la estaba poniendo enferma por discutir con ella. Continuaba reprochándome la vergüenza de estar en desacuerdo con ella, y al final me castigaba. Por consiguiente, mi sentimiento de la justa ira se vio emparejado con tres creencias: «mi ira hiere a la gente», «mi defensa acabará en castigo» y «no merezco ser oída». Desentrañar estas emociones ha sido un arduo y lento proceso, proceso que requiere que exhiba el nuevo comportamiento y haga algún trabajo energético intenso. Sin embargo, este trabajo ha dado lugar a la capacidad de llevar mi propio negocio, comprar una casa y criar un hijo —actividades todas que requieren luchar contra las desventajas.

Emocionalismo frente a sensibilidad emocional

Quiero tocar otro asunto importante respecto a las emociones. Durante años, las mujeres han pagado el pato por ser emocionales. Hemos de distinguir emocionalismo de sensibilidad emocional. El emocionalismo acontece cuando nuestros sentimientos se ven atrapados dentro de nuestro sistema de creencias. Si cada vez que nos vemos amenazados reaccionamos de la misma forma, si lloramos sin razón, si nos enfadamos cada vez que alguien se encara con nosotros, probablemente estamos cayendo en el emocionalismo. Cuando esto ocurre, debemos liberar nuestros sentimientos de nuestros pensamientos y liberarnos de estas emociones aprisionantes.

Sin embargo, si empatizamos con los sentimientos de otros, lloramos cuando es correcto, nos guardamos las lágrimas cuando no lo es, o nos enfadamos cuando nuestros derechos están siendo violados, estamos siendo sensibles emocionalmente. Ser sensible emocionalmente, en contraste con ser emocional, significa lo siguiente:

Emocionalismo

1. Las reacciones están basadas en sentimientos y pensamientos que se vinculan de forma automática, o que están atados de modo permanente.
2. Da como resultado patrones fijos que pueden ser difíciles de romper, controlar o manejar.
3. La otra gente acaba por sentirse malinterpretada, mal comprendida, mal juzgada e ignorada.
4. Nos deja fatigados, exhaustos, frustrados, gastados, desconectados de nosotros mismos y de los demás, e incompletos respecto a la experiencia.

Sensibilidad emocional

1. Reacciones basadas en sentimientos y pensamientos que se unen en respuesta a la situación dada.
2. Da como resultado una respuesta fluida y apropiada; las respuestas típicas pueden ser cambiadas si es necesario.
3. Los demás suelen acabar por sentirse apreciados, escuchados e invitados a estar en acuerdo o en desacuerdo.
4. Nos deja sintiéndonos renovados, abiertos, más conectados con nosotros mismos o con los demás, y realizados respecto a la experiencia.

Definido así, el emocionalismo no es ya un problema femenino, sino una debilidad humana. Cualquiera que haya experimentado una disfunción infantil, que sienta que está atrapado en las viejas formas de hacer las cosas, o que sienta que está viviendo las mismas situaciones, ciclos o relaciones una y otra vez, puede estar aprisionado por los viejos patrones y por la negatividad asociada al emocionalismo. (Para una panorámica completa de cómo las experiencias infantiles pueden bloquearnos, recomendaría la serie de John Bradshaw sobre la curación de las disfunciones familiares, incluido *Bradshaw Sobre: La Familia*[69], y *Curando la vergüenza que te atenaza*[70].

Algunos de los problemas que surgen del emocionalismo son obvios. Ser emocional nos hace sentirnos mal. Experimentamos dificultades en la comunicación, o en la relación con los demás. Encuentro que la mayoría de las personas, pero las mujeres especialmente, ven esto como un problema dentro de sí mismas. Desgraciadamente, la respuesta típica es tratar de ser curado de sentimientos, lo cual es exactamente el enfoque erróneo. Los sentimientos nos ayudan a ser más racionales y razonables (el tema de *El error de Descartes*). Necesitamos ser libres para sentir nuestros sentimientos y pensar nuestros pensamientos, aunque sólo sea para mantenernos físicamente sanos.

Las creencias que nos hacen reprimir nuestros sentimientos, negar nuestras pasiones, preocuparnos sólo de los demás, dan como resultado una cuenta de sentimientos pendientes. Recuerda, los sentimientos son energías reales. Están compuestos de materia física, dice la teoría cuántica. Por consiguiente, estos sentimientos pendientes no sólo atascan nuestras respuestas y procesos pensantes, sino que también pueden crear acumulaciones en nuestro cuerpo.

Esta creencia de que el emocionalismo puede dañar nuestros cuerpos —y al revés, que pensamientos positivos y sentimientos libres pueden sanarlo— no es nueva. Uno de mis conocidos, una quiropráctica, habla de la realidad del hecho de que los sentimientos causan daño físico. Carla ve a miles de clientes cada año, que van ante todo por quejas o problemas físicos. Antes que concentrarse en aliviar sus síntomas físicos, lo que ella hace es comprobar las bases emocionales del problema, dividiéndolo en sentimiento y creencia. El motivo por el que su clientela es tan grande es que este enfoque funciona. La gente se pone bien.

Cuando trabajé con ella, perdí trece alergias, todas las cuales las había experimentado desde mi infancia. Un recuerdo vívido está relacionado con una alergia al trigo. Con la ayuda de Carla, aislé la base de la alergia. De niña, mi madre me daba una galleta cuando me sentía triste. Debido a que el componente emocional de mi alergia era la tristeza, cada vez que comía una galleta posteriormente en mi vida me sentía abatida y «hecha polvo». Tan pronto como desvelé este conocimiento, lloré durante días; en todas partes.

---

[69] Bradshaw, John. *Bradshaw On: The Family*. Deerfield Beach, Fl: Health Communications, Inc., 1988.
[70] Bradshaw, John. *Healing the Shame that Binds You*. Deerfield Beach, Fl: Health Communications, Inc., 1988.

Cambié entonces algunas de mis creencias acerca de mí misma, y la alergia desapareció.

Además de afectar a nuestra salud física, las respuestas emocionales patronizadas pueden inhibir nuestro desarrollo espiritual. Pensamientos como «los niños buenos respetan a sus padres», no son necesariamente negativos. Sin embargo, digamos, por ejemplo, que nuestros padres nos maltrataron cuando éramos jóvenes, y nos sentimos enojados por ello. La ira es una respuesta sana y apropiada al hecho de ser maltratado. Si se nos dijo, por ejemplo, que nuestro Dios no nos quiere cuando no escuchamos a nuestros padres, y especialmente cuando estamos enfadados, podríamos llegar a creer que, debido a que nos enfadamos cuando se nos maltrata, Dios no nos quiere. ¿Cómo podemos entonces permitir que nuestra alma o Dios entre en nuestro cuerpo? Sin nuestra alma, experimentamos dificultades extremas a la hora de desentrañar nuestro propósito, permitir la entrada a la abundancia y lograr el amor a uno mismo.

Hemos de liberanos de nuestras emociones deformadas, rígidas o enmarañadas, y permitir que nuestros pensamientos y sentimientos fluyan dentro de nosotros. De lo que se trata es de sanar nuestras emociones y, haciéndolo así, abrirnos a la curación de otros aspectos de nosotros mismos, y a la manifestación de nuestros verdaderos deseos.

La cadena de reacción ideal sentimiento/pensamiento

El desenganche entre nuestros sentimientos y nuestros pensamientos (tema del capítulo siguiente) comienza por la comprensión de cómo llegaron a unirse en primer lugar. Recuerda, no es malo tener emociones. Las necesitamos. Simplemente se trata de que se formen, y después se disuelvan cuando su trabajo se ha completado. Echemos un vistazo a este pasadizo ideal de la energía de sentimiento-y-pensamiento a través de nuestro cuerpo. Esta descripción se basa en mi propio trabajo interno y profesional, y confío que será de ayuda para que comprendas mejor tus propios patrones de respuesta.

La energía física, tanto para los sentimientos como para los pensamientos, se origina en los centros inferiores de energía. Describiré estos pasos mediante una situación de la vida real.

Durante el embarazo, el décimo chakra programa el cuerpo material (con la asistencia del noveno chakra) con creencias y sentimientos fundamentales. Digamos que mi alma quiere experimentar verdadero amor durante esta vida. A través de mi décimo chakra puedo seleccionar capacidades genéticas y psíquicas que potencien esta meta. Puedo sembrar sentimientos tales como excitación y pasión dentro de mi primer chakra. Podría asegurarme de que los cuerpos de sentimiento de mi segundo chakra son diversos e intensos. Podría imbuir a mi tercer chakra con creencias tales como «merezco amor».

Mi décimo chakra podría también seleccionar genes que me aportaran el tipo de cuerpo que preciso para estar con un compañero ideal o atraerlo. Imaginando que mi octavo chakra haya programado kármicamente a este compañero, puedo asegurarme de que soy rubia (o pelirroja, o morena, o lo que sea) si eso atraerá a mi compañero potencial. Así preparada, nazco y maduro. El trabajo preparatorio ha concluido. Mi vida está ubicada. Entonces conozco a alguien.

Mi primer chakra valora rápidamente la situación. ¿Es segura o no lo es esta situación o persona? ¿Necesita mi cuerpo invocar sentimientos de seguridad, tales como pena, rabia, terror o alegría? Las conclusiones son enviadas a través de mi columna a mi cerebro. Éste, a su vez, da órdenes a mi primer chakra respecto a qué energía enviar al segundo chakra, que contiene los cuerpos de sentimiento, y al tercer chakra, el cual opera como el «cerebro del cuerpo».

Lo siguiente ocurre simultáneamente. Mi primer chakra, respondiendo a las órdenes, hace resonar las notas apropiadas en mi segundo chakra. Ciertos cuerpos de sentimiento son despertados; otros son pasados por alto. La parte dorsal del segundo chakra se abre para equilibrar estas energías y crear un sentimiento unificado. Creencias y actitudes son hechas bajas del tercer chakra al segundo. (Recuerdo esta parte del proceso representando el rojo del primer chakra y el amarillo del tercero entremezclándose para dar lugar al naranja del segundo chakra.)

En el segundo chakra, los pensamientos y los sentimientos son emparejados. Tengo ahora una emoción. Más de un sentimiento o pensamiento pueden ser unidos. Recuerda que, en una situación ideal, estos lazos suceden con la aportación de todo el sistema energético, bajo el asesoramiento de los puntos de energía espiritual, y con la dirección de la intuición (una fuerza que discutiremos con más detalle). Recuerda que nuestra respuesta original fue enviada a la columna, lo que significa que recibió información, curación y asistencia de cada uno de los chakras intracorporales, y de los chakras espirituales o puntos de energía conectados a los diferentes centros superiores de energía. Retornando del cerebro, el mandato es vuelto a registrar en todos los centros de energía. Este proceso dual asegura que todo el sistema entra en alineamiento respecto a una respuesta.

Las emociones resultantes son completamente incorporadas en mi centro de poder. Como mujer, éste es mi segundo chakra. Si fuera un hombre, sería el tercero.

Mi centro de poder dispersa las emociones de forma ascendente y descendente. Las emociones actúan como un mensaje que, al ser interpretado por los otros chakras, estimulan una respuesta. Debido a que los hombres y las mujeres tienen diferentes centros de poder, nuestras primeras respuestas diferirán entre sí. En las mujeres, los mensajes descendentes se registran en el primer chakra, dando como resultado una respuesta física, tal como una acción o un sentimiento primario. En los hombres, los mensajes descendentes se registran en el segundo chakra antes de pasar al primero, dando como resultado un sentimiento o una respuesta creativa inicial. En las mujeres los mensajes ascendentes activan respuestas en el tercer chakra, iniciando un pensamiento, creencia o acto de poder personal. En los hombres, los mensajes ascendentes estimulan una respuesta del corazón, requiriendo un resultado compasivo u orientado hacia una relación.

Mis respuestas continúan sus senderos ascendentes y descendentes, registrándose finalmente como una respuesta verbal (quinto chakra), una respuesta estratégica (sexto chakra) y una respuesta filosófica (séptimo chakra). Aunque este ciclo parece lineal, en realidad no lo es. Las emociones irradian desde el centro de poder más en espirales que en líneas rectas.

El proceso continúa rotando a través de este ciclo tanto como sea necesario. Las emociones se forman, y después se evaporan. Deberían rotar libremente, al menos por tanto tiempo como lleve el decidir si se trata o no del señor Perfecto.

En un sistema de energía avanzado, el centro de poder se traslada del segundo o el tercer chakra al corazón. Al provenir de nuestro corazón se acelera todo este procesamiento interno, porque tendremos claridad respecto de si un estímulo contacta con un deseo infantil o no. Algunas personas operan con dos centros de poder, su centro del género y su centro del corazón. En estos casos puede sentirse una respuesta doble.

He delineado simplemente un proceso ideal estímulo-respuesta. Como puedes ver, para el momento en que hemos acabado de procesar u obrar sobre un asunto, nuestras emociones formales se han disuelto. Se ha obrado sobre ellas y no necesitan ya existir por más tiempo. Nuestro sistema ha retornado a un estado de equilibrio en el cual sentimientos y pensamientos coexisten separadamente, disponibles en todo momento para nosotros y para ellos mismos.

Para muchos de nosotros, este proceso no procede siempre de modo tan uniforme. Más que responder a la situación dada, reaccionamos a partir de emociones antiguas y bloqueadas. Nos enganchamos a viejas emociones y patrones. Percibimos todas las situaciones que implican la ira como si fuesen una sola y la misma situación, o todas las situaciones que implican confrontaciones como peligrosas para nosotros. La mejor manera de romper nuestra respuesta refleja es comprender cómo las emociones pueden devenir nocivas e inamovibles.

Desarrollo de las emociones durante la infancia

Las emociones se forman cuando nuestros sentimientos son juzgados y aceptamos estos juicios como verdaderos, y cuando estamos expuestos a mentiras y las creemos. Aunque que este proceso pueda suceder en cualquier época de nuestra vida, somos más vulnerables en la niñez. Normalmente, las emociones formadas durante nuestro primer paso a través del ciclo de desarrollo chákrico son las que se repiten por el resto de nuestra vida, hasta que cortocircuitamos el proceso.

Recorramos una vez más nuestra tabla del desarrollo desde el principio hasta el final, analizando esta vez los puntos problemáticos.

Preconcepción-Chakra Diez

Antes de la concepción nuestra alma selecciona unos padres, y se elabora el contrato. Haciendo uso de los elementos y de una masa arremolinada de energía visible e invisible, nuestro décimo chakra construye la plantilla para nuestra forma física. Supervisado por nuestro noveno chakra y nuestros guías, escoge nuestros genes y nuestros rasgos psíquicos. El chakra compone esta plantilla a partir del depósito genético de nuestros padres y de las características de nuestras vidas pasadas.

Desgraciadamente, los bloqueos emocionales pueden ser programados incluso en este punto. (¡Sí, podemos meternos en problemas incluso antes de nacer!) Digamos, por ejemplo, que, en una vida pasada, fracasamos a la hora de trabajar a través de nuestra ira asuntos relativos a la autoridad. Nuestra alma sabe que si no sanamos este problema, puede que no seamos capaces de cumplir el propósito de nuestra alma. En su infinita sabiduría, nuestra alma coge este problema y lo programa en la corriente vital de nuestro sistema energético, confiando en forzarnos a que lo tratemos. Estamos ahora programados para tener problemas de cólera con las autoridades —autoridades que aún no hemos conocido.

Otros programas emocionales pueden surgir de nuestro linaje genético. Quizá la mayoría de nuestros antepasados decidieron que, para sobrevivir, tenían que reprimir su tristeza. Creían que estar tristes los debilitaría. Queriendo sobrevivir, nuestro cuerpo puede haber decidio incorporar esta creencia a nuestro sistema energético embrional. «Si eso es lo que mantuvo a nauestros ancestros con vida, tal vez nos ayudará», podría haber sido nuestro razonamiento.

A veces se incluyen en el guión problemas emocionales durante el proceso real de la concepción. Incluso durante el proceso en que nuestro cuerpo reunía los hilos de la vida, nuestra alma interaccionaba con las de nuestros padres. Si alguno de nuestros padres experimentó fuertes reacciones ante el hecho de tener un hijo, tales como temor o resistencia al embarazo, puede que hayamos concluido que no somos deseados, que somos un problema, o que no merecemos estar vivos. Estas conclusiones emocionales podrían haberse engarzado en nuestro sistema.

Una de mis estudiantes, Jill, es un buen ejemplo de esto. Jill sintió siempre que su madre trataba de castigarla por ser entusiasta y apasionada en la vida. Posteriormente, en respuesta a algunas preguntas que surgieron en la terapia, Jill preguntó a su madre acerca de lo que sucedió en la época en la que fue concebida. Su madre replicó que Jill fue concebida por pasión; su madre no había adoptado precauciones y tuvieron sexo sin protección. Ella concibió, y después tuvo muchas dudas acerca de tener el niño. No es de extrañar que Jill sintiera que se la castigaba por ser apasionada. Cada vez que era entusiasta, ella reexperimentaba la idea de que ser apasionada podía causar consecuencias para toda la vida.

Otro ejemplo tiene que ver con el trabajo que una vez realicé para un hombre que había tenido dislexia. Aunque él ya había hecho las paces con su problema, vino a mí para descubrir por qué le había afligido durante toda su vida. Durante una regresión, se recordó a sí mismo girando mientras sus padres estaban haciendo el amor (justo antes de que fuera concebido). En un trance, hizo llegar el mensaje de que un guía había estado presente durante el momento de la concepción. Ellos habían discutido si deseaba tomar este cuerpo. El guía le informó que probablemente debería aprender discapacitado debido a un rasgo genético y a una predisposición del alma hacia tal discapacidad. Aparentemente, había sido maestro en una vida pasada, y fue incapaz de comprender a los estudiantes menos capaces. Mi cliente había decidido entrar en ese cuerpo. Tras emerger de la regresión pareció aliviado por comprender la causa de la dislexia.

Del útero a los seis meses-Chakra Uno

En esta época, nuestro cuerpo está atareado desarrollándose. Nuestra alma está supervisando y decidiendo cuándo entrar (o ponderando por cuánto tiempo puede retrasar el proceso). Desgraciadamente, cuanto menos disponible esté nuestra alma para nuestro cuerpo, menos espacio ocupará dentro de él. El hueco resultante crea un vacío que espera a ser llenado. Los sentimientos, pensamientos, emociones y conciencia que están flotando a nuestro alrededor, sean nuestros o no, pueden entrar para llenar este vacío. Debido a que nuestra madre es en ese momento nuestra cuidadora principal, normalmente absorbemos más de sus problemas que de las otras personas.

Si ella u otros cuidadores están preocupados con el dinero, están desilusionados acerca de nuestro sexo, o están bloqueados respecto a cubrir nuestras necesidades, puede que nos traguemos todos estos problemas emocionales, o que creemos problemas emocionales propios como respuesta. Si nuestros cuidadores primarios están negando ciertos sentimientos, recuerdos o problemas, éstos pueden también hacerse nuestros. Como sabemos, es imposible trabajar un problema que no es nuestro.

La regresión al útero y a la infancia se ha convertido en una metodología terapéutica importante. Conozco dos médicos (amigos míos) que frecuentemente regresan a sus clientes a estados intrauterinos o infantiles. Han dicho que las profundas disfunciones exhibidas por muchos de sus clientes, desde las adicciones hasta la depresión, se clarifican cuando se encaran los problemas tempranos. Yo he hecho a menudo la regresión con mis clientes.

En una ocasión experimenté una regresión espontánea durante una ceremonia chamánica en Sudamérica. Me vi repentinamente de nuevo en el útero, y pude «ver» el sonido de las disputas de mis padres. Reexperimenté el terror y la desesperación asociados al hecho de tener a esta pareja como padres. A esta fecha, creo que la desesperanza que he luchado por clarificar, y mi falta de fe en las relaciones saludables, surgen en parte de aquellas experiencias y reacciones intrauterinas.

De los seis meses a los dos años y medio-Chakra Dos

Durante esta época, nuestros sentimientos se están despertando, al igual que nuestras respuestas creativas hacia la gente y las situaciones que nos rodean. Ya intactos, nuestros cuerpos de sentimiento están despertando a la vida. Queremos que cada uno de ellos sea estimulado, apoyado y nutrido por nuestro entorno externo, lo que asegura que, de adultos, podamos tener una vida emocinal bien completa. Si podemos pasar a través de este periodo con la seguridad de que todos nuestros sentimientos están bien, habremos logrado mucho. El problema es que pocos de nosotros experimentaron esta situación ideal. Es dudoso que nuestros padres crecieran en ambientes que alimentaran los sentimientos. ¿Cómo podrían ellos habérnoslo suministrado a nosotros?

Existen muchos escenarios que pueden dañar estos cuerpos de sentimiento en desarrollo. Nuestros padres pueden enseñarnos, de forma inadvertida o directamente, que ciertos sentimientos no están bien. Podríamos desplazar estos sentimientos sucios a algún lugar dentro o fuera de nuestro cuerpo. Ahora nuestros sentimientos restantes, los aceptables, tendrán doble tarea para hacer.

En contraste, puede que nos veamos expuestos a manifestaciones extremas de emoción, lo cual sucede frecuentemnte en familias alcohólicas o disfuncionales. Puede que decidamos que ciertos sentimientos son malos, o puede que decidamos que para sobrevivir modelaremos nuestro propio comportamiento conforme al de nuestros padres. Tan perceptivos como somos de niños, podríamos también devenir psíquica o cenestésicamente conscientes de sentimientos que flotan libremente, sin dueño. Los niños harán cualquier cosa por traer el equilibrio a nuestro entorno. Nuestra supervivencia depende de ello. Por lo tanto, absorbemos estos sentimientos rechazados.

Sea cual fuere el caso, el resultado final es el mismo. Cuerpos de sentimiento heridos, incompletos o hiperestimulados pervierten nuestro sistema energético. Ya desequilibrado, nuestro sistema busca corregirse a sí mismo. La única forma que conoce para hacer esto es compensar. Usualmente, nuestros chakras primero y tercero se ofrecen voluntarios.

Si nuestro primer chakra cumple el papel, inevitablemente exhibiremos nuestros sentimientos. Adicciones, comportamientos dementes, obstinación; existe casi cualquier tipo de forma en la que nuestro sistema tratará de desechar estos sentimientos hiperestimulados y estimular los reprimidos o apáticos. Desgraciadamente, es peor el remedio que la enfermedad. Nuestros sentimientos se vuelven más tensos y dañados. Además, nuestras propias acciones nos hacen sentir peor. Apilamos culpa autoinducida, vergüenza, terror y rabia sobre el material atrasado ya existente. Los apegos emocionales formados entre estos tipos de sentimientos y pensamientos tienden a ser altamente autocríticos, autoaversivos y dolorosos.

Si nuestro tercer chakra trata de colmar la brecha, problablemente trataremos de razonar a través de nuestros sentimientos. Puede que intentemos disociarnos nosotros mismos de nuestros sentimientos. Las creencias disponibles para ligarse con nuestros sentimientos probablemente los desacreditarán, controlarán o dejarán de lado, tanto a ellos como a nosotros. Los rasgos del carácter suelen incluir el vivir en nuestra cabeza, nunca perder el control, o ser racional a toda costa. Lo irónico del caso es que, aunque podamos no parecer emocionales, lo somos. Se trata simplemente que en este sistema, son los pensamientos, antes que las acciones, quienes regulan nuestros sentimientos.

A veces la gente me pregunta: «¿Cómo puede un niño tomar esa clase de decisiones?» Debemos recordar que somos más viejos que nuestra edad. Nuestro yo de la Fuente Divina es eterno. Nuestra alma es antigua. Nuestra mente es vieja. Aunque nuestros cuerpos parezcan jóvenes, están compuestos de células que son tan viejas como este planeta, si es que no como las estrellas. Como Deepak Chopra dice en *Creando salud*: «No eres materia estática, absoluta. La materia misma fue una vez polvo interestelar, y la naturaleza tiene usos futuros para ella en el cosmos»[71]. Aunque nuestras células físicas y nuestros centros de energía intracorporales se encuentran desarrollándose, están atrayendo de nuestros puntos de energía espiritual superiores, los rayos y los reinos invisibles que albergan más conocimiento del que pudiéramos imaginar. Están vinculados a propósitos que llegan mucho más allá de nuestra imaginación.

Incluso así, cuando somos jóvenes, somos vulnerables. Nuestras auras son incompletas. Nuestro chakra coronario está aún abierto. Somo esponjas. Absorbemos todo: lo bueno y lo malo. Es asombroso, en realidad, que de niños podamos aparecer tan jóvenes como somos.

De los dos años y medio a los cuatro años y medio-Chakra Tres

A medida que nos desarrollamos, nos volvemos más conscientes del mundo que nos rodea. Nuestras percepciones primero cristalizan en conciencia, después en pensamientos y finalmente en creencias. Nuestro tercer chakra está implicado inicialmente en este crecimiento. Durante la época entre los dos años y medio y los cuatro años y medio, aprendemos el poder de decir no y sí. Hemos experimentado nuestros cuerpos de sentimiento, y ahora sumamos el otro ingrediente que precisamos para hacer la sopa emocional: los pensamientos. Estos pensamientos provienen de otra gente, de nuestras propias experiencias y de nuestras propias percepciones. A medida que probamos nuestro poder contra el de otros, sopesamos las respuestas que obtenemos del mundo. Extraemos conclusiones si la gente que nos rodea reacciona con consistencia. Esta consistencia es la base de las creencias.

Ésta es una edad crítica para nosotros, especialmente debido a que tan pocos cuidadores captan las habilidades cognitivas presentes en un niño de dos a cuatro años. Piensan que somos simplemente berrinches emocionales o

---

[71] Chopra, *ibíd.*, pág. 108.

arrojadores. Lo que más les cuesta captar es que estamos creando pensamientos a diestro y siniestro. A partir de estos pensamientso, estamos formando creencias que son después envasadas en estados emocionales. Nos estamos preguntando a nosotros mismos: «¿Qué pasa si pongo este sentimiento junto con este pensamiento?», o: «¿Y qué tal esta creencia con este sentimiento?» Si fuéramos apoyados de forma segura a lo largo de este proceso, aprenderíamos dos hechos importantes:

1. Las emociones son fluidas. Podemos cambiar nuestras emociones para que encajen en la situación.
2. Las emociones pueden ser liberadas. Podemos desenganchar sentimientos de pensamientos y recuperar con ello el equilibrio.

Por supuesto, pocos padres conocen estas verdades, de modo que la mayoría de nosotros emergemos de los terribles dos años con una cesta llena de sentimientos que están sólidamente ligados a pensamientos. Estas emociones pueden inhibir en gran medida nuestro desarrollo ulterior por el hecho de que devienen la base de nuestras relaciones (chakra Cuatro), nuestro estilo de comunicación y capacidad para recibir guía (chakra Cinco), nuestra propia imagen (chakra Seis) y nuestro sentido del propósito (chakra Siete). Afectan a nuestros años veinte porque provocarán ciertos patrones kármicos acerca de los demás (chakra Ocho) y pueden forzar a nuestra alma a crear discordancia en nuestras vidas para devolvernos a nuestro sendero (chakra Nueve).

Hay millones de emociones que pueden formarse durante este periodo de tiempo. Aquí muestro unas pocas que observo de forma consistente con mis clientes. Las respuestas emotivas incluyen las conclusiones extraídas más a menudo de esta respuesta ambiental, y las formas típicas en que estas conclusiones se manifiestan.

Sentimiento	**Pensamiento**	**Respuesta emotiva**
(Usualmente la verdadera reacción del niño.)	(A menudo el mensaje dado al niño.)	(Conclusión extraída de las reacciones a los sentimientos.)
Tristeza	Estar triste hace que la otra gente se sienta mal.	Nunca puedo ser amado por lo que soy. (Activado a menudo por la tristeza, acompañado por ella, o resultando en una tristeza reprimida.)

Sentimiento	Pensamiento	Respuesta emotiva
Ira	Es malo tener sentimientos fuertes.	Soy malo cuando me siento enfadado. (Puede causar represión de la ira, frustración, inhibición del poder, acumulación y expresión de rabia, impotencia, victimismo o despliegues de violencia.)
Estado de necesidad	Estorbas.	No puedo hacer que se satisfagan mis necesidades. (Puede incrementar los trucos para usar un comportamiento negativo o necesitado para satisfacer las necesidades, o causar un cierre en relación al cuidado de uno mismo.)
Gozo	Nadie más es así de feliz. ¿Por qué lo eres tú?	No merezco ser feliz. Ser feliz hace que la otra gente se sienta mal. (Puede causar la represión de los sentimientos de felicidad, depresión, elusión de los eventos felices, o la necesidad de convertirse en el payaso de la familia y tratar de animar a todos.)
Temor	No hay nada que temer.	Mis temores son estúpidos. Mis temores son más grandes que yo. (Puede llevar a la represión del miedo, el aumento de los temores, intentos por evitar situaciones de temor a todo costa, y una baja o extravagante asunción de riesgos.)

Sentimiento	Pensamiento	Respuesta emotiva
Deseo	No está bien querer, demandar o pedir algo.	No merezco obtener lo que quiero. (Puede provocarnos fracaso, represión de la voluntad y del éxito, o lo opuesto, un «tendré éxito no importa qué», el síndrome del héroe.)

Los problemas emocionales más comunes requieren una mayor explicación. Éstos comprenden los sentimientos de culpa y de vergüenza, a menudo inducidos por figuras de autoridad para crear un comportamiento deseado. Estas figuras ejercen el poder diciéndonos que hay algo equivocado en nosotros si no hacemos o vemos las cosas de la misma manera que ellos.

La culpa y la vergüenza obran de esta manera. Digamos que se nos ha enseñado que los chicos son violentos y deben ser controlados. Si somos un chico, somos energéticos de forma natural porque estamos basados en el primer chakra. Podríamos concluir entonces que ser energético o físico significa que somos violentos, y, por consiguiente, malos. Concluiremos también que nuestros comportamientos físicos son también naturalmente violentos. Estas conclusiones nos hacen sentir vergüenza, como si hubiera algo intrínsecamente erróneo en nosotros. Nos sentiremos culpables de ser un chico, de ser físicamente activos, o de querer afirmar nuestra propia voluntad. Puede que tratemos de amortiguar esta culpa controlándonos o inhibiendo nuestra personalidad libre y natural. Puede también que nos opongamos al sistema volviéndonos incontrolables. De una u otra forma, estamos reaccionando a partir de un estado emocional que nos engancha con la culpa y la vergüenza.

Veamos otro ejemplo. Supongamos que estamos expuestas a mensajes del tipo «las buenas chicas no van desaliñadas», o «las buenas chicas cuidan de los demás antes de pensar en sí mismas». Como chicas, nos sentiremos mal cada vez que somos creativas, activas, asertivas o nos preocupemos de nosotras mismas. Estamos siendo malas, lo que nos produce vergüenza. De forma semejante, nos sentiremos culpables por romper el mandato de ser buenas. «Si sólo pudiéramos ser un poco mejor...» será la letanía de nuestra cabeza. Estas emociones estancadas pueden afectar cualquier cosa que hagamos.

Mis clientes están trabajando constantemente con problemas emocionales que surgen de esta edad formativa. Uno de los ejemplos más contundentes fue el de Claire, quien describió su verdadero yo como lleno de energía y poder hasta los cuatro años. Todo cambió cuando los intentos de su familia por controlarla funcionaron. Claire sólo trabajó con su culpa cuando, durante una sesión, pudo representarse a sí misma a los cuatro años, clavada en el precipicio de un acantilado, y su familia burlándose de ella. Cuando se imaginó a sí misma enfrentándose a ellos, su culpa desapareció. Su vida cambió completamente, y su reto actual, dice, es tratar de comprender lo que realmente la motiva, ahora que la culpa ya no lo hace.

De los cuatro años y medio a los seis años y medio-Chakra Cuatro

A medida que nos movemos hacia nuestro chakra cardiaco, las relaciones se convierten en lo más importante. Nos expandimos en el mundo y buscamos vínculos. Nuestro círculo de influencia se expande más allá de la familia. Nos asociamos cada vez de forma más frecuente con nuestros pares, amigos, maestros, con las figuras de acción de la televisión, los personajes de los libros, etcétera.

Aportamos a estas relaciones algunas emociones ya formadas. Mientras que la etapa de nuestro tercer chakra implicaba extaer conclusiones relativas a nuestra individualidad, el desarrollo del cuarto chakra fomenta respuestas acerca del «nosotros». Algunas de las emociones que sacamos a la luz a este nivel pueden ser invalidadas. Pensamos que deberíamos sentirnos culpables cada vez que tenemos una necesidad; pero nuestro amigo Bobby no piensa así. Reflejos positivos como éstos dispersarán las emociones estancadas. Pueden ayudarnos a aflojar constricciones limitadoras, enseñarnos que no todas las relaciones son una y la misma, y ayudarnos a devenir más libres a la hora de formar nuestros sentimientos, pensamientos, y expresiones.

Por otra parte, nuestras experiencias de relación pueden profundizar nuestros problemas emocionales presentes. «Ves, ¡incluso mi maestro se pone furioso cuando quiero algo!», podríamos concluir. «Ves, ¡incluso mis amigos piensan que soy estúpida cuando lloro!». Recuerda que la gente vive dentro de ambientes que reflejan sus propias creencias. Nuestra comunidad reflejará probablemente muchos de los problemas, percepciones, creencias y actitudes que experimentamos dentro de nuestra propia unidad familiar. La programación iniciada por nuestras familias probablemente será continuada por nuestros ambientes externos.

Las emociones que aceptamos como realidad en este punto tendrán un impacto sobre nuestra forma de relacionarnos posteriormente en la vida. Durante esta etapa, seleccionamos, aprendemos y practicamos las emociones que regulan nuestro comportamiento con otras personas. Llevaremos estas conclusiones adelante, usándolas para tomar elecciones adultas acerca de amigos, amantes y compañeros en la vida.

Una de mis clientes me informó, de *motu proprio*, que la razón de que se casara o se citara con el mismo tipo de hombre una y otra vez era que su padre había herido severamente su corazón. Como explicó, la había convencido de que sólo era aceptable y digna de ser amada si era «agradable», entendiendo con ello que nunca gritara, llorara o contestara. Cuando ella mostró sus sentimientos acerca de alguna cosa a los doce años, él le dijo que no volvería a hablar de nuevo con ella, y se mantuvo completamente distante durante seis años. Con una creencia emocional y una experiencia de este calibre, asombra poco que ella contactara con hombres que apoyaran la creencia nuclear emocional de que sólo era aceptable si era callada.

De los seis años y medio a los ocho años y medio-Chakra Cinco

Nos comunicamos: charlamos, compartimos, aprendemos, establecemos la verdad de nosotros mismos. De muchas formas, estamos percibiendo las reacciones de los demás a los sentimientos, pensamientos y emociones que nosotros proponemos. ¿Cómo responderán los demás? ¿Les gustaremos o no? ¿Son efectivos o no estos materiales emocionales emitidos? Estamos en otro tiempo de prueba.

El aspecto singular de este estadio de desarrollo, respecto a nuestras emociones, es que ya somos capaces de recibir incluso más guía espiritual que nunca. A través de la parte dorsal del quinto chakra podemos oír esta guía. Idealmente, somos ahora capaces de recibir la ayuda superior que necesitamos para disolver nuestros bloqueos emocionales. Recuerdo haber podido sobrevivir de niña debido a que a esta edad pude oír voces «en el viento». Por ellas, trataba de estar sola en el exterior tanto como me era posible. Necesitaba sus mensajes, que contrastaban con los mensajes amenazadores que me suministraban mis padres.

A muchos de nosotros, sin embargo, nos cuesta oír nuestra guía, e incluso si lo hacemos, el lavado de cerebro negativo es demasiado fuerte como para ser vencido. Buscando todavía la convalidación y el amor que no recibimos de jóvenes, podríamos hacer una peligrosa suerte de pacto. Antes que asumir la sabiduría superior, nos encerramos en las viejas grabaciones paternas. Estas grabaciones están cargadas de conclusiones emocionales explosivas, la mayoría de las cuales se relacionan con las creencias temáticas que subyacen a nuestros sistemas familiares y a nuestro medio cultural.

Estas grabaciones penetran a través de la parte posterior de nuestro cuello. A medida que maduramos, nos vinculan a la forma familiar del trabajo, el aprendizaje y el pensamiento acerca del mundo. Nuestras capacidades y necesidades de manifestación sucumben a los sueños y deseos que nuestros padres tienen para nosotros. Si estos contratos cargados emocionalmente permanecen en su lugar, nuestras emociones devienen cada vez más prisioneras. Nuestros sentimientos y pensamientos libres pueden verse obligados a ocultarse, avergonzados por la crítica interna que nace dentro de nosotros.

Puede resultar útil trabajar la parte posterior del cuello a la hora de buscar la sanación de patrones emocionales. Cuando digo esto en clase, invariablemente un tercio o más de los participantes se queja de que justo les ha comenzado a doler el cuello. Les pido que comprueben si el dolor se sitúa en la izquierda, la derecha o el centro: mamá/hembra, papá/varón o sistémico, respectivamente. Una breve reflexión casi siempre clarifica el mensaje exacto causante de la moslestia.

De los ocho años y medio a los catorce-Chakra Seis

Visiones. Sueños. Posibilidades. Fantasías. ¿Qué queremos? ¿Qué queremos ser? ¿Cómo queremos ser? Un arco iris de delicias nos tienta para intentar nuevas cosas, actuar de otras maneras, vestirnos con ropas extravagantes, experimentar con lo que somos. «Potencial» es nuestra palabra operativa.

«Potencial» debería ser nuestra palabra operativa. Las emociones estancadas no sólo nos impiden alcanzar las estrellas, sino que también bloquean nuestra visión de los cielos. Las creencias culturales causan un considerable impacto durante este estadio. Nuestra visión interna está tan abierta, tan fresca, que a menudo carece de la protección necesaria para defenderse de los programas destructivos.

Estos mensajes sociales, captados del sistema escolar, de las instituciones religiosas, de la televisión, revistas, compañeros, etc., pueden ser extremadamente restrictivos. Para las chicas, estos mensajes encapsulan creencias de que las mujeres deben ser sexuales, recatadas, contritas e infantiles. Para los chicos, estos mensajes los encaminan a ser muy hombres, fuertes, espabilados y exitosos económicamente. Cuando estas creencias no cuadran con nuestros sentimientos y deseos innatos, solemos carecer del apoyo del conocimiento necesario para rechazarlas o alterarlas. Más bien nos las tragamos enteras. Dentro de nosotros se enredan con nuestros sentimientos y sueños naturales. No es femenino enfadarse o enrabietarse, o querer montar un negocio. No es masculino sentirse triste o atemorizado, o querer convertirse en papaíto. El restante revoltijo emocional ancla nuestra lealtad a los cánones sociales, pero nos ahoga en el proceso.

En muchos sentidos, el feminismo o cualquier otro tipo de movimiento social o «ismo» son intentos de destapar y dispersar los programas instilados por la sociedad, los programas que afectan a la imagen de uno mismo, y, por consiguiente, a la consecución de potencial. Sin embargo, estos movimientos tienden a convertirse en tragedias emocionales. Cuando adoptas una postura, inmediatamente trazas una línea de batalla. Tal vez sería útil examinar los componentes emocionales (sentimiento más pensamiento) de los problemas de imagen; y después, si es necesario, unirse a un movimiento, no al revés.

Pienso que muchos adultos padecen las emociones que sobrevivieron a este estadio del desarrollo. A menudo hago que mis clientes miren dentro de su tercer ojo para ver quiénes son realmente en el interior. Les hago después imaginar su concepto de sí mismos actual. Normalmente, la diferencia es severa. Cuando en una ocasión hice que una cliente percibiera dicha diferencia, ella no reconoció el yo en el cuadro real. Con el tiempo, comenzó a dirigirse a los sentimientos que había estado ahogando al vivir según sus bajos criterios mentales. La última vez que supe de ella, me llamó para decirme que no la reconocería. Se había cortado el pelo, se lo había teñido, había perdido diez kilos y había comenzado a vestir colores brillantes en vez de tonos pastel.

De los catorce años a los veintiuno-Chakra Siete

A medida que pasamos a la adolescencia, entramos en el mundo del propósito. Durante este periodo temporal, se nos invita al reino de nuestro propio espíritu. Nuestra alma y nuestro yo de la Fuente Divina nos animarán a individualizarnos, incluso mientras aprendemos a vincularnos con los apoyos visibles e invisibles que hay a nuestro alrededor.

Durante este periodo surgirá o se incrementará cualquier conflicto entre el propósito de nuestra alma y nuestras emociones ya establecidas. Una razón es que a medida que progresamos por los siete años de este estadio, reiniciamos el ciclo a través de cada uno de nuestros chakras. A los catorce, los sentimientos generados en la etapa que va de la pre-concepción a los seis meses volverán a resurgir. A los quince, experimentaremos de nuevo nuestra vida de sentimientos del segundo chakra, etcétera.

El lado negativo de esta reiniciación del ciclo es que nuestras emociones ya formadas son extremadamente fuertes. Pueden sentirse y parecer fuera de control; pueden parecer más poderosas que nuestro sabio yo interno. Esto se debe a que estamos poniendo a prueba de nuevo nuestros juicios de base emocional acerca de nosotros mismos y del mundo por el método de exhibirlos. Las emociones fuertes tienden a asustar a los demás. Si experimentamos estas emociones como verdaderas, o si los demás tratan de clausurarlas, probablemente nos las traguemos una vez más y para siempre, resignándonos a nuestro destino.

El lado positivo de este reinicio del ciclo es que podemos cambiar. Nuestras emociones están resurgiendo para ser sanadas, para ser surcadas. A cierto nivel, queremos que nuestras conclusiones emocionales sean retadas por la gente a la que queremos. Queremos un entrenamiento diferente. Queremos que nuestras creencias sean transformadas. Queremos que nuestros sentimientos sean reconocidos. Queremos libertad: un grito oído a menudo en los adolescentes. Realmente no queremos liberarnos de la responsabilidad. Queremos liberarnos de nuestros sistemas de creencias aprisionantes, de nuestras emociones aprisionantes.

He advertido a menudo que los problemas de base emocional de mis clientes, incluso en la edad adulta, cumplen este proceso de desarrollo infantil. Trabajé en una ocasión con una mujer de veinte años que estaba experimentando un serio dolor emocional y temor al abandono. Dijo que provenía de una experiencia con un chico que había conocido a los quince años. Curiosamente, había desarrollado pólipos uterinos a esa edad, lo que representaba al segundo chakra actuando (en el séptimo chakra) a la edad de quince años. Usando técnicas psíquicas, determinó que sus sentimientos de temor se originaron a la edad de tres, y las creencias, a la edad de quince. Había reunido todo esto de tal modo que aún la afectaba.

EJERCICIOS
Esbozando tu pasado

Todos tenemos patrones emocionales que interfieren con nuestro éxito y felicidad. Demos un paseo por el carril de la memoria, y destapemos algunos de ellos.

I. Vas a crear una línea del tiempo. Haz o compra una hoja de papel de unos 60 centímetros de largo. Traza una línea horizontal por el medio, y haz luego ocho marcas sobre la línea. Cada marca representará uno de los chakras. (El número diez quedará el más a la izquierda, y concluirás con el número siete.) Etiqueta cada una de estas marcas con la edad asociada al chakra. Haz acopio de instrumentos de escritura y de dibujo.

A) Ponte en estado meditativo. Tomando cada grupo de edad por turno, comienza con la edad más tardía (chakra Siete) y acaba con la más temprana (chakra Diez). Vas a precisar la emoción originada durante esa etapa que te afecta más.
Para hacer esto, escribe o esboza el sentimiento asociado a la emoción por encima de la línea; la creencia asociada a esta emoción bajo la línea; y escribe la respuesta emotiva sobre la línea.
B) Cuando hayas acabado, toma otra hoja de papel. Analizando cada emoción, escribe cómo te afecta actualmente, y qué debes hacer para sanarla.

II. Selecciona un problema emocional al que te estés enfrentando. Decide:

- El sentimiento primario.
- El pensamiento o creencia primario.

Usa esta lista para ver si puedes decidir a qué chakra y, por ende, a qué edad, puede haberse originado esta emoción, y sánate partir de este punto.

Sentimientos

Rabia, terror, alegría, vergüenza, deseo, culpa, etc.
— *Sentimientos primarios.*

Temores, ira, la creatividad o sus bloqueos, la sensualidad o la falta de contento.
— *Sentimientos más benignos.*

Temor, ansiedad, fobia, baja confianza en uno mismo o estima de uno mismo, precaución, prudencia, coraje.
— *Sentimientos de acción.*

Amor, vínculos, distancia, dolor y daño.
— *Sentimientos de relación.*

Pensamientos

Acerca de la existencia, el derecho a existir, vida y muerte, abundancia, nuestras necesidades, etcétera.

Acerca del cuerpo, la creatividad, los niños, el nacimiento (de uno mismo, las ideas, los proyectos).

Respecto al lugar en el mundo, el éxito y las capacidades, el poder.

Acerca de la relación con uno mismo y con los otros, sueños y deseos infantiles e innatos.

Sentimientos relativos a capacidades o impulso para compartir sentimientos, comunicarse, escuchar o comprender.
— *Sentimientos de expresión.*

Autoaceptación o autoaversión, excitación o desesperación.
— *Sentimientos sobre la propia imagen.*

Conciencia espiritual o religiosa, sentido del yo en relación con el bien superior, encaje, aceptación, rechazo (de la Fuente Divina).
— *Sentimientos de autorrealización.*

Respecto a la expresión, comunicación, manifestación, responsabilidad, decir si o no.

Preocupación por la propia imagen, la imagen del cuerpo, los deseos para el futuro.

Acerca de la Fuente Divina, figuras o directrices religiosas o espirituales, propósito, significado, valores o principios.

Capítulo Doce

Liberando tus emociones

ESTAR ESTANCADO emocionalmente no es divertido. Duele. Nos mantiene atrapados en obsoletos patrones autodestructivos. Una emoción aprisionante nos impide lograr los deseos de nuestra alma y nuestro corazón.

Recuerda, no obstante, que queremos tener sentimientos. Queremos tener pensamientos. Los sentimientos dan sabor a la vida. La mantienen fluida. Son la corriente sobre la que fluimos. Los pensamientos marcan los acontecimientos de nuestra vida. Los pensamos, y sabemos dónde estamos y quiénes estamos siendo. Los recordamos para saber quiénes fuimos y quiénes podemos devenir. Cuando los sentimientos nos repostan, nos sentimos vivos. Cuando los pensamientos nos guían, somos sabios.

Inevitablemente, surge la pregunta. Una vez que nuestras emociones se estancan, una vez que devenimos emocionales, una vez que los patrones están impresos y estampados, ¿podemos curarnos? ¿Cómo podemos siquiera retornar a ser y sentirnos libres? ¿Cómo pueden nuestros sentimientos y pensamientos siquiera devenir libres si nunca lo han sido?

La respuesta es simple. Debemos desligar nuestros sentimientos de nuestros pensamientos, y permitirles actuar de nuevo como agentes libres. Parece simple, pero sólo si comprendemos el concepto básico introducido en el capítulo anterior. Una emoción se crea a partir de un sentimiento y un pensamiento, pero no es un sentimiento y un pensamiento. Cuando sentimos, estamos experimentando un sentimiento; no estamos siendo el sentimiento mismo. Cuando pensamos, somos el pensador del pensamiento, no el pensamiento mismo; un pensamiento no es lo mismo que el pensador. Las emociones son una proyección de un sentimiento y un pensamiento. El pegamento que los mantiene unidos es la energía que insuflamos en esta proyección.

Creo que las emociones, sentimientos y pensamientos funcionan del mismo modo que una película. La imagen que vemos sobre la pantalla es creada por la proyección de dos rollos de película. Cada uno de estos rollos, sobre los cuales están inscritas las imágenes, pasa por una luz. La interacción de estas imágenes con la luz crea el cuadro que vemos sobre la pantalla. Por sí solas, las imágenes que se despliegan ante nosotros no tienen vida. No captan sentimientos o pensamientos; muestran cuadros resultantes de pensamientos y sentimientos. La realidad de estas imágenes procede de nosotros. Prestamos nuestra energía al guión, a la representación, a los cuadros de luz. Las imágenes sólo tienen vida porque nosotros les enviamos nuestra propia vida.

Retrocedamos ahora incluso un poco más. Supongamos que estamos trabajando con dos tipos de proyectores. Uno contiene impresiones de sentimientos, el otro es una banda sobre la que son grabados los pensamientos. Llamemos al primer proyector nuestro segundo chakra, y al segundo nuestro tercer chakra. El material fotográfico del rollo del segundo chakra es en realidad únicamente instantáneas tomadas de nuestros cuerpos de sentimiento. La corriente de pensamientos del rollo del tercer chakra es sólo imágenes solidificadas de nuestras meditaciones mentales. Nuestro cuerpo nos ha enviado el rollo del segundo chakra, como si nos dijera: «Mira. Esto es lo que me está pasando.» Nuestra mente nos ha expedido el rollo del tercer chakra, diciendo: «Ésta es la información que he estado compilando.» Los sentimientos que experimentamos se sienten como reales porque les damos ese poder. Los pensamientos parecen correctos porque decimos que queremos creer en ellos.

De tarde en tarde, surgen problemas en el proceso de grabación, observación o interpretación. Tal vez alguien manipule nuestros rollos. Adhiere sentimientos que no son nuestros al rollo de nuestro segundo chakra. Empalma creencias al rollo de nuestro tercer chakra que no provienen de nuestra propia mente. En ocasiones las dos proyecciones, la de nuestros sentimientos y la de nuestros pensamientos, entran en conflicto. No podemos separar los sentimientos de los pensamientos, lo que nuestro cuerpo necesita de lo que necesita nuestra mente. Tal vez nuestro soporte se ha dañado, y la luz no funciona. Lo que vemos en la pantalla es confuso. La pantalla puede incluso aparecer en negro. Impedimentos físicos, desequilibrios del sistema energético y emociones traumáticas pueden todas provenir de un soporte dañado. Sea el caso que sea, existen muchos azares potenciales para nuestros procesos de sentimiento, pensamiento y emoción.

Sanar nuestras emociones está empezando ahora a parecer un proceso complicado, ¿no es cierto? ¿Tenemos dañado el soporte? Una enfermedad en nuestro hígado puede perjudicar el procesamiento del tercer chakra. Los sentimientos enrevesados de una disfunción infantil pueden dañar los cuerpos de sentimiento del segundo chakra. ¿Están grabados claramente los sentimientos y pensamientos originales? Las creencias extraídas de un sistema enfermo serán enfermas por sí mismas. Los sentimientos retorcidos por las reacciones hacia nuestros padres estropearán el cuadro final. ¿Estamos interpretando el cuadro final correctamente? Nuestros otros centros de energía pueden ver la escena de manera diferente a la que nuestro cuerpo y mente pretendían que se viera. Nuestros deseos pueden alterar nuestras percepciones, distorsionando el significado de la emoción.

Admítelo. La mayoría de nosotros hemos pasado de los veintiuno y hemos experimentado un gran número de desastres de hardware, software y programación. La mayoría de nosotros probablemente hayamos hecho ya incursiones para sanar estos problemas. Tal vez hayamos visto a un psicoterapeuta, un consejero, un sacerdote, un sanador alternativo, un asistente holista o un psíquico. Tal vez hayamos buscado en visiones, leído libros de autoayuda o visitado lugares sagrados. Tal vez hayamos buscado ayuda a través de la meditación, la imaginación guiada, seminarios de negocios, cursos de «Ligado al Exterior», la autorreflexión o los grupos de apoyo. La lista de las avenidas de la sanación sigue y sigue. Sin embargo, aquí estamos: aún estancados. ¿Qué se supone que debemos hacer al respecto?

Todas las posibilidades se reducen a una estrategia de curación primaria. La única forma de deshacer un barullo emocional es pasar a través de él. Saltar por encima de él, tratar de racionalizarlo, o simplemente sentirlo, no funcionará. Más tarde o más temprano, igual que un buen técnico, debemos empezar a comprobar punto por punto para buscar el error y corregirlo a medida que procedemos. Los Principios Guardianes pueden trabajar por sí mismos. Podemos también recorrer nosotros mismos nuestro sistema energético, deshaciendo el proceso de desarrollo emocional que describimos en el capítulo anterior.

Sin embargo, a veces necesitamos una aproximación más psicológica; una aproximación más emotiva, si quieres. Necesitamos quitar las capas de una emoción problemática o de un patrón emocional, y seguir las luces y las líneas hasta el sentimiento y pensamiento participantes. Ayuda, desde luego, el dirigir estos pasos de una manera segura. Pienso que las condiciones cubiertas por Carl Rogers en *Sobre cómo devenir una persona* deben expresar sucintamente los criterios internos y externos necesarios para hacer un verdadero trabajo curativo[72]. Aunque las propone como condiciones para la creatividad constructiva, pienso que son también aplicables a los esfuerzos sanadores. Sus tres «condiciones internas» son:

---

[72] Rogers, Carl D.: *On Becoming a Person*. Boston: Houghton Mifflin Company, 1961.

1. Apertura a la experiencia.
2. Un lugar interno de evaluación.
3. La capacidad para jugar con elementos y conceptos.

Sus condiciones externas son:

1. Seguridad psicológica.
2. Libertad psicológica.

Mi lectura de estas condiciones es que, a medida que avanzamos, debemos permanecer abiertos para permitir que el respeto propio y la imaginación nos enseñen lo que necesitamos saber. Para aliviar el miedo al cambio, debemos animarnos a nosotros mismos, tanto interna como externamente. Con esto en mente, sugiero los siguientes cuatro pasos para liberar las emociones.

Paso Uno: pon tu emoción en medio del escenario

Toda curación emocional empieza por el reconocimiento del punto en que nos encontramos. ¿Estamos estancados en una emoción, somos sensibles emocionalmente, o simplemente estamos teniendo un mal día?

Hemos explorado los diferentes indicadores para ser emocionales frente a sensibles emocionalmente. Sabemos que probablemente seamos emocionales en vez de sensibles cuando nuestra forma de ser está interfiriendo con nuestro bien, cuando no parece que podamos arreglárnoslas, obtener lo que queremos, sentirnos comprendidos o comprender a otros. Estamos tratando probablemente con un patrón emocional cuando estas y otras condiciones son crónicas, cuando no parece que podamos librarnos de ellas, no importa lo que hagamos.

El emocionalismo, es un intento por equilibrar nuestro sistema, de una forma más bien ridícula. Aquí tenemos un ejemplo claro y simple. Si nadie de nuestra familia de la infancia expresaba ira, pudimos volvernos beligerantes en un intento por llenar el hueco. En esta situación, nuestra emoción, que podría combinar el sentimiento de ira con la creencia de que «debo cuidar de la ira de mi familia» está tratando de llevarnos a la forma contraria para obtener el equilibrio. El problema estriba en que quien está estropeado es nuestro sistema, no nosotros. Tratar de corregir un error en un sistema nos hará perder el equilibrio, incluso aunque ello arregle a la familia.

Todo emocionalismo nos saca del centro. Nos aleja de nuestro punto central —nuestro sentido del yo— en una de dos direcciones. Cuando se trabaja con una emoción estancada o con un patrón emocional, es beneficioso percibir en qué dirección estamos siendo atraídos. Esto puede ayudarnos a decidir lo que necesitamos soltar o añadir para alcanzar el equilibrio. Las dos direcciones del emocionalismo son:

- Aceleración: el estado de sobreesfuerzo.
- Lentificación: el estado de verse atraído y encerrado.

Aceleración

Cuando nos hallamos en aceleración, sentimos como si estuviésemos trabajando todo el tiempo. Incluso en nuestro sueño, parecemos estar procesando, pensando, sintiendo, moviéndonos o percibiendo constantemente. La aceleración es un estado de sobreesfuerzo. La creencia predominante es la de que es trabajo nuestro compensar para otras personas o para esas partes de nosotros mismos que no están cumpliendo sus funciones. Los sentimientos asociados con la aceleración tienden a ser abrumadores. Cuando se está en aceleración, experimentaremos sentimientos intensos, apasionados o dolorosos.

Cuando estamos en un patrón emocional de aceleración, podemos:

- Sentirnos locos o confundidos.
- Sentirnos fuera de control.
- Sentirnos a menudo irracionales o estancados en una respuesta emocional.
- Pasarlo mal diferenciando nuestra realidad o nuestros límites de los de otra persona.
- Tener dificultades para separar nuestros problemas, sentimientos o deseos de los de otros.
- Experimentar todos nuestros sentimientos intensamente, lo cual puede confundirnos cuando la situación no parece merecer esa fuerte respuesta.
- Sentirnos compelidos a cuidar a otro; hacerlos sentir cierto sentimiento, o hacerlos ver las cosas a nuestra manera.
- Experimentar problemas con los límites físicos o psíquicos.
- Pasarlo mal permaneciendo en la situación presente; nuestra mente o sentimientos vagan al pasado o al futuro.
- Sentirnos atados en un modo reactivo y parecer incapaces de salir de él.

- Experimentar escenas retrospectivas.
- Experimentar ciclotimias, a veces sin razón aparente.
- Sentirnos a menudo sobre o hiperestimulados.
- Experimentar oleadas de cansancio; sentir un cansancio que subyace a toda nuestra actividad.

Una de mis clases más populares se llama «Desarrollo intuitivo para sobreintuidores». En ella contacto con cientos de personas que dicen haber vivido sus vidas sintiéndose enloquecidos, aparentemente incapaces de diferenciarse a sí mismos de los demás. Casi todos se han beneficiado del hecho de oír hablar sobre las dimensiones intuitivas de la realidad. Al aprender a establecer límites psíquicos, hacen incursiones significativas en su bienestar psicológico y físico. En general, estas personas han tenido que aprender a cambiar sus creencias para poder manejar mejor sus sentimientos.

Lentificación

Cuando estamos en lentificación, operamos de forma robótica; nuestras respuestas nos parecerán automatizadas a nosotros mismos y a otra gente. Podríamos ser incapaces de reaccionar ante una situación, de responder emocionalmente o de ocurrírsenos algo que decir.

A veces, la lentificación puede aparecer como un hiperintelectualismo. Por mucho que lo intentamos, no podemos acceder al sentimiento dado, sólo a un proceso mental. Es probable que este proceso nos parezca terriblemente familiar. ¿Reproducimos una y otra vez siempre las mismas cintas? Cuando estamos en una lentificación, nuestros sentimientos pueden ser difíciles de alcanzar, sentir o percibir. Cuando estamos en un patrón emocional de lentificación, podríamos:

- Vivir en nuestra cabeza, respondiendo con la racionalidad o la lógica.
- Sentirnos desconectados de nuestros sentimientos.
- Estancarnos en un sentimiento o en un patrón una y otra vez.
- Experimentar una sensación de mortandad, letargo o apatía.
- Nos cuesta motivarnos a hacer algo nuevo o creativo.
- Recibir retroalimentación de que somos demasiado fríos o insensibles.
- Experimentar ataques de desconfianza en nosotros mismos y oleadas de descontento.
- Notar que la mayoría de nuestras creencias acerca de nosotros mismos o de otros son negativas o críticas.

- Tener dificultades para conectar con nuestra intuición, sentido de conciencia, visión o empatía.
- Tener energía reprimida y carecer de un motivo para expresarla.
- Tener dificultades para entrar en contacto con lo psíquico o lo espiritual, o para creer en ello.

Al trabajar con gente lentificada, usualmente he tenido que ayudarles a desvelar las situaciones que originalmente les hicieron clausurar sus sentimientos. A menudo, esto requiere asistencia psicoterápica. Ante el incremento del flujo de energía de sentimientos, pueden regular mejor el poder que dan a sus creencias.

Aquellos de entre nosotros que tenemos personalidades extremas podemos operar de una manera consistente en aceleración o lentificación. Otros de entre nosotros somos una mezcla de todo. En ciertas situaciones, por ejemplo en fiestas, podemos clausurar o entrar en lentificación. En otros momentos, como son las visitas a miembros familiares, podemos volvernos hiperactivos o entrar en aceleración. Es más fácil reconocer las tendencias acelerativas como emocionalismo debido a que aparecemos más emocionales, tanto ante nosotros mismos como ante los demás. Somos más activos. Nuestros sentimientos se hallan en la superficie. Somos expresivos. Podría ser difícil para nosotros y para los demas darnos cuenta de que la lentificación es un estado emocional, y no simplemente un rasgo de la personalidad. Si nuestro bajo estado de energía interfiere con nuestro bienestar, crea infelicidad dentro de nosotros, o daña nuestra vida mental o de relación, es un síntoma de emocionalismo. Cuando nos encontramos en aceleración, estamos emocionando externamente. Cuando nos encontramos en lentificación, estamos emocionando internamente. Nuestras emociones son ocultadas en nuestro interior antes que manifestadas en el exterior.

Una vez hemos reconocido que estamos siendo emocionales o estamos estancados en un patrón emocional, debemos comenzar a separar el pensamiento del sentimiento. Tras descomponer la emoción en sus componentes, estaremos más preparados para tratarlas y sanarlas. El Paso Dos y el Paso Tres son intercambiables, dependiendo de si estamos trabajando en lentificación o en aceleración. Cuando estamos trabajado con una emoción en aceleración, tiendo primero a aislar los sentimientos, y después los pensamientos. Al trabajar con una emoción en lentificación, trabajo primero con los pensamientos, y después con los sentimientos. Trabajo de estas dos formas diferentes debido a que un estado emocional de aceleración corre sobre los sentimientos; un estado emocional de lentificación está accionado por los pensamientos. Es más fácil precisar la capa superior que la capa inferior de un problema.

Paso Dos: aislando el sentimiento

Cuandoquiera nos hallamos en un estado emocional, estamos estancados en cierto sentimiento. Cuando tratamos de descifrar el sentimiento atrapado en una emoción, debemos recordar que el sentimiento pertinente viene del pasado, no del presente. Incluso si una situación actual ha enganchado un sentimiento, la intensidad, el sabor, la amplitud y profundidad del sentimiento yacen sumidos en nuestro pasado, no en nuestro presente. La regla de oro para reconocer que un sentimiento es antiguo o enclaustrado, la compartió conmigo mi psicoterapeuta. Si un sentimiento parece demasiado grande para la situación, probablemente lo sea.

De cuando en cuando, es relativamente fácil reconocer el sentimiento que hace de actor principal. Más a menudo, sin embargo, el sentimiento causal está recubierto por una o varias capas de sentimientos secundarios que envuelven al sentimiento primario. Destapamos los sentimientos para vendar la herida original, para proteger al yo que fue herido en el pasado, de manera que no pueda ser herido de nuevo.

En general, cuanto más intensa y difícil la emoción, más antiguo e hiriente es el sentimiento, y más jóvenes éramos cuando nuestros sentimientos fueron heridos o maltratados. Es importante llegar a la edad en la cual fuimos heridos, a la edad en la que formamos la emoción que nos provoca el daño presente. Ese yo está gritando ayuda, aunque pudiera también estar simultáneamente apartándola de sí. Queremos sanar y prevenir más dolor. Esta tensión puede hacer que nos sintamos aterrorizados ante el hecho de ser curados, confundidos acerca del proceso y ansiosos por ser ayudados. Suena como un estado emocional justo ahí, ¿verdad?

Al trabajar con clientes que están poniendo en orden sus sentimientos, prefiero a menudo aplicar terapias de imposición de manos, o hacerles trabajar con un sanador o masajista a la vez que trabajan conmigo. Los sentimientos son el lenguaje del cuerpo. Si queremos escucharlo, el cuerpo puede ser de gran ayuda en el proceso de sanación. Puede sernos útil localizar nuestros sentimientos, destapar los sentimientos y recuerdos reprimidos y reparar los sentimientos dañados.

Mi método favorito es el de usar el toque terapéutico no intrusivo. Usualmente, pongo una mano en cada chakra, trabajando de arriba abajo. Le pido al cliente que describa el estado de sentimiento que este toque provoca en relación con el estado emocional que ha estado experimentando. Descendemos por los chakras, buscando el sentimiento que saca a la luz el estado emocional no deseado, buscando el sentimiento que activa la emoción completa.

A menudo puedo sentir dónde se halla este sentimiento por los puntos fríos y calientes en el cuerpo del paciente. Un punto caliente significa que se está elaborando un sentimiento en esa área. Un punto frío indica con frecuencia que un sentimiento está ausente u oculto. Cuando yo o el cliente sentimos un punto caliente, le hago introducirse en ese sentimiento para ver si se halla en conexión con el estado emocional. Si lo hace, comenzamos nuestro trabajo por aquí. Cuando yo o el cliente sentimos un punto frío, estimulo ligeramente esta área. Aplico energía en ella, y le pido al cliente que lleve allí su conciencia. Podría hacer que la persona se dé la vuelta y trabajar sobre chakra dorsal hasta que la persona obtenga algunos sentimientos. Una vez hemos llegado al sentimiento, hago que el cliente se introduzca más en él, animándolo a sentir, ser y representar la edad asociada a ese sentimiento. A menudo lo que intento es capacitar a la persona para recordar la experiencia, estado, persona o situación ligados a ese sentimiento.

Hay muchas otras maneras de concretar un sentimiento. Puedo pedirle a un cliente que simplemente apunte al área que alberga el sentimiento encerrado dentro de la emoción. Puedo usar mi conocimiento del sistema de desarrollo infantil basado en los chakras para guiar a la persona a un estado infantil. Si el cliente parece verdaderamente bloqueado, puedo trabajar principalmente con el sistema dorsal, estimulando la ayuda del inconsciente y de los guías de la persona. Puedo hacer que la persona se siente en una silla y comience a hablar con otra silla. La ayudo a base de dirigir hacia la «persona» sentada en la otra silla cualquier sentimiento que entra en el cuerpo. Sea cual sea el caso, nuestro objetivo es doble.

1. Queremos ayudar a aislar el sentimiento principal envuelto en el patrón o estado emocional indeseable.
2. Queremos localizar la edad y situación en los que se estancó este sentimiento.

A veces, un cliente tardará semanas el acceder al sentimiento formativo; está bien. Apoyaré a la persona de todos modos, o la animaré a trabajar con otro profesional. La persona podría bloquearse con miedo durante un tiempo. Si ése es el caso, le digo al cliente que se sienta tan aterrado como pueda. La persona podría volverse increíblemente triste; les digo que vayan a ver películas tristes. La persona podría sentir la necesidad de enfadarse, pero no sentir que pueda dejar escapar la ira. Hago que la persona golpee almohadas hasta que el sentimiento salga a la luz por sí mismo. Queremos quitar las capas de sentimiento hasta llegar al que parece ser el correcto, hasta que el cliente pueda decir: «Sí, éste es el sentimiento que siento cuando soy emotivo acerca de tal o cual cosa.»

Paso Tres: aislar la forma mental

El pensamiento conectado en la emoción problemática puede haberse originado en nosotros, o puede que no. Puede representar nuestra reacción personal a cierta situación. Si éste es el caso, probablemente se verbalizará como una observación. «Veo que todo el mundo es desdichado.» «Le hice daño a mi madre.» «No tenía una respuesta cuando el profesor me preguntó.» Pensamientos como éstos no causan una reacción emocional por sí mismos; deben asociarse a un sentimiento para crear dificultades.

Cojamos nuestro primer ejemplo: «Veo que todo el mundo es desdichado.» Imagina que este pensamiento se originó en un acontecimiento familiar en el que expresamos algo de ira. Si percibimos entonces que todo el mundo es infeliz de que estemos enfadados, podríamos haber formado la creencia y emoción nuclear «Todo el mundo se pone triste cuando estoy enfadado». Esta emoción puede clarificarse si podemos discutirla con alguien, elevarla a nuestro chakra cardiaco para una segunda opinión, o experimentar un acontecimiento familiar en el cual vimos una reacción muy diferente cuando nos enfadamos. Desgraciadamente, en especial en asuntos de familia, tendemos a recibir las mismas reacciones y juicios una y otra vez. En algún punto, nuestra percepción de la desdicha de los demás se liga a nuestra ira, y devienen permanentemente ensambladas. Nuestro sistema energético puede embrollarse cada vez que vemos a alguien enfadado y reavivar el pensamiento de que alguien fuera de nosotros es desdichado.

Los pensamientos pueden también provenir de la gente que nos rodea. Algunos pensamientos nos los tragamos enteros; otros los digerimos con el tiempo. Por ejemplo, si nos críamos en una familia que minusvaloraba a cierto grupo étnico, creía que todo lo que tenía que ver con el dinero era malo, o proponía que los artistas deben ser pobres, pudimos, comprensiblemente, haber adoptado estos puntos de vista de manera incondicional. Pudimos también seleccionar fragmentos del sistema de creencias que nos rodeaba. Nuestro padre, por ejemplo, podría insistir en que las mujeres son estúpidas. Nuestra madre, que nos parece bastante inteligente, puede tener problemas para equilibrar el estado de cuentas. Nosotros podríamos sumar dos y dos, restar uno a cada uno, y crear la creencia híbrida de que «las mujeres son estúpidas con el dinero». A menudo, este tipo de creencias son más difíciles de aislar que las creencias simples. Al ser compuestas, pueden resultar bastante complicadas.

Distinguir la creencia o forma mental más importante puede convertirse en un proceso problemático. Podríamos tener miles de pensamientos nadando en nuestra cabeza en un momento dado, cientos de los cuales podrían ser conclusiones subsidiarias que cooperan en formar la emoción dada. La creencia de que las mujeres (o los hombres) son estúpidas con el dinero puede ser el ingrediente clave de nuestras luchas por llevar una vida decente. Con el tiempo, podemos haber añadido un número de afluentes a esta creencia. «Las mujeres deberían mantenerse alejadas del dinero.» «Las mujeres no deberían tener dinero propio.» «Las mujeres deberían sentirse estúpidas si ganan dinero.» Lo que tenemos que hacer es acceder a la creencia nuclear, no perdernos en la miríada de creencias secundarias que se entretejen a lo largo de nuestro sistema energético.

La mejor manera de hacer esto es aislar la creencia tangencialmente a uno de los otros indicadores emocionales. Mientras sentimos el sentimiento asociado a nuestra emoción problemática, o sentimos/somos/representamos la edad a la cual incorporamos la emoción, podemos simplemente pedir a nuestro yo más joven que nos diga qué conclusión extrajimos de las circunstancias que nos rodeaban. Entonces debemos escuchar. Debemos oírnos hablándonos a nosotros mismos.

A menudo hago que los clientes que se enfrentan a la confusión lleven a cabo un ejercicio de creencias. Usando papel y bolígrafo, les hago escribir su comprensión de la emoción que les afecta. Entonces les hago hacer una declaración de pensamientos o creencias acerca de esta emoción. Por ejemplo, una cliente podría escribir:

> Declaración respecto a la emoción: «A menudo me siento mal cuando gasto dinero. Me digo a mí misma que no debería hacerlo, pero cuanto peor me siento, más gasto.»
>
> Creencia corolario: «Soy mala con el dinero.»

Para asegurarnos de que hemos llegado realmente al fondo, hago que la cliente continúe. Tras escribir «Soy mala con el dinero», la hago reescribir esta declaración, añadir un «porqué», y completar una respuesta. La hago continuar por este camino hasta que ella hace pie, hasta que siente un «¡Ajá!», y sabe que hemos tocado fondo. Por ejemplo:

> Creencia corolario: «Soy mala con el dinero porque *no puedo nunca conservarlo.*»

Creencia corolario: «Nunca puedo conservar el dinero *porque soy una chica.*»

Creencia corolario: «Como chica, no puedo nunca conservar el dinero *porque las chicas son malas con el dinero.*»

Creencia corolario: «Las chicas son malas con el dinero *porque mi padre lo dice.*»

Creencia corolario: «Mi padre lo dice *porque lo cree.*»

Creencia corolario: «Mi padre cree que las chicas son malas con el dinero *porque tiene miedo de dejar que lo tengan.*»

Creencia corolario: «Él teme dejar que las chicas tengan dinero *porque entonces no necesitarían a los hombres.*»

Creencia corolario: Si ellas no necesitan a los hombres, *él podría ser abandonado.*»

¡Ajá! ¿Ves cómo esto lleva el problema hasta su núcleo central?

Si quiero ir aún un paso más allá, puedo usar este lugar como una plataforma para el trabajo de regresión. Puedo ahora ser capaz de zambullirme en la situación que recluyó las emociones. Respecto al ejemplo citado, esto podría implicar el recuerdo de la edad que tenía la cliente cuando percibió que las mujeres eran malas con el dinero. Querrá recordar quién le manifestó este comportamiento, quién le enseñó esto o quién la forzó a creerlo.

Paso Cuatro: destapando la retribución

Una vez que tenemos nuestra emoción desglosada en sus componentes primarios, hemos de liberar nuestro cuerpo y nuestra mente de las garras en las que han estado confinados. La única forma de hacer esto es amar la emoción: hasta la muerte. Así es. Debemos asumir que la emoción problemática, inoportuna y odiada que hemos estado experimentando cubría una necesidad, y por ello tiene al sentimiento y al pensamiento combatiendo dentro de ella. Si hemos de liberarnos verdaderamente de la emoción, debemos hacer algo más que destruirla. Reducirla al olvido sólo nos dejará vacíos. Este vacío, este hueco, buscará ser llenado. La necesidad original gritará pidiendo ayuda. Incluso si tenemos éxito en desatascar nuestra emoción estancada, pero fracasamos en hallar una nueva forma de cubrir la vieja necesidad, simplemente diseñaremos una nueva emoción para llenar el vacío. Este nuevo estado emocional creará tantos estragos como el original.

Cuando comprendemos la necesidad que nuestra emoción problemática está cubriendo y creamos una nueva forma, más auténtica, de cubrirla, nos volvemos más deseosos de permitir que nuestros sentimientos y creencias se desprendan. Nos abrimos a las energías y a la ayuda que necesitamos para permitir que los sentimientos y creencias dañadas sanen. Permitimos que las partes bloqueadas de nosotros mismos crezcan. A primera vista, la mayoría de nosotros no puede creer que estamos recibiendo beneficios de nuestra infelicidad, de nuestro odio a nosotros mismos, o de elegir únicamente a alcohólicos como pareja, pero los estamos recibiendo. No podemos estar orgullosos de nuestros motivos, pero están ahí. Los tipos de necesidades o retribuciones con los que me encuentro varían ampliamente, pero hay dos tipos básicos: retribuciones basadas en el temor y retribuciones basadas en el amor.

Las retribuciones basadas en el temor se basan en el miedo a las consecuencias. Surgen de un impulso interno a eludir la responsabilidad, el cuidado propio o ajeno o la veracidad. Todos tenemos temores. Eso no significa que seamos mala gente. Probablemente significa que, cuando crecíamos nuestros sistemas energéticos no se desarrollaron completamente debido a algo o a alguien de nuestro entorno que no apoyó nuestro proceso madurativo. Las retribuciones basadas en el temor nos mantienen congelados en el tiempo. El niño o niña de dos años que fue herido permanecerá dentro de nosotros, encerrado dentro de nuestro segundo chakra. Este niño de dos años llevará las riendas, asustado de perder el control hasta que cubramos sus necesidades y le permitamos ser un niño de nuevo.

Las retribuciones basadas en el amor son de naturaleza sacrificial. Implican hacer elecciones para herirnos a nosotros mismos de modo que otro pueda sentirse mejor o evitar ser herido. Un caso pertinente es el de una de mis clientes que decidió asumir los problemas físicos de su madre. Ella amaba verdaderamente a su madre, y pensaba que era la mejor manera en que podía ayudarla. Aunque esta cliente manifestó esta elección mediante una enfermedad física, la dolencia misma era emocional ya que estaba motivada por una creencia («mi madre morirá sin mi ayuda») y un sentimiento (amor por su madre).

En general, veo menos problemas basados en el amor que en el temor. Ocurren, sin embargo. Recuerdo haber decidido varias veces no «decir mi verdad» porque heriría a mi padre. Recuerdo a una cliente que reflejaba como en un espejo el dolor de espalda de su madre, de modo que su madre pudiera sobrellevarlo mejor. Tuve otra cliente que decidió que era mala porque si no lo era, su madre, que la había maltratado ritualmente, sería la mala; ella estaba dispuesta a «ir al infierno» con tal de que su madre no fuera. Más comúnmente hallo clientes que absorben el dolor de uno de los padres porque hacerlo así les asegura su propia supervivencia. Pienso que esta absorción acontece debido a que existimos en una sociedad basada en el miedo. La mayoría de nosotros no vemos que habitualmente se nos refleje o devuelva el amor. Se puede oír hablar de amor incondicional, pero rara vez se experimenta. Es difícil construir unos cimientos sin unos planos.

Las retribuciones más comunes de ambos tipos que veo en mi trabajo incluyen las siguientes:

Retribuciones basadas en el temor

- No hay que crecer.
- No hay que asumir riesgos.
- Evitar ser herido.
- No hay que sentir (ciertos) sentimientos.
- Lograr eludir la responsabilidad.
- No hay que recordar una experiencia dolorosa.
- No hay que repetir una experiencia dolorosa.
- No hay que enfrentar un problema.
- Poder ser cuidado por otra gente.
- Sentir pena por uno mismo.
- Evitar el éxito.
- Evitar el fracaso.
- Atraer la atención.
- No hay que admitir que se está equivocado.

Retribuciones basadas en el amor

- Salvar la vida de alguien.
- Aliviar el dolor de alguien.
- Poner a otra persona por delante de nosotros.
- Expiar la culpa.
- Cumplir una deuda kármica.
- Servir.
- Aprender una lección.
- Aprender a ser compasivo.
- Experimentar el uso positivo del poder.
- Practicar un arte curativo.
- Hacer del mundo un mejor lugar.

Determinar la retribución implicada en un problema emocional requiere una completa honestidad con uno mismo o con otro ser humano. Los Programas de Doce Pasos están diseñados para ayudar a la gente a lograr este nivel de honestidad. Uno de los pasos de estos programas dirige a la gente a obtener una visión de conjunto completa de sí mismos y de sus acciones. Se les pide que hagan una lista de toda la gente que a la que han agraviado, y que lo enmienden si es apropiado. Estos pasos invitan a los buscadores de la verdad a desnudar sus propias almas, a asomarse al interior y a admitir los fallos de espíritu. El perdón es inevitable, porque somos hijos de la Fuente Divina. Los niños cometen errores. Los niños exhiben un falso orgullo. Los niños precisan guía. Es arrogante y soberbio pensar que somos el único ser humano vivo que pueda evitar cometer errores, ¿verdad? Personalmente, hallo un gran alivio en admitir cuándo estoy siendo deshonesta o manipuladora de manera emocional. Incluso experimentar los sentimientos de los demás es manipulador, porque eso controla la situación.

Normalmente, una vez que un cliente acepta el hecho de que es un estudiante del Universo, un hijo de la Fuente Divina y un yo en desarrollo (no un yo ya completado), la retribución simplemente entra de sopetón en su mente. Desde luego que hay otras técnicas para desenterrarla. Podría hacer una regresión con los clientes hasta el momento de la lesión; aplicar quinesiología aplicada, un sistema para comprobar la respuesta corporal ante unas preguntas; hacer que los clientes pidan un sueño informativo; o hacer que el cliente escriba una fábula o un cuento. Cuando uso la técnica de escribir, hago que centren la línea argumental en el problema emocional en cuestión, y que escriban libremente cualquier cosa que les venga a la cabeza. La retribución suele saltar de la página.

Una vez clara la retribución, sabemos lo que necesitamos saber. Hemos reunido nuestro reparto. Conocemos la emoción, el sentimiento, el pensamiento (o creencia) y la retribución. Me gustaría poder dar un método fácil y rápido para curar a partir de este punto, pero no puedo. Esto se debe a que la parte primera y más importante de la curación de la emoción aparente es la de estar dispuesto a separarse de ella.

Aquí debemos retornar a nuestros Principios Guardianes. Frecuentemente hago recorrer a los clientes algunos de estos principios en forma de cuestionario cuando se trata de curar el problema basado en la emoción. Les pregunto si desean ser curados y si desean manifestar sus deseos. Les pregunto si desean cambiar o aceptar una nueva forma de cubrir sus necesidades. Les pregunto si desean soltar los viejos patrones y retribuciones. Les pregunto si desean sentir los sentimientos que necesitan sentir, crear un nuevo pensamiento por sí mismos y estar libres y no aprisionados. Les pregunto si están dispuestos a permitir que la Fuente Divina o su yo de la Fuente Divina sirvan como guía a lo largo del proceso. A veces, incluso les pregunto si están dispuestos a permitir que sucedan milagros, a que la gente devenga mágica y a hacer el trabajo que deben hacer para devenir la persona en la que quieren convertirse. En este punto sigo la corriente. Debo confiar en mi propio sentido del proceso y animar al cliente a hacer lo mismo, a permitir realmente que el sistema de energía cambie y se modifique.

El apoyo es una parte importante de un proceso de cambio emocional. Sentimientos abrigados durante mucho tiempo pueden surgir a la superficie, causando ataques de pena, ira, rabia o terror. Los pensamientos malhumorados y debilitadores pueden arreciar, recitando letanías de críticas a uno mismo o a los demás. Mi experiencia es que si a estas viejas energías se les deja un espacio o un lugar para una expresión segura, pronto se evaporan, maduran o se transfoman. En su estela suele quedar una persona nueva, algo cansada, pero extática, que, hombre o mujer, parece más bien una madre que acaba de pasar por el esfuerzo de dar a luz un niño increíblemente hermoso —el yo.

EJERCICIO
Escribiendo la historia de tu vida

A) Toma un cuaderno y un bolígrafo. Ahora, piensa en un asunto que te esté causando frustración o insatisfacción. Vas a hacer un viaje de palabras en la tierra del papel que está delante de ti.

Escribirás tu propio viaje a medida que lo haces. Escribirás la historia de tu vida en relación con este problema. Para ello, tal vez quisieras seguir el sendero del «Viaje del Héroe». Un héroe es alguien que aprende algo (por el lado difícil) y se convierte por ello en una persona mejor y más fuerte, una persona capaz de compartir sus conocimientos con los demás.

Tú eres el héroe de esta historia. Eres el protagonista. Eres la persona afectada por el problema emocional; eres el héroe que cabalga resueltamente hacia él. Eres el héroe que combate y vence al problema. Eres el héroe que vive para contarlo y retorna a su hogar. Eres el héroe que crea el bien a partir de la dificultad.

B) Los puntos de tu viaje serán estos:

1. Comenzar «en casa», describiendo tus antecedentes y las situaciones que sentaron las bases de tus dificultades.
2. Dejar el hogar. ¿Qué te ocurre a ti el héroe, a medida que tu viaje prosigue por el mundo?
3. Luchar contra el dragón. El problema emocional es tu dragón. Descríbelo. Conócelo. ¿Cómo debes acercarte a él? ¿Cómo debes tratar con él? ¿Combatirlo?
4. Derrota al dragón. ¿Cómo superarás el obstáculo que esta emoción/dragón representa? ¿Qué poderes debes extraer de ti mismo para derrotarlo? ¿Qué ayuda debes pedir o aceptar para dominar al dragón? ¿Que sabiduría debes tener para transformar la emoción/dragón?
5. Corta la cabeza del dragón. ¿Qué has aprendido de la lucha con este dragón?
6. Acepta tu recompensa. ¿Qué significa tu lucha para ti dentro del contexto de tu vida? ¿Qué nuevas energías, conocimiento o riquezas debes aceptar para cambiar tu vida?
7. Vuelve a casa. Todos los héroes retornan a sus puntos de origen. ¿Qué apariencia tiene ahora este punto de origen para ti? ¿Puedes verlo con compasión?
8. Enseña a los demás. Todos los héroes traen sus enseñanzas, sus riquezas, su sabiduría, de nuevo a la comunidad. ¿Qué debes hacer, conocer o comprender para hacer esto?

C) Tras escribir tu historia, reflexiona sobre el significado que tiene para ti actualmente.

Ejercicio alternativo

A) Selecciona un problema que parezca que no puedes solucionar. Hazte estas preguntas:

1. ¿Qué sentimientos percibo cuando pienso en este problema? Escríbelos en formato de lista.
2. ¿Qué creencia se relaciona con cada sentimiento? Estas creencias deberían escribirse en forma declarativa, por ejemplo:

Sentimientos problema	Creencias problema
Tristeza	Hiero a los demás cuando digo mi verdad.
Temor	Puedo ser herido por los demás si pido algo.
Pánico	Nada puede impedir este patrón.

B) Toma cada creencia y emparéjala a un pensamiento, por ejemplo:

Creencias problema	Pensamientos
Hiero a los demás cuando digo mi verdad.	Puedo herir. Puedo decir mi verdad.
Puedo ser herido por los demás si pido algo.	Puedo ser herido. Puedo pedir algo.
Nada puede impedir este patrón.	Tengo patrones. Los patrones no pueden ser impedidos por nada que yo conozca.

C) Toma los pensamientos y únelos con los sentimientos en percepciones como:

- Me siento triste cuando digo mi verdad y los otros me hieren, así que puedo decidir cuando compartir algo o no.
- Me siento asustado cuando pido algo y se me hiere. De manera que puedo pedir a otra persona, hasta que encuentre alguien deseoso de ayudarme.
- Me siento aterrado de tener patrones, y no sé como detenerlos. De modo que pediré a gente sin estos patrones que me ayuden.

Capítulo Trece

Siendo tu yo de la Fuente Divina: viviendo como un chamán cotidiano

CUANDO BUSCAMOS sanarnos o manifestarnos, debemos a menudo desembrollar año tras año de problemas o bloqueos emocionales, físicos y espirituales. Estos bloqueos (puntos de resistencia) tienen un nombre adecuado ya que bloquean el flujo natural de energía que circula entre nuestros yoes espiritual y físico. Ya que provenimos de la Fuente Divina, somos la Fuente Divina y buscamos la Fuente Divina dentro de nosotros mismos, la mejor manera de eliminar nuestra resistencia es trabajar con este conocimiento.

Desgraciadamente, hay algo que se entromete. Es ese algo que subyace a la mayoría de nuestros problemas emocionales, desórdenes físicos y percepciones espirituales erróneas. Ese algo es la negación. La negación existe cuandoquiera que ignoramos nuestra verdadera naturaleza, nuestro yo de la Fuente Divina. Cuando aceptamos cualquier cosa por debajo de lo que la Fuente Divina desea para nosotros o de lo que nuestro yo de la Fuente Divina merece, estamos metiéndonos en una retribución. Al pensar o confiar en que una retribución colmará nuestras necesidades, nos negamos a nosotros mismos el poder, la energía y el amor que realmente cubrirán nuestras necesidades —nuestras necesidades esenciales.

¿Cómo entró o entra la negación en nuestra existencia, y qué se supone que hemos de hacer con ella? Esta vasta cuestión requiere respuestas tanto esotéricas como prácticas.

El papel de la negación

Negar algo es volverle la espalda. En relación con nuestros sentimientos, estamos en proceso de negación cuando rehusamos reconocer, afirmar o sentir nuestros sentimientos. En relación con nuestros pensamientos, estamos en proceso de negación cuando rehusamos pensar, atender o examinar nuestros pensamientos. En relación con nuestras emociones, estamos en negación si nuestras emociones permanecen inexpresadas o continúan reciclándose. Existe un estado de negación detrás de todas estas circunstancias, sin embargo: estamos en negación cuando rehusamos afirmar nuestro yo de la Fuente Divina.

Acceder al yo de la Fuente Divina bajo las capas de negación, emoción, distorsiones, enfermedades y malas relaciones puede ser un proceso doloroso. Es doloroso no porque ser nuestro yo de la Fuente Divina lo sea, sino porque hay que combatir contra los años de programación que nos convencieron de que la mejor manera de sanar o manifestarse es la más dura. Curamos el cáncer ingiriendo drogas. Ganamos dinero trabajando en labores que odiamos. Aprendemos del amor con relaciones que nos hacen sentirnos mal. Nos divertimos haciendo lo que otra gente nos dice que es divertido. Nos peleamos con la vida de manera que podamos negar la muerte. En otras palabras, trabajamos muy, muy duro para hacerlo bien —sólo para acabar abatidos.

Existen capas en lo que se refiere a nuestra negación. Al trabajar con mis clientes, he visto a menudo que muchos de ellos destapan un nivel sólo para sumergirse en el siguiente. Estas capas aparecen con clientes que se las están viendo con problemas de salud, relación, profesión, psicológicos, religiosos y de todo tipo. Creo que estos niveles se relacionan con nuestro desarrollo espiritual e infantil.

En mi mundo funciona así. En algún punto, nuestra alma fue herida por una herida original. Esa herida nos hizo volver nuestra espalda a la realidad de la Fuente Divina, al menos en parte. A la culpabilidad por volver la espalda, le siguió la negación de nuestra Fuente Divina y de nuestro verdadero yo, nuestro verdadero propósito y nuestra verdadera voluntad. Al negar todo esto apilamos un sentimiento sobre otro, una emoción sobre otra, una dolencia física sobre otra: cubriendo cada capa a la precedente. La curación implica destapar estas capas de negación de forma que podamos hacer escala de nuevo en nuestra herida o distorsión original. La manifestación es el proceso por el cual recibimos o ganamos aquello que necesitamos para alcanzar este punto central.

Las siguientes son las capas de emoción negada que observo más comúnmente. Las he enumerado de arriba abajo, y he descrito cada capa según sus tres componentes principales. El sentimiento negado indica el estado de sentimiento que cubre a la capa inferior. El pensamiento predominante indica la creencia primaria asociada a esta capa. La causa se refiere a la herida que aconteció en esta capa.

Las capas básicas de negación

Sentimiento negado	Pensamiento predominante	Causa
1. Temor	No soy lo bastante fuerte como para ver lo que se esconde bajo mi miedo.	El temor como mecanismo de protección.
2. Tristeza	He perdido algo importante o valioso.	Pérdida de uno mismo, otros, o los sueños, debido a infortunios.
3. Ira	He sido agraviado.	La causa de nuestro dolor, usualmente una persona a quien no parece importarle.
4. Daño	Me ha ocurrido algo que no tiene arreglo.	Nuestro espíritu es lastimado; parte de nuestro verdadero yo es desatendido.
5. Rabia	Soy impotente; soy incapaz de mantenerme a salvo.	La rabia, una combinación de dolor e ira, existirá por debajo o por encima de las capas de tristeza e ira, si estos sentimientos inexpresados se vinculan con la impotencia.
6. Vergüenza	Soy malo.	Se nos ha tratado mal; la culpa de este tratamiento es nuestra. La vergüenza llena el hueco causado al abandonarnos a nosotros mismos.

Sentimiento negado	Pensamiento predominante	Causa
7. Culpa	Hice que me hirieran.	Nos abandonamos a nosotros mismos; reprimimos, renegamos, fraccionamos o negamos una parte de nosotros mismos para mejor afrontar aquello que nos causa dolor.
8. Terror	Soy incapaz de impedir que eso que está fuera de mí me hiera.	Percibimos que algo o alguien va a herirnos, y creemos que somos incapaces de impedirlo o de pedir ayuda.
9. Juicio/Culpa	Hay algo equivocado en mí; no merezco ser parte de la Fuente Divina.	Sostenemos esta creencia porque percibimos que estamos separados de la Fuente Divina. Nos lleva a creer que no podemos solicitar ayuda de la Fuente Divina.
10. Negación	No soy la Fuente Divina.	Al creer que nos separamos de la Fuente Divina, negamos nuestro verdadero poder y potencial.

Ayudo a que los clientes procesen estas capas y reescriban los guiones originales en un número variado de formas diferentes. En mi opinión, los clientes que experimentan mayor crecimiento son los capaces de acceder a la raíz básica de la culpa. Los clientes que se convierten en sus verdaderos yoes, sin embargo, son aquellos que se permiten caer hasta el fondo de su negación de la Fuente Divina —y ascender de nuevo.

Un caso que viene a cuento concierne a Fred. Fred era un médico alcohólico. Durante los últimos años, su práctica exitosa había descendido a la mitad. Su matrimonio iba renqueante. Sus hijos estaban exhibiendo las características de los hijos adultos de alcohólicos: sus vidas eran desordenadas y descontroladas. Por su parte, Fred nadaba en continuas aguas de autocompasión. En cualquier momento en que se le hacía frente, se hundía en su sillón y comenzaba a murmurar: «Ya lo sé, ya lo sé. Soy un fracaso. No hago nada bien.»

Fred llegó a mí de pura desesperación. Durante nuestra primera sesión, le pedí que se arrojara en sus sentimientos de autocompasión e inutilidad. Al principio, se asustó. Al cabo de un rato, se puso triste y comenzó a llorar, diciendo una y otra vez que era un fracaso. Asumiendo que habíamos desenterrado al menos parte de su problema emocional, le pregunté si realmente pensaba que era un fracaso. «Sí», dijo. «Lo soy. Es lo que he sido siempre.»

Aunque habíamos arribado a una creencia cargada emocionalmente, yo no sentía que hubiéramos llegado a la emoción nuclear. Después de todo, él ya había estado en este estado antes, y no le había impedido seguir bebiendo. Durante la siguiente sesión, le pedí que fingiera que estaba borracho. Entonces hablé con su yo ebrio, preguntándole por qué necesitaba beber. Fred pasó inmediatamente de la tristeza a la cólera. Comenzó a vociferar y a desvariar. La vida era injusta, su esposa no lo comprendía, todo el mundo esperaba algo de él, pero él no le importaba a nadie.

Decidí que necesitábamos llegar al fondo. Guiando a Fred hasta su chakra inferior, le pedí que se pusiera en la edad que tenía cuando se originó el problema. Para mi sorpresa, inmediatamente se hizo un ovillo. Era un niño pequeño. ¿El sentimiento conectado a sentirse fracasado? La culpa. No había sido capaz de hacer que sus padres se llevaran bien, y se sintió mal por ello. Tras procesar su culpa y perdornarse a sí mismo, el progreso de Fred dio un salto adelante. Voluntariamente comenzó a asistir a Alcohólicos Anónimos. Se apuntó a un programa de tratamiento y le pidió a su esposa que solicitara también ayuda para sí misma.

A pesar de estas acciones heroicas, un año más tarde Fred experimentaba aún oleadas de autocompasión. Su negocio estaba aún bajo. Se hallaba todavía confundido respecto a si merecía o no el dinero, una buena relación, y, lo más importante, su propia existencia. Entonces vi suceder un milagro. En cierto nivel, creo que Fred continuaba procesando la culpa y la vergüenza. Un día vino radiante a mi oficina. Contó que estaba ante una señal de stop, esperando impacientemente a que una mujer mayor cruzara la calle. «Sin razón alguna», dijo, «la mujer se detuvo, y girándose hacia mí, me sonrió». De repente, «¡lo pillé!».

«Por alguna razón, esa sonrisa lo logró. Comprendí que ella era parte de la raza humana, no simplemente alguien puesto ahí para hacerme llegar tarde.

Bien, ¡ella era parte de Dios!» Bajó los ojos, como si algo de esta revelación le avergonzara y entonces, con los ojos brillantes, añadió: «Bien, pensé, si ella es parte de Dios, entonces yo también lo debo ser. No importa lo que haya hecho.» Fred había dado el salto: había saltado de la negación a la verdad. No hace falta decir que su vida nunca fue igual después de aquello.

Integrando nuestros yoes

Aunque sea efectivo recorrer nuestro sistema energético chakra por chakra, rayo a rayo, edad por edad y capa emocional por capa emocional, a menudo hago uso de un concepto mucho más fácil de captar por mis clientes (y por mí). Animo a mis clientes a pensar en sí mismos como poseedores de tres aspectos. Para hacerlo más fácil no los etiqueto como cuerpo, mente y alma, aunque estos tres aspectos del yo estén obviamente implicados todavía. En cambio, hago que los clientes decidan cuál de los siguientes describe su yo actual:

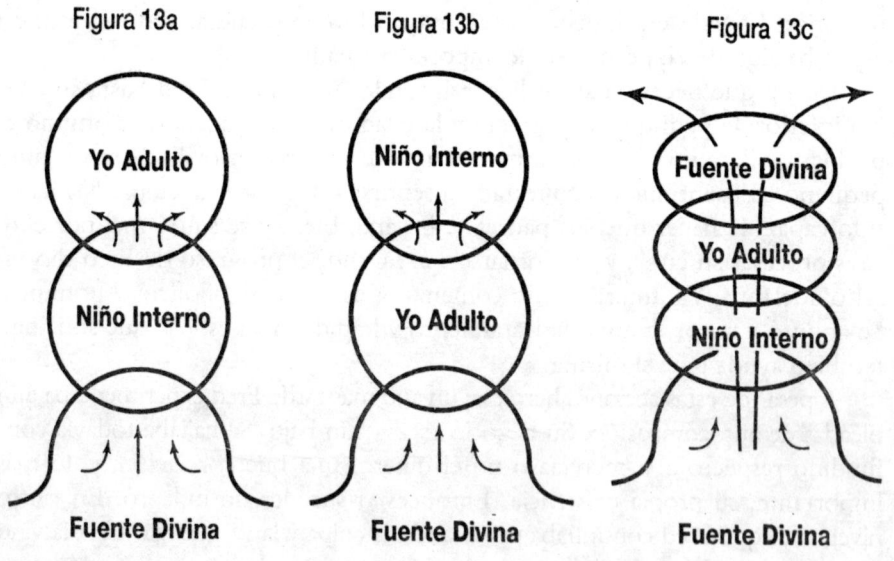

Todo el mundo puede concebir la idea de tener un niño interno o muchos niños internos. Éstos son los yoes que se han perdido dentro de nuestro sistema energético. Son las partes infantiles de nosotros mismos que han permanecido aprisionadas dentro de nuestros chakras en desarrollo. Son los yoes que, dotados como lo están, deben ser rescatados. Nuestros niños internos son los niños que hemos sido y que no han crecido. Usualmente, experimentamos estos yoes infantiles de forma muy intensa. ¡Hablan tan alto! ¡Sus sentimientos son tan intensos! ¡Están tan necesitados! Dado que parecen tan exigentes, a menudo ponemos a estos yoes infantiles en el sillón del conductor, dándoles la responsabilidad de nuestras vidas (figura 13b).

El problema es, que tener demasiada responsabilidad lo único que hace es asustar a estos yoes infantiles aún más. Necesitan guía, lo que requiere que asumamos un yo adulto. Esta parte adulta de nosotros debe asegurarse de que no tomamos decisiones descabelladas. Si nuestros yoes infantiles han de sentirse seguros, este yo adulto debe mantener el coche en buen estado, pagar las cuentas, decir hola al jefe y llevarnos a la sala de nuestro psicoterapeuta. En tanto mantengamos la parte adulta de nosotros en funcionamiento, nuestras partes infantiles pueden calmarse y hacer lo que los niños necesitan hacer: jugar, sanar, reír y hacer magia (figura 13a). Sin embargo, la mayoría de nuestras partes adultas se sienten tan perdidas como las infantiles. Tenemos una visión limitada. Nos sentimos como una impostura. No comprendemos el mundo mejor que la persona de al lado. Nos embrollamos.

Aquí es donde entra nuestro yo de la Fuente Divina. Si nuestro yo adulto establece un vínculo con nuestra Fuente Divina o yo esencial, será capaz de actuar responsablemente, pues recibirá la orientación y guía que necesita. Después de todo, nuestro yo de la Fuente Divina tiene una perspectiva superior. Conoce todo lo que hay que conocer. Sabe lo que necesitamos saber justo en este momento y lo que podemos esperar. Nuestro yo de la Fuente Divina tiene también la capacidad de ver nuestro destino final y planificar la ruta hacia él. Todos los aspectos de nosotros mismos —las partes infantiles que necesitan curación, la parte adulta que aprende a manifestarse y el yo de la Fuente Divina que busca integración— pueden alinearse cuando trabajan al unísono (figura 13c).

Al trabajar como una trilogía, acontece lo siguiente:

1. Nuestro yo de la Fuente Divina puede sanar nuestra alma. Nuestra alma aporta milagros a nuestras vidas.
2. Nuestro yo adulto puede sanar nuestra mente. Puede manifestarse a través del trabajo.
3. Nuestros yoes infantiles pueden sanar nuestro cuerpo. Pueden manifestarse a través de la magia.

La clave para todo lo anterior es permitir que nuestro yo de la Fuente Divina penetre en nosotros (figura 13d). Si se los deja solos, nuestro yo adulto/mente y nuestro yo niño/cuerpo van al desenfreno, causan el caos, se vuelven emocionales. ¿Cómo hacer esto? ¿Cómo saber si nuestro yo de la Fuente Divina está anexionado o no? ¿Cómo oír lo que este yo de la Fuente Divina tiene que decir? Es simple. Nos abrimos a nuestra intuición.

La voz del yo de nuestro espíritu

Los pensamientos comunican nuestro yo adulto/mente, y los sentimientos hablan por nuestro yo niño/cuerpo. La intuición, sin embargo, es la voz de nuestra alma. En realidad, la intuición es la voz del yo de la Fuente Divina, del yo espiritual esencial, que habla a través de nuestra alma. La intuición le dice a nuestra alma lo que tiene que hacer. A su vez, nuestra alma nos dirige hacia nuestro propósito.

A pesar del reciente interés en la conexión cuerpo/mente, hay todavía pocos profesionales gustosos de afirmar que existe una conexión mente/cuerpo/alma. Si nuestra alma no está representada, estamos aislados de nuestras fuentes infinitas de asistencia invisible y poderosa que necesitamos para sobrevivir y prosperar. La intuición es el único medio que puede liberarnos de todas y cada una de las cosas. Ni nuestro cuerpo ni nuestra mente pueden hacerlo, ya que fueron incapaces de impedir que nos viéramos atrapados emocionalmente en primer término.

¿Cómo reconocer tu intuición? Podrías leer libros y libros sobre el asunto, asistir a clase tras clase, pero, inevitablemente, deberás responder tu propia pregunta. Porque cada yo de la Fuente Divina es único, nuestro estilo intuitivo es único. En un talante positivo, nunca he encontrado a nadie que no hubiera frecuentado su intuición. Al principio, mucha gente ha insistido en que no tenía la menor idea de cómo era su voz intuitiva. Toda esa misma gente, tras comprender un poco más lo que es la intuición, ha suministrado ejemplos de cómo la intuición ha afectado a sus vidas.

Es útil comprender unos pocos hechos acerca de la intuición. En primer lugar, llega en formas diferentes. La mayoría de la gente experimenta la intuición en una de tres formas. Ven visualmente representaciones, oyen voces verbalmente, o sienten, perciben o saben cenestésicamente las respuestas. Sin embargo, si vuelves a revisar nuestras páginas que describen los chakras humanos principales, advertirás que cada chakra funciona como un centro intuitivo. Cada chakra posee un vínculo con nuestra alma y con nuestro yo de la Fuente Divina, y es capaz de canalizar información, energía curativa

Figura 13d

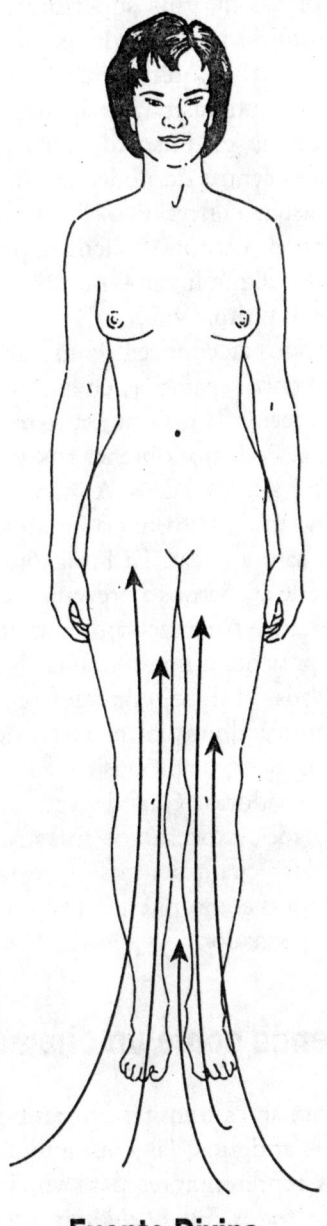

Fuente Divina

Permitir que la Fuente Divina penetre en nosotros es la clave para integrar nuestros yoes

y mensajes de nuestras formas de guía superiores. El primer chakra, por ejemplo, comprenderá la intuición a través de sensaciones físicas. El segundo la recogerá de los sentimientos. El quinto puede viajar al plano astral para recibir asistencia. El sexto nos suministrará imágenes.

Viajar de centro en centro en busca de guía puede volvernos locos. Cuando trasladamos nuestro centro de poder de un chakra inferior al corazón, realineamos nuestro sistema energético. Permitimos que nuestros mensajes intuitivos converjan en el corazón. Podemos, por tanto, acceder a cualquier guía que precisemos de algún lugar —nuestro corazón es el terreno de encuentro de nuestros yoes espiritual y físico.

Siguiendo nuestros sentidos de conocer, sentir, oír y ver, podemos obtener el discernimiento necesario para separar las creencias y sentimientos que nos crean problemas. Podemos recibir la guía que nuestro yo adulto necesita para dirigir nuestra vida cotidiana. Podemos obtener la seguridad que nuestros yoes infantiles desean para sentirse sanos y salvos. A veces nuestra intuición nos dirá que necesitamos llorar, abrazar a nuestro niño interior, regresar a otro tiempo y lugar, leer cierto libro o salir a bailar. La intuición no sólo nos dice cómo sanar un daño, también puede ayudarnos a prevenir un daño futuro.

El otro motivo importante para incorporar la intuición a nuestra vida emocional es el de que representa a nuestra alma. Nuestro yo esencial tiene ciertas necesidades e impulsos. El trabajo de nuestra intuición es ayudarnos a cumplir estos sueños manteniéndonos en el surco del propósito de nuestra alma. Si vivimos un proceso pleno de propósito, automáticamente estaremos envueltos en situaciones sanadoras. Cuando seguimos nuestro propósito, seguimos nuestro significado, expresamos nuestro yo esencial, también somos capaces de manifestar cualquier cosa que necesitemos para sanar. Cuando hacemos esto, vivimos como nuestro propio chamán. Estamos siendo nuestro propio creador y sanador.

Viviendo como un chamán

El propósito de un chamán es transitar por ambos mundos, el espiritual y el físico. Desde tiempos antiguos, las comunidades a todo lo largo del mundo seleccionaban sus representantes para vincular los planos físicos y espirituales en beneficio de todos. En *El chamán celta*, John Matthews describe a un chamán como «alguien cuyo trabajo está tan integrado en la vida cotidiana que la juntura no se muestra»[73]. El trabajo del chamán era el de

---

[73] Matthews, John: *The Celtic Shaman*. Rockport, MA: Element, Inc., 1992, 92.

ayudar a los individuos a sanar problemas físicos y espirituales, y ayudar a la comunidad a hacer lo propio. Para ello, el chamán tenía que negociar las puertas giratorias entre ambas dimensiones.

Nuestros sistemas de energía están diseñados para capacitarnos a todos a ser nuestro propio chamán. Nuestros chakras intracorporales tienen partes frontales y partes dorsales. Los centros o puntos de la columna actúan como portales conectando nuestro consciente y nuestro inconsciente, nuestros yoes espiritual y tangible. Realmente somos ruedas de luz, girando en la quietud de nuestro propio ser. Como chamanes para nosotros mismos, es nuestra responsabilidad mantener las puertas entre ambos mundos abiertas en todo momento. Al hacer esto, podemos recibir los mensajes del «otro mundo» que necesitamos para sanarnos y manifestarnos, y podemos proyectar las energías basadas en la realidad necesaria para movernos por el mundo.

Nuestro yo chamán es el único capaz de alcanzar las estrellas, a menudo a través de nuestros puntos de energía más elevados. Esta capacidad carecería de interés para nuestro yo de aquí-ahora si no pudiéramos anclar estas energías en la realidad práctica. ¿Cómo puede nuestro kundalini ayudarnos a pagar las facturas? ¿Cómo puede un sentimiento de paz dulcificar una relación difícil? Y al revés, ¿cómo puede enseñarnos sobre la fe y la gracia el tener una enfermedad? Ya sea que trabajemos estas cuestiones mediante nuestra columna, nuestros sentimientos, nuestros pensamientos, o comoquiera que sea, trabajarlas es lo que debemos hacer.

Tenemos auras que existen tanto en los planos materiales como en los inmateriales. Estas capas de energía unen nuestro interior y nuestro exterior. Nuestras energías físicas surcan estas olas hasta las dimensiones espirituales. A su vez, las energías espirituales pueden convertirse en materia física. Nuestro aura protege, define, sana y sostiene. En relación con nuestro aura, debemos recorrer la línea entre estar dentro y fuera de nuestro propio cuerpo, y es nuestro yo chamán quien debe hacer esto para nosotros. Nuestra mente, al estar conectada con el cerebro, se despliega hasta realidades ilimitadas, y es nuestro yo chamán quien debe negociar estos límites. Nuestra alma está ubicada tanto dentro como fuera de este plano, y es nuestro yo chamán quien debe combinar ambos.

Hay muchos intrumentos a los que un chamán puede recurrir. Tradicionalmente, estos apoyos incluían el tambor, la danza, animales y plantas. La forma empleada solía denominarse «viaje», y consistía en visitar ritualmente el submundo o el supramundo. Nuestros instrumentos chamánicos personales deben ser tomados de nuestras propias vidas. Todos nosotros tenemos apoyos que nos son significativos. La música reggae o la música clásica pueden invitar a nuestra propia alma a entrar en un estado curativo. Las labores de la casa o la carpintería pueden aquietar nuestro cuerpo en la serenidad, predisponiéndonos a la inspiración. Un libro, una sonrisa infantil, un traje elegante, una propuesta de trabajo bien hecha, pueden ser los activadores de nuestra ensoñación. Sea lo que fuere que hagamos, o cómo lo hagamos, estamos todos de viaje, un viaje fabricado por nosotros mismos. Todos estamos buscando no sólo entender nuestro propósito, sino cumplirlo. Para hacer esto, debemos destapar ambos mundos. Debemos devenir ambos mundos.

A medida que viajamos, no olvidemos que viajamos juntos, de la mano. A medida que permitimos que se desplieguen la magia, el misterio y el trabajo del sendero, recordemos que podemos solicitar ayuda de nuestros vecinos, familias, guías espirituales, de los rayos y, desde luego, de la Fuente Divina misma. A medida que evolucionamos, recordemos que no es tanto que estemos cambiando cuanto que estamos girándonos de un aspecto a otro de nosotros mismos. En último término, el propósito es disfrutar.

Apéndice

EL AURA de una persona con síndrome de fatiga crónica, descrita en el capítulo Seis, es un ejemplo de cómo una afección médica potencial o existente en el cuerpo físico puede también ser percibida en los cuerpos energéticos y espirituales.

Yo y otras personas intuitivas tenemos cientos de historias sobre la percepción de enfermedades potenciales de esta manera, todas las cuales parten de la petición de principio: ¿hay presente realmente una enfermedad potencial? Y yo respondo: tal vez. A través del escaneo de la séptima capa áurica (descrita en el capítulo Seis), he visto suficientes condiciones cancerosas que posteriormente demostraron estar realmente ahí para corroborar así su validez. La exploración de la séptima capa y otras visiones intuitivas de los cuerpos energético/espirituales son útiles en tanto que yo (u otra gente intuitiva) no pretenda tener la respuesta «correcta». Uso mis dones para dirigir a los individuos hacia la ayuda, no para jugar a ser médico.

Los siguientes son ejemplos de dolencias físicas y mentales que he percibido intuitivamente en los cuerpos energéticos y espirituales.

Cáncer de mama y de próstata

Existen muchos tipos de cánceres: suficientes para llenar un libro. En general, el desarrollo del cáncer de mama puede verse en las capas áuricas como una o dos formas oscuras apuntando hacia el pecho y moviéndose a través del aura. La forma oscura casi siempre apunta hacia el área exacta en la cual un quiste o tumor podría crecer o estar creciendo, o se sitúa en paralelo con ella (figura 14a).

Los tumores suelen tener asociados con ellos tres colores: negro, blanco y rojo. El negro indica emociones ausentes o inexpresadas. Puede significar la raíz del problema o un síntoma secundario del problema causal. Si una persona está sana, el color blanco indica la presencia del alma; si la persona está enferma, el blanco indica una percepción espiritual errónea; a menudo es el caso cuando existe un tumor. El rojo indica dolor o el origen del trauma.

En el caso del cáncer, se presenta con frecuencia otro color, dependiendo del tipo de cáncer y el motivo de que exista. Por ejemplo, el azul se halla a menudo presente si la causa de la malignidad estriba en no estar dispuesto a soltar los problemas de otro. A veces puede ser difícil distinguir físicamente estos colores secundarios porque el cáncer mismo es una fuerza elusiva, fuera de control. (En realidad, es tejido o células indiferenciados, como un tejido fetal.)

Puede haber líneas de energía ligando el tumor o tumores de mama con varios órganos o glándulas. Estas líneas a menudo descienden al segundo chakra (hasta los ovarios, por ejemplo), reflejando mi impresión de que el cáncer de pecho está asociado a menudo con percepciones erróneas o represiones del poder femenino. Las líneas pueden también ascender hasta el sexto chakra (la glándula pituitaria), reflejando que la imagen que la mujer tiene de sí misma afecta a su bienestar. Si ambas áreas están ligadas al pecho enfermo, diría que esta mujer está afectada por problemas de identidad relativos a la sexualidad y el poder femenino. Estos problemas fueron causados probablemente por una relación con otra persona, lo que me lleva a buscar cuerdas.

Energía amarillo pálido, ligeramente blanca en el área de la próstata, y manchas blancas, amarillas y grises entre la segunda y tercera capa áurica, son indicaciones de cáncer de próstata (figura 14b). Psicológicamente, este color amarillo refleja percepciones inapropiadas acerca del poder y una falta de claridad respecto al mejor uso de la energía masculina. ¿Se crió a este hombre para ser un «buen tipo?» ¿Se le hizo sentir vergüenza acerca de la energía de su primer chakra? ¿Usó mal su sexualidad en algún momento, o fue víctima de ella (a través del abuso sexual, por ejemplo). Problemas como éstos podrían verse reflejados también por un punto oscuro en el tercer ojo (el sexto chakra).

Es posible ver manchas anaranjadas o grisáceas o tonos oscuros en el segundo chakra, lo que indica que los sentimientos no fueron integrados o fueron avergonzados. Estas decoloraciones oscuras existen en las capas áuricas segunda y tercera alrededor del primer chakra, o entre ellas. También podrían detectarse puntos rojos en el tercer chakra, indicando pasiones desplazadas.

Enfermedad cardiaca

Las enfermedades del corazón reflejan a menudo problemas acerca del amor, porque el corazón está situado en el chakra de la relación (el cuarto). Antes de que golpee, la enfermedad cardiaca puede ser observada a veces en la capa áurica etérica o en el décimo chakra, donde se encuentran las enfermedades heredadas, y donde podrían albergarse los patrones de la enfermedad hasta ser demasiado intensos. Los problemas son vertidos entonces en el cuerpo. En general, la clave para los problemas de corazón es localizar las respuestas a las relaciones que se basan en el temor. El temor es el motivador de la incapacidad de una persona para dar o recibir amor.

Existen varios indicadores de la enfermedad cardiaca. Uno de ellos es un color gris y puntos negros en la cuarta capa áurica (figura 14c). Otro es la aparición de energía oscura en una o más de las cámaras cardiacas, justo en el exterior del corazón mismo (en algún lugar del pericardio). Esta oscuridad se vuelve más definida y pronunciada a medida que progresa la enfermedad, convirtiénsdose finalmente en una serie de bandas tirantes que estrujan el corazón durante o justo antes de un ataque cardiaco.

Podría ver uno o más puntos rojos intensos en el área cardiaca. Ya que estos puntos rojos indican dónde está el corazón concentrando o tratando de contener la energía, profundizan su color a medida que la serie de bandas se vuelve más prieta. En tal caso, el corazón está tratando de conservar su energía vital.

A menudo existen también puntos blancos en el área cardiaca. Estos puntos blancos, si son sanos y brillantes, indican la presencia del alma. O bien el alma está tratando de trabajar sobre el corazón y sus problemas, o bien se está preparando para disociarse (justo antes de la muerte). Si el blanco es de aspecto insano, hago que el cliente examine qué concepciones espirituales erróneas mantiene. Éstas podrían ser las mismas cuestiones que causan el problema.

Con los problemas crónicos de corazón, el color verde de un chakra cardiaco sano tiende a decolorarse, volviéndose una suerte de negro, marrón o amarillo.

A menudo emerge energía roja, clara u oscura de la mano izquierda. Ésta es una fuga de energía, dando a entender que el corazón no está circulando la energía como debiera. El color rojo es energía vital drenándose del cuerpo; el color oscuro es energía negativa que el cuerpo está tratando de desechar.

A medida que la persona se aproxima a un ataque cardiaco, los otros órganos se contraen de manera tirante dentro del cuerpo. Por ejemplo, el

Figura 14a

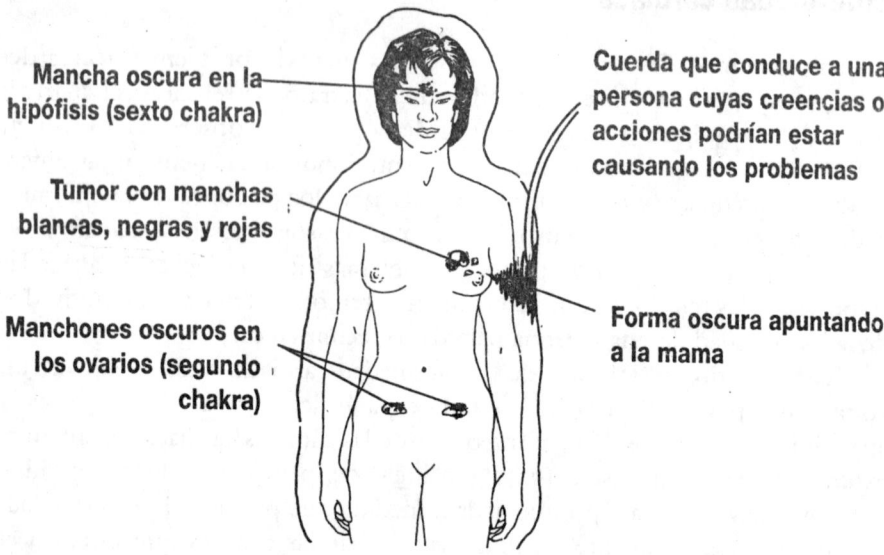

Indicaciones energéticas de cáncer de mama

Figura 14b

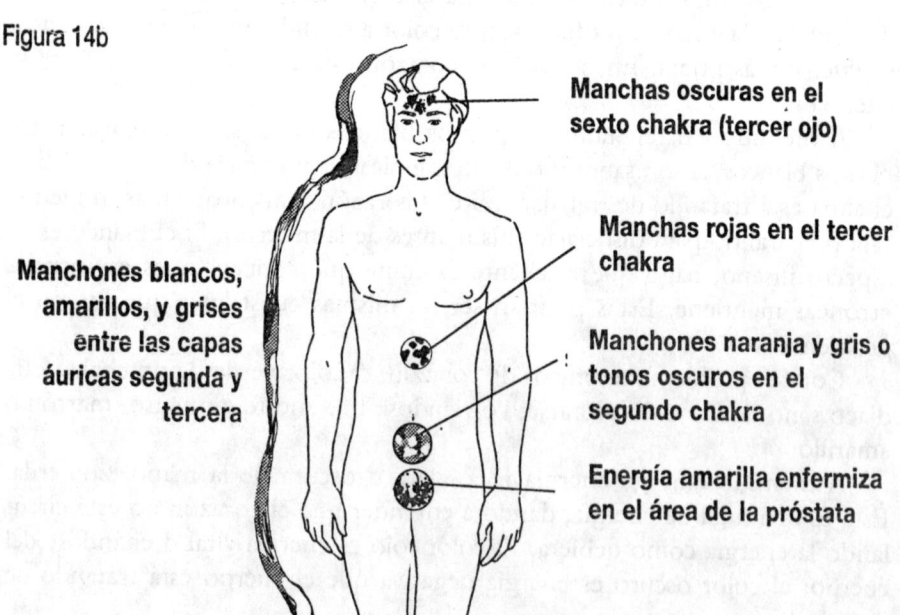

Indicaciones energéticas de cáncer de próstata

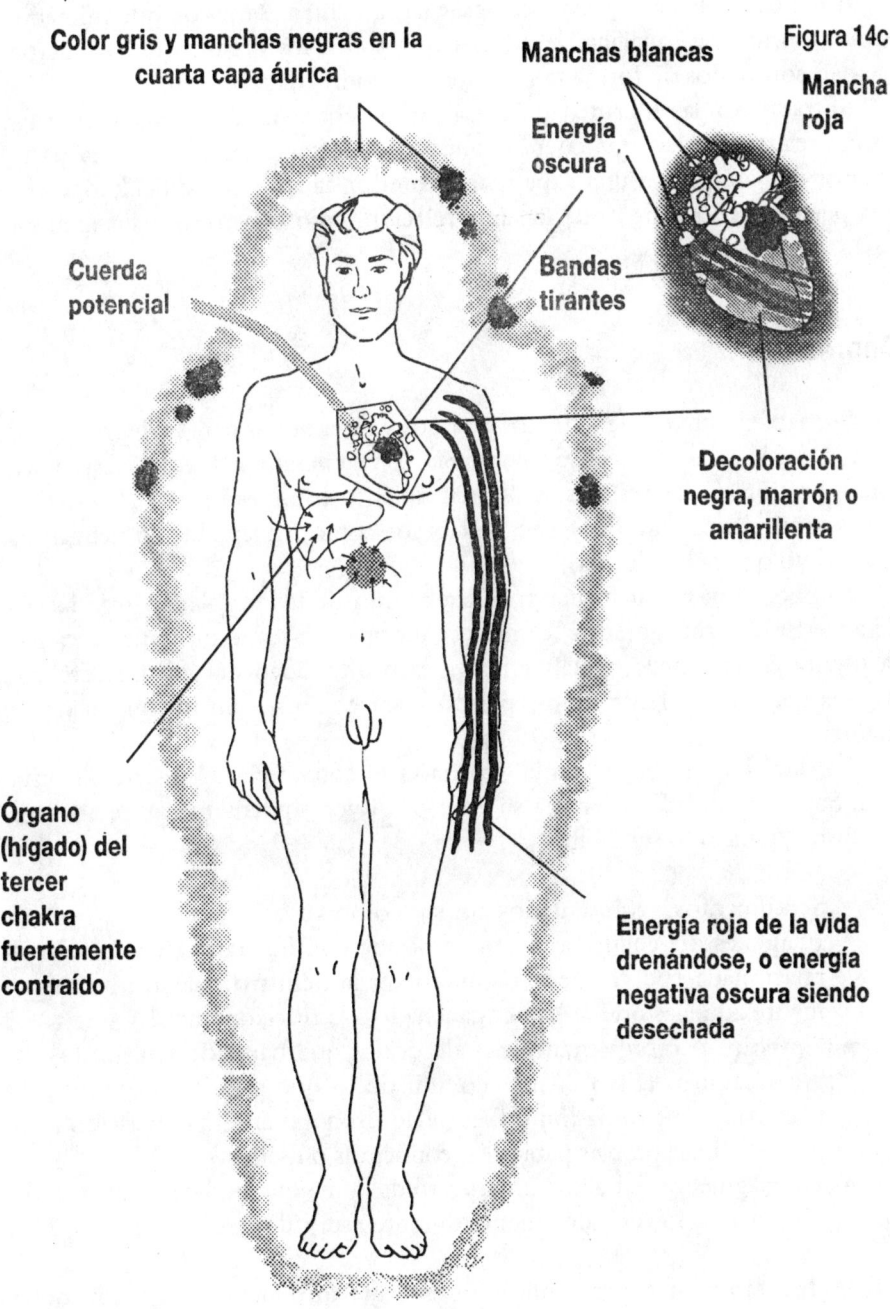

Indicaciones energéticas de enfermedad cardiaca

hígado puede volverse rígido y colapsar hacia dentro. Antes de que mi padre tuviera un ataque cardiaco, le advertí que todos los órganos de su cuerpo estaban contraídos de forma tan tirante que podría haberse combado.

Al tratar con la enfermedad cardiaca uno debería también buscar cuerdas en el área cardiaca. Estas cuerdas pueden conectarse también a una parte inferior del cuerpo y a una experiencia anterior causante de dificultades, o a una persona (viva o no) que, en una relación, creó estas respuestas al amor basadas en el temor.

Depresión

Probablemente existen cientos de tipos y de motivos para la depresión, al menos desde una perspectiva energética. En general, la depresión significa una represión de las respuestas del sentimiento o un aspecto oculto del yo cuyos sentimientos fueron o son percibidos como inaceptables o peligrosos (para el yo o para los demás).

La depresión en su forma genérica es uno de los problemas más fáciles de advertir energéticamente. Siempre se me aparece como un punto o cámara oscura en la cabeza, usualmente en la profundidad del mismo cerebro. Alguna parte importante de esa persona está confinada en un rincón de su mente.

La clave para trabajar con la depresión es contemplar el interior de esta caja. Suelo conducir al cliente a su interior. A veces puede que mire adentro yo misma, y hallo lo siguiente:

- Sentimientos, representados por sus colores asociados.
- Imágenes del cliente a la edad asociada con un trauma o experiencia relacionada con el miedo. (Quiero ver la herida primaria, no simplemente aquellas que se han enganchado a la reacción inicial.)
- Símbolos o representanciones de dones que han sido encerrados en lugar seguro. (Esto es más común de lo que podría creerse; dones tales como la compasión o la intuición son a menudo demasiado peligrosos o inaceptables para ser reconocidos o usados.)
- Un fragmento del alma, un aspecto del alma que no ha sido integrado o nunca nació verdaderamente durante esta vida.

Podría también rastrear líneas de energía que ligan la caja con otros emplazamientos. A veces las líneas se extienden desde esta caja hasta otra parte del cuerpo, y suministran una clave sobre la fecha, ubicación o causa de

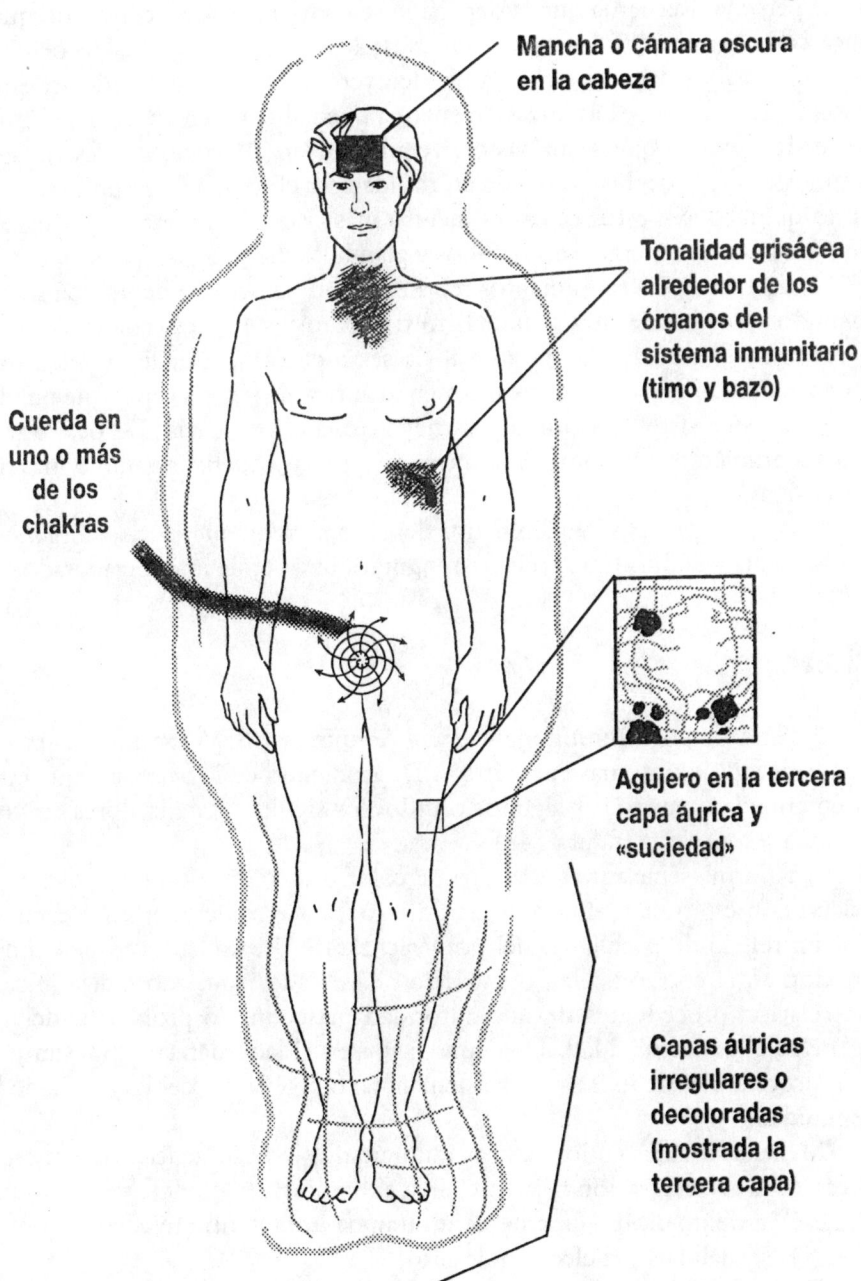

Figura 14d

Indicaciones energéticas de depresión

un trauma, y me muestran qué órgano podría estar afectando químicamente a esta persona. Recuerda que la depresión se convierte en una condición química con el tiempo. Si los sentimientos de los cuatro años han sido ocultados, los órganos del tercer chakra pueden verse afectados, alterando así químicamente el cuerpo. Las líneas de energía pueden también conectarse a una parte del cerebro que se ha visto alterada debido al estado depresivo. En algunos casos, la depresión puede en realidad ser el resultado de un desequilibrio químico. En estos casos, es incluso más crítico el rastrear la conexión de estas líneas de energía con órganos y glándulas del cuerpo.

Áuricamente, los sentimientos reprimidos por la persona deprimida son a menudo tomados de otra gente. Esto da como resultado decoloraciones y pesadez en la capa áurica emocional (la segunda capa). Puede también dar como resultado agujeros en la capa mental áurica (la tercera capa) que puede atraer la «suciedad» o sentimientos negativos de los demás. En ocasiones, estos sentimientos son tomados a través de cuerdas adheridas a uno o más de los chakras.

Una tonalidad grisácea alrededor del sistema inmunitario y sus órganos, como son la glándula timo y el bazo, significa un sistema inmune agotado.

SIDA

El Síndrome de Inmunodeficiencia Adquirida (SIDA) se manifiesta en una variedad de síntomas energéticos. Dependiendo de lo avanzada que esté la enfermedad, puedo ver algunos o todos los siguientes indicadores en una persona seropositiva (figura 14e).

Una forma semejante a una caja de color blanco en la cabeza indica una «depresión espiritual»; una concepción errónea acerca del espíritu y el cuerpo (un reflejo de problemas del primer chakra). Usualmente veo una constricción en el corazón. Una constricción en el lado izquierdo indica juicios de relación procedentes de una autoridad masculina, o problemas del yo relativos a la masculinidad. Una constrición en el lado derecho muestra juicios procedentes de una autoridad femenina, o problemas del yo acerca de la feminidad.

Manchas oscuras en los centros inmunitarios indican deficiencias en estas áreas. Una concentración roja en el área abdominal (segundo chakra) es una indicación de dolor, usualmente de un trauma intrauterino relativo a asuntos como la sexualidad o la elección de sexo.

El área genital (primer chakra) también tiene un depósito de energía negruzca pulsante, que equivale a juicios acerca del yo relativos a la sexuali-

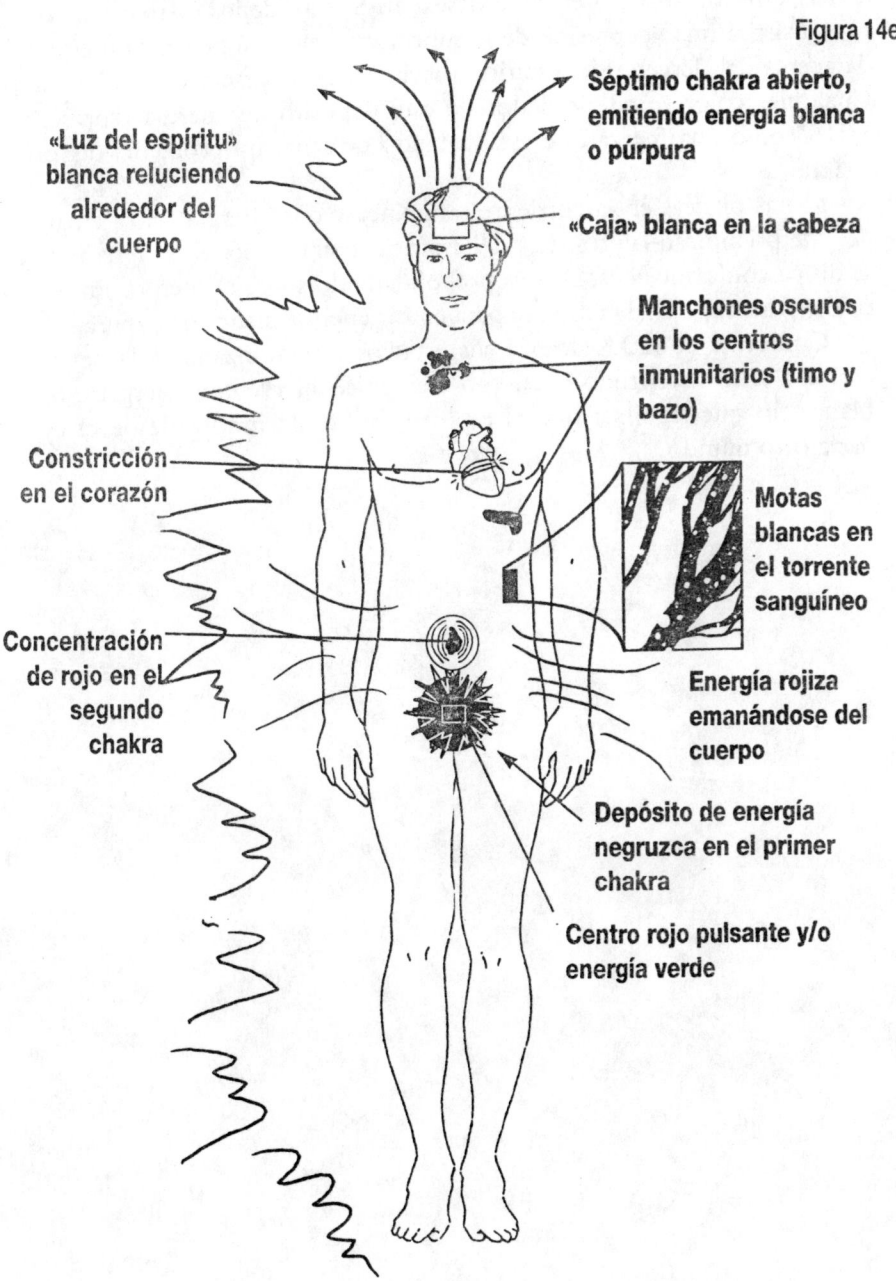

Figura 14e

Indicaciones energéticas de SIDA

dad la espiritualidad, o el género sexual. Si este depósito tiene un centro rojo, existirá una «depresión de la supervivencia»: una percepción equivocada acerca del derecho del espíritu a vivir y a expresarse a través del cuerpo. Cualquier color verde alrededor de este depósito de energía representa al SIDA como una fuerza que está tratando de sanar un problema del primer chakra.

Motas blancas en la corriente sanguínea y una energía rojiza emanando del cuerpo indican la presencia del espíritu en el cuerpo. La sangre de la vida se disipa conforme el espíritu va preponderando sobre el cuerpo. En algunos casos, el séptimo chakra se abre para emitir energía blanca o púrpura.

Conforme el SIDA alcanza sus estadios más avanzados y la persona se acerca a la muerte, todo el cuerpo energético hierve con energía espiritual blanca, lo que significa que el espíritu está deslizándose desde el cuerpo hacia otro mundo.

Bibliografía

Andrews, Ted: *Imagick: The Magick of Images, Paths & Dance*. Llewellyn Publications, St. Paul, MN, 1989.
Bach, Richard: *Illusions: The Adventures of a Reluctant Messiah*. Nueva York: Dell Publishing Company, 1977.
Balaskas, Janet: «The Feminine Power of Birth», en *Uncoiling the Snake*, editado por Vicki Noble. Nueva York: HarperCollings, 1993.
Bradshaw, John: *Bradshaw On: The Family*. Deerfield Beach, Fl: Health Communications, Inc., 1988.
Bradshaw, John: *Healing the Shame That Binds You*. Deerfield Beach, FL: Health Communications, Inc., 1988.
Brennan, Bárbara Ann: *Hands of Light: A Guide to Healing Through the Human Energy Field*. Nueva York: Bantam Books, 1987.
Bruyere, Rosalyn L.: *Wheels of Light: A Study of the Chakras*. Ed. Jeanne Farrens. Arcadia, CA: Bon Productions, 1989.
Castaneda, Carlos: *The Eagle's Gift*. Nueva York: Washington Square Press, 1981.
Chopra, Deepak.: *Creating Health*. Boston: Houghton Mifflin Company, 1987.
Damasio, Antonio R.: *Descartes Error*. Nueva York: G. P. Putnam & Sons, 1994.
Gerber, Richard: *Vibrational Medicine*. Santa Fe: Bear & Company, 1988.
Gray, Henry: *Gray's Anatomy*. Filadelfia: Running Press, 1974.
Kalweit, Holger: *Dreamtime & Inner Space: The World of the Shaman*. Boston: Shambhala Publications, Inc., 1984.
Katz, Richard: *Boiling Energy: Community Healing Among the Kalahari Kung*. Boston: Harvard College, 1982.
King, Serge: *Kahuna Healing*. Wheaton, IL: The Theosophical Publishing House, 1983.

Landsowne, Zachary F.: *The Rays and Esoteric Psichology*. York Beach, ME: Samuel Weiser, Inc., 1989.
Leadbeater, C. W.: *The Chakras*. Wheaton, IL: The Theosophical Publishing House, 1927.
Matthews, John: *The Celtic Shaman*. Rockport, MA: Element, Inc., 1992.
Men, Hunbazt: *Secrets of Mayan Science/Religion*, trans. Diane Gubiseh Ayala and James Jennings Dunlapp II. Santa Fe, NM: Bear & Company, 1990.
Morgan, Marlo: *Mutant Message Down Under*. Lees Summit, MO: MM Co., 1991.
Reynolds, David K.: *Water Bears no Scars: Japanese Lifeways for Personal Growth*. Nueva York: William Morrow & Company, 1987.
Rogers, Carl D.: *On Becoming a Person*. Boston: Houghton Mifflin Company, 1961.
Stein, Diane: *Women's Psychic Lives*. St. Paul, MN: Llewellyn Publications, 1988.
Stetler, Alfred: *PSI-Healing*. Nueva York: Bantam Books, 1976.
Talbot, Michael: *The Holographic Universe*. Nueva York: HarperCollins, 1991.
Whistler, W. Arthur: *Polynesian Herbal Medicine*. Kauai, HI: National Tropical Botanical Garden, 1992.
Wiederman, Frederic: *Between Two Worlds: The Riddle of Wholeness*. Wheaton, IL: The Theosophical Publishing House,1986, 76-77.
Ywahoo, Dhyani: *Voices of Our Ancestors*. Boston: Shambhala Publications, Inc., 1987.

Para contactar con la autora

Si deseas contactar con la autora o quieres más información acerca de este libro, por favor, escribe a la dirección adjunta. El editor no puede garantizar que toda carta escrita a la autora pueda ser respondida, pero todas se enviarán. Por favor, escribe a:

Cyndi Dale
c/o Llewellyn Worldwide
P.O. Box 64383, Dept. K200-3
St. Paul, MN 55164-0383
U.S.A.

Por favor, incluye un sobre timbrado para la respuesta, o 1 dólar para cubrir los costes.
Para las cartas enviadas desde el extranjero, incluir un cupón postal de respuesta internacional.

COLECCIÓN NUEVA ERA

1. CÓMO DESARROLLAR EL PODER DE LA INTUICIÓN, *por Linda Keen.*
2. MANUAL PARA LA INTERPRETACIÓN DE LOS SUEÑOS, *por S. Kaplan Willians.*
8. LOS CHAKRAS, *por Harish Johari.*
10. PSICO-ASTROLOGÍA KÁRMICA. EL PRESENTE Y EL FUTURO, *por G. Waxkowsky y M. González Sterling.*
11. TAO Y LARGA VIDA, *por Huai-Chin Nan.*
12. YOGA, JUVENTUD Y REENCARNACIÓN, *por Jess Stearn.*
14. LA INDIA MÍSTICA Y SECRETA, *por Ramiro A. Calle.*
18. GUÍA DE MÍSTICA ORIENTAL PARA OCCIDENTALES, *por Ramiro A. Calle.*
22. LOS SIETE CUERPOS DEL HOMBRE, *por E. J. Gold.*
23. EL YOGA TÁNTRICO, *por Julius Evola.*
26. LA ESENCIA DEL BUDISMO. EL NOBLE SENDERO ÓCTUPLE, *por Bhikkhu Bodi.*
27. EL PUNTO DE QUIETUD, *por Ramiro A. Calle.*
28. I-CHING Y PSICOLOGÍA TRANSPERSONAL, *por Marysol González Sterling.*
30. EL ARTE JAPONÉS DE LA GUERRA, *por Thomas Cleary.*
31. EL LIBRO DEL KI, *por Koichi Tohei.*
32. LA SANACIÓN POR LOS CHAKRAS, *por Z. F. Lansdowne.*
33. ¿ES USTED SENSITIVO?, *por Marcy Calhoun.*
34. LOS DOCE PASOS HACIA LA LIBERACIÓN ESPIRITUAL, *por Jerry Hirschfield.*
35. LAS 36 ESTRATEGIAS CHINAS, *por Gao Yuan.*
36. EL HOMBRE ES MÁS QUE SU CUERPO, *por Walter Weber.*
38. MEDITACIONES PARA MUJERES QUE HACEN DEMASIADO, *por Anne Wilson Schaef.*
40. RECOBRA TU INTIMIDAD, *por A. Wilson Schaef.*
41. RESPIRANDO. EXPANDE TU PODER Y ENERGÍA, *por M. Sky.*
43. MEDITACIÓN BUDISTA Y PSICOANÁLISIS, *por M. Fraile.*
44. MEDITACIÓN EN LA ACCIÓN, *por Ch. Trungpa.*
45. ASTROLOGÍA KÁRMICA BÁSICA, *por M. González Sterling.*
47. LA SABIDURÍA DEL ZEN, *por T. Leggett.*
48. LA PRÁCTICA DE LA SEXUALIDAD SAGRADA, *por S. Saraswati y B. Avinasha.*
49. EL PODER CURATIVO DE LAS GEMAS, *por Harish Johari.*
50. SOBRE EL VIVIR Y EL MORIR, *por D. Feinstein y P. Elliot.*

51 EL TAO DEL DINERO, por W. Lubeck.
52 MÁS ALLÁ DE LA TERAPIA, por A. Wilson Schaef.
53 YOGA EN CASA CON RAMIRO CALLE, por Ramiro A. Calle.
54 KARMA. LA OPORTUNIDAD DE LA VIDA, por A. Hoefler.
56 EL CAMINO DE LA TRANSFORMACIÓN, por S. Gawain.
57 KUNDALINI Y LOS CHAKRAS, por G. L. Paulson.
58 CAMPOS ENERGÉTICOS. ENVOLTURAS LUMINOSAS, ÁURICAS Y CHAKRAS, por A. Ainz y C. Martín.
59 LA MUSICA Y SU MENTE, por H. L. Bonny y L. M. Savany.
60 MÉTODO DE LA CURACIÓN POR LOS RAYOS, por Z. F. Lansdawne.
61 LA PRÁCTICA DEL TAI CHI Y TAI CHI QIGONG, por D. Connor.
62 LA VIPASSANA, por W. Hart.
63 LA VÍA SECRETA DEL HÉROE, por Ramiro A. Calle.
65 AMA PARA SER FELIZ, por M. Bahadoi.
67 LA SUERTE ESTA EN TI, por Mary Sol Olba.
68 EL GRAN LIBRO DE LOS CHAKRAS, por S. Sharamon y B. J. Baginski.
69 TU MENTE PUEDE CURARTE, por Dr. y Dra. Borysenko.
71 EL TAO DE POOH, por B. Hoff.
72 EL TAO DE LA FILOSOFÍA, por A. Watts.
73 EXPERIENCIAS TRANSFORMADORAS, por Chamalú.
74 LUZ EN LO OSCURO, por Mary Sol Olba.
75 FLORECER DEL LOTO, por T. Nhathanh.
76 RELAJACIÓN Y RESPIRACIÓN EN CASA, por Ramiro A. Calle.
77 LAS FILOSOFÍAS DE ASIA, por A. Watts.
78 LAS ENSEÑANZAS DEL CRISTIANISMO ESOTÉRICO, por Stylianos Atteshlis.

COLECCIÓN NUEVOS TEMAS

- 2 VIDA DESPUÉS DE LA VIDA, *por Raymond A. Moody.*
- 5 REFLEXIONES SOBRE VIDA DESPUÉS DE LA VIDA, *por Raymond A. Moody.*
- 9 USTED YA ESTUVO AQUÍ, *por E. Fiore.*
- 10 EL PODER DEL PENSAMIENTO ALFA... MILAGRO DE LA MENTE, *por J. Stearn.*
- 13 HUMOR Y SALUD, *por R. A. Moody.*
- 14 LO QUE VIERON... A LA HORA DE LA MUERTE, *por K. Osis y E. Haraldsson.*
- 16 VIDA ANTES DE LA VIDA, *por H. Wambach.*
- 17 EL PULSO SILENCIOSO, *por G. Leonard.*
- 19 NUEVOS DESCUBRIMIENTOS SOBRE LA REENCARNACIÓN, *por G. Cerminara.*
- 21 MÁS ALLÁ DE LA MUERTE, *por A. Sotto y V. Oberto.*
- 23 LA MAGIA DEL PODER PSICOTRÓNICO, *por R. B. Stone.*
- 26 EL PODER TOTAL DE LA MENTE, *por D. L. Wilson.*
- 32 VISUALIZACIÓN CREATIVA, *por Ronald Shone.*
- 33 MITOS Y LEYENDAS DE LOS AZTECAS (Edición de John Bierhorst).
- 35 LOS AÑOS PERDIDOS DE JESÚS, *por Elizabeth Clare Prophet.*
- 37 LA POSESIÓN, *por Edith Fiore.*
- 43 MÁS ALLÁ LA LUZ, *por el Dr. Raymond A. Moody, Jr.*
- 46 TODOS SOMOS INMORTALES, *por Patrick Drouot.*
- 52 DICCIONARIO DE LOS SUEÑOS, *por Raphael.*
- 53 LOS MUERTOS NOS HABLAN, *por François Brune.*
- 54 EL MISTERIO DE MORIR Y DE LA MUERTE, *por Earlyne Chaney.*
- 56 SUEÑOS LÚCIDOS EN 30 DÍAS, *por Keith Harary y Pamela Weintraub.*
- 57 REGRESIONES, *por Raymond A. Moody.*
- 60 EL MILAGROSO PODER DE LA MENTE, *por Dan Custer.*
- 65 LAS ENSEÑANZAS PERDIDAS DE JESÚS, *por Mark L. Prophet y Elizabeth Clare Prophet.*
- 67 EL TAI CHI, *por Paul Cromton.*
- 68 TESTIMONIOS DE LA INMORTALIDAD, *por Jess Stearn.*
- 70 MÁS CERCA DE LA LUZ, *por Melvin Morse.*
- 71 EXPERIENCIAS MÍSTICAS EN 30 DÍAS, *por Keith Harary y Pamela Weintraub.*
- 73 SEXO PROFUNDO EN 30 DÍAs, *por Keith Harary y Pamela Weintraub.*

74 LA TELEPATÍA, *por Vicenzo Nestler.*
77 HISTORIA DEL DIABLO, *por Alfonso M. di Nola.*
79 EL SUFISMO, *por S. Fadhlalla Haeri.*
80 CÓMO DESARROLLAR SUS FACULTADES PSÍQUICAS, *por Mary Swainson y Louisa Bennett.*
81 EL SIMBOLISMO CRISTIANO, *por John Baldock.*
82 EL TRABAJO CON SUEÑOS, *por S. Kaplan Williams.*
83 PROFECIAS DE ARMAGEDÓN, *por Grant R. Jeffrey.*
84 DESARROLLE EL HEMISFERIO DERECHO DE SU CEREBRO EN 30 DÍAS, *por Keith Harary y Pamela Weintraub.*
85 CÓMO POTENCIAR SU MEMORIA EN 30 DÍAS, *por Keith Harary y Pamela Weintraub.*
86. LA TRADICIÓN CELTA, *por Caitlín Matthews.*
87 LA VIDA SECRETA DE LAS CÉLULAS, *por Robert B. Stone.*
88 EL BUDISMO, *por John Snelling.*
89 PALABRAS GNÓSTICAS DE JESÚS EL CRISTO, *por André Wautier.*
91 LOS EVANGELIOS APÓCRIFOS, *por Pierre Crépon.*
92 VISUALIZACIÓN APLICADA, *por James Lynn Page.*
93 AMOR ENTRE MUJERES, *por Sabine Braun y Christine Proske.*
94 BAJO LA SUPERFICIE, *por Francisco López Sevaine.*
95 REENCUENTROS, *por Raymond A. Moody y Paul Perry.*
96 DIOSES Y DIOSAS DE EGIPTO, *por Clive Barrett.*
98 PERTENECER AL UNIVERSO, *por Fritjof Capra y David Steindl-Rast.*
99 LOS HIJOS DEL AYER, *por Jenny Cockell.*
100 POR QUÉ SOY MASÓN, *por Amando Hurtado.*
101 LA ESPADA Y EL GRIAL, *por Andrew Sinclair.*
102 EL ENIGMA DE LOS ESENIOS, *por Hugh Schonfield.*
103 SALVADO POR LA LUZ, *por Dannion Brinkley y Paul Perry.*
104 LOS EVANGELIOS DE LA INFANCIA DE CRISTO, *por A. Micha.*
105 MISTERIO Y MENSAJE DE LOS CÁTAROS, *por J. Blum.*
106 ROSWELL: SECRETO DE ESTADO, *por J. Sierra.*
107 ÚLTIMAS VISIONES, *por H. Morse y P. Perry.*
108 JERUSALÉN, *por A. Sinclair.*

COLECCIÓN «PLUS VITAE»

- 2 SU VIDA EN SUS MANOS, *por Beryl Hutchinson.*
- 3 MANUAL DE GRAFOLOGÍA, *por Albert Hughes.*
- 7 CÓMO DORMIR MEJOR, *por J. C. Paupst y T. Robinson.*
- 17 KINESIOLOGÍA DEL COMPORTAMIENTO, *por John Diamond.*
- 19 ENCICLOPEDIA COMPLETA DE EJERCICIOS, *por Diagram Group.*
- 22 MODERNA ENCICLOPEDIA DE HIERBAS, *por J. M. Kadans.*
- 23 NUEVO TRATADO DE MEDICINA NATURAL, *por R. Dextreit y M. Abehsera.*
- 25 LA SALUD POR EL COLOR, *por Theo Gimbel.*
- 31 PEQUEÑA Y GRAN COCINA VEGETARIANA, *por M. Bédard.*
- 36 MANUAL DE DANZA, *por Sue Leese y Moira Packer.*
- 38 LA SALUD Y LAS ESTACIONES, *por Elson M. Haas.*
- 46 LIBÉRESE DE LA CELULITIS, *por Larry Melamerson.*
- 50 MASAJE Y AUTOMASAJE DE ORIENTE Y OCCIDENTE, *por Gaya Garaudy.*
- 53 EJERCICIOS PARA EL EMBARAZO, *por L. Cedeno y otros.*
- 55 REFLEXOLOGÍA, *por Doreen E. Bayly.*
- 56 ENCICLOPEDIA COMPLETA DE LOS DEPORTES, *por Diagram Group.*
- 63 EL AGUA DE LA VIDA, *por J. W. Armstrong.*
- 66 DICCIONARIO DE VITAMINAS, *por Leonard Mervyn.*
- 67 VIGOR SEXUAL POR LA DIETA, *por Ursula Lecordier.*
- 68 CÓMO EVITAR LA CAIDA DEL CABELLO, *por Stella Weller.*
- 70 ¿NIÑA O NIÑO?, *por Hazel Philips.*
- 72 EL ACEITE DE PRÍMULA, *por Judy Graham.*
- 73 CIENCIA HINDÚ-YOGUI DE LA RESPIRACIÓN, *por Yogui Ramacharaka.*
- 75 "E" PARA ADITIVOS, *por M. Hanssen.*
- 77 LA DEPRESIÓN, *por Caroline Shreeve.*
- 84 CÓMO PRACTICAR EL HIDROCULTIVO, *por Carlo Fossati.*
- 85 DICCIONARIO DEL MODERNO HERBORISMO, *por Simón Y. Mills.*
- 87 ARTE HINDÚ YOGUI DE LA CURA POR EL AGUA, *por Yogui Ramacharaka.*
- 88 ¡ELIGE LA VIDA! ALIMENTACIÓN Y CÁNCER, *por Henry Joyeux.*
- 90 EL LIBRO DE LA MACROBIÓTICA, *por Michio Kushi.*
- 91 GUÍA COMPLETA PARA EL CUIDADO Y RECUPERACIÓN DE LA VISTA, *por John Selby.*
- 92 GUÍA PRÁCTICA DE MEDICINA HOMEOPÁTICA, *por S. Cummings y D. Ullman.*
- 96 TRANSFORME SU VIDA POR LA SOFROLOGÍA, *por Thierry Loussouarn.*

147 MANUAL DE REMEDIOS NATURALES, por M. Jackson y T. Teague.
148 LA CURACIÓN POR LAS FLORES, por Edward Bach.
149 REIKI, por Giancarlo Tarozzi.
150 COLOR Y PERSONALIDAD, por Audrey Kargere.
151 TÓCAME, MAMÁ, por Elvira Porres.
152 ELIXIRES DE ORQUÍDEAS Y PIEDRAS PRECIOSAS, por Andreas Korte, Antje y Helmut Hofmann.
153 EL LIBRO DE LA TERAPIA DE LOS COLORES, por Theo Gimbel y Gaia Books.
154 PREGUNTAS Y RESPUESTAS SOBRE LOS REMEDIOS FLORALES DEL DOCTOR BACH, por John Ramsell.
155 TRATADO COMPLETO DE SANACIÓN CON LAS MANOS, por Michio Kushi y Olivia Oredson.
156 LA SALUD VISUAL POR LA DIETA, por Yves Cohen.
157 CÚRESE USTED MISMO, por Dana Ullman.
158 LOS REMEDIOS FLORALES DEL DOCTOR BACH PARA MUJERES, por Judy Howard.
159 SUPERSALUD, por Christian H. Godefroy.
160 EL PODER INTERIOR, por Christopher S. Kilham.
161 LAS 40 PLANTAS MEDICINALES MÁS POPULARES EN ESPAÑA, por Alfredo Ara Roldán.
162 LA REVOLUCIÓN DEL NACIMIENTO, por Isabel Fernández del Castillo.
163 LAS ALTERNATIVAS EN LA TERAPIA DEL CÁNCER, por R. Pelton y L. Overholser.
164 LOS REMEDIOS FLORALES DEL DR. BACH PARA NIÑOS, por L. Haward.
165 LA TERAPIA QI GONG, por Tzu Kuo Shih.
166 LA PRÁCTICA DE LA OSTEOPATÍA, por G. Roulier.
167 DESCIFRA LOS MENSAJES DEL CUERPO, por M. Rush.
168 EL NUEVO LIBRO DE LOS ALIMENTOS COMPATIBLES, por J. Dries.
169 EL TAO DE LA COCINA, por E. Bauer y U. Karstädt.
170 EL GRAN LIBRO DE LA ESPALDA, por C. Roulier.
171 SALUD HOLISTICA CON LA MACROBIÓTICA, por M. Kushi y E. Esko.
172 TAO SHIATSU, por R. Endo.
173 GUÍA DE ACEITES ESENCIALES, por W. Sellar.
174 EL LIBRO DEL DIAGNÓSTICO ORIENTAL, por M. Kushi.
175 100 PLANTAS MEDICINALES ESCOGIDAS, por A. Ara.
176 200 RECETAS DE LA DIETA HAY DE LOS ALIMENTOS COMPATIBLES, por I. Dries.

GUÍAS DE TERAPIAS NATURALES

1. DIAGNÓSTICO POR EL IRIS, *por V. S. Davidson.*
2. ACUPRESIÓN PARA TODOS, *por Hans Ewald.*
3. RELAJACIÓN, *por James Hewitt.*
4. CÓMO ELIMINAR EL DOLOR DE ESPALDA, *por Dona Z. Meilach.*
5. EL HÍGADO, *por Science of Life Books.*
6. LA ARCILLA CURATIVA, *por Michel Abehsera.*
7. CÓMO VENCER EL STRESS, *por Alethea Lawson.*
8. EL LIMÓN, *por J. Artigas.*
9. MEJORE SU VISTA SIN USAR GAFAS, *por Science of Life Books.*
10. EL MASAJE CON LA PUNTA DE LOS DEDOS, *por Science of Life Books.*
11. LA MIEL, ALIMENTO Y MEDICINA NATURAL, *por Janet Bord.*
12. YOGUR, KÉFIR Y DEMÁS CULTIVOS EN LECHE, *por Beatrice Trum Hunter.*
13. ESTREÑIMIENTO, HEMORROIDES Y COLITIS, *por Science of Life Books.*
14. HIPERTENSIÓN, *por Science of Life Books.*
15. DIETA VEGETARIANA PARA ADELGAZAR, *por Leah Leneman.*
16. CURA NATURAL DE LAS VARICES Y ÚLCERAS VARICOSAS, *por J. Russell Sneddon.*
17. LA CEBOLLA, *por J. Artigas.*
18. CURA NATURAL DEL INSOMNIO, *por Alan Moyle.*
19. CURA NATURAL DE LOS TRASTORNOS DE VESÍCULA, *por Roger Newman Turner.*
20. CURA NATURAL DE LAS AFECCIONES DE LA PIEL, *por Science of Life Books.*
21. HIERBAS PARA EL COLESTEROL, *por J. L. López Larramendi.*
22. LA TÉCNICA DE ALEXANDER DE CORRECCIÓN POSTURAL, *por Jonathan Drake.*
23. CÓMO DESINTOXICARTE EN 10 DÍAS, *por Leslie Kenton.*
24. ARTRITIS. NUTRICIÓN Y TERAPIA NATURAL, *por Carlson Wade.*
25. LOS ANTIOXIDANTES Y LA SALUD, *por Robert Youngson.*
26. MACROBIÓTICA, *por Craig Sams.*
27. ÚLCERAS DE ESTÓMAGO Y ACIDEZ, *por Science of Life Books.*
28. RECUPERE LA VISIÓN SIN GAFAS, *por Harry Benjamin.*
29. EL AJO, *por G. J. Binding.*
30. EL LIBRO DE LAS ENSALADAS, *por J. Lay.*
31. ALIVIO NATURAL DE LA ARTRITIS, *por J. E. Craft.*

32 MANUAL DE TERAPIA DE LA POLARIDAD, por W. Teschler.
33 CABELLOS SANOS, por J. C. Thomson y C. L. Thomson.
34 LA DEPRESIÓN (CÓMO SUPERARLA), por C. A. H. Watts.
35 REFLEXOLOGÍA DE LA MANO, por R. Noetzel.
36 TERAPIA DE LOS METALES, por E. de Paoli.
37 DIETAS PARA DIABÉTICOS, por P. E. Norris.
38 EL AYUNO CON ZUMOS, por H. Gerhard y J. Weihofen.
39 CONTROLE EL COLESTEROL POR LA DIETA, por H. Macfarlane.
40 HIERBAS PARA LA DIABETES, por J. L. López Larramendi.
41 LA PRÓSTATA, por H. Clements.
42 GINSENG, por B. Ch. Harris.
43 LA ALERGIA, por H. Hirschfeld.
44 EL RIÑÓN, por H. Clements.
45 AUMENTE SU ESTATURA, por R. Madowy.
46 LA NARANJA, por J. Artigas.
47 OSTEOPOROSIS, por C. Dover.
48 LA LECITINA, por P. Simons.
49 PIERDA PESO Y GANE SALUD, por Science of Life Books.
50 BELLEZA NATURAL, por C. Hunter